청소년 문제와 보호

이미리, 노성호, 김승혜, 박재연, 정혜원, 박철현, 이경상,
황성현, 이은경, 서보람, 오승근, 김호영, 곽대훈

교육과학사

청소년기는 신체적, 정서적, 인지적으로 급격한 변화를 경험하는 가운데 자신의 정체감을 형성하고 진로를 결정해 나가는 시기이다. 따라서 청소년들은 안정적이지 못한 상황에서 자신의 개인적, 환경적 특성에 따라 건강한 전인적 성장발달에 많은 어려움을 겪기도 한다. 사회는 청소년들이 겪고 있는 여러 어려움을 최소화하면서 건강하게 성장할 수 있도록 도와주어야 한다. 청소년들이 처한 어려움을 최소화할 수 있도록 돕기 위해서는 여러 문제의 실태, 원인 등에 대한 이해를 도모하는 것이 필요하고 적절한 지원방법을 제도화하고 지속적으로 개선해 나가는 것이 필요하다.

이 책에서는 청소년들의 건강한 성장발달을 돕기 위해서 청소년 관련 전공자들이 알아야 할 청소년의 학교폭력, 자살, 성매매, 약물남용, 흡연, 음주, 인터넷 중독, 가출, 학업중단에 대해 살펴보았다.

먼저 1~2장에서는 청소년 문제행동의 하위유형을 본격적으로 살펴보기 전에 청소년 문제행동에 대한 개념적, 이론적 고찰부터 제시하였다. 1장 '청소년 문제행동의 개념 및 배경'에서는 청소년 문제행동의 개념을 고찰한 후 청소년 문제행동에 영향을 미치는 개인적, 환경적 배경들에 대해 소개하였다. 이어 2장 '청소년 문제행동에 대한 이론적 설명'에서는 청소년 문제행동을 설명하는 여러 이론적 시각들을 생물/심리학적 설명, 사회구조에 초점을 둔 설명, 사회적 과정에 초점을 둔 설명, 발전이론적 설명으로 나눠 소개하였다.

이어 3~11장에서는 앞의 개념적, 이론적 고찰에 이어 청소년 문제행동의 하위유형을 3장 '청소년폭력(학교폭력)', 4장 '청소년 자살', 5장 '청소년 성매매', 6장 '청소년 약물남용', 7장 '청소년 흡연', 8장 '청소년 음주', 9장 '청소년 인터넷 중독', 10장 '청소년 가출', 11장 '청소년 학업중단'의 순서대로 본격적으로 살펴보았다. 각 문제행동의 개념 및 실태에 대해 살펴보고, 원인에 대해 고찰한 후, 현재 시행중인 정책적 지원현황에 대해서도 소개하였다.

마지막 12~13장에서는 청소년 문제행동에 대한 상담과 비행 청소년의 교정보호에 대해 소개하였다. 12장 '청소년 문제행동에 대한 상담'에서는 청소년 문제행동 상담의 이해에 대해 살펴 본 후 청소년 문제행동 상담기법에 대해 소개하였다. 13장 '비행 청소년에 대한 교정보호'에서는 비행 청소년 교정보호의 개념 및 실태에 대해 살펴 본 후 비행 청소년 교정보호의 절차에 대해 소개하였다.

각 장은 각 분야의 전문가들이 집필하였다. 아무쪼록 이 책이 현재사회의 주역이자 미래사회의 중추인 청소년들의 건강한 성장발달에 조금이나마 도움이 될 수 있기를 기대한다.

이 책이 발간되기까지 많은 노력을 기울여 주신 교육과학사 한정주 사장님을 비롯한 직원들에게 심심한 감사의 말씀을 드린다.

2020년 5월

집필진을 대신하여

이경상 씀

차 례

제 1 장

청소년 문제행동의 개념 및 배경

청소년기는 생리적, 정서적, 인지적으로 급격한 변화를 경험하고 대인관계에 있어서 아동기와는 다른 역할을 수행해야 하는 변화를 겪게 될 뿐 아니라, 정체감을 형성하고 진로를 결정해야 하는 과제를 안기 때문에 정서적으로 불안하고 스트레스가 많은 시기다. 이러한 발달적 변화로 인해 청소년기에 문제행동이 발생할 가능성이 크다. 본 장에서는 청소년 문제행동의 개념을 청소년 부적응 문제, 청소년 위험행동, 청소년 문제의 개념들과 관련지어 정의하고 청소년 문제행동과 관련된 심리적, 환경적 특성을 살펴보았다. 이 책에서 다루게 될 청소년 학교폭력, 자살, 성 문제행동, 약물남용, 흡연, 음주, 인터넷 중독, 가출, 학업중단, 비행 등의 문제행동과 관련된 인지적, 사회정서적 심리 특성과 가족, 또래, 학교, 지역사회 등의 환경적 특성을 살펴보았다. 청소년기 부적응적 심리 특성이 환경적 취약성과 상호복합적으로 작용하여 문제행동이 유발되기 때문에, 청소년 문제행동의 발생 원인을 파악하고 해결책을 모색하기 위해서는 심리적 환경적 특성의 복합적 관점에서 접근할 필요성을 제기하였다.

1. 청소년 문제행동과 청소년기 발달특성

Hall이 청소년기를 질풍노도(storm and stress)의 시기라고 표현한 것처럼 청소년기는 신체적, 생리적으로 급격한 변화를 경험하고 자의식적이면서도 이상을 추구하는 현실비판적인 사고를 하며 진로를 결정해야 하는 과제를 안고 있기 때문에 심리적 스트레스를 많이 경험하게 된다(이미리, 조성연, 길은배, 김민, 2014). Hall뿐 아니라 Freud에 의하면 청소년기는 호르몬 분비를 비롯한 생리적 변화로 인해 아동기에 잠재되어 있던 성적 충동이 강해져 심리적으로 불안한 시기이며 Erikson에 의하면 자신이 누구인지 생각하고 진로를 고민하는 과정에서 불안과 갈등을 겪게 되는 시기라고 보았다(Steinberg, 2011). 이러한 개인적 상황뿐 아니라 청소년이 성장하는 가장 중요한 환경인 가정, 학교, 지역사회의 부정적인 상황들은 심리사회적으로 취약한 상태에 있는 청소년들에게 더욱 부정적으로 작용하여 이들이 부적응의 문제를 경험할 가능성을 높인다. 이러한 청소년기 부적응의 문제를 문제행동이라고 볼 수 있다.

그러나 청소년기의 발달특성상 그들이 경험하는 부적응의 문제를 모두 문제행동이라고 단정하기는 어렵다. 청소년기에 발생하는 대부분의 부적응 문제는 신체적, 인지적, 사회정서적으로 급격한 변화를 경험하는 시기에 일시적으로 일어나는 문제로 정상적인 청소년기 행동의 한 부분이기도 하다(송명자, 1995; 장휘숙, 2004; 한상철, 2015). 성인에게 의존적이었던 아동에서 성인으로 성장하는 전환기에 있는 청소년들은 독립을 위해서 다양한 역할실험을 하고자 하는 욕구를 갖게 되며 이러한 상황에서 모험적이며 무모하고 때로는 반사회적인 행동을 선택하기도 한다(한상철, 2006, 2015). 청소년기 위험행동(risk behavior)이 바로 이를 지칭하는 개념인데 사회적 규범에 저촉되는 무모한 행동뿐 아니라 사회문화적으로 허용되는 모험적인 행동을 포함한다(한상철, 2015). 이런 점에서 위험행동의 긍정적 결과는 부모로부터 독립하고 정체성을 형성하게 되는 적극적이고 적응적인 발달을 이루는 것이다.

그러므로 청소년 문제행동이라는 용어의 개념은 청소년 부적응 문제나 청소년 위험행동의 개념과 구분되는 점이 있으며 나아가 청소년 비행, 청소년 문제의 개념과도 구분되는 점이 있다. 이 책에서는 청소년 학교폭력, 자살, 성 문제, 약물 남용, 흡연, 음주, 인터넷 중독, 가출, 학업 중단 등의 문제행동을 다루고 있다. 이러한 청소년 문제행동의 해결을 위해서는 청소년기의 발달적인 특성에 대한 포괄적이며 통합적인 이해가 전제되어야 한다. 왜냐하면 어떤 행동들은 성인에게는 문제가 되지 않으나 청소년이기 때문에 문제행동으로 판단되기도 하며, 문제행동의 발생 원인이 청소년기의 발달적 특성과 밀접하게 관련되어 있기 때문이다. 본 절에서는 청소년 문제행동의 개념을 청소년 부적응 문제, 청소년 위험행동, 청소년 문제의 개념들과 관련지어 살펴보고 청소년 문제행동의 발생 원인의 파악과 해결책 모색을 위해 알아야 할 청소년기의 발달특성을 살펴본다.

1) 청소년 문제행동의 개념

(1) 청소년 문제행동과 청소년 부적응 문제

청소년 문제행동은 부적응 문제로서 자신뿐 아니라 타인에게도 부정적인 영향을 미치게 되는 행동인데 청소년기의 발달적 특징과 밀접하게 관련된다. 부적응 문제에 개입하기 위해서는 먼저 어디까지가 부적응이고 어디까지가 적응인지에 대한 판단의 문제가 고려되어야 한다. 부적응에 대한 판단 기준은 단순하지 않으며 고정불변한 것도 아니다. 어느 한 기준이 부적응 여부를 완벽하게 설명하기는 어렵다. 때문에 부적응을 판단하기 위해서 여러 기준을 적용하며 상황에 따라서 기준이 변화하기도 한다. 지금까지 적용되고 있는 판단의 기준은 다음 사항들을 포함한다(Wicks-Nelson & Israel, 2013). 첫째, 통계적 기준을 적용했을 때 같은 연령대의 집단 구성원들이 자주 경험하지 않는 행동, 둘째, 사회문화적 규범으로부터 일탈적인 행동, 셋째, 개인적으로 심리적인 고통을 느끼는 행동, 넷째, 생물학적으로 생명 단축 등의 불이익을 초래하는 행동, 다섯째, 개인적으로나 사회적으로 역기능적인 행동 등이 부적응의 문제로 판단하는 기준이다.

청소년기 발달적 특징을 설명하는 발달이론에 의하면 청소년기는 행동적이거나 심리적인 부적응 문제를 경험할 가능성이 큰 시기다. 생애주기 중에서 청소년기는 생리적으로 급격한 변화를 경험하고 이로 인해 정서적, 인지적인 변화가 유발되며 대인관계에 있어서도 아동기와는 다른 역할을 수행해야 하는 변화를 겪게 될 뿐 아니라 정체감을 형성하고 진로를 결정해야 하는 과제를 안게 되기 때문에 정서적으로 불안하고 스트레스가 많은 시기다(이미리 외, 2014). 그러므로 청소년기에 접어들면 아동기에 비해서 부적응 문제를 나타낼 가능성이 커진다. 다행히 대부분의 청소년들은 이러한 문제를 일시적으로 경험하며 성장하면서 자연스럽게 해결되는 경향을 보이지만(김경화, 주동범, 2006; 청소년대화의광장, 1998; Steinberg, 2011) 일부 청소년들은 부적응 문제를 지속적으로 나타낼 뿐 아니라 더욱 강하게 경험한다. 이럴 경우, 청소년 문제행동으로 진단하고 적극적인 개입이 필요하다. 청소년기에 유발된 문제행동이 지속되면 청소년기가 불행할 뿐 아니라 성인기를 준비해야 하는 청소년기의 과제를 성공적으로 수행할 수 없음으로써 이후의 삶까지 불행해지는 결과가 초래된다.

청소년기 부적응 문제는 내재화 문제와 외현화 문제로 분류할 수 있다(Achenbach, 1991). 내재화 문제는 부적응의 표현이 억압적으로 나타나는 증상으로서 우울, 불안 등 정서적 혹은 인지적 부적응 증상을 예로 들 수 있다(이미리, 김춘경, 여종일, 2019; 정문자, 이미리, 전연진, 2007). 외현화 문제는 감정이나 행동에 대한 통제가 되지 않는 문제로 약물중독, 비행, 학교폭력, 중독 등 반항적이며 공격적 혹은 반사회적인 행동을 예로 들 수 있다(이미리 외, 2019; 정문자 외, 2007). 이렇게 부적응 문제를 내재화와 외현화로 분류하는 것은 증상이나 원인이 유사한 문제들을 함께 묶어서 예방과 치료 등의 개입을 효율적으로 하기 위해서다. 그러나 유형을 나눈다고 해서 내재화와 외현화 문제가 반드시 따로 발생하는 것은 아니며 한 개인이 두 가지 유형의 문제를 동시에 경험할 가능성도 있다. 이 책에서는 청소년기 부적응 문제 중에서 외현화 문제를 청소년 문제행동으로 명명하였으며 학교폭력, 자살, 성 문제행동, 약물 남용, 흡연, 음주, 인터넷 중독, 학업 중단 등의 사례를 다룬다.

(2) 청소년 문제행동과 청소년 위험행동

청소년기가 발달 특성상 신체적이거나 심리적으로 변화를 많이 경험하기 때문에 비교적 발달적 변화가 적은 아동기에 비해서 부적응 문제를 경험할 가능성이 크다고 보는 관점을 편견이라고 주장하는 관점도 있다. 청소년기 부적응 문제 중에는 청소년기에 시작된 것이 아니라 아동기나 그 이전 시기에 시작된 문제도 많고, 청소년기 부적응 문제가 성인기까지 지속될 가능성이 크지 않다고 보는 관점이다(Steinberg, 2011). 따라서 청소년기에 발생하는 대부분의 부적응 문제는 급격한 발달적 변화를 겪는 전환기에 일시적으로 발생하는 실험행동이므로 크게 문제 될 것이 없다고 본다. 이러한 행동을 위험행동(risk behavior)이라고 한다.

위험행동이란 사회적 규범에 저촉되거나 사회적 지위를 위협하는 무모한 행동이지만 모험적이거나 창의적인 행동 등 사회문화적으로 허용되는 행동도 포함하기 때문에 반드시 문제행동만을 지칭하는 것은 아니다(한상철, 2015). 위험행동은 문제행동으로 확장될 가능성이 높지만 청소년기에 나타나는 정상적인 행동의 일부이며 자아정체감을 형성하기 위한 역할실험이나 또래들과의 관계 형성에 기능적으로 작용할 수 있다(한상철, 2015; Engels & Bogt, 2001; Steinberg, 2011). 이렇게 청소년기 위험행동은 발달에 있어서 긍정적인 기능이 있기 때문에 문제행동으로 낙인찍고 치료적인 관점에서 접근하거나 처벌로 대처할 것이 아니라, 청소년기 건강한 발달을 위해서 위험행동의 기능적인 측면을 이해하고 활용할 필요가 있다(한상철, 2015).

(3) 청소년 문제행동과 청소년 문제

청소년 문제행동은 청소년기 부적응 문제 중에서 주로 외현화 문제를 말한다고 앞서 언급하였다. 그렇다면 청소년 문제행동과 청소년 문제는 어떤 개념적인 차이를 보일까? 1990년대 이후 청소년 문제의 양상이 심각해지면서 청소년 문제는 청소년을 대상으로 해결해야 하는 청소년에게 국한된 문제가 아니라 전 국민이 관심을 가져야 할 사회문제로 다루어져야 할 필요성이 제기되고 있으며 이후 청소년 문제와 관련된 연구와 정책적 관심이 집중되고 있다(김영한, 조아미, 이승하, 2013; 모경환, 이미리, 김명정, 2014; 모경환, 이미리, 이봉민, 2018; 청소년대화의 광장, 1998; 최충옥, 1998).

선행연구자들에 의하면 청소년 문제에서 문제란 사회구성원 대다수에게 영향을 미치기 때문에 사회적 관심과 노력을 통해 해결해야 할 사회문제를 의미한다(모경환, 이미리, 김명정, 2014). 그러므로 청소년 문제는 앞서 살펴본 바와 같이 청소년 문제행동을 포함하지만 이를 넘어서서 더욱 포괄적인 개념을 갖는다. 모경환은 청소년 문제를 "다수의 사회구성원에게 부정적 영향을 미치며 사회구성원 공동의 노력에 의하여 해결할 수 있는 청소년에 관한 사회적 상황이나 행동의 유형"이라고 포괄적 정의를 하였다(모경환, 이미리, 이봉민, 2018, p. 6). 이러한 정의를 기초로 청소년 문제는 일반적으로 통용되는 청소년 범법행위와 청소년 부적응의 문제뿐 아니라 청소년을 대상으로 한 범죄나 청소년 관련 복지 문제도 포함할 수 있다고 하였다(모경환, 이미리, 김명정, 2014). 일반적으로 청소년 문제라 하면 청소년 비행이나 부적응 문제와 유사 개념으로 통용되고 있으나 청소년 문제에 대한 이러한 광의의 개념은 청소년 문제에 대한 예방과 해결을 위해 추구해야 할 관점이다.

2) 청소년기 발달특성과 환경적 특성

사춘기(puberty)가 시작되면서 아동기에서 청소년기로 접어들게 되는 청소년들은 급격한 신체적, 생리적 변화로 인해 이전에 비해서 정서적으로 불안정해지고 우울해지는 경향이 있다(이미리, 2012; 이미리, 김진한, 2005; 이미리 외, 2019). 청소년기 특유의 자아중심적 사고의 발달과 성적 욕구의 증가로 인해서 불안감과 죄의식을 느끼기도 하고 이로 인해 부모와 교사를 비롯한 성인들과 신체적, 심리적 거리를 두려고 하는 반면, 동성과 이성 친구들과의 친밀한 관계를 더욱 원하게 된다(이미리, 2009). 이러한 발달적 변화뿐 아니라 사회적 환경의 변화도 함께 경험하게 된다. 청소년기 발달적 변화가 어떠한 사회적 환경에서 일어나는가에 따라서 결과가 달라질 수 있기 때문에 청소년 문제행동을 이해하기 위해서는 청소년기에 겪게 되는 신체적, 인지적, 사회정서적인 발달특성뿐 아니라 이러한 변화와 상호작용하는 사회환경적 영향을 함께 고려해야 한다.

(1) 청소년기 심리적 발달특성

청소년기의 신체적 변화 자체뿐 아니라 신체적 변화에 동반되는 심리적 변화가 부적응 문제와 관련이 있다. 청소년기가 시작되는 사춘기에는 신체적 급성장이나 성호르몬 분비 등의 생리적 급변으로 인해서 외모에 많은 신경을 쓰게 되고 정서 상태가 아동기보다 더욱 불안정해진다(이미리, 1996; 이미리, 김진한, 2005). 친구들에 비해서 자신의 외모가 마음에 들지 않을 경우 혹은 신체의 변화 속도가 다를 경우에도 불안감을 경험하거나 부적응 문제를 경험할 수 있다(송명자, 1995; 이미리 외, 2019; 장휘숙, 2004).

청소년기의 인지적 발달특성도 문제행동의 발생과 관련이 있다. 인지발달 심리학자인 Piaget는 청소년기 인지발달단계를 형식적 조작기로 명명하고 이 시기에는 아동기에 비해서 비약적으로 발전적인 사고능력을 보인다고 하였다. 구체적인 대상에 대해서만 논리적 사고가 가능하며 시행착오적으로 문제를 해결하는 아동기의 사고 한계를 벗어나 청소년기는 추상적인 대상에 대해서도 예측하고 가설을 설정하여 경험적으로 검증해나가는 논리적 사고가 가능하다

(Steinberg, 2011). 이러한 사고능력의 발달은 청소년들의 문제해결력을 키우지만 동시에 정서적으로 불안하게 하는 원인이 되기도 한다(이희연, 하은혜, 2015; Steinberg, 2011). 자신의 부족한 점이나 미래의 불확실성에 대해 생각하면서 불안감을 느끼게 되고 자신의 생각이나 이상과 맞지 않는 현실에 대해 비판적이며 공격적인 생각을 하기도 한다(강승희, 김대현, 2006; 김상균, 2005).

또한 청소년기에는 자아중심적 사고 특성을 보인다. 자아중심적 사고는 자의식적인 사고를 말하는데 우울, 불안, 충동적 감정이나 행동의 원인이 되기도 한다. 청소년기 자아중심적 사고는 자신의 감정이나 경험이 다른 사람들과 달라서 다른 사람들은 자신을 이해할 수 없다고 생각하는 것, 자신에게는 위험이 닥치지 않을 것이라고 생각하는 것, 그리고 자신은 항상 다른 사람들의 집중적인 관심의 대상이 되고 있다고 생각하는 것과 같은 독특한 특성을 보인다(Elkind, 1978). 이러한 자아중심적 사고 특성으로 인해서 청소년들은 부모나 교사 등 어른의 도움이 필요한 상황에서도 도움을 청하지 않거나, 무모한 위험행동에 몰입하거나, 지나치게 자의식적으로 행동하게 됨으로써 우울감에 빠지게 되고 문제행동을 하게 될 가능성이 있다(박영신, 2017).

청소년기 사회정서적 발달특성 또한 문제행동과 밀접한 관련이 있다. Hall은 청소년기의 사회정서적 발달특성을 질풍노도(storm and stress)라고 요약하였다. 즉, 이 시기는 심리적으로 불안정하고 스트레스를 많이 경험하는 시기라는 의미다. 사회정서적 발달특성에 있어서 청소년기의 불안정성을 강조한 대표적인 학자들은 Freud와 Erikson과 같은 정신분석학자들이다. Freud에 의하면 청소년기에는 억압되어 있던 성적 충동이 증가하면서 불안정한 성격특성을 보이고 충동적이고 일탈적인 행동을 할 가능성이 증가한다(송명자, 1995; 장휘숙, 2004). Erikson에 의하면 청소년기는 이전과 다른 자신의 다양한 모습에 대해서 혼란을 경험하거나 미래에 대한 고민이 많아지고 다양한 시행착오적인 행동을 시도함으로써 사회정서적인 불안감이 커진다(송명자, 1995; 장휘숙, 2004).

(2) 청소년기 환경적 특성

청소년기 신체적, 인지적, 사회정서적 발달의 결과가 청소년 문제행동 유발이나 지속과 관련이 있지만 모든 청소년들이 발달적 결과로 문제행동을 경험하는 것은 아니다. 발달적 결과에 있어서 개인차가 발생하는 이유는 환경에 있다(Steinberg, 2011). 개인과 환경과의 상호작용적 특성에 의해서 발달의 결과가 달라진다. 그러므로 청소년의 발달적 특성과 그를 둘러싼 환경적 특성과의 상호작용적 특성에 대한 이해가 없이는 청소년 문제행동을 이해할 수 없다. 인간의 행동을 이해하기 위해서 인간을 둘러싼 환경을 맥락적인 관점(contextual perspective)에서 정의하고 환경이 인간에게 미치는 영향을 인간과 환경 간의 상호작용을 통해 설명하는 이론이 Bronfenbrenner(1977)의 생태학적 이론(Ecological theory)이다. Bronfenbrenner의 이론은 청소년 문제행동에 대해 어떠한 환경이 어떻게 영향을 주는지를 잘 설명한다.

① Bronfenbrenner의 생태학적 체계

Bronfenbrenner(1977)는 인간의 행동에 영향을 미치는 환경을 미시체계(microsystem), 중간체계(mesosystem), 외체계(exosystem), 거시체계(macrosystem), 시간체계(chronosystem)의 5가지 생태학적 체계(ecological system)로 분류하였다. [그림 1-1]에 Bronfenbrenner의 생태학적 체계를 제시하였는데 미시체계부터 거시체계까지 생태학적 체계들은 인간을 겹구조적으로 둘러싼 모양으로 개념화되어 있다. 개인과 체계들 간뿐 아니라 각 체계들 간에 양쪽 화살표로 표시되어 있는 것은 생태학적 체계와 개인의 행동이 상호작용적으로 영향을 주고받을 뿐 아니라 각 체계들 간에도 상호작용적으로 영향을 주고받는다는 것을 의미한다. 또한 시간체계를 의미하는 것은 따로 화살표 표시가 되어 있는데 시간체계는 공간적인 개념이 아니므로 겹구조적 원 그림 안에 표시할 수 없기 때문이다. 생태학적 체계와 그 체계의 중심에 있는 인간이 서로 상호작용적으로 영향을 주고받는 과정이 시간의 흐름에 따라서 달라지기 때문에, 인간의 행동과 환경의 상호작용적인 결과를 이해하기 위해서는 시간차원이라는 또 다른 체계를 고려해야 한다는 의미이다.

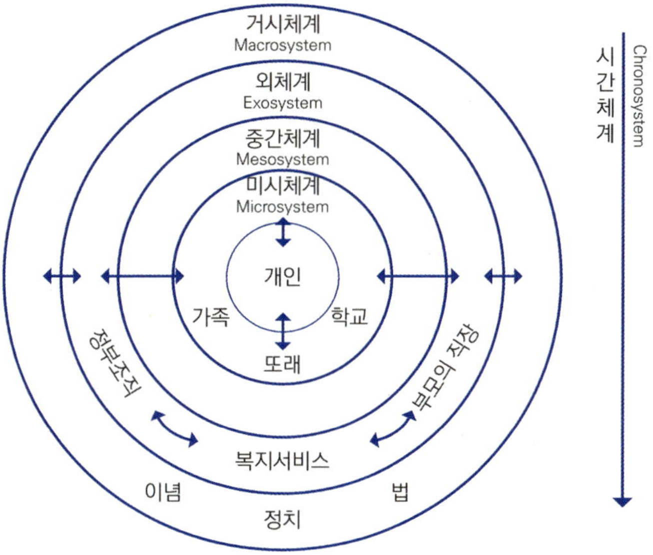

[그림 1-1] Bronfenbrenner의 생태학적 체계(이미리, 김춘경, 여종일, 2019, p. 108)

[그림 1-1]에서 동심원 속의 개인을 청소년으로 가정하고 각 체계들의 의미를 구체적으로 살펴보자. 미시체계(microsystem)는 가족, 또래, 학교, 지역사회 등 청소년이 속해있고 매일 직접 만나는 근접 환경을 말한다. 청소년들은 가족 구성원, 또래, 교사, 청소년 활동 관련 기관, 혹은 이웃 사람들과의 상호교류를 통해서 신체적, 인지적, 사회적으로 성장해 나간다. 중간체계(mesosystem)는 미시체계들 간의 상호관계를 통해 형성되는 환경을 말한다. 미시체계인 가족, 또래, 학교 등은 각기 독립적으로 청소년에게 영향을 주는 것이 아니라 다른 미시체계의 영향에 영향을 준다. 각 미시체계가 청소년 행동에 미치는 영향은 다른 미시체계가 미치는 영향의 원인이 되기도 하고 결과가 되기도 한다(조주

영, 김영희, 2006). 예를 들면, 가족 환경은 청소년이 부모를 대하는 행동에 영향을 줄 뿐 아니라 친구를 대하는 행동에도 영향을 준다. 이렇게 미시체계들은 서로 연결되어 상호작용하면서 또 다른 체계인 중간체계를 만들어냄으로써 청소년 행동과 발달에 영향을 준다.

외체계(exosystem)는 미시체계와 중간체계처럼 청소년 행동 발달에 직접적으로 영향을 미치는 근접 환경은 아니지만, 간접적으로 영향을 주는 주요 환경이다. 외체계는 부모의 직장이나 사회적 연결망, 정부 조직, 매스미디어, 교통시설, 복지서비스 등 공식적, 비공식적 주요 사회적 기관을 포함한다(Bronfenbrenner, 1977). 예를 들면 아버지의 직장이라는 외체계는 가족이라는 미시체계에 영향을 주어서 청소년 자녀의 행동에 영향을 미친다. 그러므로 청소년 문제행동의 원인이나 해결책을 모색하기 위해서는 미시체계뿐 아니라 미시체계들 간의 상호작용적 환경인 중간체계, 그리고 이들을 둘러싸고 있는 외체계의 영향을 모두 살펴보아야 한다(송보라, 이기학, 2014).

[그림 1-1]에 제시된 동심원의 맨 바깥쪽에 있는 거시체계(macrosystem)는 앞서 설명한 미시체계나 중간체계, 그리고 외체계보다 더 넓은 개념으로 이해할 필요가 있다. 미시체계나 중간체계는 그 체계 안에 사는 사람의 삶에 직접적인 영향을 주는 생태학적 환경이고 외체계는 간접적으로 영향을 주는 생태학적 환경이지만, 거시체계는 개인의 활동이나 환경의 특성을 규정하는 좀 더 넓은 의미의 생태학적 환경이다(Bronfenbrenner, 1977). 문화적 환경이 대표적인 예인데 문화가 가지고 있는 가치, 이념, 관습, 국가의 경제 정책, 교육 정책, 법, 정치 등을 말한다. 이러한 거시체계는 인간의 발달에 직간접적인 영향을 주는 미시체계나 중간체계 그리고 외체계의 특성이 발현되도록 하는 강력한 힘을 지닌다(이미리 외, 2019).

이러한 미시체계, 중간체계, 외체계, 거시체계는 시간의 흐름에 따라서 변화하는 환경이다. 그러므로 역사적인 시간뿐 아니라 환경의 중심에 있는 개인의 생애 시점에 따라서 환경과 개인의 상호작용적인 영향은 다르다. 그러므로 개인의 행동에 대한 환경의 영향을 설명하기 위해서는 시간 차원을 고려해야 한다. 바로 이러한 개념을 설명하는 것이 시간체계이다. 미시체계가 청소년 문제행동에 미치는 영향이 시간체계에 따라서 달라지는 경우를 예로 들어보자. 부모의 이혼이 자녀의 행동에 미치는 부정적인 영향은 이혼 첫해에 가장 크고 이혼 후 2년쯤 지나면 자녀가 가정 상황에 적응하고 안정을 찾게 됨으로써 줄어든다는 연구결과들이 있다(이미리 외, 2019). 이는 미시체계가 청소년 문제행동에 미치는 영향이 시간의 흐름에 따라 다름을 보여주는 것이다.

따라서 청소년 문제행동에 직간접적인 영향을 주는 미시체계, 중간체계, 외체계는 어떠한 거시체계에 속해있는가에 따라서 다른 속성을 지니게 되고, 역사적인 시간뿐 아니라 개인의 시간의 어느 시점에 있느냐에 따라서도 다른 속성을 갖기 때문에 청소년 문제행동을 이해하기 위해서는 미시체계와 중간체계의 직접적 영향, 외체계의 간접적 영향, 이 체계들의 기능이 발현되도록 하는 거시체계의 영향, 그리고 시간체계의 영향을 함께 고려해야 한다(이미리 외, 2019; 임하늘, 최재용, 이윤호, 2015).

② 환경과 청소년 문제행동의 상호작용

Bronfenbrenner(1977)가 제시한 인간-과정 맥락 모델(person-process context model)은 환경이 청소년 문제행동에 주는 영향을 어떻게 해석해야 하는지에 대한 이론적 틀을 제공한다. 인간-과정 맥락 모델은 환경이 개인의 행동에 주는 영향은 개인의 특성에 따라서 달리 작용한다는 것을 설명하는 모델이다. 이 모델의 관점에 의하면 앞서 살펴본 미시체계, 중간체계, 외체계, 거시체계, 그리고 시간체계가 개인의 행동에 미치는 영향은 개인의 특성에 따라서 다르다.

예를 들어 청소년이 인터넷 중독에 빠지게 되는 주요 환경적 영향 요인으로 인터넷이 가지고 있는 익명성, 시간적 공간적 무제약성, 매력적인 콘텐츠 등을 들 수 있다. 하지만 이러한 요인 때문에 모든 청소년들이 인터넷 중독에 빠지지는 않는다. 청소년 개인이 가지고 있는 특성이 다르기 때문에 어떤 청소년은 인터넷 중독에 빠지고 어떤 청소년은 인터넷을 선용할 수 있다(이미리 외, 2019). 이러한 결과는 인터넷이라는 생태학적 환경이 청소년에게 주는 영향은 일방적이 아니라, 청소년이 능동적으로 환경을 취사선택함으로써 그 환경이 자신의 행동에 미치는 영향이 달라지는 데서 나타나는 것이다. 이것이 바로 인간-과정 맥락 모델의 관점이다. 그러므로 청소년 문제행동에 대한 환경적 영향을 살펴보기 위해서는 청소년 개인의 성별이나 연령 등의 인구학적 특성이나 심리적 특성을 함께 고려해야 할 것이다.

청소년들이 성장하는 주요 환경은 미시체계에서 거시체계에 이르기까지 다양하지만 주로 크게 가족, 또래, 학교, 지역사회, 대중매체로 요약할 수 있다(Steinberg, 2011). 청소년 문제행동의 기본적인 원인은 가족에 있을 가능성이 크다. 가족의 구조적 결손이나 부모의 부정적인 양육은 청소년의 심리적 부적응, 가출, 학업 중단, 성적 일탈행동 등의 문제행동 발생과 밀접한 관련이 있다(모경환, 이미리, 이봉민, 2018). 가족뿐 아니라 또래 집단의 영향 또한 청소년 문제행동과 관련이 있다. 청소년은 가족에 비해 또래와의 관계를 더 중요하게 생각하는 경향이 있는데 청소년기에 더욱 강해지는 또래에 대한 동조성 경향은 문제행동의 발생과 관련이 있다(이미리 외, 2014). 집단괴롭힘의 문제나 성적 일탈행동, 약물 남용 등의 문제는 주로 또래관계에서 발생한다(모경환 외, 2018). 청소년기 행동반경이 아동기에 비해서 넓어짐에 따라서 학교뿐 아니라 지역사회와 매체의 영향이 청소년 문제행동에 미치는 영향은 더욱 커지고 직접적이다. 인터넷 중독의 문제가 특히 청소년들에게 심각하게 나타나는 것이 이 때문일 수도 있다(한국정보화진흥원, 2013).

2절에서는 청소년기 심리적 발달특성과 주요 환경적 특성이 어떠한 문제행동과 어떻게 관련되어 있는지에 대해서 구체적으로 살펴보기로 한다.

2. 청소년 문제행동과 심리적, 환경적 특성의 관계

1) 청소년기 심리적 특성과 문제행동의 관계

이 책에서 다루게 될 청소년 학교폭력, 자살, 성 문제행동, 약물남용, 흡연, 음주, 인터넷 중독, 가출, 학업중단, 비행 등의 문제행동과 관련된 심리적 발달특성을 분석한 선행 연구결과들을 종합하면 인지적, 사회정서적 심리 특성으로 정리할 수 있다. 문제행동의 종류에 따라서 관련된 심리적 특성이 다르기는 하나 모든 종류에 공통적으로 관련된 심리적 특성들을 중심으로 살펴보기로 하자.

(1) 청소년기 인지적 특성과 문제행동

청소년기 문제행동과 관련된 인지적 특성은 스트레스에 대한 부정적인 인식을 비롯한 왜곡된 사고방식, 소극적인 대처 행동, 외적 귀인 성향, 지식과 경험의 부족 등이다. 청소년기는 사춘기에 발생하는 생리적 스트레스뿐 아니라 학업 스트레스, 친구 관계 스트레스 등 생애주기에 있어서 복합적인 스트레스가 많은 시기다. 이러한 상황에서 추가적인 스트레스가 발생할 경우, 성인에 비해서 감정조절능력이나 문제해결 능력이 미숙한 청소년들은 문제행동을 할 가능성이 있다. 따라서 스트레스를 어떻게 인지하고 대처하는지는 청소년기 적응에 있어서 매우 중요한 일이다.

스트레스에 대한 부정적이고 왜곡된 사고방식은 소극적이고 회피적인 대처 행동을 유발하고 이러한 대처 행동은 건강한 삶을 살아가는 데 방해가 된다. 인지행동상담 이론가들은 이러한 부정적이고 왜곡된 사고방식을 비합리적 신념 혹은 부정적 자동적 사고라고 한다(이미리 외, 2019; 이장호, 정남운, 조성호, 2005). 이러한 사고방식은 융통성이 부족하고 비합리적으로 완벽을 추구하며, 자신과 세상에 대해서 부정적으로 생각하는 왜곡된 사고체계로서, 이러한 사고가 행동을 지배하게 되면 자신이나 타인을 향한 문제행동을 하게 된다. 예를 들어 학교폭력, 성 문제행동, 인터넷 중독, 자살 행동의 문제를 나타내는 청소년들은 그렇지 않은 청소년들에 비해서 현실에 대해 부정적이고 자기비하적이라는 연구결과들이 부정적 사고방식과 청소년 문제행동 간의 관련성을 보여주고 있다(김기헌, 2013; 김만지, 2004; 이미욱, 하정희, 최윤영, 2015; 이은경, 장미경, 전인식, 2015; 주지혁, 김형일, 2013).

스트레스에 대한 소극적인 대처행동도 청소년 문제행동과 관련이 있다. 스트레스 대처행동은 적극적 대처행동과 소극적 대처행동으로 분류할 수 있다. 적극적 대처행동은 문제를 해결하기 위해 적극적으로 생각하고 행동하며 필요한 경우에는 타인에게 도움을 요청하는 대처행동을 말하며 소극적 대처행동은 문제에 대한 직접적인 해결보다는 문제로 인해 유발되는 감정에 집중하고 회피적이며 자기도피적으로 대처하는 행동을 말한다(이미리, 2006). 선행연구들에 의하면 학교폭력 피해 청소년들은 친구들의 가해행동에 대해서 적극적으로 맞서거나 주위 사람들의 도움을 구하기보다는 혼자 걱정하고 두려워하며 체념하는 대처행동을 보인다(김혜원, 이해경, 2000; 신재선, 정문자, 2002). 인터넷 중독 청소년들의 경우 스트레스를 받을 때 적극적인 대처를 하는 것이 아니라 소극적이고 회피적인 대처행동을 주로 하게 되는데 이러한 회피적 대처행동의 일환으로 인터넷 게임이나 음란물에 과몰입하게 된다. 이러한 행동을 통해서 스트레스를 일시적으로 해소할 수는 있으나 현실에서는 여전히 해결되지 않은 스트레스가 계속되기 때문에 과몰입 행동을 멈출 수 없게 되는 악순환에 빠지게 되는 것이 인터넷 중독의 과정이다(권정혜, 2005). 또한 스트레스로 인해 힘든 상황을 벗어나기 위한 회피적 대처행동의 극단적인 예가 자살행동이다(양방원, 홍혜영, 2016; 오혜영, 지승희, 허지은, 김상수, 김경민, 이현숙, 2011; 이경진, 조성호, 2004; 이선희, 전종설, 2012; 최인재, 2010).

일의 성공이나 실패의 원인을 추정하는 인지 과정을 귀인(attribution)이라 하는데 내적 귀인과 외적 귀인으로 분류한다. 내적 귀인은 성공과 실패의 원인을 능력이나 노력과 같이 내 안에 있다고 생각하는 것이고 외적 귀인은 운이나 과제의 곤란도와 같이 내가 통제할 수 없는 외부에 있다고 생각하는 것이다. 귀인이 문제행동과 관련이 있는데 학교폭력 문제행동을 보이는 청소년들은 자신의 행동에 대해서 외적 귀인을 많이 한다는 연구결과들이 보고되고 있다. 연구결과들을 살펴보면 학교폭력 가해 청소년들은 자신의 가해 행동 원인이 피해자에게 있다고 생각하는 외적 귀인을 보이며, 피해 청소년들은 자신에 대한 또래의 가해 행동은 자신이 통제할 수 없다고 생각하는 외적 귀인을 보이기 때문에 학교폭력 피해자와 가해자의 문제행동이 지속된다는 것이다(김지은, 박혜준, 2016; 김혜원, 2011; 문진명, 2000).

청소년기 지식과 경험 부족 또한 문제행동 유발이나 지속과 관련된 주요 인지적 특성이다. 청소년 문제행동 중 특히 성 문제행동의 경우에 더욱 그러하다. 청소년기 성에 대한 지식의 부족은 성폭력이나 원치 않은 임신 등의 성 문제행동의 발생과 밀접한 관련이 있다. 성에 대한 가치관이 왜곡되고 무절제한 성 개방 풍조 속에서 성적인 행동을 하는 데 있어서는 적극적이 되어가는 반면, 청소년들이 성을 관리하는 지식이 부족하여 원치 않은 임신을 할 가능성이 높아지고 있다(교육부, 보건복지부, 질병관리본부, 2016). 뿐만 아니라 임신을 하고도 임신 중반 이후가 되어서야 임신이 되었음을 알게 되고 무리한 유산 시도로 건강을 해치는 경우가 발생한다(정해숙, 최윤정, 최자은, 2014).

이와 같이 부정적이고 왜곡된 사고방식, 소극적인 대처 행동, 외적 귀인 성향, 지식과 경험의 부족 등의 인지적 특성은 청소년 문제행동과 관련된 주요 심리적 특성이다. 그러나 이러한 인지적 특성보다 청소년 문제행동의 유발이나 지속과 더욱 밀접하게 관련된 심리적 특성은 사회정서적 특성이다.

(2) 청소년기 사회정서적 특성과 문제행동

청소년기 문제행동과 관련된 사회정서적 특성은 우울, 불안, 외로움 등의 부정적 정서 상태, 충동성과 공격성, 자기통제력, 공감 능력, 자아존중감 등이다. 청소년기는 발달 특성상 아동기나 성인기에 비해서 감정의 기복이 심하며 부정적인 정서 상태가 지속되는 경향이 높다(이미리 외, 2019). 그러므로 문제행동을 보이기에 취약한 시기라고 볼 수 있다.

우울, 불안, 외로움과 같은 부정적 정서 상태는 문제행동의 원인이자 결과인데 선행연구들에 의하면 학교폭력, 성 문제행동, 약물남용, 흡연, 음주, 인터넷 중독, 가출, 학업중단, 비행 등의 문제행동을 보이는 청소년들은 우울, 불안, 외로움 등의 부정적 정서 상태를 보인다. 학교폭력 가해, 피해 청소년들은 우울 정서 상태가 지배적이며 사회적으로 위축되어 있다(김예성, 김광혁, 2008; 전신현, 이성식, 2017; 조주영, 오인수, 2014). 이러한 부정적인 정서가 지속될 때 만성적인 등교 거부와 학업 중단의 문제를 나타내고 심한 경우는 자살 행동을 한다(성경주, 김재철, 2016; 이미영, 장은진, 2015; 조춘범, 2015). 우울 정서가 지속적으로 경험될 때 우울증으로 진단되는데(이미리 외, 2019; 이장호 외, 2005) 우울증은 자살 충동과 자살 생각을 일으키는 매우 강력한 예측 요인이자 우울증의 극단적인 증상이기도 하다(문대근, 이진주, 이종각, 김정민, 문수백, 2013; 성경주, 김재철, 2016; 오지희, 김민정, 2014).

또한, 지속적으로 우울 정서를 경험하는 경우에 인터넷 중독의 문제행동을 보인다(김동일, 이윤희, 김영근, 강민철, 2013; 서인균, 이연실, 2017; 전신현, 2012). 우울감을 지속적으로 경험하게 되면 대인관계에 대한 불안감을 느끼게 되어 혼자서 지내는 시간이 길어지게 되는데(이미리, 2013), 청소년들은 혼자 지냄으로 인한 불안감이나 외로움을 잊기 위한 수단으로 인터넷 게임에 몰두하기 쉽다. 게임이나 채팅을 통해서 인터넷 공간상에서 만나게 되는 사람들로부터 현실 생활에서 받지 못했던 지지를 받게 되면, 그들에게 친밀감을 느끼게 되고 더욱 몰두하게 되어 결과적으로 중독에 빠질 가능성이 크다.

높은 공격성과 충동성 그리고 자기통제력의 부족은 청소년기 문제행동과 관련된 대표적인 사회정서적 특성이다. 학교폭력 가해 청소년들은 친구들과의 관계에서 우월한 지위를 확보하기 위해서 공격적인 행동을 하며 피해 청소년들 또한 공격성이 높을 경우 공격적으로 반응함으로써 학교폭력의 문제가 지속된다(김동욱, 유재민, 김청송, 2017; 박성희, 2015). 학교폭력뿐 아니라 인터넷 중독도 공격성이나 충동성과 관련이 있다. 인터넷 게임은 공격성이나 충동적 욕구를 만족시키는 기능이 있는데 청소년들이 인터넷 게임에 과몰입하게 되는 주요 이유 중의 하나가 게임 속의 인물을 공격하고 파괴하는 행위를 통해서 공격적, 충동적 욕구를 간접적으로 해소할 수 있기 때문이다(김은영, 2009; 오윤선, 2008). 자기통제력이란 사회적으로 부적절한 정서적, 행동적 충동 표출을 억제하고 조절하는 능력을 말하는데(김소영, 홍세희, 2012), 장기적인 목표를 달성하기 위해 일시적 충동이나 즉각적인 만족을 지연시키고 인내하는 자기통제력이 부족한 청소년들은 인터넷 게임에 중독될 가능성이 높다(권은낭, 강정한, 2017; 송국범, 이원용, 2013; 차은진, 김경호, 2013).

발달 특성상 충동성이 증가하는 청소년기에 충동성은 자살 행동과 밀접하게 관련된 요인이기도 하다(오지희, 김민정, 2014; 이미리 외, 2019). 청소년기는 다른 시기에 비해서 상대적으로 충동성이 높은 시기인데 이런 상황에서 음주나 약물 남용의 문제행동을 하는 청소년들은 감정조절이 어렵고 이성적인 판단을 할 수 없는 경우에 고통스러운 생각과 감정에서 벗어나기 위한 하나의 대처 행동으로 자살을 시도할 가능성이 더 높아진다(정익중, 박재연, 김은영, 2010).

공감 능력은 타인의 생각과 감정을 타인의 입장에서 이해하고 느끼는 능력이다(이장호 외, 2005). 이러한 능력이 부족할 경우 타인을 공격할 가능성이 커진다. 학교폭력에 대한 선행연구 결과들에 의하면 학교폭력 가해자들은 피해자에 대한 공감 능력이 부족하고 자신의 가해 행동에 대한 죄의식 수준이 낮아 자신의 행동을 정당화하는 경향을 보인다고 한다(김동욱, 유재민, 김청송, 2017; 신순갑, 2012). 가해나 피해 당사자들뿐 아니라 학교폭력의 역할자들 중에서 피해자를 방어하는 입장에 있는 청소년들은 피해자의 고통에 무관심하거나 가해자를 동조하는 입장에 있는 청소년들에 비해서 공감 능력이 더 높았다(김동욱,

유재민, 김청송, 2017; 김지은, 박혜준, 2016).

청소년 문제행동과 관련된 사회정서적 특성 중에서 자아존중감은 선행연구들을 통해서 가장 빈번하게 언급되고 있는 특성이다. 청소년기는 자아정체감을 형성해야 하는 과제를 안고 있다(이미리 외, 2019). 청소년기의 신체적, 인지적, 정서적 발달 특성상 이전 시기에 비해서 자신에 대해 많은 관심을 갖게 되며 자기에 대한 이해 정도가 복합적이고 논리적이 되어 간다. 이러한 과정에서 자아존중감이 발달하는데 심리적, 환경적 요인의 영향으로 자아존중감을 발달시키지 못하고 자의식적이며 자기비하적인 성격을 발달시키게 되면, 문제행동을 할 가능성이 높아진다. 특히 동년배 친구들에 대한 동조성이 증가하는 청소년기에 자아존중감을 발달시키지 못하면, 자기를 가치 없는 존재로 생각하게 되고 친구들의 일탈적 행동의 요구에 동조하기 쉬워서 문제행동을 할 가능성이 높아진다(김상범, 남영옥, 2017).

자아존중감이 낮으면 통제력이 떨어지고 자기를 방어하는 능력이 떨어져 자아존중감이 높은 경우보다 학교폭력의 피해자가 될 가능성이 있으며 가해자가 될 가능성도 있는데, 가해 행동으로 인해서 대인관계 갈등을 경험할 가능성이 있고 이러한 대인관계 갈등은 자아존중감의 저하와 관련이 있다(김재철, 최지영, 2011; 김혜원, 2011). 학교폭력뿐 아니라 인터넷 중독과 자아존중감의 관련성도 선행연구들을 통해서 꾸준히 보고되고 있다.

인터넷 중독의 문제를 보이는 청소년들은 자아존중감이 낮은 편이다(강희양, 손정락, 2010; 김혜원, 2001; 박승민, 김은하, 강민철, 2013; 이송선, 2000). 자아존중감이 낮은 청소년들은 인터넷 공간에서 새로운 자아를 창조하고 현실에서 자신감이 없는 나와는 다른 나로 행동함으로써 현실에서 얻지 못한 심리적 보상을 얻는다. 인터넷 게임에 지나치게 몰입하는 청소년들은 게임을 통해 현실에서 경험하지 못했던 자신감과 성취감을 경험하게 되고 친구들에게 인정을 받는 기회가 되기도 한다(모경환 외, 2018). 이러한 보상 때문에 인터넷에 과몰입하게 된다.

자아존중감은 자살 행동과도 관련 있는 사회정서적 특성이다. 선행연구들에 의하면 자아존중감이 낮은 청소년들은 높은 청소년들에 비해서 스트레스나 부정적인 환경에 처했을 때 우울증을 비롯한 정서 장애를 경험하거나 자살 생각을 하게 될 위험성이 더 크다(김소영, 홍세희, 2012; 오혜영 외, 2011; 최인재, 2010).

2) 청소년기 환경적 특성과 문제행동의 관계

청소년들이 문제행동의 유발이나 지속과 관련된 취약한 심리적 특성을 가지고 있다고 해서 모두 문제행동을 하는 것은 아니다. 청소년 문제행동은 개인의 인지적, 사회정서적 특성을 비롯해서 가정, 학교, 친구, 지역사회, 나아가서는 매체를 비롯한 문화적 특성과 결합되어서 촉발되거나 지속되는 문제이다. 환경적 취약성이 청소년 개인이 가지고 있는 심리적 특성과 상호복합적으로 작용하여 문제행동이 유발되기 때문에, 청소년 문제행동의 발생 원인을 파악하고 해결책을 모색하기 위해서는 앞서 살펴본 개인의 인지적, 사회정서적 특성뿐 아니라 환경적 특성을 함께 파악할 필요가 있다(모경환, 이미리, 이봉민, 2018; 이미영, 장은진, 2015). 여기서는 청소년 문제행동과 관련된 주요 환경적 특성을 미시체계인 가족, 또래, 학교와 지역사회를 중심으로 살펴본다.

(1) 청소년기 가족과 문제행동

청소년 문제행동과 관련된 가족의 주된 특성은 가족의 구조적 결손, 가족폭력, 부모의 부정적인 양육, 가족관계 갈등이다. 이러한 가족특성은 청소년의 다양한 문제행동과 관련되어 있다. 선행연구들에 의하면 빈곤이나 부모의 이혼, 별거 등으로 인한 가족의 해체, 부부간의 폭력이나 부모로부터 신체적, 성적 학대를 경험한 청소년들은 그렇지 않은 청소년들에 비해서 성 문제행동이나 자살 행동을 할 위험성이 높다고 한다(김기헌, 2013; 김소영, 홍세희, 2012; 김재엽, 김희진, 장대연, 이현, 2017; 조춘범, 2012).

청소년들이 가족으로부터 안정적인 보호를 받지 못하거나 가족의 구조적, 심리적 결손으로 인해 가출을 하고 가출이 장기화되면 합법적으로 생활비를 벌 수 있는 일이 제한되어 있기 때문에, 숙식 해결을 위한 성매매 등의 성 문제행동을 할 가능성이 있다(정해숙, 최윤정, 최자은, 2014; 최해연, 곽윤영, 김은영, 배주미, 2011). 청소년 미혼모들의 경우 가정은 안정감, 친밀감, 또는 돌봄을 제공하는 공간이 아니라 부모의 폭력으로부터 피신해야 하는 공간, 아무도 없는 텅 빈 공간, 같이 있어도 소통이 이루어지지 않는 공간이었다(서정애, 2009; 정해숙, 최윤정, 최자은, 2014). 이렇게 가족으로부터 보호받지 못해서 부모와 애착 관계를 발달시키지 못한 경우에는 건강한 대인관계 발달이 어렵고, 성적인 행위로 타인과의 관계를 맺으려고 하는 경향을 보일 수 있다(이수정, 장현석, 2004; 전영실, 강은영, 박형민, 김혜정, 황태정, 정유희, 2007).

가족폭력은 청소년 문제행동과 가장 밀접하게 관련된 요인이다. 부모에게 폭력적인 양육을 받았거나 부모로부터 직접 폭력을 당하지는 않아도 부모 간의 폭력을 지속적으로 목격하면서 자라난 청소년들은 갈등 상황을 폭력적으로 해결하고자 하는 행동이 학습되어 학교폭력 가해, 성폭력 가해 행동을 하게 될 가능성이 있으며 심지어는 자살 행동을 할 가능성도 있다는 연구결과들이 지속적으로 보고되고 있다(김재엽 외, 2017; 이상정, 안은미, 정익중, 2017; 조춘범, 2012). 폭력적인 가족 분위기는 청소년들로 하여금 폭력적인 행동에 무기력하게 대처하게 하며 동시에 원하는 것을 얻기 위한 정당한 행위로 생각하게 한다(신순갑, 2012; 이미영, 장은진, 2015; 이상정, 안은미, 정익중, 2017).

부모의 폭력적인 행동뿐 아니라 거부적이거나 일관성이 없는 양육 행동도 청소년 문제행동과 관련이 있다. 인터넷 중독 청소년들의 부모는 거부적이고 통제적이며 일관성이 적은 양육 태도와 행동을 보인다(김재엽, 뭉크나릉, 최선아, 2017; 이은경, 장미경, 전인식, 2015; 장미경, 이은경, 2007). 부모의 일관성이 부족한 양육 행동은 청소년의 인터넷 중독뿐 아니라 학교폭력 문제행동과도 관련된 주요 요인이다. 특히 학교폭력 피해 청소년들의 경우, 거부와 수용을 일관성 없이 반복하는 부모의 양육 행동에 익숙해져서 또래들의 거부적이거나 폭력적인 행동에 대해서 자신을 방어하지 못하고 수동적으로 대처하는 행동을 보인다(박보경, 한세영, 최미경, 도현심, 2004; 주동범, 2012). 가족관계 갈등도 청소년 인터넷 중독과 관련된 주요 요인인데 인터넷 중독 청소년들은 그렇지 않은 청소년들에 비해서 부모와 함께하는 시간이 부족하고 부모와의 관계에 있어서 정서적 교감이 어려우며, 이로 인한 의사소통 갈등이 심할 뿐 아니라 부모 간 갈등도 크다는 연구결과들이 보고되고 있다(손선옥, 2016; 이은경, 장미경, 전인식, 2015; 장미경, 이은경, 2007).

(2) 청소년기 또래와 문제행동

청소년기는 발달 특성상 부모로부터 심리적 독립을 시도하고 또래에 대한 동조성이 증가하는 시기이기 때문에 또래관계 맥락은 청소년기 행동 발달에 민감하게 영향을 미친다(이미리 외, 2019). 청소년들은 부모의 부정적인 양육으로 인한 스트레스를 또래관계를 통해 해소할 수 있기 때문에 또래에 대한 애착을 통해 심리적 안정을 얻을 수도 있다. 그러므로 청소년기 또래관계는 문제행동을 예방하거나 해결하는 데 도움을 줄 뿐 아니라 문제행동을 부추기기도 한다. 선행연구 결과들을 종합해보면 청소년 문제행동과 관련된 또래 관련 주요 요인은 또래관계의 질, 또래압력, 비행친구의 존재 등이었다.

또래관계가 지지적이고 애착이 형성되어 또래관계 만족도가 높은 청소년들은 인터넷 중독에 빠질 위험성이 적다는 연구결과들이 보고되고 있다(김의철, 박영신, 탁수연, 김정희, 오미선, 2013; 이은경, 장미경, 전인식, 2015). 왜냐하면 또래관계에서 불안감이나 외로움을 느끼는 청소년들은 사이버 공간에서 다른 정체성을 가지고 억압된 자신의 감정이나 욕구를 표현할 수 있어서 인터넷에 과다 몰입할 가능성이 크기 때문이다(이숙, 남윤주, 2004; 이은경, 장미경, 전인식, 2015; 장미경, 이은경, 2007). 또래관계가 지지적이면 학교폭력 피해자가 될 가능성도 적으며 피해를 당한 경우에도 또래들에게 도움을 구함으로써 문제를 해결할 수도 있다(황은영, 도현심, 신정희, 2008). 그러나 지지적인 또래관계가 아니라 스트레스를 경험하는 또래관계일 때는 또래의 존재가 학교폭력 문제뿐 아니라 성 문제를 비롯한 문제행동의 유발 요인이 된다(정여주, 김윤희, 2013).

가장 심각한 문제행동이라고 볼 수 있는 청소년 자살의 가장 주요 원인이 또래로부터의 괴롭힘이나 따돌림 경험이다(백진숙, 2013; 이지언, 정익중, 2013). 또래로부터 신체적, 심리적 폭력을 지속적으로 당하게 되면, 심리적으로 불안정하고 무기력해져서 대인관계에 대한 두려움이 생기고 스스로를 고립시키게 된다. 고립된 상황에서 누구에게도 도움을 구할 수 없을 때 자살행동을 하게 된다.

청소년기에 또래에 대한 동조성과 또래에 대한 소속감에 대한 욕구가 증가하기 때문에 또래압력은 청소년 행동에 중요한 영향을 미친다(Steinberg, 2012). 이러한 발달적 특성을 보이는 시기에 비행친구들로부터 압력을 받게 되면 문제행동을 하게 된다. 또래집단에 대한 소속감을 갖기 위해서 또래집단이 공유하는 행동이나 규칙을 준수하는 것을 중요하게 생각하기 때문에, 또래집단으로부터 학교폭력, 성 문제행동 등 문제행동을 하도록 압력을 받게 되면 원하지 않아도 그 행동에 동조하거나 가담한다(김상범, 남영옥, 2017; 한아림, 2012). 또한, 또래들과의 대화에서 소외되지 않고 소속감을 갖기 위해서 인터넷 게임을 하게 되고 게임 과다몰입 행동으로 진행되기도 한다(이은경, 장미경, 전인식, 2015; 장미경, 이은경, 2007).

(3) 청소년기 학교 및 지역사회와 문제행동

학교에서 많은 시간을 보내는 청소년기에 학교는 가정 다음으로 기본적이고 안정적인 지지체계로서의 기능을 한다. 학업중단 청소년들이 그렇지 않은 청소년들에 비해서 학교폭력, 가정폭력, 성 문제행동, 인터넷 중독 등을 비롯한 문제행동 경험 수준이 높다는 선행연구 결과들이 꾸준히 보고되고 있다(남미애, 홍봉선, 2009; 정해숙, 최윤정, 최자은, 2014). 물론 학업중단의 동기가 제도권 학교에서의 교육과는 다른 창의적인 교육을 받기 위해서인 경우는 여기에 해당되지 않을 수 있으며, 학업중단이 문제행동의 원인뿐 아니라 결과일 수도 있으므로 학업중단과 문제행동의 관련성을 간단하게 말할 수는 없으나, 이러한 선행연구 결과들은 학교가 청소년들의 건강한 발달을 위한 중요한 기능을 수행하는 맥락임을 보여주는 것이다.

특히, 청소년 문제행동 중에서도 학교폭력은 주로 학교에서 발생하기 때문에 학교 환경뿐 아니라 청소년들의 학교에 대한 적응도는 학교폭력 문제와 관련된 주요 요인이다. 학교정책의 일관성, 학생을 존중하는 학교 분위기, 학교의 중요한 의사결정에 대한 학생 의견의 반영 정도, 학급 구성원 간의 일체감, 교사의 권위와 학생 문제에 대한 적절한 대처, 교사와의 대화 경험 등이 청소년 문제행동의 예방이나 해결과 관련된 주요 학교 요인이다(이규미, 이대식, 김영혜, 2003; 이은희, 공수자, 이정숙, 2004; 정해숙, 최윤정, 최자은, 2014; 조영미, 임영식, 2015). 입시 위주의 성적만을 강조하는 학교가 아니라 이러한 긍정적인 학교 분위기가 조성될 때 청소년들은 학교만족도, 성적, 학교활동에 대한 참여도와 소속감이 높아지고, 이를 통해서 학교폭력뿐 아니라 성 문제행동을 비롯한 문제행동 경험 가능성이 낮아진다(김미영, 2007; 김예성, 박현선, 2007; 김혜원, 2011).

가족과 학교에서 보호받지 못하는 청소년들은 사회의 지지체계로부터 보호를 받아야 한다. 지역사회는 가족이나 학교보다 더 넓은 환경으로 특정 지역에서 다양한 유대를 갖는 사람들이 사회적으로 상호작용하며 살아가는 맥락적인 환경으로 정의할 수 있는데, 지역사회의 물적, 인적 환경은 청소년 문제행동 예방이나 발생에 영향을 미친다(김재엽, 최선아, 임지혜, 2015; 이미영, 장은진,

2015). 지역사회의 무질서, 폭력이나 일탈 행동을 허용하는 유해한 분위기, 청소년들의 성 산업에 대한 고용 진출이 용이한 산업구조, 성을 상품화하는 물질만능주의, 인터넷 유해 매체의 무분별한 노출 등은 학교폭력, 성 문제행동, 인터넷 중독 등의 청소년 문제행동 유발에 직간접적인 영향을 미친다(김재엽, 곽주연, 2017; 김재엽, 최선아, 임지혜, 2015; 김혜자, 심미정, 2014; 신순갑, 2012; 오병호, 이상구, 2012; 이규미, 이대식, 김영혜, 2003; 이미영, 장은진, 2015; 정규석, 조정자, 유순화, 2003; 정혜원, 2014).

청소년들이 지역사회에서 직접적으로나 매체를 통해서 간접적으로 폭력적인 상황에 지속적으로 노출되면 폭력에 대해서 둔감하게 되고 관찰학습 효과를 일으켜서 일상생활에서 갈등을 죄책감 없이 폭력적으로 해결하려는 행동습관을 형성하게 된다. 뿐만 아니라, 지역사회의 유해환경은 청소년 인터넷 중독 발생과 밀접한 관계가 있다. 선행연구에 의하면 유흥가, 윤락가 등의 청소년 유해환경이 적은 지역사회에서 성장하는 청소년들의 인터넷 중독 수준은 그렇지 않은 지역사회의 청소년들에 비해 의미 있게 낮았다(황재원, 2011). 그러므로 지역사회의 폭력적인 유해환경으로부터 청소년을 보호하는 것은 청소년 문제행동의 해결을 위한 기본적인 과제다(신순갑, 2012; 오병호, 이상구, 2012).

3) 청소년기 심리적 특성과 환경적 특성의 상호작용적 관계와 문제행동

청소년 문제행동과 관련된 대표적인 심리적 특성은 스트레스에 대한 부정적인 인식을 비롯한 왜곡된 사고방식, 소극적인 대처 행동, 외적 귀인 성향, 지식과 경험의 부족 등의 인지적 특성, 우울, 불안, 외로움 등의 부정적 정서 상태, 충동성과 공격성, 자기통제력, 공감 능력, 자아존중감 등의 사회정서적 특성이 있다. 청소년 문제행동과 관련된 대표적인 환경적 특성은 가족의 구조적 결손, 가족폭력, 부모의 부정적인 양육, 가족관계 갈등 등의 가족특성, 또래관계의 질, 또래압력, 비행친구의 존재 등의 또래 특성, 학교정책의 일관성, 학생을 존중하는 학교 분위기, 학교의 중요한 의사결정에 대한 학생 의견의 반영 정도, 학급 구성원 간의 일체감, 교사의 권위와 학생 문제에 대한 적절한 대처, 교사와의 대화 경험, 학교만족도, 성적, 학교활동에 대한 참여도와 소속감 등의 학교특성, 그리고 무질서, 폭력이나 일탈 행동을 허용하는 유해한 분위기, 물질만능주의, 인터넷 유해 매체의 무분별한 노출 등의 지역사회특성이었다. 선행연구들을 통해서 보고된 이상의 청소년 문제행동 관련 요인들을 〈표 1-1〉에 정리하여 제시하였다.

〈표 1-1〉에 제시한 개인의 심리적 특성과 환경적 특성이 모두 청소년 문제행동과 관련이 있는데 문제행동과 관련된 한 가지 특성을 청소년이 가지고 있다고 해서 반드시 문제행동이 발생하는 것은 아니다. 청소년 문제행동의 유발과 지속성은 개인의 심리적 특성과 그가 처한 환경적 특성의 상호작용적 관점에서 생각해볼 필요가 있다. 또한 환경적 특성에 있어서도 다양한 환경의 영향을 동시에 또는 다차원적으로 고려해야 한다. 이를 위해서 앞서 설명한 Bronfenbrenner (1977)의 인간-과정 맥락 모델(person-process context model)을 청소년 문제행동을 설명하기 위한 심리적 환경적 특성의 상호작용적 혹은 다차원적 관계에 적용해보기로 하자.

인간-과정 맥락 모델은 환경이 개인의 행동에 주는 영향은 개인의 특성에 따라서 달리 작용하며 환경 간에도 미시체계에서 거시체계에 이르기까지 다차원적으로 혹은 동시적으로 작용한다는 것을 설명하는 모델이다. 이 모델의 관점에 의하면 환경이 청소년 문제행동의 발생이나 지속에 미치는 영향은 개인의 심리적 특성에 따라서 달리 나타난다. 예를 들면, 청소년기에 윤락가나 유흥업소 등의 유해환경이 많은 지역사회 거주라는 환경적 위험요인을 가지고 있다고 해서 문제행동의 발생으로 이어지는 것은 물론 아니다. 청소년이 긍정적인 심리특성을 가지고 있을 때는 보호요인의 기능을 해서 위험요인의 영향을 상쇄할 수 있다. 그러나 청소년이 충동성이나 낮은 자존감 등의 부정적인 심리특성을 가지고 있으면 이러한 유해환경이 만연한 지역사회라는 위험요인에 취약하므로 문제행동이 발생할 수 있다. 그러므로 문제행동에 대한 심리적 요인과 환경적 요인들의 관련성을 독립적으로 설명할 수 없다. 동일 환경에서 자라는 청소년들이 동일한 문제행동 수준을 보이는 것도 아니고, 동일한 심리적 적응 수준을 보이는 청소년들이 역시 동일한 문제행동 수준을 보이지도 않는 것은 이러한 심리적 특성과 환경적 특성의 상호작용적 관점에서 설명될 필요가 있다.

또한, 청소년을 둘러싸고 있는 가족, 또래, 학교, 지역사회 등의 환경은 각자 독립적으로 청소년의 문제행동과 관련되어 있는 것이 아니라 서로 상호작용하면서 영향을 준다. 예를 들면 가족 환경이 또래 환경에 영향을 주기도 하고 지역사회 환경이 가족 환경에 영향을 주기도 하면서 서로 다른 환경들 간의 상호작용으로 인한 또 다른 환경적 영향을 통해서 청소년 문제행동이 발생하기도 한다. 그러므로 〈표 1-1〉에 제시한 심리적, 환경적 요인들과 청소년 문제행동의 관련성은 상호작용적이고 다차원적인 관점에서 고려할 필요가 있다.

〈표 1-1〉 청소년 문제행동과 관련된 심리적, 환경적 요인

심리적 요인	환경적 요인
인지적 요인 • 스트레스에 대한 부정적 인식 • 왜곡된 사고방식 • 소극적인 대처 행동 • 외적 귀인 성향 • 지식과 경험의 부족	가족요인 • 가족의 구조적 결손 • 가족폭력 • 부정적인 양육 • 가족관계 갈등
사회정서적 요인 • 우울 불안 등의 부정적 정서상태 • 충동성과 공격성 • 자기통제력 • 공감능력 • 자아존중감	또래요인 • 또래관계의 질 • 또래압력 • 비행친구의 존재

심리적 요인	환경적 요인
	학교요인 • 학교정책의 일관성 • 학생을 존중하는 분위기 • 학교 의사결정에 학생 의견 반영도 • 학급 구성원 간의 일체감 • 교사의 권위와 학생 문제 대처능력 • 교사와의 대화 경험 • 학교만족도 • 성적 • 학교 활동에 대한 참여도와 소속감 지역사회요인 • 무질서, 폭력을 허용하는 분위기 • 청소년들의 성 산업에 대한 고용 진출이 용이한 산업구조 • 성을 상품화하는 물질만능주의 • 인터넷 유해 매체에의 무분별한 노출

3. 요약

1) 청소년 문제행동과 청소년기 발달특성

청소년 문제행동의 개념을 '청소년 부적응 문제', '청소년 위험행동', '청소년 문제'의 개념들과 관련지어 살펴보고 청소년 문제행동의 발생 원인의 파악과 해결책 모색을 위해 알아야 할 청소년기의 발달특성을 살펴보았다. 청소년 문제행동을 청소년 부적응 문제, 청소년 위험행동, 청소년 문제의 용어들과 구분해서 이해할 필요가 있다. 청소년 부적응 문제는 자신뿐 아니라 타인에게도 부정적인 영향을 미치게 되는 행동인데 청소년기의 발달적 특징과 밀접하게 관련된다. 위험행동은 문제행동으로 확장될 가능성이 높지만 청소년기에 나타나는 정상적인 행동의 일부이며, 자아정체감을 형성하기 위한 역할실험이나 또래들과의 관계 형성에 기능적으로 작용할 수 있다. 청소년 문제는 일반적으로 통용되는 청소년 범법행위와 청소년 부적응의 문제뿐 아니라 청소년을 대상으로 한 범죄나 청소년 관련 복지 문제도 포함할 수 있다. 생애주기 중에서 청소년기는 생리적으로 급격한 변화를 경험하고 이로 인해 정서적, 인지적인 변화가 유발되며 대인관계에 있어서도 아동기와는 다른 역할을 수행해야 하는 변화를 겪게 될 뿐 아니라, 정체감을 형성하고 진로를 결정해야 하는 과제를 안게 되기 때문에 정서적으로 불안하고 스트레스가 많은 시기다. 그러므로 청소년기에 문제행동이 발생할 가능성이 크다. 청소년기 신체적, 인지적, 사회정서적 발달의 결과가 청소년 문제행동 유발이나 지속과 관련이 있지만 모든 청소년들이 문제행동을 경험하는 것은 아니다. 발달적 결과에 있어서 개인차가 발생하는 이유는 개인의 심리적 특성과 환경적 특성 간의 상호작용적 결과에 있다. 그러므로 청소년 문제행동은 청소년의 발달적 특성과 그를 둘러싼 환경적 특성과의 상호작용적 관점에서 이해되어야 한다. Bronfenbrenner의 생태학적 체계이론은 이러한 관점을 제공한다.

2) 청소년 문제행동과 심리적, 환경적 특성의 관계

청소년 문제행동과 관련된 대표적인 심리적 특성은 스트레스에 대한 부정적인 인식을 비롯한 왜곡된 사고방식, 소극적인 대처 행동, 외적 귀인 성향, 지식과 경험의 부족 등의 인지적 특성, 우울, 불안, 외로움 등의 부정적 정서 상태, 충동성과 공격성, 자기통제력, 공감 능력, 자아존중감 등의 사회정서적 특성이다. 청소년 문제행동과 관련된 대표적인 환경적 특성은 가족의 구조적 결손, 가족폭력, 부모의 부정적인 양육, 가족관계 갈등 등의 가족특성, 또래관계의 질, 또래압력, 비행친구의 존재 등의 또래 특성, 학교정책의 일관성, 학생을 존중하는 학교 분위기, 학교의 중요한 의사결정에 대한 학생 의견의 반영 정도,

학급 구성원 간의 일체감, 교사의 권위와 학생 문제에 대한 적절한 대처, 교사와의 대화 경험, 학교만족도, 성적, 학교 활동에 대한 참여도와 소속감 등의 학교특성, 그리고 무질서, 폭력이나 일탈 행동을 허용하는 유해한 분위기, 물질만능주의, 인터넷 유해 매체의 무분별한 노출 등의 지역사회 특성이다. 청소년 문제행동은 개인의 심리발달적 특성과 그가 처한 미시체계에서 거시체계에 이르기까지의 복합적인 환경적 특성 간의 상호작용에 의해서 발생하고 지속된다. Bronfenbrenner의 인간-과정 맥락 모델(person-process context model)은 청소년 문제행동을 설명하기 위한 개인의 발달적 특성과 환경적 특성의 상호작용적 관계를 설명하는 이론적 틀을 제시한다.

참고문헌

강승희, 김대현(2006). 학년 및 성별에 따른 대학생의 비판적 사고 기능과 사고 성향의 차이 연구. 청소년학연구, 13, 5, 25-48.

강희양, 손정락(2010). 청소년의 인터넷 중독과 게임 중독에 대한 자존감 향상 인지행동치료 효과. 한국심리학회지: 건강, 15, 1, 143-159.

교육부, 보건복지부, 질병관리본부(2016). 제12차 청소년건강행태온라인조사 통계. 질병관리본부.

권은낭, 강정한(2017). 인터넷 이용유형이 청소년 온-오프라인 비행에 미치는 영향. 한국청소년연구, 28, 4, 195-223.

권정혜(2005). 청소년의 인터넷 게임 중독: 시간에 따른 변화와 이에 영향을 미치는 변인들. 한국심리학회지: 임상, 24, 2, 267-280.

김경화, 주동범(2006). 청소년 문제행동 유형별 사회적 비용의 비교연구: 동향과 향후과제를 중심으로. 비교교육연구, 16, 3, 119-140.

김기헌(2013). 연구보고13-R04 청소년 자살예방 정책연구. 한국청소년정책연구원.

김동욱, 유재민, 김청송(2017). 청소년의 지배성, 사회성, 공감 및 이타성이 집단괴롭힘의 방관성에 미치는 영향. 청소년학연구, 24, 7, 333-352.

김동일, 이윤희, 김영근, 강민철(2013). 청소년 인터넷중독 위험군에 대한 잠재집단 프로파일 분석. 상담학연구, 14, 4, 2143-2162.

김만지(2004). 미혼모의 임신 연령과 관련 요인에 관한 연구: 개인, 또래, 학교요인을 중심으로. 한국청소년연구, 15, 2, 5-25.

김미영(2007). 학교체계가 중학생의 학교폭력에 미치는 영향. 한국청소년연구, 18, 2, 287-314.

김상균(2005). 비행청소년과 일반청소년의 도덕발달 차이 연구. 한국공안행정학회보, 21, 2-26.

김상범, 남영옥(2017). 청소년의 성비행과 자극추구성향, 또래동조성, 비행친구접촉의 경로분석. 미래청소년학회지, 14, 1, 51-73.

김소영, 홍세희(2012). 초기청소년 자살생각의 변화유형분류와 예측. 한국청소년연구, 23, 1, 251-275.

김영한, 조아미, 이승하(2013). 청소년 문제행동 저연령화 실태 및 정책 과제 연구. 한국청소년정책연구원.

김예성, 김광혁(2008). 초등학교 아동의 또래괴롭힘 경험유형에 따른 우울불안, 학교유대감, 공격성의 차이 및 피해경험을 통한 가해경험 변화. 아동학회지, 29, 4, 213-229.

김예성, 박현선(2007). 초등학교 또래괴롭힘 피해 아동의 학교적응유연성에 관한 연구. 한국아동복지학, 23, 2, 65-97.

김은영(2009). 보호관찰 청소년의 인터넷 중독과 관련된 심리사회적 특성. 청소년복지연구, 11, 4, 1-23.

김의철, 박영신, 탁수연, 김정희, 오미선(2013). 청소년 사이버 자기개념, 자기효능감, 친구관계, 주관적 안녕감과 학업성취도: 인터넷 중독인식집단과 비중독집단의 비교. 한국심리학회지: 문화 및 사회문제, 19, 2, 285-318.

김재엽, 곽주연(2017). 청소년의 스마트폰 중독과 인터넷 유해매체 노출이 성폭력 가해행동에 미치는 영향. 한국청소년연구, 28, 4, 255-283.

김재엽, 김희진, 장대연, 이현(2017). 가정폭력 노출이 청소년의 성폭력가해에 미치는 영향: 유해매체 접촉의 매개효과와 성별차이를 중심으로. 청소년복지연구, 19, 2, 111-136.

김재엽, 뭉크나릉, 최선아(2017). 부부폭력 노출경험이 청소년의 음란물 이용에 미치는 영향: 우울 불안의 매개효과. 청소년복지연구, 19, 3, 211-230.

김재엽, 최선아, 임지혜(2015). 지역사회 환경이 청소년의 학교폭력 가해행동에 미치는 영향: 폭력허용도의 매개효과 검증. 청소년학연구, 22, 11, 111-135.

김재철, 최지영(2011). 부모 학대가 공격성에 미치는 영향: 자존감, 학교폭력 피해경험의 매개효과. 아동교육, 20, 1, 19-23.

김지은, 박혜준(2016). 또래괴롭힘 상황에서 주변또래의 잠재적 참여유형에 따른 사회인지적 특성 비교. Korean Journal of Child Studies, 37, 4, 69-81.

김혜원(2001). 청소년 인터넷 중독현상: 인터넷 중독의 현황 파악과 관련 변인 분석. 청소년학연구, 8, 2, 91-117.

김혜원(2011). 청소년들의 집단따돌림과 집단괴롭힘 피해 경험에 따른 심리적 부적응 및 학교부적응. 청소년학연구, 18, 5, 321-356.

김혜원, 이해경(2000). 학생들의 집단괴롭힘 관련경험에 대한 예언변인들의 탐색: 초, 중, 고등학생 간 비교를 중심으로. 교육심리연구, 15, 1, 183-210.

김혜자, 심미정(2014). 청소년의 인터넷 음란물 접촉에 따른 성의식과 이성교제태도. Journal of Digital Convergence, 12, 5, 367-376.

남미애, 홍봉선(2009). 성매매청소년 교육수강제에 참여하는 청소년의 현황 및 사회적 피해경험에 관한 연구. 청소년학연구, 16, 2, 63-94.

모경환, 이미리, 김명정(2014). 청소년문제와 보호. 파주: 교육과학사.

모경환, 이미리, 이봉민(2018). 청소년문제. 서울: 한국방송통신대학교출판부.

문대근, 이진주, 이종각, 김정민, 문수백(2013). 청소년의 자살생각 관련변인들 간의 인과적 구조분석: 가족응집성, 가족적응성, 자아존중감, 집단따돌림, 그리고 우울을 중심으로. 아동학회지, 34, 3, 93-112.

문진명(2000). 시설청소년과 일반청소년의 또래 피해 지각에 따른 또래 따돌림 귀인 및 소외감. 서울대학교 석사학위논문.

박보경, 한세영, 최미경, 도현심(2004). 또래괴롭힘 집단에 따른 아동의 인성특성, 부모에 대한 애착 및 부모의 부부갈등. 한국가정관리학회지, 22, 1, 45-54.

박성희(2015). 청소년 가해자의 생애사 재구성을 통한 학교 폭력 예방 방안. 교육의 이론과 실천, 20, 1, 33-57.

박승민, 김은하, 강민철(2013). 청소년의 인터넷 중독 수준 변화에 대한 잠재계층 분석과 잠재계층 분류에 대한 영향요인 탐색. 상담학연구, 14, 5, 2987-3002.

박영신(2017). 성별에 따른 대학생의 성격특성, 인지적 통제와 위험행동의 관계. 한국청소년연구, 28, 4, 113-135.

백진숙(2012). 청소년의 학교폭력피해경험이 자살생각에 미치는 영향: 사회적 지지와 자원봉사활동의 조절효과를 중심으로. 사회복지실천, 11, 63-93.

서인균, 이연실(2017). 청소년기 스마트폰 중독이 자살생각에 미치는 영향: 사회적 지지의 조절효과. 미래청소년학회지, 14, 3, 69-89.

서정애(2009). 십대미혼모의 임신경험 구성에 관한 연구. 한국청소년연구, 20, 1, 281-308.

성경주, 김재철(2016). 대학생의 대상관계와 자살생각 간의 관계에서 자기비난적 우울과 의존적 우울의 매개효과. 청소년학연구, 23, 4, 473-499.

손선옥(2016). 학업스트레스가 컴퓨터 게임 과몰입에 이르는 경로: 사회참여와 부모자녀 관계의 매개효과와 성별 차이. 청소년학연구, 23, 11, 217-243.

송국범, 이원용(2013). 사회적 기술과 자기조절 능력이 인터넷 중독에 미치는 영향. 청소년학연구, 20, 11, 335-365.

송명자(1995). 발달심리학. 서울: 학지사.

송보라, 이기학(2014). 인간생태체계모형을 바탕으로 한 진로적응성과 가족환경 요인들 간의 관계모형 검증: 남녀 대학생의 차이를 중심으로. 한국심리학회지: 여성, 19, 3, 211-232.

신순갑(2012). 학교폭력. 철학과 현실, 93, 24-44.

신재선, 정문자(2002). 초등학생의 또래괴롭힘 유형과 스트레스 대처행동에 관한 연구. 아동학회지, 23, 5, 123-138.

양방원, 홍혜영(2016). 중학생의 사이버 불링피해 경험이 자살생각에 미치는 영향: 스트레스 대처행동의 조절효과를 중심으로. 청소년학연구, 23, 9, 351-380.

오병호, 이상구(2012). 지역사회에서 청소년 학교폭력의 예방 대책에 관한 연구. 21세기 사회복지연구, 9, 2, 231-252.

오윤선(2008). 청소년의 인터넷 게임 중독이 우울, 공격성, 자아존중감에 미치는 영향. 청소년시설환경학회지, 6, 4, 3-15.

오지희, 김민정(2014). 미디어의 자살보도가 청소년의 자살생각에 미치는 영향: 사회학습이론을 중심으로. 한국엔터테인먼트산업학회논문지, 8, 4, 167-177.

오혜영, 지승희, 허지은, 김상수, 김경민, 이현숙(2011). 한국청소년상담연구 155: 자살위기청소년을 위한 사이버상담 개입 프로그램 개발. 한국청소년상담원.

이경진, 조성호(2004). 청소년 자살 고위험 집단의 심리적 특성. 한국심리학회지: 상담 및 심리치료, 16, 4, 667-685.

이규미, 이대식, 김영혜(2003). 심각한 폭력 가해학생에 대한 사례분석: 폭력유발 요인과 예방안. 한국심리학회지: 상담 및 심리치료, 15, 2, 367-382.

이미리(1996). 청소년의 우울증 수준에 있어서 문화적 차이와 일상생활활동경험과의 관계-한국과 미국 고등학교 3학년생의 비교. 아동학회지, 17, 1, 137-152.

이미리(2006). 청소년의 우울증에 대한 스트레스와 대처전략의 상호작용 효과. 아동학회지, 27, 5, 67-78.

이미리(2009). 청소년기 분노정서 경험의 발달과 자아존중감, 부모, 친구, 학업, 여가 맥락의 영향. 청소년복지연구, 11, 2, 127-143.

이미리(2012). 사춘기 진입 시기 일상생활경험의 초경 여부에 따른 차이 및 우울증과의 관계. 청소년복지연구, 14, 3, 121-139.

이미리(2013). 청소년기 혼자 시간의 자발성 여부에 따른 활동내용과 심리상태의 차이. 청소년복지연구, 15, 2, 175-195.

이미리, 김진한(2005). 일상생활에서 나타나는 청소년기 우울증의 정서적 증상: 대인맥락 변화를 중심으로. 대한가정학회지, 43, 5, 81-91.

이미리, 김춘경, 여종일(2019). 청소년 심리 및 상담. 서울: 학지사.

이미리, 조성연, 길은배, 김민(2014). 청소년학개론. 서울: 학지사.

이미영, 장은진(2015). 학교폭력 가해자가 경험한 학교폭력 맥락에 관한 질적연구. 한국심리학회지: 발달, 28, 3, 115-140.

이미욱, 하정희, 최윤영(2015). 또래 괴롭힘에서 주변인 역할 집단에 따른 비합리적 신념, 공격성, 사회불안의 차이. 청소년학연구, 22, 9, 137-161.

이상정, 안은미, 정익중(2017). 학대 피해 경험이 있는 가정외보호 아동의 학교폭력에 영향을 미치는 원인 조건에 관한 탐색적 연구: 퍼지셋 질적 비교연구(Fs/QCA)방법론의 적용. 청소년복지연구, 19, 4, 57-84.

이선희, 전종설(2012). 남녀 청소년의 스트레스가 자살생각에 미치는 영향: 자아존중감의 조절효과를 중심으로. 사회과학연구논총, 28, 173-202.

이수정, 장현석(2004). 청소년 성폭력의 심리적 원인으로서 애착결핍. 한국청소년연구, 15, 2, 415-442.

이숙, 남윤주(2004). 청소년 친구관계와 인터넷 사용에 따른 인터넷 중독. 대한가정학회지, 42, 3, 1-16.

이은경, 장미경, 전인식(2015). 게임과몰입상담사의 FGI를 통해 본 청소년 게임행동 유형별 특징. 청소년학연구, 22, 2, 269-295.

이은희, 공수자, 이정숙(2004). 청소년들의 가정, 학교, 지역의 심리사회적 환경과 학교폭력과의 관계: 분노조절과 비행친구 접촉의 매개효과. 한국심리학회지: 상담 및 심리치료, 16, 1, 123-245.

이장호, 정남운, 조성호(2005). 상담심리학의 기초. 서울: 학지사.

이지언, 정익중(2013). 따돌림 피해 경험이 우울과 자살생각에 미치는 영향: 성별차이를 중심으로. 학교사회복지, 24, 219-239.

이희연, 하은혜(2015). 청소년 우울증상의 지속에 대한 인지취약성의 영향과 성차: 6개월 종단연구. 한국심리학회지: 여성, 20, 2, 157-179.

임하늘, 최재용, 이윤호(2015). 생태체계적 접근을 통한 비행의 성차 연구. 한국범죄학, 9, 3, 69-102.

장미경, 이은경(2007). 초등학생의 인터넷 사용 욕구와 부모 관련 변인이 게임중독에 미치는 영향. 한국심리학회지: 상담 및 심리치료, 19, 4, 1125-1138.

장휘숙(2004). 청년심리학. 서울: 학지사.

정규석, 조정자, 유순화(2003). 청소년 성매매에 관한 다체계 모델 검증. 청소년학연구, 10, 3, 239-259.

정문자, 이미리, 전연진(2007). 내면화와 외현화 행동문제집단과 정상집단 아동의 인구학적, 가족기능적 특성의 차이. 아동학회지, 28, 2, 251-265.

정여주, 김윤희(2013). 집단따돌림 극복집단과 지속집단 구분요인에 대한 구조분석. 가족과 상담, 3, 1, 15-32.

전신현(2012). 고등학생들의 인터넷 사용 및 그 유형과 우울의 관계: 성별 차이의 검증을 중심으로. 보건과 사회과학, 31, 153-173.

전신현, 이성식(2017). 학교폭력 피해경험이 우울에 미치는 영향에서 자긍심 및 사회지지의 작용과 성별차이. 한국청소년연구, 28, 2, 131-155.

전영실, 강은영, 박형민, 김혜정, 황태정, 정유희(2007). 성폭력 범죄의 유형과 재범억제 방안. 한국형사정책연구원.

정익중, 박재연, 김은영(2010). 학교청소년과 학교밖 청소년의 자살생각과 자살시도에 영향을 미치는 요인. 정신보건과 사회사업, 34, 4, 222-251.

정해숙, 최윤정, 최자은(2014). 학생 미혼모 학습권 보장 방안. 한국여성정책연구원.

정혜원(2014). 가출 청소녀의 성매매에 유입되는 과정: 생태체계적 접근을 중심으로. 한국범죄학, 8, 2, 205-242.

조영미, 임영식(2015). 집단따돌림 역할자 유형분석 및 학교 영향요인검증. 청소년학연구, 22, 9, 111-135.

조주영, 김영희(2006). 청소년 위험성행동과 관련된 개인, 가족, 주변환경 체계요인의 경로모형. 대한가정학회지, 44, 3, 181-195.

조주영, 오인수(2014). 청소년의 학교폭력 경험유형과 유형변화 및 정서문제 간의 관계. 한국청소년연구, 25, 4, 301-323.

조춘범(2012). 청소년의 부모가 폭력목격경험이 성폭력가해에 미치는 영향: 인터넷 음란물 접촉정도의 매개효과를 중심으로. 청소년문화포럼, 32, 단일호, 145-172.

조춘범(2015). 청소년의 사이버불링 피해경험과 자살생각과의 관계연구: 우울의 매개효과를 중심으로. 청소년복지연구, 17, 4, 71-92.

주동범(2012). 학교폭력 예방을 위한 가정의 역할 탐색. 상담평가연구, 5, 2, 1-13.

주지혁, 김형일(2013). 청소년의 성정향성, 인터넷 음란물 노출 및 노출 후 행태 사이의 관계에 관한 탐색적 연구: PLS 구조모형 분석을 중심으로. The Journal of Digital Policy & Management, 11, 6, 11-21.

차은진, 김경호(2013). 초기 청소년의 자기통제력이 사이버 비행에 미치는 영향: 인터넷 윤리의식과 유해정보 접촉의 매개효과. 청소년복지연구, 15, 2, 1-31.

청소년대화의 광장(1998). 청소년문제론. 청소년대화의 광장.

최인재(2010). 청소년기 자녀의 자살생각에 대한 부모자녀관계의 영향: 자아존중감 및 우울의 매개효과를 중심으로. 청소년학연구, 17, 9, 105-130.

최충옥(1998). 청소년문제 연구의 동향과 과제. 청소년학연구, 5, 2, 17-32.

최해연, 곽윤영, 김은영, 배주미(2011). 청소년 탈성매매 과정 연구: 근거이론을 중심으로. 청소년상담연구, 19, 1, 183-202.

한국정보화진흥원(2013). 2013년 청소년 인터넷 중독 실태조사. 한국정보화진흥원.

한상철(2006). 청소년의 위험행동과 삶의 질: 위험행동에 대한 보호요인의 역할. 한국심리학회지: 사회문제, 12, 5, 99-116.

한상철(2015). 청소년 위험행동과 긍정적 발달. 미래청소년학회 추계학술대회 자료집.

한아림(2012). 또래괴롭힘에 대한 규준적 신념과 또래동조성에 또래괴롭힘 가해 행동에 미치는 영향. 성균관대학교 석사학위청구논문.

황은영, 도현심, 신정희(2008). 또래괴롭힘 집단의 유형에 따른 부부갈등, 어머니의 양육행동 및 아동의 친구관계의 질. 한국가정관리학회지, 26, 5, 419-432.

황재원(2011). 학령기 아동경험과 부모 및 주변환경이 향후 청소년기 인터넷 중독에 미치는 영향. 상담학연구, 12, 5, 1489-1508.

Achenbach, T. M. (1991). *Manual for the Youth Self-Report and 1991 Profile*. Burlington: University of vermont.

Bronfenbrenner, U. (1977). Toward an experimental ecology of human development. *American Psychologist, July,* 513-531.

Elkind, D. (1978). *The Child's Reality: Three Developmental Themes*. Hillsdale, NJ: Erlbaum.

Engels, R. C. M., & Bogt, T. (2001). Influences of risk behaviors on the quality of peer relations in adolescence. *Journal of Youth and Adolescence, 30*, 6, 675-695.

Steinberg, L. (2011). *Adolescence*. NY: McGraw-Hill Companies, Inc.

Wicks-Nelson, R., & Israel, A. C. (2013). *Abnormal child and adolescent psychology* (8th ed.). Upper Saddle River, NJ: Pearson. 정명숙, 박영신, 정현희(역), (2015). 아동 · 청소년이상심리학. 서울: 시그마프레스.

제 2 장

청소년 문제행동에 대한 이론적 설명

본 장에서는 청소년의 문제행동을 설명하는 다양한 이론적 논의에 대해 살펴보았다. 개인의 특성을 중심으로 문제행동/비행/범죄의 원인을 밝히는 것이 생물학적인 설명과 심리학적 설명이다. 생물학적 설명은 사람의 신체적인 특징이나 유전적인 특징으로 문제행동이나 범죄를 설명한다. 초기의 생물학적 설명으로 롬브로소의 이론, 체형과 범죄, 범죄성의 유전에 대해서 살펴보았으며, 이후의 생물학적 관점으로 생화학적 조건, 신경학적 결함이 문제행동에 미치는 영향을 살펴보았다. 심리학적 설명은 범죄를 저지르게 하는 원인을 사람의 마음, 즉 심리적 특징에서 찾는데, 범죄를 저지르도록 만드는 심리적인 요인을 찾아내고 이를 통해서 범죄를 설명하고자 한다. 여기에서는 정신분석학적 범죄 설명, 퍼스낼리티 이론, 학습이론 및 인지심리학, 도덕성 발달을 중심으로 한 범죄에 대한 설명을 소개하였다.

사회환경을 중심으로 문제행동이나 범죄를 설명하는 이론은 사회구조에 초점을 둔 설명과 사회과정에 초점을 둔 설명, 그리고 발전이론으로 구분하여 소개하였다. 사회구조에 초점을 둔 설명에서는 지역에 따른 범죄발생의 차이를 설명하는 사회해체론, 하층이 다른 계층에 비해서 범죄를 더 많이 저지르는 이유에 대해 설명하는 머튼의 아노미이론과 애그뉴의 일반긴장이론과 3개의 비행하위문화이론을 소개하였다.

사회과정에 초점을 둔 이론으로는 범죄를 학습의 관점에서 설명하는 차별교제이론과 차별교제-강화이론을, 범죄의 발생을 억제하는 사회통제의 요인과 원리를 설명하는 통제이론으로는 중화이론과 사회유대이론, 일반이론을 소개하고, 범죄자에 대한 처벌이 재범을 야기하는 과정과 원리를 설명하는 낙인이론과 재통합적 수치심이론을 소개하였다. 마지막으로 발전이론적 설명에서는 청소년의 발달과정을 중심으로 비행을 설명하는 손베리의 상호작용이론, 샘슨과 라웁의 이론, 모핏의 이론 등을 소개하였다.

청소년의 행동에 대한 평가는 어느 사회에서나 주목을 받아왔다. 성인의 행동과는 다른 청소년의 행동은 그 사회의 규범을 벗어나는 일탈행동 또는 문제행동으로 간주되기도 하는데, 이러한 행동은 그 심각성이 더해질 때 청소년 비행 또는 범죄로 간주된다. 청소년의 문제행동 및 비행을 설명하고자 하는 다양한 시도, 즉 어떤 요인들이 청소년들로 하여금 문제행동을 하도록 하며, 비행을 하게 하는지 설명하려는 많은 노력들이 있어왔다. 때로 이런 설명은 청소년의 문제행동을 넘어서 일탈행동, 범죄행동으로까지 범위를 넓혀 다양한 이론적 설명과 논의가 이루어져왔다. 여기에서는 문제행동, 일탈행동, 범죄/비행 행동을 설명하고자 시도하는 다양한 이론적 논의 중에서 청소년의 문제행동과 비행행동에 초점을 맞추어 이론들을 소개하기로 한다.

이러한 설명은 "일반적으로 청소년들로 하여금 문제행동/비행행동을 하게 하는 요인은 무엇인가? 이러한 요인은 주변의 환경적 요인인가 아니면 청소년 개인의 특성과 관련되는 것인가?"라는 질문에 대한 답이다. 청소년 문제행동을 설명하는 관점은 크게 청소년의 개인적 특성을 중심으로 하는 것과, 사회적 환경을 중심으로 하는 것으로 구분할 수 있다. 전자는 생물/심리학적 설명에 해당하며, 후자는 사회학적 설명에 해당한다.

1. 생물/심리학적 설명

비행이나 범죄를 설명하고자 하는 초기의 이론들은 생물학적인 특성을 중심으로 범죄자나 비행청소년을 설명하고자 하였다. 즉 특정한 생물학적 특성을 가지고 있는 사람들이 범죄나 비행을 저지른다고 보았다. 그렇지만 그 이후의 연구는 온전한 생물학적 특성만으로 설명하기보다는 생물학적 특성과 심리학적 특성을 연결하여 설명하는 것이 일반적인 추세이다.

1) 생물학적인 설명

(1) 초기의 생물학적인 설명

생물학적인 특성을 사용하여 범죄를 과학적으로 설명한 첫 번째 인물은 롬브로소(Lombroso)이다. 이탈리아의 외과의사였던 그는 범죄자의 신체에 대해서 연구하던 중에 범죄자는 현대인의 조상인 원시인의 유전자를 가진 사람, 즉 진화가 덜 된 사람이라는 것을 발견하였으며, 이를 통해 범죄자는 태어날 때부터 범죄자로 태어난다고 생각하게 되었다. 그는 이를 설명하기 위해서 격세유전이라는 용어를 사용하였는데, 이는 생물이 진화하는 과정에 과거에 나타났던 조상의 형질이 후대에 다시 나타나는 현상을 의미하는 것으로, 타고난 범죄자는 격세유전에 의해서 인간발달의 원시적인 단계, 즉 원시인에 가까운 신체적 특성을 지니고 태어난다고 보았다.

이후 자신의 주장이 맞는지 검증하기 위해서 타고난 범죄자의 신체적 특성에 대한 목록을 작성하고 그 목록에서 5개 이상 해당하면 타고난 범죄자라고 보았다. 이를 교도소의 재소자와 군인의 신체적 특성에 적용하여 비교함으로써 자신의 주장이 옳음을 확인하였다. 이로 인해 롬브로소는 과학주의를 기반으로 하는 실증주의 범죄학의 아버지라 불린다.

다음으로 많이 이루어진 생물학적 설명은 체형과 범죄이다. 셸던(Sheldon, 1949)은 특정한 형태의 반사회적 행동을 저지르기 쉽게 만드는 체형이 있다고 보았다. 특정한 체형을 가진 사람이 반사회적인 행동을 더 많이 한다고 본 것이다. 그는 3가지의 신체 유형을 제시하였는데, 뚱뚱한 체형으로 부드럽고 둥근 체형과 느긋하며 외향적인 특성을 가지는 내배엽형, 잘 발달된 근육과 강건한 외형을 보이는 중배엽형, 키가 크고 마른 체형으로 내향적인 외배엽형이다. 일반소년과 비교했을 때 비행소년에게서는 중배엽형이 많고, 외배엽형의 비율이 낮다는 것을 발견하였다. 그 이유로 근육형의 성격이 정열적이고 능동적이며, 충동을 재빨리 행동으로 옮기며, 대담하고, 행동을 자제하는 능력이 부족하기 때문이라고 보았다.

다음으로는 범죄성의 유전 여부가 관심의 대상이 되었다. 부모가 범죄자인 경우에 자녀가 범죄자가 되는 비율이 높아지는 현상은 유전적 요인에 의해서 설명할 수도 있으며, 환경적 요인의 영향으로 설명할 수도 있다. 이 현상에 대해 몇몇 연구자들은 범죄성의 유전 여부에 관심을 가지고 연구하였다.

범죄행동이 환경이 아니라 유전에 의한 것이라고 결론 내리기 위해서는 환경이 동일하지만 유전적으로는 차이를 보이는 연구대상을 확보하는 것이 필요하다. 그래야만 범죄행동에서의 차이가 환경적 요인에 의한 것이 아니라 유전적 요인에 의한 것이라고 할 수 있기 때문이다. 현실적으로 이러한 연구가 가능한 상황이 쌍생아와 입양아를 대상으로 한 연구이다.

쌍생아들은 일반적으로 동일한 환경을 공유한다고 볼 수 있다. 그렇지만 일란성인가 이란성인가에 따라서 쌍생아 간에 유전적인 차이가 존재한다. 일란성 쌍생아는 하나의 수정란이 분리된 것이기에 유전적으로 동일하지만, 이란성 쌍생아는 두 개의 수정란에서 발생한 결과이기 때문에 유전적으로 동일하지 않다. 따라서 일란성 쌍생아와 이란성 쌍생아 간에 행동에서 차이가 발생한다면 이는 환경의 차이가 아니라 유전적 차이에서 기인하는 것으로 볼 수 있다. 이를 범죄의 설명에 적용하면 일란성 쌍생아와 이란성 쌍생아 중 형제 모두가 범죄를 저지른 비율, 즉 범죄성 일치율을 비교했을 때 일란성 쌍생아가 이란성 쌍생아보다 높다면 유전적 요인이 범죄행동에 중요한 역할을 하는 것으로 설명할 수 있다. 랑게(Lange, 1931)의 연구에 따르면 일란성 쌍생아의 범죄성 일치 정도가 이란성 쌍생아보다 높게 나타났다. 이러한 결과들은 유전이 범죄에 미치는 구체적인 방식까지는 설명하지 못하지만, 범죄성이 어느 정도 유전되는 것이라는 점을 보여준다.

한편 입양아 연구에 있어서 아이가 입양된 후 친부모와의 접촉이 차단되기 때문에 친부모의 환경적 영향은 차단된다. 입양된 아이는 친부모로부터는 유전적인 영향만, 양부모로부터는 환경적인 영향만을 받는 것이다. 따라서 입양아의 범죄경력과 친부모와 양부모의 범죄경력을 비교한다면 입양아의 범죄가 유전과 환경 중에서 어떤 요인으로부터 더 많은 영향을 받는지 알 수 있다.

허칭스와 메드닉(Hutchings and Mednick, 1977)이 코펜하겐에서 태어난 입양아 4,068명의 생부, 양부, 본인 범죄기록을 조사하여 분석한 결과 생부가 범죄기록이 없는 경우보다는 있는 경우에 입양아의 범죄자 비율이 높다는 결과를 보였으며 이는 범죄성에서 유전적 요인이 영향을 미치고 있음을 보여주는 것이다.

(2) 이후의 생물학적 설명

초기의 생물학적 설명은 시간이 지남에 따라서 영향력이 약화되었으며, 범죄에 대한 생물학적 설명은 부분적으로만 이루어졌다. 그러한 시도 중에 주요한 부분을 차지하는 것이 생화학적 조건과 범죄의 관계를 연구하는 것이다. 이는 유전적으로 결정되거나, 음식 또는 환경에 의해서 얻게 되는 생화학적 조건, 신경학적 결함이 범죄에 미치는 영향을 설명하는 것이다. 일반적으로 다음과 같은 조건들이 범죄와 관련하여 연구가 이루어지고 있다(Siegel, 2010).

첫째, 특정한 화학물질과 무기질(나트륨, 수은, 칼륨, 칼슘, 아미노산, 모노아민, 펩티드 등)을 과다섭취하거나 결핍되었을 때 우울증, 조증, 인지적 문제, 기억상실, 비정상적 성적 활동이 나타날 가능성이 높다. 둘째, 음식의 섭취가 범죄에 영향을 미칠 수 있다. 부적절한 음식, 비타민, 무기질의 섭취가 폭력성과 관계가 있다고 보기도 하며, 식품색소나 감미료와 같이 해로운 물질의 과다섭취가 적대적이고, 충동적이며, 반사회적인 행동을 일으키는 것으로 보기도 한다. 또한 탄수화물과 당의 과다섭취도 반사회적 행동과 관계가 있다. 셋째, 과다한 수준의 테스토스테론은 폭력, 공격성과 관련이 있다고 알려져 있다. 넷째, 월경 전 증후군 등과 관련하여 생리 주기가 시작될 때 여성 호르몬이 과다하게 분비되고 이것이 반사회적이고 공격적인 행동에 영향을 미친다는 주장이 있다. 다섯째, 뇌의 활동에 대해서 연구하는 신경생리학도 반사회적 행동과 같은 문제행동을 설명한다. 뇌의 신경학적 결함 또는 뇌의 기능장애는 반사회적 행동의 가능성을 높게 한다.

2) 심리학적 설명

심리학적 이론은 개인의 정신상태나 심리상태의 이상이 범죄에 어떻게 영향을 미치는가를 설명하는 이론이라고 할 수 있다.

(1) 정신분석학

무의식을 통한 인간 정신의 이해를 주장했던 프로이트(Freud, 1963)의 이론은 범죄를 설명하는 데 일차적인 관심이 있던 것은 아니다. 그렇지만 인간의 심리상태를 설명하는 그의 설명틀은 이후 학자들에 의해서 범죄를 설명하는 데 기여하였다. 프로이트는 인간의 인성을 이드, 에고, 슈퍼에고로 세분화하였다. 한 개인의 인격은 본능적 충동적 욕구로서 쾌락의 원리에 따라서 움직이는 이드, 도덕성・규범, 양심과 사회적 기대를 내면화한 슈퍼에고와 이 둘 간의 갈등을 현실 원리에 따라서 적절히 조절하는 에고로 구성되어 있다. 이러한 세 가지 인격의 요소들은 서로 분리되어 별개로 작용하는 것이 아니라 역동적으로 상호작용하며, 항상 갈등상태에 있는데, 범죄는 이러한 갈등상황에서 에고나 슈퍼에고의 통제능력보다 이드의 힘이 더 클 때 발생한다. 다시 말해 에고의 현실에 대한 판단력이 약해져서 조절능력을 상실하거나, 슈퍼에고가 미발달하여 이드를 통제하지 못할 때 범죄가 발생하는 것이다. 이러한 인식은 그의 제자들을 통해서 범죄에 대한 좀 더 구체적인 설명으로 발전되었다.

프로이트와 달리 아들러(Adler)는 인간의 기본적인 욕구를 성욕이 아니라 열등감의 극복으로 보았고, 개인이 신체적 또는 기능적 결함이나 과도한 사회적 억압 등으로 열등 콤플렉스를 가지게 되었을 때 그것을 다른 것을 통하여 보상하려는 심리가 지나치게 강할 때 범죄나 비행을 하게 된다고 보았다. 또한 아동기에는 적절한 사회적 관심을 받는 것이 중요한데, 사회적 관심을 받지 못한 소년(지나치게 응석받이로 자라거나, 무시당하면서 성장한 소년)들이 적절하게 준비되지 않은 상태에서 특정 상황에 직면하게 되면 열등감을 가지게 되고, 그 상황에서 해결하지 못하는 문제로 인해 범죄나 비행을 하게 된다. 열등감이 형성되었을 때 개인적으로 우월해지고자 하는 욕구가 강한 사람들은 열등감의 극복을 위해서 정복자가 되는 것을 목표로 정하고 모든 활동을 여기에 집중하게 되며, 사회적 관심을 받지 못하고 그러한 관심을 중요시하지도 않기 때문에 사회적 규칙에 신경쓰지 않고 현실에서 벗어나 범법행위에 빠져들게 된다.

에이크혼(Aichorn, 1935)은 범죄행위가 일차적으로 슈퍼에고가 미발달되어서, 즉 사회의 도덕성, 윤리성, 규범행동 등을 적절하게 내면화하지 못함으로써 본능적, 충동적인 욕구인 이드를 규제하지 못했을 때 발생한다는 점에 주목하였다. 어릴 때 부모와 가지는 애착관계를 통해서 슈퍼에고가 발달하기 때문에, 부모가 없거나 어릴 때 부모와 친밀한 애착관계가 없던 사람들은 슈퍼에고를 발달시키지 못해 범죄나 비행을 저지르게 된다. 이러한 아동은 반사회적 상태에 있으며, 본능적인 충동이 억압되고 잠재적 비행 상태에 있다고 보았다. 이 상황에서 외부의 자극이 주어지면 잠재적 비행성향은 실제 비행행동으로 옮겨진다. 한편 보울비(Bowlby, 1946)는 모성박탈, 즉 아동기 초기에 어머니와 지속적이고 안정적인 애정관계를 경험하지 못하는 것이 범죄나 비행의 원인이 된다고 주장하였다. 모성박탈이 애정상실성격을 야기하고 이러한 성격이 범죄나 비행에 영향을 미친다는 것이다. 이처럼 정신분석학적 관점에서 볼 때 비행이나 문제행동의 발생에는 가정, 특히 부모가 가장 큰 영향을 미치는 것을 알 수 있다.

(2) 퍼스낼리티 이론

아이젠크(Eysenck, 1977)는 범죄행동을 퍼스낼리티와 관련하여 설명하였는데, 사회환경보다는 선천적으로 물려받은 개인적 성향이 주로 범죄에 영향을 미친다고 보았다. 퍼스낼리티의 중요한 차원으로 외향성, 신경증을 들었는데, 외향성이 높은 사람은 외부지향적 성향을 보이며 사교적이며 낙천적인 반면 충동적이고, 신경증이 높은 사람은 걱정이 많으며 변덕스럽고, 매우 민감한 성향을 보인다.

아동의 성공적인 사회화 여부는 허용되지 않는 행동을 하지 않도록 부모로부터 학습되는 정도에 달려 있다. 사회적으로 금지된 행동을 하지 않도록 학습(조건화)하는 과정을 통해 양심의 발달이 이루어지는데, 양심이 강해지면 반사회적 행동을 했을 때 뒤따라오는 처벌을 떠올릴 수 있기에 범죄행동을 피하게 된다. 따라서 범죄행동을 하지 않게 만드는 양심의 효과는 학습(조건화) 과정에 의해서 결정되며, 이러한 학습(조건화) 과정에 퍼스낼리티 특성이 영향을 미친다. 특정 퍼스낼리티 특성은 학습(조건화)가 올바로 이루어지지 못하게 방해하기 때문에 이러한 퍼스낼리티 특성이 강한 사람들은 범죄행동을 하게 될 가능성이 높아진다.

외향성은 신경계를 통해서 받아들이는 외부 자극에 대한 대뇌피질의 자극수용 정도와 관련이 있다. 외향적인 사람은 내향적인 사람들보다 대뇌피질이 자극을 받아들이는 정도가 낮기 때문에 동일한 자극이 주어질 때 자극을 덜 느낀다. 따라서 부족한 자극을 채우기 위해 더욱 자극적인 것을 찾는다. 반면 내성적인 사람은 대뇌피질이 자극을 더 빠르게 받아들이고 오랫동안 간직한다. 그들은 허용되지 않는 행동을 했을 때 따르는 처벌로 인한 불쾌감을 더 민감하게 받아들이기 때문에 그런 행동을 피하게 된다. 따라서 내성적인 사람은 외향적인 사람보다 학습을 통한 범죄행동에 대한 억제력이 잘 발달된다. 반면 외향적인 사람은 내성적인 사람처럼 효과적으로 학습이 이루어지지 못하기 때문에 외향성이 높을수록 범죄행위를 할 가능성이 높아진다.

신경증은 자율신경계와 관련이 있다. 자율신경계가 불안정하여 불쾌한 자극에 대하여 강하게 반발하는 사람들이 신경증의 정도가 높다. 반응을 유발하는 자극이 많아서 불안감이 지나치게 커지기 때문에 조건화 과정이 손상됨으로써 학습이 제대로 이루어지지 않는다. 반면 신경증 정도가 낮은 사람은 자극이 유발하는 불안감이 적기 때문에 조건화가 잘 이루어진다.

이와 같이 아이젠크의 주장에 따르면 반사회적 성향을 가진 사람은 외향성과 신경증의 정도가 모두 높을 것이라고 기대할 수 있다.

(3) 학습이론

학습이론은 행동주의 심리학에 이론적 근거를 두고 있다. 행동주의 심리학은 왓슨(Watson)에 의해서 시작되어, 파블로프(Pavlov)의 고전적 조건화를 거쳐 스키너(Skinner)의 조작적 조건화라는 개념으로 발전되었다. 행동주의 심리학에서 볼 때 인간의 행동은 개인의 주변 환경의 자극에 의해서 시작되는데, 자극에 대한 반응으로서의 행동은 주변 사람들의 반응을 학습함으로 형성된다. 이때 학습을 설명하기 위해서 사용하는 개념이 강화이다. 강화란 개인의 특정한 행동의 결과로 타인의 긍정적인 반응이 나타나면 행동을 계속하게 된다는 것을 의미한다.

강화의 개념은 반두라(Bandura, 1969)에 의해서 폭력학습이론으로 발전하게 된다. 반두라는 스키너의 조건-반응이론, 즉 보상과 벌을 통해 직접적으로 폭력행동을 학습한다는 점을 유지하면서 추가로 다른 사람의 행동에 대한 관찰을 통해서도 폭력행동이 학습될 수 있다고 보았다. 사람들을 행동하게 만드는 동기화의 유형을 외부강화, 대리강화, 자기강화의 세 가지로 정리했다. 외부강화란 외부에서 주어지는 강화로 인해 특정한 방식으로 행동하게 하는 동기화를 말한다. 대리강화는 다른 사람의 행동에 대한 강화 또는 처벌을 관찰함으로써 이루어진다. 이러한 관찰을 통해 학습한 관찰자는 유사한 상황이 주어졌을 때 학습한 것과 유사한 방식으로 행동하도록 동기화된다. 자기강화란 자신의 행동에 대해서 스스로 가지는 자부심, 성취감, 자신의 행동 기준에 대한 만족감 등이 특정 행동에 대한 동기화로 작용하는 것을 의미한다. 자기강화를 통하여 사람들은 미래에도 비슷한 행동을 반복하도록 동기화된다.

더불어 공격행동의 과정을 이해하기 위해서 공격행동의 세 가지 국면에 대해 이해할 필요가 있다. 첫째는 공격행동의 습득으로 이는 직접적인 경험뿐만 아니라 관찰을 통하여 이루어진다. 공격행동의 주요 모델링 대상은 가족, 대중매체, 하위문화이다. 둘째는 공격행동의 유인과정이다. 이는 공격에 의해서 예상되는 결과를 말하는 것으로, 이러한 결과는 과거의 직접적 또는 간접적인 학습을 통하여 알게 된다. 셋째는 공격지속의 조건이다. 공격행동으로 예상되는 결과와는 별도로 환경적 조건이 공격의 지속에 영향을 미친다. 예를 들어 높은 기온, 높은 공기오염, 혼잡함 등이 사람들의 감정을 자극함으로써 공격을 더 쉽게 하도록 하며, 공격에 대한 상대방의 언어적 또는 행동적 대응도 공격을 지속하게 하는 조건이 될 수 있다.

(4) 인지심리학: 도덕성 발달

인지심리학의 대표적인 학자인 피아제(Piaget, 1948)는 사람들의 도덕성은 개인의 인지적 수준, 사회적인 경험 등에 따라서 단계적으로 발전한다고 보았다. 콜버그(Kohlberg, 1969)는 피아제의 주장을 발전시켜서 도덕성 발달이론을 주장하였는데, 이 이론을 사용하여 문제행동을 설명할 수 있다. 도덕성이란 자신의 욕망에서 벗어나 다른 사람의 입장을 이해하면서 사회 속에서 적응해가는 행동경향을 말한다. 따라서 청소년의 도덕성이 충분히 발달하지 않았을 경우에 문제행동의 가능성이 높아진다고 볼 수 있다.

행위의 옳고 그름에 대한 이해와 그에 근거한 행동, 즉 도덕성은 3개의 수준으로 구분되는데 각 수준은 2개의 단계로 구분되어, 전체 6단계의 사회화 과정을 거쳐 발달한다. 첫 번째 수준은 전인습적 도덕수준으로, 행위에 따르는 보상이나 처벌에 따라서 옳고 그름을 판단하거나, 규칙을 정하는 사람의 물리적인 권위에 의하여 도덕성을 판단하는 수준이다. 1단계는 처벌과 복종단계로서, 권위에 복종하고 처벌을 피하기 위해서 도덕적 행위가 이루어진다. 도덕적 가치판단은 외부적 요인에 의해서 이루어지며, 처벌을 피하고 보상을 얻기 위해서 행동한다. 단지 신체적 처벌을 피하기 위하여 권력, 힘, 법에 복종한다. 이러한 행동은 도덕적이라고 보기 어렵다. 2단계는 쾌락주의로서, 다른 사람의 욕구는 고려하지 않고 오직 자신의 욕구나 필요에 따라서 행동하는 단계이다. 자신 또는 사랑하는 사람의 욕구를 충족시켜 주는 행위가 올바른 행위로 간주된다. 다른 사람에 대해 감정이입을 하지 않으며, 쾌락을 목적으로 하는 도구적 사고가 행동의 동기가 된다. 다른 사람을 돕는 행위도 공정한 교환과 그에 따른 이익에 따라서 나타난다. 보상을 얻기 위해서만 다른 사람과 협력한다.

두 번째 수준은 인습적 도덕수준으로서, 행위의 결과와 관계없이 가족, 사회, 국가의 기대에 따르는 것이 가치가 있다고 판단한다. 이 수준의 사람들은 사회질서를 유지하기 위하여 행동하며, 집단이나 구성원에게 충성하는 마음을 가지고 있다. 3단계는 초기 인습적 단계로서, 대인관계 조화를 추구하며 보편적인(다수, 일반적인) 것에 동조하는 것, 즉 사회적 승인과 동조를 받는 것(동의)을 도덕적이라고 평가한다. 이 단계에는 양심이나 도덕적인 죄의식을 느끼는 능력이 생기게 된다. 4단계는 후기 인습적 단계로서 법과 질서를 추구하는데, 사회질서를 수용하고 사회적 권위(제도)나 종교적 권위에 복종하는 단계이다. 소속된 가정, 집단, 국가의 인습적인 기대에 동조하는 행위를 올바른 행위로 정의한다. 사회규범을 내면화하여 개인적인 이익을 초월한 사회질서를 적극적으로 지키고 정당화하려고 노력한다. 개인은 자신의 의무를 다하며, 타인의 권위를 존중하고, 사회 질서를 유지하는 것을 옳다고 여긴다.

세 번째 수준은 자율적 도덕수준으로 가장 높은 수준이다. 합리성에 근거한 이상적인 상태이며, 도덕적 가치와 원리를 규정하고자 한다. 5단계는 사회적 계약의 단계로서, 사회의 규칙을 따르고 전체 사회를 위하여 봉사하며 개개인의 권리를 존중하고 사회 전체의 기준을 준수하는 것이 올바른 행동이라고 생각한다. 즉 민주적인 과정과 개인의 권리를 중시하는 단계이다. 6단계는 보편적인 윤리원칙의 단계로서, 도덕적 가치판단이 정의, 존중, 신뢰 등에 의해서 결정되며, 법적 명령이나 강제를 초월한다. 단순히 소속된 집단의 가치규범을 올바른 것으로 받아들이고 따르는 것이 아니라 자신의 판단과 양심에 따라서 행동한다. 옳은 행동은 인간의 존엄성, 정의, 사랑, 공정성 등에 근거를 둔 윤리적 원칙에 부합하는 양심에 의해서 결정된다.

도덕성 발달 수준과 비행의 관계에 관한 경험적 연구결과들은 대다수 비행소년의 행동이 자기만족에 의해서 동기화되며, 단지 처벌의 두려움 때문에 일탈행동을 하지 않는다는 것을 보여준다. 이를 통해 비행소년들이 콜버그의 도덕성 발달 단계의 가장 낮은 단계에 머물러 있음을 알 수 있다. 일반소년들은 비행소년에 비해서 도덕적 판단의 수준이 더 높고, 이상주의, 관대함, 타인에 대한 감정이입, 정의에 대한 보편적인 관심에 있어서 더 높은 점수를 받았다. 즉 청소년들의 도덕성 발달이 충분히 이루어지지 않았을 때 불법적이거나 반사회적인 행동을 할 가능성이 높아진다고 결론지을 수 있으며, 이는 청소년들에 대한 교육에 있어서 많은 시사점을 제공한다.

2. 사회구조에 초점을 둔 설명

생물/심리학적 설명은 개인의 특성을 중심으로 범죄를 설명하기 때문에 한 사회 내에서 집단이나 지역에 따라서 범죄가 차이를 보이는 현상을 설명하는 데 한계가 있다. 따라서 범죄행동은 개인의 특성으로만 설명될 수 없으며, 개인을 둘러싼 환경, 즉 사회적 맥락에서 설명되어야 할 필요가 있다.

1) 사회해체이론

이 이론은 특정 지역이 다른 지역에 비해서 범죄율이 높은 이유를 설명하는 것이기에 일반적인 범죄의 발생을 설명하는 데 초점을 맞춘 이론이지만, 청소년들의 문제행동을 설명하는 데 시사점을 제공한다. 쇼와 맥케이(Shaw and McKay, 1942)는 생태학의 개념들을 시카고시를 설명하는 데 적용하였는데, 동심원으로 구분되는 5개의 지역(중심상업지구, 전이지역, 노동자거주지역, 거주지역, 교외주변지역) 중에서 중심상업지구에 인접하여 바깥쪽에 있는 전이지역의 범죄율이 다른 지역에 비해서 일관되게 높다는 사실을 발견하였다. 전이지역은 주민의 인종과 국적이 바뀜에도 지속적으로 높은 범죄율이 유지되었는데, 이는 범죄의 발생이 거주민의 인종이나 국적이 아니라 지역의 특성과 밀접하게 연관이 있다는 것을 의미한다.

범죄율이 높은 지역은 거주민의 전출입이 높고, 상업시설과 공업시설이 많고, 황폐화된 건물이 많고, 임대료가 저렴하며, 정상가정의 비율이 낮고, 영아 사망률과 결핵 발생률이 높은 지역이었다. 이러한 지역을 틈새지역이라 하는데, 새로운 거주자들에 의해서 과거에 이 지역을 지배하였던 여러 사회적 관계가 와해(해체)된 지역으로서, 거주민들이 자기 지역에 대한 애착이 없고, 평판에 신경쓰지 않으며, 건물 외관에 관심 없고, 이웃의식도 없으며, 청소년의 잘못된 행동을 질책하는 풍토도 사라진 지역을 말한다. 이러한 틈새지역의 환경적 특성, 즉 지역사회가 거주민에 대한 통제력을 상실한 상태를 사회해체라고 한다. 사회해체란 지역사회의 관습적 기관들이 거주민들의 행동을 규제하지 못하고, 일관된 가치를 제공하지 못함으로써, 지역사회의 사회문제를 자체적으로 해결할 수 있는 능력을 상실한 상태를 말한다.

버식과 웹(Bursik and Webb, 1982)은 사회해체론 입장을 지역사회의 안정성 관점에서 재정리하였다. 사회해체란 지역사회가 거주민들에게 공통된 가치체계를 제공하지 못하고, 지역주민들이 공통적으로 겪는 문제를 스스로 해결할 수 없는 지역사회의 무능력 상태이며, 사회해체의 원인은 주민재편성과 주민이질성이다. 거주민이 지역사회에 무관심하고 기회가 될 때마다 그 지역을 벗어나고자 한다면 주민을 적절히 통제할 수 있는 조직・시설이나 기관이 형성되기 어렵고, 비공식적인 사회통제를 가능하게 하는 원초적 관계가 형성되기 어렵다. 또한 주민의 구성이 이질적인 경우 서로 간에 원활한 의사소통이 어려워지게 됨으로써 공통적인 문제를 해결하거나 공통의 목표를 추구하는 데 참여하기 어려워진다.

한편 사회해체가 높은 지역에 범죄가 많은 이유는 그 지역의 사회통제 능력이 약화되고 사회화 능력이 결핍되기 때문이다. 사회통제 능력의 약화는 사회해체 지역의 비공식적인 감시기능이 약화되고, 그 지역의 행동지배 규칙이 형성되지 못하여 주민들이 범죄자를 직접 통제하는 것이 어렵다는 점에서 기인한다. 사회화 능력의 측면에서 사회해체 지역은 주민구성의 이질성으로 인하여 서로 다른 행위양식, 태도, 가치를 표출하므로 일관된 행위기준을 내면화하지 못하고 반사회적 행위로 나아가게 된다.

지역사회의 통제력에 대한 논의는 지역사회에서 범죄 통제가 효과적으로 이루어지는 정도를 의미하는 집합효율성의 개념으로 발전되었다(Sampson et al., 1997). 집합효율성은 지역구성원들 간의 신뢰/유대와 비공식적인 통제, 즉 교제와 참여를 중시하는 개념으로, 경험적 연구 결과 구성원들이 신뢰와 믿음을 바탕으로 서로 교제하며, 비공식적인 범죄예방활동에 더 많이 참여할수록 범죄통제가 잘 이루어지는 것으로 나타났다.

2) 긴장이론

긴장이론의 관점에서 볼 때 대부분의 사람들은 비슷한 가치와 목표를 공유하고 있지만 그러한 목표를 달성하게 하는 능력에 있어서는 차이가 존재한다. 이러한 차이는 개인의 사회경제적 지위에서 기인하는데, 중산층 이상은 자신의 목표를 달성할 수 있는 능력을 갖추는 데 큰 어려움이 없지만 하층 사람들은 그런 능력을 가지지 못하는 경우가 많다. 따라서 하층 사람들은 목표를 달성할 길이 막혀 있음을 알게 되고 좌절감이나 분노의 감정을 느끼게 되며, 이러한 긴장이 범죄의 동기와 관련된다.

머튼(Merton, 1955)은 뒤르켐(Durkheim)의 아노미 개념을 발전시켜 일탈행동의 설명에 적용하였는데, 아노미를 한 사회 내의 문화적 목표와 제도화된 수단 사이의 괴리현상으로 규정하였다. 문화적 목표란 부유함이나 권력 등과 같이 한 사회에서 대부분의 구성원이 소유하기 원하는 대상이나 목표를 의미하는데 이러한 대상은 희소성을 특징으로 하기에 모두가 가질 수는 없다. 반면 제도화된 수단은 그러한 목표를 달성하기 위한 제도적으로 인정되는 합법적인 수단을 의미하는 것으로 열심히 공부하는 것, 좋은 직장을 가지는 것, 열심히 일해서 저축하는 것 등이 해당한다.

미국 사회의 경우 부자가 되는 것이 문화적 목표로 강조되고, 모든 사람이 그러한 목표를 내면화하고 있지만, 목표를 이룰 수 있게 하는 제도화된 수단은 모든 사람에게 공평하게 분배되어 있지 않다. 제도화된 수단은 집단적으로 또는 사회구조적으로 불균등하게 분포되어 있는데, 주로 사회계층, 인종이나 성별 등에 따라 차별적으로 분포되어 있다. 문화적 목표와 제도화된 수단이 불일치하거나 괴리가 발생해서 적절하게 조화를 이루지 못할 때 아노미가 발생하며 이로 인한 긴장으로 일탈을 하게 된다. 결국 하층 사람들은 둘 간의 괴리로 인하여 비합법적인 방법으로라도 문화적 목표, 즉 돈을 벌고자 하는 목표를 달성하기 위해서 일탈행동을 저지르게 된다. 한편 머튼은 사람들의 적응유형을 문화적 목표와 제도화된 수단을 중심으로 5개 유형으로 구분하였는데, 이는 동조형, 혁신형, 의례형, 도피형, 반역형이다.

애그뉴(Agnew, 1992)는 머튼의 아노미 이론을 확장하여 개인의 일탈행동을 설명하였다. 아노미 이론이 거시이론이기에 개인의 행동을 설명하는 데 한계가 있기 때문에 이를 극복하기 위해서 미시적인 접근을 시도한 것이다. 그는 다른 사람들과의 부정적인 관계가 사람들이 사회적 관계에서 경험하는 긴장이나 스트레스의 주요 원인이며, 이러한 긴장이 비행의 원인이라고 보았으며, 긴장의 근원을 3가지로 다양화하였다.

첫 번째 유형의 긴장은 긍정적으로 평가된 목표 달성에 실패하는 것이다. 개인이 추구하던 목표나 기대에 미치지 못하거나, 사회관계를 해 나감에 있어서 불평등 또는 부적절한 결과를 겪었을 경우에 나타난다. 예를 들어 좋은 성적을 얻는 데 실패하는 것, 금전적 어려움 등이 이에 해당한다. 두 번째 유형의 긴장은 긍정적 자극이 소멸하는 경우이다. 이러한 긴장은 개인에게 중요한 사람이나 사물의 상실 등과 같이 청소년기에 경험할 수 있는 불행한 사건 등에 의해서 나타난다. 부모나 가족 구성원의 죽음, 친한 친구 또는 이성 친구와의 헤어짐 등이 그 예라고 할 수 있다. 세 번째 유형의 긴장은 부정적 또는 해로운 자극의 출현이다. 물리적이거나 성적인 학대, 갈등이 심각한 가정환경, 다른 사람의 괴롭힘 등이 여기에 포함될 수 있다. 청소년이 이런 부정적 환경에 직면하게 되면 부정적인 자극을 피하기 위해서 가출을 시도하거나 공격행동, 약물남용 등의 비행행동을 저지르게 될 수 있다.

3) 하위문화이론

하위문화이론은 하층지역에 사는 사람들, 특히 청소년들이 사회적 고립과 경제적 박탈에 반응하는 방식을 통해서 일탈현상을 설명한다. 사회구조를 기반으로 한 설명 중에서는 청소년의 문제행동을 가장 잘 설명할 수 있는 이론 중의 하나라고 할 수 있다. 경제적 박탈로 좌절 상태에 빠진 하위계층은 그들 자신만의 규칙과 가치를 가진 독립적인 하위문화를 만들어내는데, 이러한 하층 문화는 중산층 문화와 반대적인 성격을 가지며 일탈적인 특성으로 인해서 문제행동이나 범죄를 조장하는 데 기여한다.

코헨(Cohen, 1955)의 비행하위문화이론은 하층의 거주지역에 비행적인 하위문화가 생성되는 과정에 초점을 맞추어 설명하였다. 청소년들의 주요 생활영역인 학교는 중산층의 가치 기준이 지배하기 때문에 학생들은 학업성적을 통하여 평가되고 서로 경쟁한다. 즉 공부, 착함, 정숙함과 같은 중산층의 가치가 평가의 기준이다. 하층 청소년들도 학교에서 인정받기 원하지만 중산층의 가치기준과 다른 방식으로 양육되었기에 상대적으로 학교에서 인정받는 지위를 획득하는 것이 더 어렵다. 중산층의 가치가 지배적인 가치가 되어버린 학교에서 하층 청소년들은 상대적으로 불리한 위치나 지위를 얻게 되는 것이다. 이로 인해 하층 청소년들은 집단적으로 지위좌절을 경험하게 된다. 지위좌절에 대해서 하층 청소년들은 다양한 반응을 보이는데, 그중 일부 학생들은 자신들에게 좌절을 주는 중산층의 기준을 적극적으로 거부하고 중산층 가치에 반발하여 자신들만의 문화를 만드는 방식으로 대응하며, 이때 비행하위문화가 형성된다. 이처럼 비행하위문화는 하층 청소년들이 지위좌절의 문제를 해결하기 위해 집단적으로 중산층의 기준을 거부하고 자신들에게 유리한 준거틀이나 기준을 만듦으로써 형성된다. 비행하위문화는 지배적인 규범을 거부하기 때문에 반동적인 성격을 띠며 중산층의 지배가치와는 대립되는 특성을 가지게 되고, 바로 그러한 문화적 특성이 하층의 청소년들로 하여금 비행을 많이 저지르게 한다.

비행하위문화는 3가지 특성을 가진다. 첫째는 비공리성인데 합리성을 추구하는 중산층 가치에 반대되는 것으로서 합리적 계산에 따른 이익에 따라서 행동하는 것이 아니라 스릴과 흥미 등에 따른 행동을 추구하는 것이다. 둘째는 악의성인데 중산층의 문화나 상징에 대한 적대적 표출로서 다른 사람에게 불편을 주는 행동, 사회에서 금지되는 행동을 하는 것을 즐기는 것이다. 셋째는 부정성으로 기존의 인습적 가치에 무조건 반대되는 행동만 저지르는 것을 말한다.

밀러(Miller, 1958)는 비행하위문화의 내용적 측면에 초점을 맞추어 하층계급 문화이론을 주장하였다. 하층 청소년의 행동에 영향을 주는 비행적인 하위문화는 중산층 문화에 대한 반대문화가 아니며, 하층 계급 자체가 가지고 있는 고유한 문화로서, 오랫동안 유지되어 왔고 그 자체로 통합적이며 유형화된 전통이 있는 문화이다. 그는 하층계급 문화의 특성(독특한 가치체계)을 관심의 초점을 통해서 살펴보았는데, 관심의 초점이란 하층 문화의 영향으로 자신들의 행동이나 사고에 있어서 중요하다고 생각하는 관심분야를 말하는 것으로 하층 문화의 특성을 의미하며, 이러한 관심의 초점에 대한 순응이 하층 사람들의 삶을 지배한다. 즉 하층 청소년들이 비행행동을 많이 하는 것은 그들의 관심의 초점이 중산층 청소년의 관심의 초점과 다른 것에서 기인한다.

하층 계급의 관심의 초점은 6가지 특성을 가진다. 첫째, 중산층은 업적을 중심으로 평가하지만, 하층에서는 권위 있는 존재에 대하여 분쟁거리를 만들어 내고 잘 빠져나오는 것이 평가기준이 되는데, 이를 말썽이라고 한다. 둘째는 강인함인데 하층 청소년의 경우 힘, 용감성, 대담성, 거침, 남자다움과 같은 것이 관심의 초점이며, 싸움능력, 운동능력, 힘이 강조된다. 셋째는 교활함으로 남을 잘 속이면서 자신은 남에게 속지 않으려는 것에 초점을 둔다. 머리를 써서 최소한의 육체적 노력으로 가치 있는 재화나 지위를 획득하는 능력을 강조한다. 넷째는 자극으로 스릴이나 모험심 등 권태감을 해소하는 것에 대한 관심으로, 흥분되거나 자극적인 일을 추구하는 것이다. 다섯째는 운명주의로서 재수, 운 등과 같은 것을 의미하며, 미래를 위해서 노력하기보다는 운명에 맡기는 태도를 의미한다. 여섯째는 자율성으로 일종의 방종을 의미한다. 자기 마음대로 하고, 다른 사람의 간섭을 받기 싫어하는 태도이다.

하층 청소년들은 이러한 관심의 초점을 통해서 비슷한 또래의 인정을 받고 그 가운데서 지위를 얻기 원하기 때문에 이러한 관심의 초점에 해당하는 행위를 더 많이 하게 되므로 비행을 저지를 가능성이 높아진다.

클로워드와 올린(Cloward and Ohlin, 1960)은 비행하위문화의 유형에 관심을 가지고, 아노미 이론의 단점을 보완하여 차별적 기회구조이론을 주장하였다. 아노미 이론이 합법적 수단은 차등적으로 배분되어 있지만, 불법적 수단은 누구나 접근할 수 있다고 암묵적으로 가정하는 데 반하여, 합법적 수단뿐만 아니라 불법적 수단도 차등적으로 배분되어 있다는 것을 강조하였다. 합법적 수단을 가지지 못한 사람들이 어떤 방식으로 비행이나 일탈행동을 하게 되는지는 그들 스스로 결정하는 것이 아니라 그들이 살고 있는 사회문화적 환경, 즉 하위문화에 의해서 영향을 받는다고 보았다.

클로워드와 올린은 인습적 가치(사람들이 일상적으로 가지고 있는 가치기준)와 일탈적 가치(범죄에 관련된 가치)를 구분하고 그것이 어떻게 통합되어 있는가에 따라서 세 가지 하위문화를 제시하였다. 첫째는 범죄하위문화로서, 일탈적 가치와 인습적 가치가 조화를 이루면서 자리 잡은 하위문화이다. 마피아와 같은 범죄조직이 뿌리내리고 있는 지역의 하위문화이다. 범죄학습의 기회가 많고 범죄를 저지르고 도피, 물품의 은닉, 장물처분의 기회가 조직화되어 있기에 범죄가 생활수단이 되는 하위문화이다. 둘째는 갈등하위문화로서, 인습적 가치와 일탈적 가치가 갈등하는 지역의 하위문화이다. 갈등한다는 것은 두 가지의 가치가 공존하며 무원칙적으로 사용된다는 것을 의미한다. 범죄조직이 완전히 조직화되지 못하였기 때문에 상대적으로 불법적 수단, 즉 범죄수법 등에 대한 학습은 잘 이루어지지 않는다. 범죄는 개인적 차원에서 이루어지는 것이 대부분이며, 범죄조직의 통제가 확고하지 않기 때문에 과시적인 폭력이 많이 발생한다. 셋째는 도피하위문화로서, 인습적 가치와 일탈적 가치가 뿌리를 내리지 못한 하위문화이다. 불법적 수단을 학습할 기회도 없고, 좌절을 공격으로 표출할 신체적 능력도 없으며 폭력적 방법의 사용이 내면화되지 못한 경우로서 도피자들이 많은 문화이다. 음주, 대마초, 헤로인, 예외적인 성경험, 음악 등과 같이 끊임없이 황홀감에 빠질 수 있는 방법을 찾는다.

울프갱과 페라쿠티(Wolfgang and Ferracuti, 1967)는 필라델피아 지역의 살인범죄를 연구하면서 살인범들 중의 많은 수가 폭력이 일상화된 문화에서 생활하고 있는 사람들이라는 것을 발견하고, 개인이 속해 있는 하위문화가 그들의 행동에 영향을 미침을 설명하기 위해서 폭력하위문화 이론을 주장하였다.

폭력이 일상화되어 있는 문화, 즉 폭력에 대한 허용도가 높은 문화적 환경 속에서 사는 청소년들이 폭력범죄를 저지르기 쉽다는 것이다. 청소년들은 이런 문화 속에서 자신들만의 규범과 하위문화를 만들어내는데, 폭력을 행사하는 것은 자신들의 하위문화에서 금지된 행동이 아니라 오히려 규범에 동조하는 행위로 간주되며, 이러한 규범은 학습을 통해서 공유되고 있다. 이러한 문화 속에서 사는 구성원들은 폭력행동을 저지르는 것을 용인하며, 폭력을 갈등 해소의 수단 중의 하나로 간주하기 때문에 이런 사회에서는 당연히 폭력의 발생이 높게 나타날 수밖에 없다. 예를 들어 동료들에게 모욕을 당했을 때, 이를 참는 것은 남자답지 못한 것으로 인식되고, 폭력을 통해서 보복하는 것이 남자다운 것으로 인식되는 문화에서는 폭력이 많이 발생하게 된다. 또한 갈등이 발생했을 때 그것을 해결하는 수단으로 대화보다는 폭력을 사용하는 것이 쉽게 용인된다면 대화로 어렵게 갈등을 해결하기보다는 손쉬운 해결을 위해서 폭력에 의존할 가능성이 높아지는 것이다.

그들은 미국에서 다른 인종에 비해서 흑인들 사이에서 폭력을 용인하는 하위문화가 보편적이며, 이는 흑인 인구의 비율이 높은 미국의 남부 지방이 북부 지방에 비해서 폭력범죄의 발생률이 높은 이유를 설명할 수 있다고 보았다.

3. 사회적 과정에 초점을 둔 설명

1) 사회학습이론

서덜랜드(Sutherland, 1947)는 비행자 및 범죄자가 되는 과정에 관심을 가지고, 범죄도 배워서 하는 것이라고 주장하며 차별교제이론을 제시하였다. 사람들이 일반적인 행동을 학습하는 것과 마찬가지로 범죄행동도 학습해서 하는 것으로 보았다. 이런 맥락에서 학습의 개념을 사용해서 범죄행동을 설명하였다.

범죄행동은 다른 사람들과의 상호작용 속에서 이루어지는 의사소통을 통해 학습되며, 중요한 부분에 대한 학습은 친밀한 집단 내에서 이루어진다. 학습의 주요 내용에는 범죄를 저지르는 기술뿐만 아니라 동기, 욕구, 태도, 합리화 등도 포함된다. 범죄의 동기나 욕구와 같은 태도의 방향은 법을 우호적으로 정의하느냐 아니면 비우호적으로 정의하느냐에 따라 달라지는데, 이는 주변 사람들의 태도에서 영향을 받는다. 따라서 사람들은 법 위반에 우호적인 정의와 비우호적인 정의를 모두 가지게 되는데, 법 위반에 우호적인 정의가 비우호적인 정의보다 클 때 범죄자가 된다. 이것이 차별교제의 원리이다. 이러한 차별교제는 빈도, 지속기간, 우선성, 강도 등에 따라 차이가 있다.

차별교제이론은 에이커스(Akers, 1985)에 의해서 사회학습이론으로 발전하였다. 그는 차별교제이론에 고전적 조건화와 조작적 조건화의 개념을 더해서 사회학습이론을 제시하였는데, 그의 이론을 '차별교제-강화이론'이라고 부른다.

이 이론에서는 차별교제, 정의, 차별강화, 모방이라는 4가지의 중요한 개념을 사용하여 비행행동을 설명한다. 차별교제와 정의의 개념은 차별교제이론에서 사용하는 것과 동일한 의미로 사용한다. 개인은 비행청소년이나 범죄자와의 개인적인 접촉을 통해서 '일탈적 정의'를 학습하게 되며, 특정 행위에 개인이 부여하는 의미와 태도에 따라서 법 순응적 정의와 법 위반적 정의 등과 같은 정의에서 차이가 나타난다. 한편 차별강화와 모방은 심리학의 개념을 사용한 것인데, 차별강화는 특정 행위의 결과로서 예상되는 보상 또는 실제적 보상과 처벌 사이의 균형이라고 볼 수 있다. 비행행동에 대한 긍정적인 보상이 늘어나고 부정적인 처벌이 적어질수록 비행행동이 나타날 가능성이 높아진다. 모방은 타인의 행동을 관찰하고 그대로 따라서 행동하는 것을 말한다. 본인의 직접적인 경험이 아니어도 관찰을 통해서 비행행동을 학습할 수 있다는 것이다.

2) 사회통제이론

사익스와 마짜(Sykes and Matza, 1957)는 비행하위문화이론에서 주장하는 바와 같이 비행행동이 비행에 대한 가치를 배워서 저지른 것이라면 비행자는 자신이 저지른 비행행동을 나쁜 것이라고 인식하지 않아야 함에도 불구하고 현실에서는 그렇지 않다는 점을 지적하며 중화이론을 제시하였다. 비행청소년이라 해도 전체 활동 중에서 비행행동은 일부분에 불과하며, 대부분은 정상적인 활동이다. 즉 대부분의 비행청소년들은 비행행동이 나쁜 행위라는 것을 알고 있으며, 상당수의 비행소년은 완전한 범죄자가 아니다.

아직 비행을 하지 않은 잠재적 비행자가 인습적 가치를 중화하는 기술을 습득하여 불법적 행동과 인습적 행동 사이에서 오가며 표류하는 학습과정을 통해서 비행자가 된다고 보았다. 즉 비행청소년들의 행동은 완전한 자유와 완전한 구속의 연속선상에 놓여 있으며, 중화의 기술을 학습한 후에 그것을 이용하여 일시적으로 인습적 행동으로부터 표류하여 인습적 가치에서 벗어나는 행동, 즉 범죄나 약물남용에 참여한다. 비행청소년들도 법을 준수해야 한다고 생각하며 자기가 하는 행동이 나쁜 행동임을 알고 있기 때문에 비행행동을 하기 위해서는 자신의 행동을 정당화하고 합리화할 필요성을 느끼게 된다. 즉 불법행동을 하려할 때 드는 죄책감, 죄의식 등의 도덕적 고민을 해결하기 위해 사회적으로 용인된 표준화된 기술을 사용하여 그 행동이 정당하다고 합리화 또는 중화하는 과정이 선행되며, 그에 따라서 비행을 하게 된다. 이처럼 중화의 기술이란 사회규범의 규칙에서 잠시 벗어나게 하고 비행적인 잠재적 가치에 참여하도록 만드는 기술을 의미하며, 5가지의 형태가 있다.

첫째는 책임의 부인으로 비행행동이 자기 잘못이 아니라고 주장하며, 자신의 통제에서 벗어난 어쩔 수 없는 힘이나 우연한 사건의 결과라고 생각하며 정당화하는 것을 말한다. 둘째는 피해자의 부인으로 피해자가 범죄를 자초, 유혹했다고 생각한다. 또한 피해당할만한 사람이라고 생각하며 피해자의 존재를 부정하는 것을 말한다. 셋째는 손상의 부정으로 자신의 행위가 상대방에 피해를 준다는 사실 자체를 부정한다. 기물파괴는 장난이고, 자동차절도는 잠시 빌린 것이라고 생각함으로 정당화한다. 넷째는 비난자에 대한 비난으로 세상은 타락하였고 타락한 사람들이 자신의 잘못된 행동을 비난하는 것은 부당하다고 생각한다.

자기를 비난하는 경찰 등 형사사법기관 사람들은 더 나쁜 사람들이기에 자기를 비난할 자격이 없다고 생각한다. 다섯째는 충성심에의 호소로서 소속된 집단에 대한 의리나 충성심 때문에 어쩔 수 없이 나쁜 행동을 하게 되었다고 스스로 합리화하는 것이다.

허쉬(Hirschi, 1969)는 모든 사람들이 범죄를 저지를 수 있는 가능성을 가지고 있으며, 범죄행동은 유혹적이고, 흥미로우며, 유익하기 때문에 사람들은 기본적으로 누구나 일탈을 저지를 수 있다는 가정에서 출발하였다. 그렇지만 대부분의 사람들은 일탈행동을 하지 않고 소수의 사람들만 저지른다. 이런 맥락에서 사람들이 범죄를 하지 않게 만드는 요인이 무엇인가에 대한 설명이 필요하다고 보고 사회유대이론을 제시하였다.

사람은 누구나 잠재적으로 법을 위반할 수 있는 가능성을 가지고 있지만, 불법행동을 했을 때 가족이나 친구, 이웃, 교사, 고용주와의 관계가 손상될 것이라는 두려움 때문에 불법행동을 하지 않으며, 그런 의미에서 사회적인 통제 상태에 있다고 볼 수 있다. 즉 기존에 가지고 있는 사회와의 '유대(끈)' 때문에 범죄를 하지 않는 것이다. 따라서 어떤 이유에서건 이러한 유대가 약화되면 범죄를 저지르게 된다. 허쉬는 이러한 사회유대에는 4가지의 차원이 있다고 보았다.

첫째는 애착인데 이는 사회유대의 감정적, 정서적 측면으로, 인습적인 타자에 대한 애정적인 유대관계를 의미한다. 구체적으로 타인에게 어느 정도 애정을 가지고 있는가, 존경·존중하는가, 타인의 기대에서 벗어나지 않으려고 하는 정도를 말한다. 둘째는 수용인데 이는 사회유대의 합리적 측면으로, 관습적 활동에 소비하는 시간, 에너지와 노력 등을 의미한다. 관습적으로 인정되고 자신에게 중요한 것에 대하여 더 많이 투자했을수록 범죄를 할 때 잃어버리는 것이 많아지므로 손해를 보지 않으려고 범죄를 하지 않게 된다. 셋째는 참여로서 사회유대의 행위적 측면을 말하며, 관습적인 활동에 실제로 참여하는 정도, 시간을 의미한다. 정상적인 활동을 많이 하는 사람은 비행과 같은 나쁜 짓을 할 시간이 없다는 차원이다. 넷째는 신념으로 사회유대의 도덕적 측면이며, 사회의 통상적인 가치와 규범을 인정하고 수용하는 정도를 의미한다. 특정 법률 자체나 그 내용에 대한 믿음을 말하는 것이 아니라 법과 규칙이 도덕적으로 옳고 지켜져야 한다는 일반적인 믿음을 말한다. 기존의 가치를 신봉하는 정도 및 규범이 내면화된 정도가 높을수록 범죄를 하지 않게 된다.

갓프레드슨과 허쉬(Gottfredson and Hirschi, 1990)는 허쉬의 사회유대이론을 좀 더 발전시켜 범죄를 설명하는 일반이론을 제시하였다. 사회유대이론이 사회적 관계에서 나타나는 유대를 강조하였다면 일반이론에서는 내적 통제, 즉 자기통제력을 비행의 가장 중요하면서도 유일한 요인으로 보았다.

자기통제력은 부모의 부적절한 양육에 영향을 받아서 어릴 때(약 8~10세) 형성된다. 부모의 감독이 소홀하거나, 아이에 대한 애착이 매우 낮거나, 아이의 잘못된 행동을 알지 못하거나 알면서 적절한 처벌을 통해서 교정하지 못하였을 때 아이에게는 낮은 자기통제력이 형성된다. 이렇게 형성된 낮은 자기통제력은 청소년기를 지나 성인이 되어도 변하지 않고 일평생 안정적으로 지속되는 개인의 성향이다. 청소년의 열악했던 환경이 좋은 환경으로 변하는 등의 큰 변화가 생겨도 한번 형성된 개인적인 성향은 변하지 않는다는 것을 의미한다. 낮은 자기통제력의 특징은 충동적이며, 둔감하고, 육체적인 활동을 선호하고, 스릴, 모험 등 위험을 추구하고, 장래를 생각하기보다는 근시안적이며, 말보다는 행동으로 스스로를 표현하는 경향이다.

3) 낙인이론

낙인이론에서는 다른 범죄이론과 달리 범죄행동을 하는 것 자체가 범죄자를 만드는 것이 아니라, 범죄행동에 대한 사회적 반응에 의해 범죄자가 되는 것이라고 본다. 베커(Becker, 1963)는 범죄행동이란 사람들이 범죄라고 낙인찍는 행위라고 규정하였다. 따라서 범죄자란 그러한 낙인이 성공적으로 적용된 사람, 즉 낙인당해서 체포되거나 사법당국의 처벌을 경험한 사람을 의미한다. 이는 범죄행동을 저질렀다 해도 처벌받지 않는다면 범죄자가 아니라는 의미이다. 따라서 낙인이론가들은 왜 사람이 범죄행동을 하는가에 크게 관심을 가지지 않는다.

베커는 낙인을 설명하기 위해서 주지위의 개념을 사용하였다. 최초의 범죄행동이 발각되어 사회적 낙인이 이루어져 범죄자가 되면 범죄자라는 지위는 그 개인을 대표하고 평가하는 주지위가 된다. 범죄자라는 지위는 개인의 다른 어떤 지위보다 우선되기에 주변 사람들은 범죄자라는 지위로만 범죄자를 대하며 다양한 부정적 반응을 보이게 된다. 범죄자는 처음에는 그러한 반응을 인정하지 않지만 반복적으로 이루어지는 사회적 반응으로 인하여 결국 스스로 범죄자라는 자아개념을 가지게 되어 범죄가 반복된다.

레머트(Lemert, 1967)는 낙인을 설명하기 위해서 일차적 일탈과 이차적 일탈을 구분하였다. 일차적 일탈이란 여러 가지 이유로 발생할 수 있는 최초의 일탈행동으로 다른 사람에게 알려지지 않았고 따라서 사회적 반응이나 낙인이 이루어지지 않은 일탈이다. 이때까지는 자신을 일탈자라고 생각하지 않으며, 아무런 문제없이 정상인처럼 생활한다. 그렇지만 일차적 일탈로 인해 처벌을 받고 사회적 반응으로 이어지면 이차적 일탈이 나타난다. 이차적 일탈이란 일차적 일탈에 대한 사회적 반응과 낙인으로 인하여 야기되는 일탈행동을 의미한다. 행위자 스스로 범죄자, 일탈자라는 자아개념을 가지게 되고, 사회적으로 가해지는 부정적 반응이나 불이익에 의해서 불가피하게 이차적 일탈로 가게 된다. 따라서 이차적 일탈의 원인은 낙인에 있다고 할 수 있다.

브레이스웨이트(Braithwaite, 1989)는 낙인이론을 발전시켜 재통합적 수치심 이론을 제시했다. 그에 따르면 수치심은 지역사회 주민들이 범죄자를 대하는 방식을 나타내는 개념인데, 이러한 수치심은 재통합적 수치심과 낙인적 수치심으로 구분된다. 낙인적 수치심은 낙인이론에서의 낙인과 같은 개념으로서 범죄자의 인간성에 대한 배려나 존경심이 없이 이방인으로 취급하여 사회로부터 격리시키며, 과거의 잘못된 행동을 용납하고 용서하려 하지 않는 사회적 반응양식을 말한다. 반면 재통합적 수치심이란 범죄자의 잘못된 행동을 비난하지만 이후에 이들을 지역사회에 재통합, 즉 다시 받아들이려고 노력하는 형태의 사회적 반응양식을 뜻한다. 재통합을 위한 노력은 다양한 형태로 나타날 수 있는데, 범죄자의 미래를 걱정하고 도와준다든지, 과거 잘못된 행동을 용서한다든지, 범죄자라는 낙인을 제거하는 일종의 의식을 치르는 것 등이 이에 해당한다.

재통합적 수치심과 낙인적 수치심은 수치심을 부여하는 대상에서도 차이가 있다. 재통합적 수치심은 범죄자가 아니라 범죄행동에 반응한다. 즉 범죄자도 정상인으로서의 자질을 가지고 있다고 보고, 잘못된 행동만 비난할 뿐 범죄자의 인격은 비난하지 않는다. 이에 반해서 낙인적 수치심은 범죄행동이 아니라 범죄자에 반응한다. 범죄자의 인격이나 인간적 존엄성 자체를 의심하고, 범죄자에 대해 무책임, 무능, 비도덕적, 존재가치조차 없는 사람이라는 낙인을 씌움으로써, 범죄행동이 아니라 범죄자를 비난한다.

재통합적 수치심은 범죄자를 배척하여 사회에서 밀어내지 않고, 이들을 일상적인 사회로 이끌기 때문에 범죄자들이 범죄 하위문화에 쉽게 유인되지 않는다. 또한 재통합적 반응을 통해서 범죄자들이 취업기회, 경제적 후원, 정신적 지원 등을 받게 되면 이들이 합법적 기회구조를 선택할 수 있기 때문에 낙인적 수치심보다 범죄자의 사회복귀에 더욱 효과적이다. 따라서 단순한 낙인보다는 재통합적 수치심이 범죄예방에 훨씬 더 효과적임을 알 수 있다. 이러한 재통합적 수치심 개념은 회복적 사법프로그램의 중요한 축이 되며, 호주를 중심으로 활발하게 시행되고 있는 가족회합모델에서 중요한 위치를 차지하고 있다. 가족회합모델을 운영하는 중요한 원리 중의 하나가 범죄행동으로 야기된 결과들을 원상복구시키고, 범죄자들을 사회에 통합될 수 있도록 하는 데 있기 때문이다.

4. 발전이론적 설명

발전이론이란 청소년들의 비행을 설명함에 있어서 기존의 비행이론과는 달리 비행이 시작되고 변화되는 과정에 초점을 맞추어 주변 환경이나 개인적인 경험이 비행에 미치는 영향을 설명하고자 하는 이론을 통칭하여 부르는 용어이다. 이 이론에서는 비행을 동적인 과정으로 보고 이에 대한 설명을 시도한다. 또한 발달심리학의 영향으로 청소년기를 주변 환경이나 경험의 영향을 받기 쉬운 시기로 보고, 비행의 변화과정에 영향을 미치는 설명요인을 찾고자 한다. 발전이론에서는 비행의 시작, 비행의 지속, 비행의 종료 등에 관심을 가지고 연구한다.

1) 상호작용이론

손베리(Thornberry, 1987)는 상호작용이론을 통해서 비행의 과정을 설명하였다. 상호작용 효과란 비행행동과 가정이나 학교, 친구와 같이 비행을 야기하는 환경요인이 서로 영향을 주고받는다는 의미이다. 즉 어느 한 요인이 다른 요인에 한 방향으로 영향을 미치는 것이 아니라 서로 영향을 주고받음으로 동적으로 변화하는 과정을 겪는다고 본다. 예를 들어 가정요인이나 친구들과의 관계가 비행행동을 일으키는 원인이지만 반대로 비행행동이 가정이나 학교 친구들의 관계에도 영향을 준다고 본다.

이러한 청소년의 사회관계와 비행 간의 상호작용적 구조는 청소년기의 발달단계에 따라 달라진다. 청소년기를 초기(11~13세), 중기(15~16세), 후기(18~19세)로 구분하고, 초기 단계에는 가정에서의 유대가 중요한 사회적 관계이며, 이러한 관계가 비행의 중요한 원인이 된다. 중기로 가면 가정의 중요성이 줄어들고, 학교와 친구관계가 비행을 결정하는 중요한 요인이 된다. 반면 후기에는 가정, 학교, 친구의 영향력이 감소하고, 새로운 사회관계, 즉 대학, 직장, 결혼 등과 같은 것이 중요한 요소로 작용한다. 이처럼 상호작용이론에서는 비행의 인과적

과정은 시간의 경과 또는 개인의 발달에 따라서 변화된다는 점을 강조한다.

2) 샘슨과 라웁의 이론

샘슨과 라웁(Sampson and Laub, 1993)은 청소년 비행을 설명함에 있어서 청소년의 발달단계까지 고려하여 설명하였다. 이들은 비행의 원인으로서 허쉬가 주장한 사회유대를 인정함과 동시에 사회적 관계에 의해서 이루어지는 비공식적인 사회통제의 역할도 중요시하였다. 생애주기에 따라서, 즉 연령이 높아짐에 따라서 서로 다른 비공식적 사회적 통제가 작용한다고 보았다. 어린 시절의 사회적 유대에서는 부모, 학교, 또래 친구들이 중요하지만, 성인이 되면 배우자나 직장 등과의 관계가 더 중요하게 작용한다는 것이다.

그들은 어려서 문제행동을 보인 아이들이 비행을 지속하거나 더 심각한 비행으로 발전하게 되는 이유는 어려서의 문제행동이 부모, 학교, 친구와의 사회유대를 더 약화시키고, 약화된 유대관계는 더 심각한 비행으로 나아가게 한다는 식으로 반복되는 악순환을 통해서 점차 나쁜 상태로 나아간다고 보았으며, 이를 누적적 지속이라는 개념으로 표현하였다.

더불어 사회학에서 사용되는 사회자본(Coleman, 1988)이라는 개념을 도입하였다. 사회자본이란 사람들 간의 인간관계를 의미하는 것으로서, 긍정적인 사회관계를 형성함으로 추구하는 목적을 달성할 수 있도록 하는 것을 의미한다. 성인이 되었을 때 결혼과 직장을 가지는 것은 대표적인 사회자본으로 볼 수 있으며, 이를 통해서 이전에 비행을 저지르던 사람도 비행을 중단하고 정상적인 삶으로 돌아올 수 있다고 하였다. 이와 같이 비행청소년이 비행을 중단하게 만드는 결정적인 요인은 우연히 마주치는 인생사건, 즉 군대, 결혼, 직업 등이며 이런 것들을 인생의 전환점이라고 명명하였다.

3) 모핏의 이론

모핏(Moffitt, 1993)은 비행청소년을 두 가지의 발달경로를 가진 집단으로 구분하였다는 점에서 다른 비행이론가와 차이를 보인다. 청소년기 한정(adolescence-limited) 비행청소년과 생애지속(life-course-persistent) 비행청소년으로 구분하였고, 이 두 집단은 비행의 양태뿐만 아니라 비행을 저지르게 하는 요인에 있어서도 차이를 보인다.

생애지속 비행청소년은 어렸을 때부터 문제행동이나 비행행동을 시작하고 성인이 되어서도 계속한다. 나이가 듦에 따라서 저지르는 비행이나 범죄행동의 종류는 달라지지만 생애 전반에 걸쳐서 지속적으로 범죄행동을 저지른다. 비행청소년 중에서 소수만이 여기에 해당한다. 이들로 하여금 범죄를 저지르게 하는 성향 또는 기질은 주로 어려서 잘못된 부모의 양육으로 인해 형성된 낮은 자기통제력 또는 신경심리학적 결함에 의해서 형성된다. 신경심리학적 결함이란 과도한 마약복용, 임산부의 영양부족, 초기의 뇌손상, 호르몬 불균형 등이며 이런 결함이 두뇌발달에 영향을 미쳐서 나타난다. 이런 결함이 있는 아이들은 기질적으로 다루기 어렵고 정상적인 아동에 비해 언어, 지능, 운동, 사회적 인지 발달이 낮고, 적절한 사회적 관계를 형성하는 데 어려움을 겪게 된다. 이들은 즉각적인 욕구충족을 추구하고 말보다는 물리적으로 문제를 해결하는 경향을 보이는 등 낮은 자기통제력을 드러낸다. 또한 신경심리학적 결함으로 인해서 전두엽 피질의 기능에 문제가 있어서 일상 행동상에 다양한 문제가 발생한다. 이런 아이들이 문제 있는 가정 등과 같은 환경적 요인과 결합하면 반사회적인 삶으로 빠져들 가능성이 훨씬 높아진다.

청소년기 한정 비행청소년은 비행청소년의 대다수를 차지하며 대부분 청소년기가 되어서야 비행을 처음 시작하고 성인이 되면 중단한다. 이들은 청소년기에 부모의 감독 소홀이나 비행친구에 노출됨으로써 모방 등을 통해서 비행을 저지르게 된다. 모핏은 이들의 비행행동을 성숙의 차이, 즉 생물학적 성숙과 사회적 기대 사이의 차이에서 기인하는 것으로 설명하였다. 청소년기가 되면 신체적으로는 성숙하였지만 사회적으로는 아직 어른으로 인정받지 못하는 괴리를 경험하게 되고 이러한 경험이 비행을 야기한다는 것이다. 몸은 어른인데, 어른들이 자유롭게 할 수 있는 성행위, 술, 담배, 가출 등이 나이 때문에 제한을 받는 상황에서 모방을 통해서 그러한 차이를 해소하려 한다. 이들에게 있어서 모방의 대상은 이미 그런 삶을 살고 있는 생애지속 비행청소년이다. 그렇지만 이들이 성인이 되면 성숙의 차이는 없어지고 직업 또는 결혼 등 전통적 사회적 역할이 주어지기 때문에 반사회적 행동을 중단하게 된다.

참고문헌

래리 시겔(2012) 범죄학: 이론과 유형, 센게이지 러닝.

Bartol and Bartol(2015) 범죄심리학, 청목출판사.

김준호 외(2018) 청소년 비행론(4판), 청목출판사.

이완희, 황성현, 이창한, 문준섭(2017) 한국청소년비행학, 피앤씨미디어.

Adler, F. (1975) Sisters in crime: The rise of the new female criminal. McGraw-Hill.

Agnew, R. (1992) "Foundation for a general Strain theory of crime and delinquency," *Criminology* 30(4): 47-88.

Aichorn, A. (1935) *Wayward Youth*. New York: Viking Press.

Akers, R. L. (1985) *Deviant Behavior: A Social Learning Approach. Belmont*, CA: Wadsworth.

Akers, R. and C. Sellers (2009) *Criminological Theories: Introduction, Evaluation, and Application*(5th ed), Oxford University Press, Inc

Bandura, A. (1969) *Principles of Behavior Modification*. New York: Holt, Rinehart and Winston.

Becker, H. S. (1963) *Outsiders: Studies in the Sociology of Deviance*. New York: Free Press.

Bowlby, J. (1946) *Forty-Four Juvenile Thieves: Their Characters and Home-Life*. London: Bailiere, Tindall and Cox.

Braithwaite, J. (1989) *Crime, Shame and Reintegration*. Cambridge: Cambridge University Press.

Bursik, R. J. (1988) "Social Disorganization and Theories of Crime and Delinquency: Problems and Prospects." *Criminology* 26: 519-51.

Bursik, R. J. and J. Webb (1982) "Community Change and Patterns of Delinquency," American Journal of Sociology 88(1): 24-42.

Bursik, R. J. and H. G. Grasmick (1993) *Neighborhoods and Crime: The Dimensions of Effective Community Control*. New York: Lexington Books.

Cloward, R. A., and L. E. Ohlin (1960) *Delinquency and Opportunity: A Theory of*

Delinquent Gangs. Glencoe: The Free press.

Cohen, A. K. (1955) *Delinquent Boys*. Glencoe, IL: Free Press.

Coleman, J. S. (1988) "Social Capital in the Creation of Human Capital." *American Journal of Sociology* 94: 95-120.

Eysenck, H. (1977) *Personality and Crime*, London: Routledge and Kegan Paul.

Farrington, D., and D. West (1990) "The Cambridge Study in Delinquent Development: A Long-Term Follow-Up of 411 London Males." in *Criminality, Personality, Behavior, and Life History*. edited by H. J. Kerner and G. Kaiser. Berlin: Springer-Verlag.

Freud, S. (1963) An Outline of Psychoanalysis(translated by J. Strachey), New York, NY: Norton.

Glueck, S. and E. Glueck (1950) *Unraveling Juvenile Delinquency*, Cambridge, MA: Harvard University Press.

Gottfredson, M. and T. Hirschi (1990) *A General Theory of Crime*, Stanford, California: Stanford University Press.

Hagan, J., A. R. Gillis and J. Simpson (1985) "The Class Structure of Gender and Delinquency: Toward a Power-Control Theory of Common Delinquent Behavior." *American Journal of Sociology* 90: 1151-78.

Hirschi, T. (1969) *Causes of Delinquency*, Berkeley, CA: University of California Press

Hirschi, T. and M. Hindelang (1977) "Intelligence and Delinquency." *American Sociological Review* 42: 471-486.

Hutchings, B. and S. Mednick (1977) "Criminality in adoptees and their adoptive and biological parents," in *Biological Bases of Original Behavior* (edited by Mednick and Christiansen) New York, NY: Gardener Press.

Katz, J. (1988) *Seduction of Crime: Moral and Sensual Attractions of Doing Evil*. New York: Basic Books.

Kohlberg, L. (1969) *Stages in the Development of Moral Thought and Action*. New York, NY: Holt, Rinehart & Winston.

Lange, J. (1931) *Crime as Destiny: A Study of Criminal Twins*, New York, NY: MW Books Ltd.

Lemert, E. M. (1967) *Human Deviance, Social Problems, and Social Control*. Englewood Cliffs, NJ: Prentice-Hall.

Merton, R. K. (1938) "Social Structure and Anomie." *American Sociological Review* 3: 672-82.

Merton, R. K. (1968) *Social Theory and Social Structure*. New York: The Free Press.

Miller, W. B. (1958) "Lower Class Culture as a Generating Milieu of Gang Delinquency." *Journal of Social Issues* 14 5-19.

Moffitt, T. (1993) "Adolescence-limited and life-course-persistent antisocial behavior: A developmental taxonomy," *Psychological Review* 100(4): 674-701.

Patterson, G. R. (1982) *Coercive Family Progress*. Eugene, OR: Castalia.

Patterson, G. R. and T. J. Dishion (1985) "Contributions of Families and Peers to Delinquency." *Criminology* 23(1): 63-79.

Piaget, J. (1948) *The Moral Judgement of the Child*, New York, NY: Free Press.

Sampson, R. J. and J. H. Laub (1993) *Crime in the Making: Pathways and Turning Points through Life*, Cambridge, MA: Harvard University Press.

Sampson, R. J., S. Raundenbush, and F. Earls. (1997) Neighborhoods and violent crime: a multilevel study of collective efficacy: Science 277: 918-924.

Shaw, C. and McKay (1969) *Juvenile Delinquency and Urban Areas*. Chicago: University of Chicago Press.

Sheldon, W. (1949) *Varieties of Delinquent Youth*, New York, NY: Harper and Row

Siegel, L. (2010) Criminology: Theories, Patters, and Typologies(10th ed), 이민식 외 역 (2012) 범죄학: 이론과 유형, Cengage Learning.

Sutherland, E. H. (1947) *Principles of Criminology*, Philadelpia, PA: Lippincott.

Sykes, G. and D, Matza (1957) "Techniques of Neutralization: A Theory of Delinquency." *American Journal of Sociology* 22: 664-70.

Thornberry, T. P. (1987). "Toward an interaction theory of delinquency," Criminology, 25, 863-892.

Van Ness, D. and K. H. Strong (1997) *Restoring Justice*, Cincinnati, OH: Anderson

Wolfgang, M. E. and F. Ferracuti (1967) *The Subculture of Violence*. London: Tavistock.

제 3 장

청소년폭력(학교폭력)

폭력은 인간이 살아가는 과정 속에서 지속적으로 발생하는 문제이다. 그중 청소년기에 겪는 폭력 문제는 생애 발달 전반에 많은 영향을 미칠 수 있는 중요 문제이다. 청소년은 또래와 관계를 맺고 그 속에서 다양한 상호작용을 경험하며 성장한다. 서로 긍정적인 영향을 주고받으며 성장 과정을 보내지만, 반대로 여러 문제와 갈등으로 인해 어려움을 겪기도 한다. 최근 교육부와 (재)푸른나무 청예단(청소년폭력예방재단, 이하 청예단)에서 발표한 학교폭력 실태조사 결과를 살펴보면 피 · 가해율은 감소하다가 증가하는 추세를 보이고 있고, 언론에서도 매년 끊이지 않고 보도되는 폭력 사건들은 점점 진화하는 폭력의 유형과 문제점, 심각성에 대해 보여준다. 더불어 매체 발달 및 스마트폰 보급 증가 등의 시대 환경적 변화가 생기면서 사이버폭력 문제가 증가하고 있고, 과거에는 신체폭력 등 눈에 보이는 폭력 유형들이 주로 발생했다면 근래에는 언어폭력과 따돌림, 괴롭힘, 사이버폭력 등 보이지 않는 폭력 유형들이 많이 나타나고 있다. 또한 한 가지 폭력 유형만이 아닌 여러 폭력 유형들이 복합적으로 나타나 청소년들의 고통과 어려움을 더하고 있다.

따라서 본 장에서는 청소년폭력이 무엇인지 학교폭력을 중심으로 정의와 실태, 유형들을 살펴보고자 한다. 또한 폭력의 원인, 문제점, 사이버폭력에 대해 알아보고 관련 법률과 주요 정책의 변화 흐름 등을 종합적으로 이해하여 예방과 대처를 위한 끊임없는 고민을 하며 청소년폭력 문제에 대해 앞으로 해결과제가 무엇인지 살펴보고자 한다.

1. 청소년폭력[1] 정의 및 유형

1) 청소년폭력의 개념 및 시작

청소년기를 보내면서 겪을 수 있는 폭력은 아동학대, 가정폭력, 학교폭력, 성폭력, 사이버폭력 등 다양한 유형들이 있다. 본 장에서는 그중 청소년기에 가장 많은 시간을 보내며 교육을 받고 사회구성원으로 성장하는 장소인 학교에서 또래 관계를 통해 겪는 학교폭력을 중심으로 살펴보고자 한다. 학교폭력이라는 이슈는 정확히 언제부터 등장했는지 모르지만, 인간사가 발달하고 학교가 생기면서 청소년들과 밀접하게 연관되어 발생하는 현상이라고 할 수 있다. 하지만 예전에는 폭력을 단순한 '다툼 또는 싸움'으로 치부하거나 아이들이 성장하면서 생길 수 있는 일 정도로 심각하게 다루지 않았다.

또한 학교폭력에 대한 연구도 오래되지 않았는데, 노르웨이의 Olweus 교수가 학교폭력에 대한 연구를 진행하면서 학교폭력을 학교와 관련하여 일어나는 폭력행위로 개인이나 또래집단에 의해 반복적이고 지속적으로 일어나는 신체적, 물리적 폭력은 물론 집단 따돌림, 욕설, 협박 등의 심리적, 언어적 폭력행위에 노출되는 것이라고 정의하였고, 문제점과 심각성을 알리기 시작했다(이규미, 학교폭력 예방의 이론과 실제, 2014).

우리나라에서도 학교폭력은 언론에 보도되는 것과 같이 지속적으로 발생하였지만 본격적으로 사회 문제로 드러나게 된 것은 1995년도 학교폭력으로 한 고등학생이 스스로 목숨을 끊고 그 아버지가 (재)청소년폭력예방재단(이하 청예단, 설립자 김종기)을 만들고 활동을 시작하면서이다. 당시만 해도 학교폭력이라는 개념이 없고 학원폭력이라는 용어가 통용되던 시대라 폭력행위의 가해자로 학생들을 처벌하거나 피해학생을 보호한다는 것은 생각하기도 어려운 시대였다

1) 청소년을 대상으로 하는 폭력은 아동학대, 가정폭력, 학교폭력, 성폭력 등 그 범위가 다양하지만, 본 장에서는 학교폭력을 중심으로 작성되었음.

(김종기, 아버지의 이름으로, 2013). 이를 통해 학교폭력이 청소년들에게 얼마나 고통을 주고 기성세대들과 사회가 얼마나 관심을 가지지 않았는지에 대한 반성과 함께 다양한 활동과 개입, 시민운동 등이 시작되었다. 그리고 학교폭력에 대한 경종을 울리고 의식을 깨우고자 2004년 시민 47만 명의 서명을 받아 [학교폭력예방 및 대책에 관한 법률, 이하 학교폭력예방법]이 제정되었다. 하지만 이후에도 학교폭력에 대한 문제는 근절되지 않고 지속적으로 발생되었다. 2011년 대구 중학생 故 권승민 사건과 잇따른 청소년들의 사망 사건들이 이어지며 다시 한번 사회에 학교폭력에 대한 경종을 울렸고, 대대적인 사회적 관심과 경각심을 일으키는 계기가 되었다. 이후 다양한 학교폭력 예방 및 근절 노력, 해결방안에 대한 고민과 정책 수립 및 법률 개정 활동, 연구 등 다각적인 변화의 전환점을 맞이하였고, 학교폭력은 단순히 개인의 문제가 아닌 전 사회적으로 관심을 가지고 예방하고 근절해야 하는 사회적 문제로 다루어지게 되었다.

2) 청소년폭력의 정의

청소년폭력에 대한 올바른 이해를 위해 이에 대한 정의와 개념에 대해 알아보고 어떤 행동들이 학교폭력이라 할 수 있는지 법률적 정의와 연구적 정의로 나누어 살펴보고자 한다.

(1) 법률적 정의 및 개념

[청소년기본법] 제3조 1항에서는 "청소년"이란 9세 이상 24세 이하인 사람이라 규정하고 있고, 동법 동조 5항에서는 청소년 보호를 청소년의 건전한 성장에 유해한 물질·물건·장소·행위 등 각종 청소년 유해 환경을 규제하거나 청소년의 접촉 또는 접근을 제한하는 것으로 정의하고 있다(청소년기본법, 법제처 국가법령정보센터, 2020년 3월 3일 인출).

학교폭력은 [학교폭력예방 및 대책에 관한 법률, 이하 학교폭력예방법] 제2조

1항에서 “학교폭력”이란 학교 내외에서 학생을 대상으로 발생한 상해, 폭행, 감금, 협박, 약취・유인, 명예훼손・모욕, 공갈, 강요・강제적인 심부름 및 성폭력, 따돌림, 사이버 따돌림, 정보통신망을 이용한 음란・폭력 정보 등에 의하여 신체・정신 또는 재산상의 피해를 수반하는 행위로 정의되어 있다(학교폭력예방 및 대책에 관한 법률, 법제처 국가법령정보센터 2020년 3월 3일 인출). 이를 종합하여 보면 청소년 폭력이란 9세에서 24세 사이의 청소년들의 건전한 성장에 유해한 행위 등을 의미하고, 이 중 학교에 재학 중인 청소년, 즉 학생은 학교폭력예방법에 의거하여 학교 내외에서 학생을 대상으로 인권 및 복지를 해치거나 학교생활을 저해할 수 있는 심리적・신체적・정신적・재산상의 피해를 수반하는 행위를 폭력이라고 정의하고 있음을 알 수 있다.

(1) “학교폭력”이란 학교 내외에서 학생을 대상으로 발생한 상해, 폭행, 감금, 협박, 약취・유인, 명예훼손・모욕, 공갈, 강요・강제적인 심부름 및 성폭력, 따돌림, 사이버 따돌림, 정보통신망을 이용한 음란・폭력 정보 등에 의하여 신체・정신 또는 재산상의 피해를 수반하는 행위를 말한다(학교폭력예방 및 대책에 관한 법률 제2조 제1항, 법제처 국가법령정보센터, 2020년 3월 3일 인출).

(2) “따돌림”이란 학교 내외에서 2명 이상의 학생들이 특정인이나 특정집단의 학생들을 대상으로 지속적이거나 반복적으로 신체적 또는 심리적 공격을 가하여 상대방이 고통을 느끼도록 하는 일체의 행위를 말한다(학교폭력예방 및 대책에 관한 법률 제2조 제1항2, 법제처 국가법령정보센터, 2020년 3월 3일 인출).

(3) “사이버 따돌림”이란 인터넷, 휴대전화 등 정보통신기기를 이용하여 학생들이 특정 학생들을 대상으로 지속적, 반복적으로 심리적 공격을 가하거나, 특정 학생과 관련된 개인정보 또는 허위사실을 유포하여 상대방이 고통을 느끼도록 하는 일체의 행위를 말한다(학교폭력예방 및 대책에 관한 법률 제2조 제1항3, 법제처 국가법령정보센터, 2020년 3월 3일 인출).

여기서 한가지 관심을 가지고 생각해보아야 할 점은 학교폭력예방법은 적용범위를 '학생을 대상으로'라고 규정하고 있어서, 학교를 그만둔 상태의 청소년들에게는 적용할 수 없다는 것이다. 학교를 그만둔 상태의 청소년들은 피해 청소년일 경우 보호나 치유 지원 등을 받는 근거가 미약하고, 가해 청소년일 경우에는 교육이나 선도, 지속적 관리 등을 받을 수 있는 법적 근거와 지원 체계가 부족한 실정이다.

(2) 연구적 정의

학교폭력은 각 사회마다, 연구를 실시한 연구자마다 각각의 시각 차이가 있기 때문에 다양하게 해석된다. 학교폭력이라는 용어는 학교에서 일어나는 폭력(violence)과 괴롭힘(bullying)의 뜻을 모두 내포하고 있는 종합적 단어이다. 폭력(violence)이란 타인을 힘, 도구 등을 사용하여 괴롭히거나 누군가에게 의도적으로 해를 끼치거나 피해를 입히는 행위를 뜻한다. 노르웨이 학교폭력 연구자인 Olweus(1993)는 괴롭힘(bullying)을 '한 학생이 한 명의 학생이나 여러 명의 학생에 의한 부정적인 행위에 반복적이고 지속적으로 노출되었을 때 이는 괴롭힘을 당하거나 피해를 겪고 있는'이라고 정의하였다(문용린 외, 학교폭력예방과 상담, 2006). 또한 Olweus(1994)는 학교폭력에 대해 한 명 또는 그 이상의 학생들에 의해 행해지고, 가해자와 피해자 간 관계가 반드시 힘의 불균형 상태에 있고, 이것이 지속적이고 반복적인 부정적 행위로 나타나는 것으로 정의하기도 했다(문용린 외, 학교폭력예방과 상담, 2006). 여기서 부정적 행위란 누군가가 의도적으로 다른 사람에게 상처를 주거나 불안을 끼치거나 또는 그렇게 하려고 시도하는 경우를 말한다. 그 외에도 Mulrine(1996)은 학교폭력이란 학교뿐 아니라 가정이나 학교 밖에서 일어나는 폭력이라도 학생들에게 영향을 미치는 것이면 모두 학교폭력으로 규정하는 광의적 개념으로 정의하기도 하였다(김민정, 2009, 재인용).

국내 연구에서도 대체적으로 Olweus의 정의와 유사하게 학교폭력을 정의하고 있다(조대훈 외, 학교 폭력 예방 및 대책, 2013). 학교폭력이란 학교에 다니는 청소년 사이에 발생하는 심리적・신체적・정신적・재산상 폭력을 모두 포함한 행동을 포괄적으로 정의하고 있는데, 자기보다 약한 처지에 있는 상대에게 불특정 다수의 학생이 남에게 보이지 않는 장소에서 폭력을 반복하여 행하거나 심각한 공격을 가하는 문제행동으로 정의하고 있다(문용린 외, 학교폭력 위기개입의 이론과 실제, 2008). 또한 "학교 내, 주변, 등하교길, 집 주변, 학원 주변 등 물리적인 장소는 물론이고 교육과 관련된 장소 및 현장에서 부모와 교사를 제외한 모든 사람이 학생에게 행사한 정도가 상당히 심각한 유무형의 모든 폭력"이라고 정의하기도 하였다(문용린 외, 학교폭력예방과 상담, 2006).

3) 청소년폭력의 유형

학교폭력의 정의는 앞에서 언급한 바와 같이 폭력(violence)과 괴롭힘(bullying)을 포함하는 광의적 의미이고, 법률에서도 상해, 폭행, 감금, 협박, 약취・유인, 명예훼손・모욕, 공갈, 강요・강제적인 심부름 및 성폭력, 따돌림, 사이버 따돌림, 정보통신망을 이용한 음란・폭력 정보 등에 의하여 신체・정신 또는 재산상의 피해를 수반하는 행위를 포함하고 있다(학교폭력예방 및 대책에 관한 법률, 법제처 국가법령정보센터, 2020년 3월 3일 인출). 이에 해당되는 세부 유형에 대한 내용은 학교폭력 사안처리 가이드북(교육부) 내용 중심으로 살펴보고자 한다(학교폭력사안처리가이드북, 교육부, 2020).

〈표 3-1〉 학교폭력 유형별 예시안

유형	예시 상황
신체 폭력	• 신체를 손, 발로 때리는 등 고통을 가하는 행위(상해, 폭행) • 일정한 장소에서 쉽게 나오지 못하도록 하는 행위(감금) • 강제(폭행, 협박)로 일정한 장소로 데리고 가는 행위(약취) • 상대방을 속이거나 유혹해서 일정한 장소로 데리고 가는 행위(유인) • 장난을 빙자한 꼬집기, 때리기, 힘껏 밀치기 등 상대 학생이 폭력으로 인식하는 행위
언어 폭력	• 여러 사람 앞에서 상대방의 명예를 훼손하는 구체적인 말(성격, 능력, 배경 등)을 하거나 그런 내용의 글을 인터넷, SNS 등으로 퍼뜨리는 행위(명예훼손). • 여러 사람 앞에서 모욕적인 용어(생김새에 대한 놀림, 병신, 바보 등 상대방을 비하하는 내용)를 지속적으로 말하거나 그런 내용의 글을 인터넷, SNS 등으로 퍼뜨리는 행위(모욕) • 신체 등에 해를 끼칠 듯한 언행("죽을래" 등)과 문자메시지 등으로 겁을 주는 행위(협박)
금품 갈취	• 돌려줄 생각이 없으면서 돈을 요구하는 행위 • 옷, 문구류 등을 빌린다며 되돌려주지 않는 행위 • 일부러 물품을 망가뜨리는 행위 • 돈을 걷어오라고 하는 행위
강요	• 속칭 빵 셔틀, 와이파이 셔틀, 과제 대행, 게임 대행, 심부름 강요 등 의사에 반하는 행동을 강요하는 행위(강제적 심부름) • 폭행 또는 협박으로 상대방의 권리행사를 방해하거나 해야 할 의무가 없는 일을 하게 하는 행위(강요)
따돌림	• 집단적으로 상대방을 의도적이고, 반복적으로 피하는 행위 • 싫어하는 말로 바보 취급 등 놀리기, 빈정거림, 면박 주기, 겁주는 행동, 골탕 먹이기, 비웃기 • 다른 학생들과 어울리지 못하도록 막는 행위
성폭력	• 폭행·협박을 하여 성행위를 강제하거나 유사 성행위, 성기에 이물질을 삽입하는 등의 행위 • 상대방에게 폭행과 협박을 하면서 성적 모멸감을 느끼도록 신체적 접촉을 하는 행위 • 성적인 말과 행동을 함으로써 상대방이 성적 굴욕감, 수치감을 느끼도록 하는 행위

유형	예시 상황
사이버 폭력	• 속칭 사이버모욕, 사이버명예훼손, 사이버성희롱, 사이버스토킹, 사이버음란물 유통, 대화명 테러, 인증놀이, 게임부주 강요 등 정보통신기기를 이용하여 괴롭히는 행위 • 특정인에 대해 모욕적 언사나 욕설 등을 인터넷 게시판, 채팅, 카페 등에 올리는 행위. 특정인에 대한 저격글이 그 한 형태임 • 특정인에 대한 허위 글이나 개인의 사생활에 관한 사실을 인터넷, SNS 등을 통해 불특정 다수에 공개하는 행위 • 성적 수치심을 주거나, 위협하는 내용, 조롱하는 글, 그림, 동영상 등을 정보통신망을 통해 유포하는 행위 • 공포심이나 불안감을 유발하는 문자, 음향, 영상 등을 휴대폰 등 정보통신망을 통해 반복적으로 보내는 행위

자료 출처: 학교폭력사안처리가이드북, 2020

2. 청소년폭력의 실태

통계청에서 발표한 '2017년 청소년 통계'에 의하면 2016년 청소년(13~24세)의 46.2%가 '전반적인 생활'에서 스트레스를 받고 있고, 그중 52.5%가 '학교생활'에서 스트레스를 받는다고 나타났다(2017 청소년통계, 통계청). '2018 청소년 통계'에서 10년간 소년범죄자 추이를 보면, 2008년 13만 5천 명으로 최고치를 기록하고 점차 감소하다 2012년 학교폭력이 사회적 문제로 다루어지면서 강력대응 등으로 10만 7천 명까지 증가 후 최근 4년간 감소하다 2016년부터 소폭 증가하는 것으로 나타났다(2018 청소년통계, 통계청). 또한 학교폭력대책자치위원회의 심의 건수는 2015년 19,968건, 2016년에는 23,673건, 2017년 30,993건으로 매년 증가하고 있는 상황 등을 종합하여 보면 청소년폭력에 대한 이슈는 청소년 생애발달 전반에 걸쳐서 지속적으로 나타나고 있음을 알 수 있다. 본 장에서는 청소년폭력의 실태를 이해하고자 학교폭력에 관한 대표적 연구 조사인 (재)푸른나무 청예단[2)]의 전국 학교폭력 실태조사와 학교 밖 청소년 폭력

실태조사를 알아보고 교육부[3])의 전국 학교폭력 전수(표본)조사를 함께 살펴보고자 한다. 이러한 지속적인 조사와 연구는 청소년 학교폭력의 실태와 변화, 양상을 알아보는 데 유용한 자료이다.

1) (재)푸른나무 청예단 전국 학교폭력 실태조사

(재)푸른나무 청예단 학교폭력 실태조사[4])중 2012년부터 지금까지 학교폭력 피가해율 추이는 [그림 3-1]과 같이 나타났다. 그 중 2018년 실태조사 주요 내용을 살펴보면, 전체응답자(5,890명) 중 최근 1년간(2018년 기준) 피해응답률은 6.6%로 나타났고, 교급별 피해율은 초등학생이 가장 높은 10.6%, 중학생 3.9%, 고등학생 2.2% 순으로 나타났다. 피해유형은 '욕설이나 모욕적인 말을 했다' 24.1%, '집단적으로 따돌림을 당했다' 15.7%, '맞았다' 15.5%, '괴롭힘을 당했다' 12.6%, '사이버폭력을 당했다'가 10.2% 순으로 나타났다. 피해 대상자들에게 '고통 정도'에 대한 질문을 한 결과, 고통스러움 32.6%, 매우 고통스러움 23.8%로 나타났고, '학교폭력으로 인한 복수충동'을 하루에 1번 이상 40.6%, 일주일에 1번 이상 22.6%, 한 달에 1번 이상 11.3% 겪고 있다고 응답하였다. 또한 '학교폭력으로 인한 등교거부'에 대한 생각이 하루에 1번 이상 30.2%, 일주일에 1번 이상 21.7%로 나타났다. 또한 '학교폭력으로 인한 자살 생각한 적 있다' 50.0%로 나타났고, 이 중에 '실제로 자해 또는 자살 시도한 적 있다'가 29.2%로

2) 1995년 한 고등학생의 학교폭력으로 인한 자살사건으로 그 아버지가 세운 대한민국 최초의 학교폭력 민간단체(NGO)로서 이후 2001년부터 학교폭력 실태를 알리고자 1년에 1번 전국 학교폭력 실태조사를 진행하였으며 매년 1회씩 실시되고 있다.

3) 교육부에서 2012년(당시 교육과학기술부)에 시작한 전국 학교폭력 전수조사는 1년에 2번씩 전국 학생들을 대상으로 실시되어왔고, 2018년부터는 총 2회중 1회는 전수조사로, 1회는 표본조사로 실시하고 있다.

4) 푸른나무 청예단 전국학교폭력 실태조사 개요: 2018년 12월 중 전국 초2~고2 재학생 총 5,890명 참여, 무작위 층화추출법(전국 17개 시도별 학생 수, 초중고 교급별 재학생), 95% 신뢰수준, 오차범위 ±1.28%

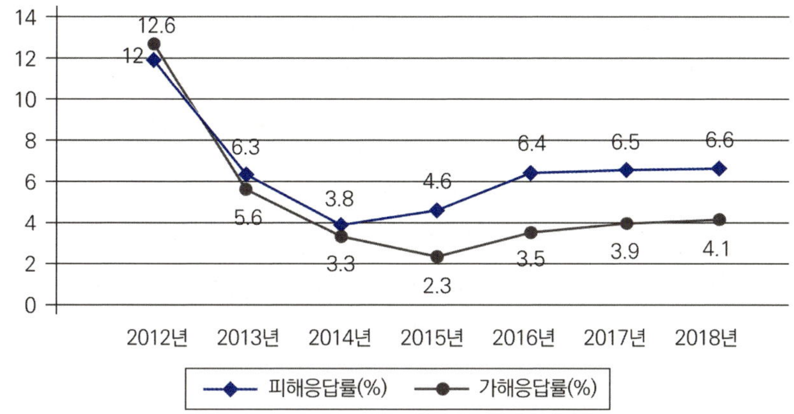

[그림 3-1] 최근 학교폭력 피가해율 추이(청예단 실태조사)

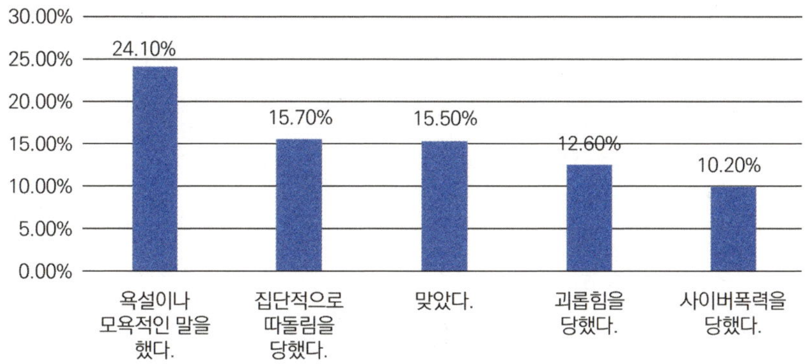

[그림 3-2] 피해유형

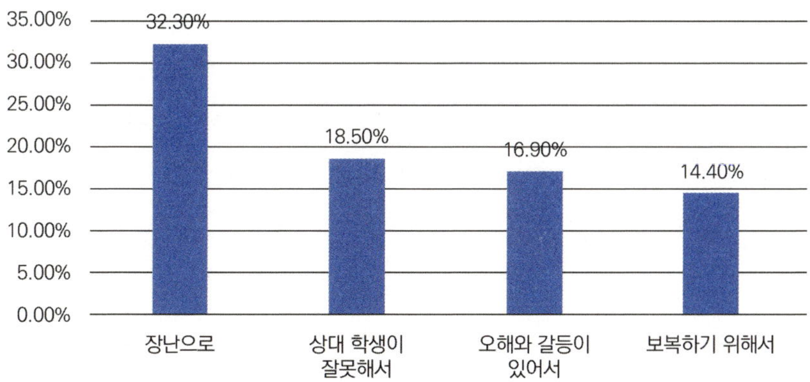

[그림 3-3] 가해행동 이유

응답하여 폭력 피해가 청소년기에 부정적 영향과 위험성을 미치는지 알 수 있다.

또한 전체 응답자 중 최근 1년간(2018년 기준) 가해응답률은 4.1%로 나타났고, 교급별 가해율은 초등학생이 가장 높은 5.9%, 중학생 2.7%, 고등학생 1.5% 순으로 나타났다. 가해유형은 다른 학생을 때렸다 36.4%, 욕설이나 모욕적인 말을 했다 22.7%, 지속적으로 괴롭혔다 13.1%, 집단으로 따돌렸다 9.7% 순으로 나타났고, 가해 이유로는 장난으로 32.3%, 상대 학생이 잘못해서 18.5%, 오해와 갈등이 있어서 16.9%, 보복하기 위해서 14.4%로 나타났다.

폭력 목격 경험에 대한 질문의 응답률은 전체 대상자 중 '목격한 적이 있다'가 10.6%로 나타났고, 목격 후 행동을 묻는 질문에 모른 척했다 35.4%, 선생님께 알렸다 20.5%, 피해학생을 돕거나 위로했다 16.4%, 직접 말렸다 14.5% 순으로 응답하였다. 또한 목격 후 방관한 이유로는 같이 피해를 당할까 봐 19.6%, 관심이 없어서 16.0%, 어떻게 해야 할지 몰라서 15.8%, 도와줘도 소용이 없을 것 같아서 13.0% 순으로 나타났다.

2) 교육부 학교폭력 전수조사

교육부 학교폭력 전수조사[5] 중 2013년부터 지금까지 학교폭력 피가해율 추이는 [그림 3-4]와 같이 나타났다. 그 중 2019년 1차 전수조사 주요 내용을 살펴보면, 전체 응답자 중 피해응답률은 1.6%로 나타났고, 교급별 피해율은 초등학생이 가장 높은 3.6%, 중학생 0.8%, 고등학생 0.4% 순으로 나타났다. 피해유형은 언어폭력(35.6%), 집단따돌림(23.2%), 사이버 괴롭힘(8.9%), 신체폭행(8.6%)로 나타났다. 또한 전체 응답자 중 가해응답률은 0.6%로 나타났고, 교급별 가해율은 초등학생이 가장 높은 1.4%, 중학생 0.3%, 고등학생 0.1% 순으로 나타났다. 가해 이유로는 먼저 괴롭혀서 29.7%, 장난으로 17.7%, 오해와

5) 교육부 2019년 1차 학교폭력 전수조사 개요: 2019년 4월 1일~4월 30일 약 1달간 온라인 조사 실시, 초4~고3 재학생 약 410만명중 참여율: 90.7%(약 372만 명)

갈등으로 16.1%, 마음에 안들어서 13.0%로 나타났다.

폭력 목격 경험에 대한 질문의 응답률은 전체 대상자 중 '목격한 적이 있다'가 4.0%로 나타났고, 목격 후 행동을 묻는 질문에 '피해를 받은 친구를 위로하고 도와주었다'가 34.5%, '아무 것도 하지 못했다.' 30.1%, '때리거나 괴롭히는 친구를 말렸다'가 20.0% 순으로 나타났다.

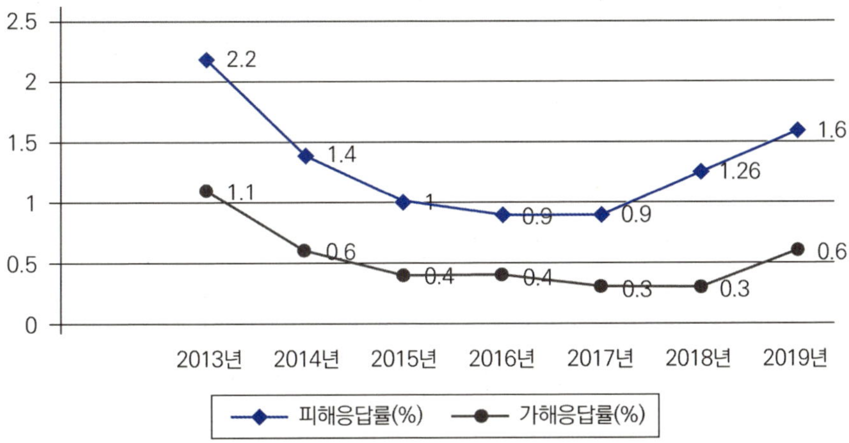

[그림 3-4] 최근 학교폭력피가해율 추이(교육부 전수조사)

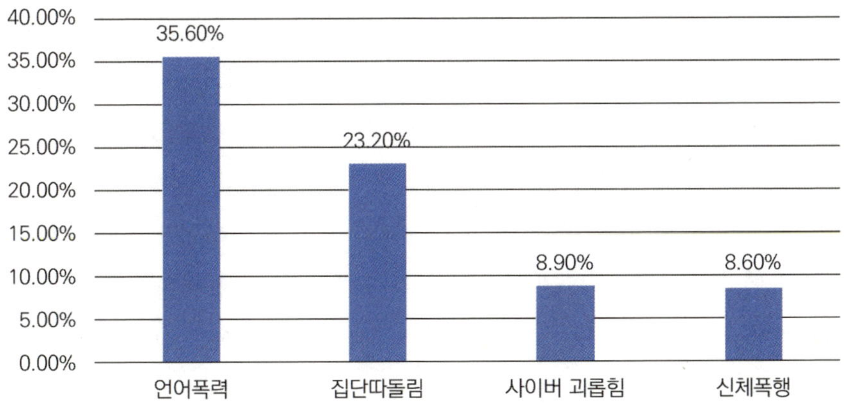

[그림 3-5] 피해유형

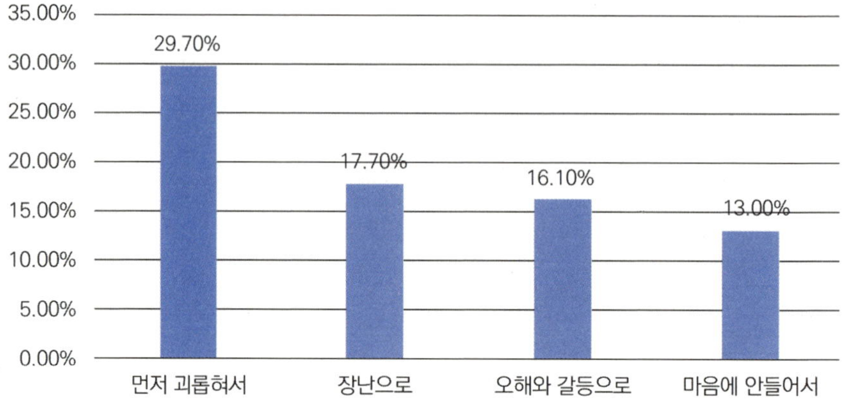

[그림 3-6] 가해행동 이유

3) 학교를 그만둔 청소년 폭력 실태

기존 학교폭력 실태조사는 학교를 다니고 있는 학생인 청소년들을 대상으로 실시되어 왔다. 이에 학교 밖 청소년들의 폭력 실태에 대한 조사 필요성을 바탕으로 2017년 (재)푸른나무 청예단에서 실시한 [학교 밖 청소년 폭력 실태조사[6]]의 실태 중 몇 가지 주요한 내용은 다음과 같다. '과거 학교 재학 중 청소년 폭력 피해경험'에 대한 질문에 피해경험이 '있다'는 전체의 24.6%로 나타났고, '학교 그만둔 이후 청소년 폭력 피해경험'에 대한 응답으로 '있다'가 8.3%로 나타났다. 또한 '과거 학교 재학 중 폭력 가해경험'에 대한 응답은 전체의 22.0%로 나타났고, '학교 그만둔 이후 폭력 가해경험'에 대해 13.3%가 '있다'고 응답했다. 학교에 재학 중인 청소년의 경우 학교폭력예방법의 울타리 안에서 보호 및 지원받거나 선도할 수 있으나 학교 밖 청소년들의 경우에는 학교폭력예방법을 적용받을 수 없는 실정이다. 폭력 상황에 노출되더라도 이에 대한 대응 및 해결을 위해서 형법이나 소송 등 법적으로 문제를 해결하여야 한다. 현실적으로 형법이

6) 2017년 (재)푸른나무 청예단에서 진행한 실태조사로 10월부터 2달여간 전국 17개 시·도에 있는 학교밖청소년지원센터 등 관련 기관 및 단체에 협조를 얻어 총 264명을 대상으로 실시 및 분석하였음.

나 소송 등으로 문제를 해결하기에는 개인과 가족이 받는 스트레스나 상처가 상당하고 소송 기간 및 경제적인 부담감 등이 있기 때문에 청소년 및 그 가족이 받게 되는 어려움이 크다. 따라서 학교 밖 청소년들이 피(가)해에 노출되었을 때를 대비하여 보호 및 선도 장치 마련 및 강화가 필요한 실정이다.

3. 청소년폭력의 문제점 및 원인

청소년폭력은 아이들이 성장하면서 겪는 단순한 문제로 치부할 수 없을 만큼 사회 전반에 걸쳐서 심각한 문제로 나타나고 있다. 단순히 피·가해 청소년의 문제가 아닌 학교와 가정, 개인, 사회가 얽혀서 나타나고 복합적으로 작용하는 문제이기 때문에 청소년 폭력의 원인은 단순히 한 가지로 설명하기는 어렵다. 따라서 청소년 폭력 문제는 개인적 요인, 가족적 요인, 학교 및 또래 요인, 사회환경적 요인 등 다각적인 원인들이 영향을 미치고 있으므로 이에 대한 올바른 이해가 필요하다.

1) 청소년폭력의 문제점

청소년폭력의 심각함은 우리 사회에 지속적으로 나타나고 있고, 성인 범죄같이 잔인하고 교묘하며 상대에게 씻을 수 없는 상처와 고통을 남기고, 이를 통해 어려움을 겪는 청소년들이 증가하고 있다. 나아가 자살 같은 극단적 선택도 끊임없이 발생하고 있기에, 이는 단순히 청소년들만의 문제로 치부하거나 방관할 일이 아니다. 이에 현장 사례들을 살펴보며 청소년폭력의 문제점에 대해 살펴보고자 한다.

(1) 학교폭력 연령별 발생 현황 및 문제점

〈표 3-2〉 연령별 발생현황 및 문제점

초등학교	• 가장 많은 사례가 발생하며 초등학교 저학년부터 발생함. • 놀이, 장난과 폭력에 대한 애매한 인식과 생각 차이로 인해 폭력이 발생함. • 언어폭력, 따돌림, 괴롭힘 등 보이지 않는 폭력 증가로 인한 해결 및 사안처리 어려움이 증가함. • 보호자 간 갈등이 심화되어 해결에 어려움을 겪고 분쟁으로 확대되는 경우가 증가함. • 성, 장애, 특수아동 관련 사례가 증가함.
중학교	• 학교폭력 유형이 복합적으로 발생함. • 학교폭력 피해 유형 중 다른 유형 폭력(신체폭력, 괴롭힘 등)과 사이버 폭력이 복합적으로 발생함. • 성(性), 집단폭력 관련 사례가 증가 추세임.
고등학교	• 신체적 피해 및 정신적 고통으로 인한 심각하고 손상이 큰 사례가 발생함. • 생활기록부 기재로 인한 은폐 및 축소, 갈등 장기화 발생함. • 조치 결과에 대한 불복 절차 문의 및 행정심판, 각종 소송 관련 사례 증가함.

자료 출처: (재)청예단 주요상담사례(2018), 청소년의 디지털 역기능(사이버범죄) 예방과 대책수립을 위한 전문가 포럼(2017)

(2) 청소년의 주요 호소문제

〈표 3-3〉 청소년 주요 호소문제

"폭력 피해를 당했는데, 아무도 날 도와주지 않아요."
"부모님, 학교(기관)의 방식으로만 일을 처리해서 가해 측과 관계가 더욱 악화되었어요."
"가해 측이 처벌을 받았지만 여전히 힘들어요. 진심 어린 사과를 받고 싶어요."
"또 괴롭힐까 봐 불안해요."
"피해 측에게 사과하고 싶은데, 잘못을 인정하고 사과하면 저에게 불이익이 생긴다고 부모님이 가만히 있으래요."
"피해 측과 오해가 있어요. 소통을 하고 싶은데, 접근금지 조치를 받아서 피해 측에 다가가면 더 큰 처벌을 받을 수 있대요."

자료 출처: (재)청예단 주요상담사례(2018), 청소년의 디지털 역기능(사이버범죄) 예방과 대책수립을 위한 전문가 포럼(2017)

(3) 보호자 주요 호소 문제

〈표 3-4〉 보호자 주요 호소문제

"우리 아이는 고통스러워하는데, 가해 측은 별거 아닌 일로 생각하고 넘어가려고 해요." "아이들끼리 할 수 있는 장난인데 피해 측이 너무 과민해요. 일을 크게 키우려고 해요." "아직 사과받을 준비도, 만날 준비도 되어있지 않은데, 가해 측이 막무가내예요." "우리 아이의 고통에 비해 상대측의 처벌조치가 너무 약한 것 같아요. 가해학생은 더 큰 처벌을 받아야 해요." "심리적 손상으로 아이의 상담치료가 필요해요." "학교(기관)가 상대측의 편을 드는 것 같아요. 중립적이지 않아요."

자료 출처: (재)청예단 주요상담사례(2018), 청소년의 디지털 역기능(사이버범죄) 예방과 대책수립을 위한 전문가 포럼(2017)

청소년폭력의 가장 큰 문제점은 피・가해 폭력 경험이 청소년에게 미치는 영향이 심각하고 후유증, 트라우마가 성인기까지 지속되어 삶의 전반에 고통을 줄 수 있다는 점이다. 폭력 경험은 피해자와 가해자, 목격자 모두에게 신체적・정신적・사회적으로 부정적인 영향을 미치고 이것은 성인이 된 이후에도 지속될 수 있다(Haddow, 2006). 또한 성인으로부터는 물론, 또래 간 폭력을 경험한 청소년들은 이후 즉각적인 개입이나 적절한 치료를 받지 못하면 자살의 증가, 사회심리적 발달 저하, 대인관계에서 어려움 등의 문제를 겪을 수 있다(신혜섭, 2005). 또 여러 내・외적 변화에 효과적으로 적응하는 방법을 찾지 못하는 경우에는 불안, 우울과 같은 정서적 변화로 반응하거나 불안정한 행동문제와 같은 부적응을 겪게 될 수도 있다(정현희・양계민, 1999). 청소년들의 학교폭력 경험은 음주, 약물사용, 중도탈락, 자살 등 다양한 문제행동 및 부적응을 수반하기도 하며(Ellickson, Saner & McGuigan, 1997; White, Loeber, Stouthamer-Loeber & Farrington, 1999), 청년기와 성인기의 폭력으로 이어질 가능성이 높아(Olweus, 1994; 신혜섭, 2005, 재인용) 사회적으로 심각한 문제가 되기도 한다. 학교폭력 피해자들은 1차적으로 두려움과 불안에 고통받는다. 그리고 분노와 함께 아무

것도 할 수 없다는 무력감 등으로 2차 고통과 어려움을 겪을 수 있다.

이러한 심리정서적 상태가 치유되지 않거나 장기화되면 이에 따른 트라우마나 후유증은 가중되어 정신병리적 단계로 진행될 수 있다. 그리고 이런 심리정서적 어려움은 학교부적응, 자해, 자살충동 등 심각한 문제로 나타날 수 있기에 폭력 피해로 인한 심리정서적 고통에 대한 공감과 이에 대한 적극적 치유와 회복과 지속적인 사후관리 등이 중요하다. 또한 가해 청소년도 적절한 개입이나 선도, 교육이 없이 방치될 경우 재발의 위험, 낙인, 이를 통한 분노, 저항, 사회부적응이나 고립감을 느끼고 어려움을 겪기도 한다.

2) 청소년폭력의 원인

청소년폭력에 대한 잘못된 접근 중 가장 많은 것이 성인들이 자신들도 싸우며 컸고 누구나 다 그렇게 클 수 있다고 하거나, 청소년기에 일어날 수 있는 다툼 정도로 치부하는 것이다. 그렇게 단순한 청소년기의 문제라면 폭력으로 인한 고통과 트라우마, 휴우증, 그리고 자살 선택이라는 극단적 상황들이 반복되고 있는지 의문이다. 청소년폭력은 개인과 이를 둘러싸고 있는 환경과 상황들이 복합적으로 맞물려서 나타나는 양상과 원인을 가지고 있다. 겉으로 보기엔 피해자와 가해자만 부각되어 보이지만, 피해자와 부모, 가해자와 부모, 교사, 학교 관련자, 방관자, 주변 친구들 등 원인과 구성, 발생 특성이 복잡하다. 따라서 이런 다각적인 학교폭력의 원인과 특성 등이 가지는 복합성을 염두에 두고 학교폭력을 이해하고 바라보는 것이 중요하다(조대훈 외, 학교 폭력 예방 및 대책, 2013).

(1) 개인요인

청소년기 학교폭력은 가족 문제, 진로에 대한 걱정과 불안, 또래관계의 문제, 두려움, 자신감 저하, 고립, 불안감, 학교 적응 어려움 등의 개인 심리적인 요인으로 작용한다. 또한 개인적 특성으로 기질, 공격성, 자아존중감, 자기통제 등도 많은 연구에서 언급되고 있다. 문용린, 최지영, 백수현, 김영주(2007)의 연구에서는 학교폭력 피해에 대한 상담 분석 결과 중 학교폭력 피해 경험이 있는 청소년들은 신체적으로 약한 이유 등으로 피해 경험을 한다고 보고하였다. 물론 개인이 어떤 특성이나 취약점을 가지고 있다 해도 그것이 폭력에 원인이 될 수 없고, 어떠한 경우에도 폭력은 정당화될 수 없다. 따라서 폭력 피해의 개인적 요인은 언급하는 부분에 있어서 매우 신중하여야 한다. 반면 Olweus(1997)는 높은 자존감은 학교폭력을 일으키거나 공격적인 행동을 하는 것과 밀접한 관련이 있다고 보고하였고, 청소년들이 낮은 통제력을 가지고 있는 경우 자신의 욕망이나 감정에 따라 행동하거나 자기중심적이고 판단력 부족 등으로 폭력을 행사하거나 작은 문제에도 자신을 조절하지 못하고 공격적으로 반응하여 폭력 행동을 하게 된다는 연구 보고도 있다(조대훈 외, 학교 폭력 예방 및 대책, 2013).

(2) 가정요인

학교폭력의 또 다른 요인으로 가정적 요인이 있다. 청소년들이 성인이 되기 전까지 가장 많은 시간을 보내고 성장 과정에서 많은 영향을 받을 수 있는 곳이 가정이기 때문이다(조대훈 외, 학교 폭력 예방 및 대책, 2013). 가정의 핵가족화, 불화나 결손, 가정폭력, 방임 그리고 부모들의 폭력문제에 대한 인식 부족과 대처 결여 등도 원인이라고 할 수 있다. 최근에는 맞벌이, 정서적 방임 등 부모들의 사회적 활동이 늘어나고 서로 함께할 수 있는 시간이 줄어 대화하거나 접촉할 시간이 감소하였고, 이로 인해 친밀감이나 유대감을 형성하는 데 어려움을 겪고 있다. 또한 부모와의 친밀도, 의사소통 및 상호작용, 부모의 양육태도, 애착, 가정폭력 유무 등은 학교폭력 발생 전후에 많은 영향을 미칠 수 있는 주요한 가정적 요인들로 볼 수 있다.

(3) 학교 및 또래 요인

청소년기는 생애발달 과정중 또래와의 관계에 대한 많은 관심과 중요도를 가지고 있는 시기이다. 그리고 또래 관계에서 일어나는 다양한 역동과 경험을 통해 상호 긍정적인 영향을 주고받으며 성장하기도 하지만, 반대로 크고 작은 갈등과 문제를 겪는 부정적 경험을 통해 어려움을 겪기도 한다. 서로 대화하고 상대방의 감정이나 상태를 이해하고 해결하며 성장하는 것이 바람직한 현상인데, 이에 대한 부정적 대응 방법으로 폭력을 사용하면서 학교폭력 문제는 더 심각해지고 복잡해지고 있다. 또한 많이 언급되고 있는 한국 사회의 입시 위주의 교육체제와 경쟁에서 다양한 인성 및 전인교육이 소홀해지는 점, 스트레스 해소나 에너지 발산을 위한 놀이나 신체 활동 시간이 거의 없다는 점, 이를 통해 학교 내에서 맺어지는 관계에서 신뢰감이 결여되거나 서로 스트레스 상황에서 부딪히는 경우 등을 통해 학교폭력은 늘 잠재되어 있는 문제라고 볼 수 있다. 특히나 학교는 청소년들이 가장 많은 시간을 보내는 공간이므로 이곳에서 생활하는 또래들로부터 받는 여러 가지 요인들 또한 학교폭력의 원인이 되고 있다.

(4) 사회 환경적 요인

한국 사회는 폭력에 대해 관대한 기준과 관습을 가지고 있고 허용적인 분위기를 가지고 있다. 폭력에 대한 관대한 인식과 허용 등이 보이지 않게 사회 전반에 깔려 있어서 문제 해결 및 대응 수단으로 폭력이 쉽게 사용되거나 묵인되는 것에 대해 깊게 고민하고 반성되어야 할 것이다. 최근 이런 문제들이 누적되어 연이어 보도된 아동학대 사건이나 청소년폭력 사건, 미투(Metoo)운동 등은 이런 우리 사회의 폭력에 대한 모습을 단적으로 보여주는 예가 아닐까 한다. 또한 급속한 산업화와 디지털 사회 발전은 우리 사회가 성장하는 원동력이 되기도 했지만 유해환경이 범람하며 이를 예방하고 대처하는 방법을 익히기도 전에 청소년들이 접하고 영향을 받으면서 많은 역기능도 발생시키고 있다. 대중매체나 사이버상의 폭력 및 성(性)과 관련된 자극은 정도를 넘어서 청소년 폭력의 양적 증가는 물론 질적 변화에 많은 영향을 주고 있다.

4. 청소년 사이버폭력

1) 청소년 사이버폭력의 실태 및 유형

청소년폭력의 다양한 유형 중 사이버폭력은 점점 발생비율이 증가하는 추세를 보이고 있다. 또한 모든 유형의 폭력에 사이버폭력은 폭력의 수단과 도구로 병행되어 나타난다. 청소년들은 사이버 공간에서의 폭력이 학교폭력이 아니라고 생각하는 경우가 많지만 사이버 폭력은 학교폭력의 유형 중 하나이고 다른 학교폭력과 병행되어 일어나므로 심각성이나 고통이 더 가중되는 심각한 문제이기도 하다(청소년을 위한 사이버폭력 이해와 대처, 청예단, 2014).

'2018 청소년통계'에 따르면, 청소년들의 인터넷 평균 이용시간은 최근 5년 동안 지속적 증가 추세[7)]로 나타나고 있다(2018 청소년통계, 통계청, 2018). 인터넷을 이용하는 빈도가 '하루에 1회 이상'인 경우가 10대 98.1%, 20대 100.0%로 10~20대 청소년은 거의 매일 인터넷을 이용하고 있는 것으로 나타났다(청소년통계, 통계청, 2018). 청소년들은 인스턴트 메신저・SNS・이메일 이용 등의 '커뮤니케이션', 음악 듣기・동영상 보기・온라인게임 등의 '여가활동', 정보검색・신문 읽기 등의 '자료 및 정보 획득' 등을 목적으로 인터넷을 이용하는 것으로 나타났다. 그중 최근 1년 이내에 이용한 인터넷 서비스 중 카카오톡・페이스북 메신저・라인 등의 '인스턴트 메신저'를 청소년들은 가장 많이 이용하고, 그

7) 인터넷 주 평균 이용시간(시간) (2018 청소년통계, 통계청)
－10대: 14.1('13) → 14.4('14) → 14.5('15) → 15.4('16) → 16.9('17)

다음은 페이스북 · 카카오 스토리 · 인스타그램 등의 'SNS(소셜 네트워크 서비스)'를 많이 이용하는 것으로 나타났다(2018 청소년통계, 통계청, 2018). 이런 변화는 디지털 기술 발전, 활용 능력 향상 등의 순기능도 있지만 반대로 따돌림, 괴롭힘의 수단으로 악용되거나 디지털 기기 의존도 증가, 사이버상의 폭력 및 범죄 증가 등 역기능을 야기하기도 한다.

사이버폭력은 학교폭력예방법 제2조 1의3에서 사이버 따돌림이란 인터넷, 휴대전화 등 정보통신기기를 이용하여 학생들이 특정 학생들을 대상으로 지속적, 반복적으로 심리적 공격을 가하거나, 특정 학생과 관련된 개인정보 또는 허위사실을 유포하여 상대방이 고통을 느끼도록 하는 일체의 행위라고 정의하고 있다(학교폭력예방 및 대책에 관한 법률, 법제처 국가법령정보센터 2020. 03. 03). 2018년 청예단 실태조사에서도 가장 심각하다고 생각하는 학교폭력 유형에 '사이버폭력'이라는 응답률이 6.9%로 2017년 조사 결과(5.5%)보다 증가한 것으로 나타났다. 또한 학교폭력 피해 장소가 학교 안 57.6%, 학교 밖 22.9%, 사이버 공간 14.9% 순으로 나타났고, 사이버폭력 피해를 당했다고 응답한 대상자는 10.2%로 2017년 조사 결과(7.4%)보다 증가한 것으로 나타났다(2018 전국학교폭력실태조사, 청예단, 2019).

또한 사이버 폭력의 피해유형과 관련하여 '욕설이나 모욕적인 말을 들었다'가 36.2%로 가장 많았으며, '허위의 글이나 비방하는 소문이 퍼졌다' 16.2%, '악성댓글' 10.8%, '위협이나 협박을 당했다'와 '성적인 메시지와 사진을 받았다'가 각각 10.0% 등의 순으로 나타났다(2018 전국학교폭력실태조사, 청예단, 2019).

이렇듯 청소년의 의사소통 수단으로 익숙한 사이버 공간이 괴롭힘의 수단과 장으로 악용되고 있고, 사이버폭력은 청소년들 사이에서 심각한 문제가 되고 있음을 알 수 있다.

2) 청소년 사이버폭력의 문제점

청소년 사이버폭력의 문제점으로 첫째, 일반적인 사이버폭력 특징 중 하나인 익명성과 다르게 청소년 사이버폭력은 서로 알고 있는 상태에서 특정한 이유 없이 주변에 동조되어 장난과 재미 등의 이유로 SNS, 인터넷 게시판 등을 통해 특정인에 대한 모욕적 표현이나 욕설 등으로 폭력이 시작되고 지속, 확산된다는 것이다. 이러한 사이버 폭력은 청소년들 사이에 하나의 문화로 자리 잡아가고 있다. 실제 청예단 상담 현장 사례에서 나타나는 양상을 살펴보면 '남들 다 하는 장난에 동조한 것뿐이다.' '요즘 다 그렇게 놀고 장난치는데 피해학생이 과민하다.'는 등 합리화 속에 무책임한 가해 행동을 하는 청소년들이 증가하고 있다(청예단 주요상담사례, 2018).

〈표 3-5〉 사이버폭력 상담사례

"SNS나 메신저에서 댓글 등을 통해 언어폭력, 비난, 모욕 등이 난무하고 있어요." "온라인 게임에서도 평소 학교생활의 관계를 바탕으로 따돌림이나 괴롭힘이 지속되고 확대되고 있어요." "그룹 메신저에서 의도적 따돌림을 유도하고 '몰아가기' 같은 근거 없는 비난이나 허위 글이 유포되고 있어요." "익명성을 바탕으로 한 사이버 공간은 범죄 수준의 폭력을 부추기는 공간 같아요." "사이버 공간에서 이루어지는 모욕, 비난은 유포가 될 수 있고 빠른 전파로 사건이 더욱 확대되는 것 같아요."

자료 출처: (재)청예단 주요상담사례(2018), 청소년의 디지털 역기능(사이버범죄) 예방과 대책수립을 위한 전문가 포럼(2017)

둘째, 사이버공간 속에서 댓글, 복사, 공유, 퍼나르기 등을 통해 폭력 피해가 불특정 다수에게 빠르게 유포될 우려가 있으며 이러한 행동은 직・간접적 가해자를 양산할 수 있다[청소년의 디지털 역기능(사이버범죄) 예방과 대책수립을 위한 전문가 포럼, 2017]. 이러한 파급력은 피해 청소년이 인식하는 폭력 수준보다 더 심각한 피해상황에 노출되는 악순환을 가져오기도 한다[청소년의 디지털 역기능(사이버범죄) 예방과 대책수립을 위한 전문가 포럼, 2017].

셋째, 발생 공간의 특성상 피해자의 고통 정도를 직접 눈으로 목격하기 어렵다. 상대방의 감정이나 반응을 볼 수 없고, 가해자와 피해자가 직접 대면하는 것이 아니기에 가해행동에 대한 죄책감을 느끼기 어렵고 가해행동이 축소 및 합리화가 될 수 있다. 또한 심각한 문제점 중에 하나로 현실(Off-line)과 사이버공간(On-line)에서 반복되는 폭력의 일상화로 피해학생의 고통이 일상 내내 지속되어 고통을 가중시킬 수 있다는 점이다[청소년의 디지털 역기능(사이버범죄) 예방과 대책수립을 위한 전문가 포럼, 2017].

넷째, SNS, 카페, 게시판, 채팅 등을 통해 언제든 폭력 피해 상황으로 소환될 수 있으며 피해 청소년은 본인의 의지와 상관없이 폭력에 노출될 수밖에 없는 환경이기에 그 심각성이 더욱 크다고 할 수 있다[청소년의 디지털 역기능(사이버범죄) 예방과 대책수립을 위한 전문가 포럼, 2017].

5. 청소년폭력 관련 법률 및 정책

1) 학교폭력예방 및 대책에 관한 법률

1995년 고 김대현 군의 자살사건을 통해 한국 사회에 이슈가 된 학교폭력은 초기에는 민간단체를 중심으로 실태와 인식 고취, 예방 및 해결을 위한 노력들이 진행되어 왔다. 2004년에는 시민들과 민간단체로부터 진행되던 학교폭력 근절 운동을 법제화하기 위해 법률 제정 활동이 진행되었다. [학교폭력예방 및 대책에 관한 법률]은 심각한 사회문제로 대두된 학교폭력 문제에 효과적으로 대처하기 위한 전담기구의 설치, 정기적인 학교폭력 예방교육의 실시, 학교폭력 피해자의 보호와 가해자에 대한 선도·교육 등 학교폭력의 예방 및 대책을 위한 제도적 틀을 마련하기 위해 2004년 1월 29일에 제정되고 같은 해 7월 30일자로 시행되었다(법제처 국가법령정보센터, 2020년 3월 3일 인출). 이후 이를 근거로 국가 차원의 노력과 정책들이 만들어지고 추진되어 왔다. 법이 제정된 후에도 국회의원들이 개정 발의 등을 진행했었고, 이를 통해 성폭력을 학교폭력 범위에 포함시키거나 피해학생 치료비용 구상권, 가해학생 보호자 특별교육 이수, 학교폭력 위한 전담기구 구성에 대한 내용, 심의의결 기구인 학교폭력대책자치위원회 위원 구성 시 학부모 의원 과반수 구성안과 장애학생 보호방안, 자치위원회 회의록 작성 및 공개 규정 등이 다루어졌다. 또한 2011년 대구 중학생 故 권승민 사건 이후 2012년 개정된 법률은 학교폭력 정의에 따돌림을 추가하고 자치위원회 소집 및 개최요건 완화와 전국 17개 시・도 교육청의 학교폭력 예방 및 대책에 대한 평가, 가해자 전학 시 원래 학교로 돌아오지 못하게 하는 피해학생 보호방안, 재심절차를 신설하여 권리구제 및 억울한 처리에 대한 재논의 단계를 신설하는 등 개정되었다. 2019년 9월에는 학교장의 자체해결제, 2020년 3월부터는 기존 단위학교의 학교폭력대책자치위원회를 교육지원청의 학교폭력심의위원회로 이관하는 내용을 중심으로 개정되었다. 정기적인 개정 외에도 학교폭력 사건이나 이슈가 사회적 관심사가 될 때 학교폭력예방법은 상시 개정되어 오고 있다.

2) 청소년기본법, 청소년보호법, 아동・청소년의 성보호에 관한 법률, 소년법 등

(1) 청소년기본법, 청소년보호법, 아동・청소년의 성보호에 관한 법률

[청소년기본법]은 청소년의 권리 및 책임과 가정・사회・국가・지방자치단체의 청소년에 대한 책임을 정하고 청소년 정책에 관한 기본적인 사항을 규정하고 있다. 동법 제3조(정의) 제1항에서 "청소년"이란 9세 이상 24세 이하로 규정하고 있고, 제5항에서 "청소년보호"란 청소년의 건전한 성장에 유해한 물질・물건・

장소・행위 등 각종 청소년 유해 환경을 규제하거나 청소년의 접촉 또는 접근을 제한하는 것을 규정하고 있다(청소년기본법, 법제처 국가법령정보센터, 2020년 3월 3일 인출). 관련하여 [청소년보호법]은 청소년에게 유해한 매체물과 약물 등이 청소년에게 유통되는 것과 청소년이 유해한 업소에 출입하는 것 등을 규제하고 청소년을 유해한 환경으로부터 보호・구제함으로써 청소년이 건전한 인격체로 성장할 수 있도록 함을 목적으로 제정되었다. 동법 제2조 제7항에서 "청소년폭력・학대"란 폭력이나 학대를 통하여 청소년에게 신체적・정신적 피해를 발생하게 하는 행위를 정의하고 있다(청소년보호법, 법제처 국가법령정보센터, 2020년 3월 3일 인출).

또한 관련된 법으로 [아동・청소년의 성보호에 관한 법률]에서는 아동・청소년 대상 성범죄의 처벌과 절차에 관한 특례를 규정하고 피해아동・청소년을 위한 구제 및 지원 절차를 마련하며 아동・청소년 대상 성범죄자를 체계적으로 관리함으로써 아동・청소년을 성범죄로부터 보호하고 아동・청소년이 건강한 사회구성원으로 성장하도록 하는 목적으로 제정되어 있다(아동・청소년의 성보호에 관한 법률, 법제처 국가법령정보센터, 2020년 3월 3일 인출). 이를 종합하여 청소년 관련 법률에서도 청소년 생애발달 과정에서 겪을 수 있는 폭력에 대해서 규정하여 이에 대한 보호나 지원을 하고자 하는 것을 알 수 있다.

(2) 소년법

[소년법]의 목적은 반사회성이 있는 소년의 환경 조정과 품행 교정을 위한 보호처분 등의 필요한 조치를 하고, 형사처분에 관한 특별조치를 함으로써 소년이 건전하게 성장하도록 돕는 것으로 되어있다(법제처 국가법령정보센터, 2020년 3월 3일 인출). 동법 제2조에서 '소년'은 19세 미만으로 규정하고 있고, 제4조 제1항에서는 '범죄소년'을 죄를 범한 소년으로, '촉법소년'을 형벌 법령에 저촉되는 행위를 한 10세 이상 14세 미만인 소년으로, '우범소년'을 성격이나 환경에

비추어 앞으로 형벌 법령에 저촉되는 행위를 할 우려가 있는 10세 이상인 소년으로 정의하여 적용하고 있다(소년법, 법제처 국가법령정보센터, 2020년 3월 3일 인출). 특히 소년법은 청소년기 연령에서 발생한 문제 상황에 대해서 성인과 다르게 건전한 성장에 필요한 조치를 한다는 점이 같은 사안에서 성인을 다루는 형법과 차별점이라 할 수 있다. 최근 일어나는 아동 및 청소년의 강력범죄 등으로 소년법 개정과 폐지에 대한 논의가 지속되고 있다. 변하고 있는 범죄와 문제행동에 대한 대안점은 반드시 마련되어야 하는 것이 사실이지만 궁극적으로 피해자든 가해자든 청소년은 포기할 수 없는 우리의 자녀이며 미래세대이기에 개정 방향에 대해서는 신중하게 고려해야 할 것이다.

3) 청소년폭력 관련 주요정책

(1) 주요 정책 변화 및 양상

학교폭력에 대한 정책은 1995년 고 김대현 자살 사건과 청소년 폭력 사건들이 여럿 발생하고 이것이 큰 사회적 이슈가 되어 잇따른 언론보도 이후 국회에서 교육특별위원회가 열렸고, 같은 해 12월 '학교폭력 근절'을 위한 교육부, 내무부, 보건복지부, 문화체육부, 공보처 등이 협의체를 만들어 범정부 차원의 [학교폭력예방 및 근절 대책]을 발표하였다. 이후 2004년 학교폭력법이 시민과 시민단체의 노력으로 제정되고 이를 기반으로 2005년에 학교폭력에 대한 주요 정책인 '제1차 학교폭력의 예방 및 대책에 관한 기본계획(2005년~2009년)'이 수립되었다. 주요 정책 과제 및 내용은 학교폭력 예방 및 근절 지원 추진체 운영의 활성화, 학교폭력 예방 및 근절을 위한 교육 및 지원 강화, 교원의 학생 생활지도 능력 제고, 피해자 보호 및 가해자 선도 강화 범정부 차원의 사회적 분위기 조성 등 크게 5개 정책 과제와 세부 내용으로 구성되었다(제1차 학교폭력 예방 및 대책 기본계획. 교육인적자원부 2005). '제2차 학교폭력의 예방 및 대책 5개년 기본계획(2010년~2014년)'은 학교폭력 안전인프라 확충, 학교폭력 맞춤형 예방교육 강화, 단위 학교의 학교폭력 대응능력 및 책무성 제고, 가해자 선도 및 피해자 치유시스템 질 제고, 존중과 배려의 학교문화 조성, 지역사회와 함께 하는 학교 안전망 구축 등 6개 정책 과제와 세부 내용으로 구성되었다(제2차 학교폭력 예방 및 대책 기본계획, 교육과학기술부, 2010).

2011년 대구 중학생 故 권승민 사건 이후 학교폭력 문제가 사회의 큰 이슈와 문제가 되자 정부는 2012년 2월 '학교폭력근절 종합대책'을 새롭게 발표하고 사소한 괴롭힘도 범죄라는 인식하에 철저한 대응과 [학교-가정-사회]가 함께 인성교육 실천하는 직접·근본 대책을 발표하였다(학교폭력근절 종합대책, 관계부처 합동, 2012). 주요 내용은 학교폭력 없는 행복한 학교를 목표로 학교폭력에 대한 엄정한 대처, 학교장과 교사의 역할과 책임을 강화하여 대처와 은폐시 엄중처벌로 철저한 조사와 처리를 강조하였고, 신고 및 조사체계를 개선하고 피·가해학생에 대한 조치를 강화, 또래 활동 등 예방교육 확대, 학부모 교육 확대 및 책무성 강화, 교육 전반에 걸친 인성교육 강화나 방법 개선, 가정과 사회 역할 강화 및 인성교육 실천, 게임이나 인터넷 등 유해요인에 대한 대책 등이 담겨있다(학교폭력근절 종합대책, 관계부처 합동, 2012). 2012년 범정부 대책 이후 학교폭력이 근절되지 않고 심각한 피해들이 이어지자 정부는 2013년 7월 '현장 중심 학교폭력 대책'을 발표하고 당시 정부의 국정과제 중 하나로 4대악 근절에 학교폭력을 포함하고 이에 대한 대책을 만들었다(현장중심 학교폭력대책, 관계부처 합동, 2013).

또한 제3차 학교폭력 예방 및 대책은 협동·배려의 또래활동으로 건강한 학교문화 조성이라는 목적 아래 인성·생명존중 교육 강화, 언어·사이버 폭력, 따돌림 대응 등 문화개선 강화, 폭력 취약요인 관리 강화, 피해학생 보호·치유 지원 및 가해학생 선도 내실화, 가정-사회가 함께 폭력 없는 문화 조성 등의 내용을 담고 있다(제3차 학교폭력 예방 및 대책 기본계획, 관계부처 합동, 2015). 2020년 발표된 제4차 학교폭력 예방 및 대책은 2019년 개정된 학교폭력 예방 및 대책에 관한 법률과 관련된 학교장 자체해결제 활성화와 학교폭력에 대한 학교의 교육적 역할 강화, 피해학생 보호・치유 확대와 가해학생 교육・선도 조치 내실화, 촉법소년 연령 하향 등 중대 학교폭력 엄정 대처 등을 주요 내용으로 하고 있다(제4차 학교폭력 예방 및 대책 기본계획, 관계부처 합동, 2020). 정부의 학교폭력에 대한 정책은 정기적 대책 외에도 사회에 큰 사건이나 이슈가 발생하고 나면 이를 보완하거나 대처하기 위한 정책과 제도가 만들어지고 시행되고 수정되는 양상을 보였다. 정책 주요 수립과 진행 양상은 〈표 3-6〉과 같이 정리할 수 있다.

〈표 3-6〉 학교폭력 법률 및 정책 주요 동향

연도	내용
2004년	학교폭력 예방 및 대책에 관한 법률 제정
2005~2009년	'1차 학교폭력 예방 및 대책 기본계획' 수립
2010~2014년	'2차 학교폭력 예방 및 대책 기본계획' 수립
2012년 2월	「학교폭력 근절 종합대책」 수립(총리실, 교육부 등 11개 부처 참여(7대 영역 54개 과제)
2014년 7월	「학교폭력 근절 종합대책」 수립 – 현장의 자율적 예방활동 강화(5대 영역 20개 중점 과제)
2014년 12월	'3차 학교폭력 예방 및 대책 기본계획' 수립
2015년 5월	관계부처 합동「학교 밖 청소년 지원 대책」 발표
2015년 8월	초등학생 맞춤형 학교폭력 대책
2017년 2월	학교 내 학생 대상 성폭력 예방 대책 수립
2017년 12월	학교 안팎 청소년 폭력 예방 대책 수립
2018년 3월	2018년 학교폭력 예방교육 추진계획 수립
2018년 8월	학교 안팎 청소년 폭력 예방 보완 대책 수립
2020년 1월	'4차 학교폭력 예방 및 대책 기본계획' 수립

6. 요약

청소년폭력은 누구의 문제인가? 청소년, 가정과 부모, 학교, 교사, 사회 우리 모두의 책임이다. 어쩌면 성인이, 우리 사회가 폭력 발생 시 각자 자신의 입장만 고수한 채 다른 입장과 시각으로 해석하고, 각각 다른 잣대를 들이대며 청소년들이 폭력에 대한 올바른 인식을 하고 반성, 회복할 기회조차도 주지 못하고 있는 상황일 수 있다.

이렇듯 폭력에 대한 기본 인식과 관점부터 너무나 상이한 우리 사회에서 어쩌면 우리 청소년들은 또 다른 사회의 피해자가 아닌지 반성하고, 본 장에서 살펴본 바와 같이 청소년들의 죽음이나 고통이 부각되는 단편적 문제가 아닌 청소년 생애 발달기 전반에 많은 영향을 미칠 수 있는 중요한 이슈라는 점과 예방과 대처를 위한 끊임없이 고민과 해결방안을 고심하여야 할 것이다. 따라서 장기적 관점으로 종합적인 원인 및 문제점 분석과 이를 기반으로 한 올바른 이해와 인식, 치유와 회복 중심의 접근, 현장 적용에 적합한 법률과 정책 개정, 학교와 지역사회의 대응, 가정과 개인의 대응, 실제적인 예방과 대처, 해결방안 등이 마련되고 지속되어야 한다. 또한 청소년을 대상으로 학생과 학생이 아니라는 이유로 상이하게 적용되는 법률적 사각지대 해소를 위해 학교폭력예방법, 소년법, 청소년 관련법들이 서로 일맥상통한 기준으로 개정·보완되고 정책에 반영되어 법과 정책의 사각지대를 최소화하는 실제적인 시스템 구축이 되어야 할 것이다. 본 장에서 언급한 바와 같이 청소년폭력은 예방, 교육, 사안처리, 상담 및 치유, 선도, 사후관리까지 유기적 연결을 반드시 고려하여 현장에서 적용되고 청소년, 가정, 사회, 정부, 학계, 민간단체 등 모두 함께 전 사회적으로 노력해서 해결하여야 하는 청소년기의 가장 중요한 문제 중 하나일 것이다.

참 고 문 헌

교육인적자원부(2005). 제1차(2005년~2009년) 학교폭력 예방 및 대책 기본계획.

교육과학기술부(2010). 제2차(2010년~2014년) 학교폭력 예방 및 대책 기본계획.

관계부처 합동(2012). 학교폭력근절 종합대책.

관계부처 합동(2013). 현장중심 학교폭력대책.

관계부처 합동(2015). 제3차(2015년~2019년) 학교폭력 예방 및 대책 기본계획.

관계부처 합동(2017). 학교 안팎 청소년 폭력예방 대책.

교육부(2019). 2019년 1차 학교폭력 실태조사 결과 보도자료.

관계부처 합동(2020). 제4차(2020년~24년) 학교폭력 예방 및 대책 기본계획.

교육부(2020). 학교폭력 사안처리 가이드북.

교육부, (재)푸른나무 청예단(2014). 학교폭력 갈등·분쟁조정 매뉴얼.

법제처 국가법령정보센터(2020.03.03.). 소년법. http://www.law.go.kr/lsSc.do?tabMenuId=tab18&section=&eventGubun=060101&query=%EC%B2%AD%EC%86%8C%EB%85%84%5C#undefined에서 2020년 3월 3일 인출.

법제처 국가법령정보센터(2020.03.03.). 아동청소년의 성보호에 관한 법률. http://www.law.go.kr/lsSc.do?tabMenuId=tab18&section=&eventGubun=060101&query=%EC%B2%AD%EC%86%8C%EB%85%84%5C#undefined에서 2020년 3월 3일 인출.

법제처 국가법령정보센터(2020.03.03.). 청소년기본법. http://www.law.go.kr/lsSc.do?tabMenuId=tab18&query=%EC%B2%AD%EC%86%8C%EB%85%84%EA%B8%B0%EB%B3%B8%EB%B2%95#undefined에서 2020년 3월 3일 인출.

법제처 국가법령정보센터(2020.03.03.). 청소년보호법. http://www.law.go.kr/lsInfoP.do?lsiSeq=205657&efYd=20191212#0000에서 2020년 3월 3일 인출.

법제처 국가법령정보센터(2020.03.03.). 학교폭력예방및대책에관한법률. http://www.law.go.kr/lsSc.do?tabMenuId=tab18&query=%EC%B2%AD%EC%86%8

C%EB%85%84%EA%B8%B0%EB%B3%B8%EB%B2%95#undefined에서 2020년 3월 3일 인출.

법제처 국가법령정보센터(2020.03.03). 학교폭력예방및대책에관한법률 시행령. http://www.law.go.kr/lsSc.do?tabMenuId=tab18&query=%EC%B2%AD%EC%86%8C%EB%85%84%EA%B8%B0%EB%B3%B8%EB%B2%95#undefined에서 2020년 3월 3일 인출.

김민정(2009). 청소년의 가정폭력경험이 학교폭력 가해행동에 미치는 영향. 대구대학교 석사논문.

김준호(1997). 한국의 학교폭력에 대한 연구: 피해와 가해를 중심으로. 청소년폭력국제학술대회 자료집, 한국청소년개발원.

김종기(2013). 아버지의 이름으로. 은행나무출판사.

문용린 외(2006). 학교폭력 예방과 상담. 학지사・청소년폭력예방재단.

문용린 외(2008). 학교폭력 위기개입 이론과 실제. 학지사・청소년폭력예방재단.

문용린, 최지영, 백수현, 김영주(2007). 학교폭력의 발생과정에 대한 남녀 차이 분석: 피해자 상담사례분석을 중심으로, 교육심리연구, 21(3), 703-722.

신혜섭(2005). 가정폭력 요인과 가족구조 요인이 남녀 학생 청소년의 비행에 미치는 영향. 가족과 문화, 17(2), 63-88.

이규미 외(2014). 학교폭력예방의 이론과 실제, 학지사・청소년폭력예방재단.

정현희, 양계민(1999). 학교폭력이 청소년의 정신건강에 미치는 영향: 가해자, 피해자, 일반학생의 비교. 한국사회문제심리학회지, 5(2), 91-105.

조대훈 외(2013). 학교 폭력 예방 및 대책. 박영사.

통계청(2018.09.30). 2018 청소년통계. http://www.kostat.go.kr/portal/korea/kor_nw/2/1/index.board?bmode=read&aSeq=367381에서 인출.

(재)푸른나무 청예단(2014). 청소년을 위한 사이버폭력 이해와 대처.

(재)푸른나무 청예단 주요상담사례(2018). 청예단 상담사례사이트. http://jikimsos.miraeis.com/login.asp 2018년 9월 30일 인출.

(재)푸른나무 청예단(2017). 2017 푸른나무 청예단 청소년폭력 심포지엄-"청소년폭력, 왜 여전히 해결되지 않는가?"

(재)푸른나무 청예단(2018). 2017 전국학교폭력실태조사 연구.

(재)푸른나무 청예단(2019). 2018 전국학교폭력실태조사 연구.

방송통신위원회, 한국정보화진흥원(2018). 2017 사이버폭력실태조사 보도자료.

한국청소년정책연구원(2017). 청소년의 디지털 역기능(사이버범죄) 예방과 대책수립을 위한 전문가 포럼 자료집.

Olweus, D. (1993). Bullying at school: What we know and what we can do. Cambridge, MA: Blackwell. 384-437.

Olweus, D. (1994). Bullying at school: Basic facts and effects of a school based intervention program. *Journal of Child Psychology and Psychiatry, 35*, 1171-1190.

Olweus, D. (1997). Bully/victim problems in school: Knowledge base and an effective intervention programme. *Irish Journal of Psychology, 18*(2), 170-190.

Ellickson, P., Saner, H., & McGuigan, K. A. (1997). Profiles of violent youth: Substance use and other concurrent problems. *American Journal of Public Health, 87*(6), 985-991.

Haddow, J. L. (2006). Residual effects of repeated bully victimization before the age of 12 on adolescent functioning. *Journal of School Violence, 5*(2), 37-52.

White, H. R., Loeber, R., Stouthamer-Loeber, M., & Farrington, D. P. (1999). Developmental associations between substance use and violence, *Developmental and Psychopathology, 11*, 785-803.

제 4 장

청소년 자살

본 장에서는 청소년 자살의 개념 및 특성에 대해 다룬다. 이후 국내 청소년 자살의 실태에 대해 살펴보며, 청소년 자살의 원인은 무엇인지 탐색해본다. 청소년 자살 발생 원인을 생물학적, 심리학적, 사회학적, 통합적 관점으로 살펴본 후, 청소년 자살의 위험요인과 보호요인은 무엇인지 살펴본다. 다음으로 청소년자살에 대한 정책현황과 관련 프로그램에 대해 살펴본다. 이후 전체 내용 요약과 함께 청소년 자살예방을 위한 제언을 제시하였다.

1. 청소년 자살의 개념과 특징[1)]

스스로 죽음을 선택하고 실행하여 사망하게 된 것을 '자살'이라고 한다. 자살은 '스스로 죽으려는 의도를 가지고 스스로에게 상해를 입힌 후 사망한 것'이며, 의도를 실행할 때 스스로 사망할 것이라는 결과를 예상하거나 지각하고 있어야 한다. 자살에 대한 개념은 스스로 죽으려는 의지를 가지고 실행하여 죽음에까지 이른 경우를 의미하나, 자살로 사망한 자를 대상으로 원인을 밝히거나 사망자에게 개입하는 데 제한이 따르기 때문에 자살에 관해 연구를 할 때에는 자살사망의 전 단계로서 이를 예측할 수 있는 자살생각이나 계획, 시도자를 대상으로 하는 경우가 많다. 특히 사회에서 청소년 자살에 대해 관심을 갖는 이유는 청소년 자살이 발생하는 것을 예방하고자 하는 목적을 가지고 있으므로 자살사망의 이전 단계인 자살생각이나 계획, 시도 등에 대해 알아볼 필요가 있다.

그런데 자살과 관련되어 다양한 용어와 개념들이 사용되기도 한다. 대표적으로 '자살, 자살생각, 자살의도, 자살충동, 자살계획, 자살위기, 자살시도, 자살행동, 자살사망' 등의 용어들이 많이 사용되고 있다.

본서에서는 '자살'에 관해 사용되고 있는 여러 가지 조작적 정의 중에 가장 보편적으로 사용되고 있는 Reynolds(1998)의 자살생각, 자살계획, 자살시도, 자살사망의 4가지 차원을 중심으로 살펴본다. 첫 번째로, 자살생각(suicidal ideation)은 죽음에 대한 일반적인 수준의 생각으로부터 보다 진지한 자살 수단에 대한 생각까지를 포함한다. 살면서 한번쯤 일시적인 마음으로 '내 인생이 살만한 가치가 없다', '차라리 죽는 게 사는 것보다 나을 것 같다' 등 보편적인 현상부터 정말 진지한 마음으로 죽으려고 생각하는 것까지를 포함한다. 자살생각은 자살을 진지하게 고려함으로 인해 그 위험이 늘어나지만, 반드시 자살과 관련된 행동, 즉 시도 등이 수반되지 않는 단계를 의미한다. 청소년기에 자살생

1) 본 장은 필자의 박사학위논문인 '청소년의 자살위기와 레질리언스'의 수정・보완한 내용이 포함되어 있다.

각을 한 경우 미래에 자살시도를 할 확률이 늘어난다는 보고가 있다(Reinherz, Tanner, Berger, Beardsiee, & Fitzmaurice, 2006). 자살계획(suicidal plan)은 자살에 대한 생각에 그치는 것이 아니라 행동적인 차원이 일부 포함된다. 자살계획은 자살에 대한 구체적인 계획, 유서를 작성하는 것, 인터넷 등을 통해 자살과 관련된 정보를 수집하는 것 등을 의미한다. 자살생각과 자살계획은 이후 자살시도에 영향을 미치기 때문에 청소년 자살과 관련된 다수의 연구에서 자살생각을 미래의 자살과 관련된 행동의 지표로 삼기도 한다. 자살시도(suicidal attempt)는 자살생각과 계획 등을 실제 행동으로 표현하는 것을 의미한다. 고의적이고 실제적인 자해 등을 포함하며 분명하게 스스로 죽고자 하는 의지를 가지고 행동하는 것이다. 자살시도는 스스로 사망할 수도 있다고 믿고 하는 자발적인 행위를 의미하는 것이므로 목숨을 잃을 수도 있고 그렇지 않은 경우도 있다. 자살시도는 자살로 인한 사망과는 달리 정확한 수치가 보고되지 않기 때문에 그 정도를 파악하기란 쉽지 않다. 청소년의 자살시도는 종종 생을 진정으로 끝내려고 했다기보다는 외부에 도움을 요청하고자 하는 마음에서 발생하기도 한다. 즉, 자신을 힘들게 하는 주변 사람을 변화시키고자 자살을 시도하는 경우도 있다. 자살사망(suicidal completion)은 자살시도의 결과로 사람이 실제 죽게 된 것을 의미한다. 자살사망의 경우 이미 목숨을 잃었기 때문에 돌이킬 수 없는 치명적인 결과를 가져온다.

자살생각과 자살계획, 자살시도, 자살사망은 연속적 과정으로 이루어지는 경우가 많다. 자살생각으로부터 시작하여 다음 단계로 계획을 세우며, 세워진 계획을 바탕으로 자살시도에 이른다. 이 행동이 성공하면 자살사망으로 죽음이라는 결과를 가져온다. 물론 이 과정들은 꼭 순서대로 이루어지거나 단계를 무조건 거치는 것은 아닐 수도 있다. 자살생각이 들자마자 시도에 이를 수도 있고, 자살생각이나 계획의 단계를 길게 거치지 않고 바로 자살시도를 하는 사례들도 있다. 하지만 대부분의 경우 자살생각, 계획, 시도, 사망의 단계를 순서대로 거치는 경우가 많다. 한편, 자살과 관련된 이 과정 속에서 자살생각에만 그치고

시도까지는 행하지 않는 경우도 있다. 이렇게 자살은 한 가지 상황만으로 설명하기 어려운 연속성이라는 특성을 지니고 있다.

지금까지 자살의 용어적인 개념에 대해 살펴봤다면, 다음으로는 청소년 자살에 대한 이해를 높이기 위해 청소년 자살의 특징에 대해 살펴보기로 한다. 청소년기는 정신적·신체적 발달이 급격히 이루어지는 시기이다. 또한 성인기를 준비하는 시기로서 아직은 정해지지 않은 미래에 대해 불안한 마음과 함께 정서적으로 다소 불안정한 경우도 많다. 사회와 부모의 기대로 인해 스트레스의 수준이 높아지기도 한다. 이러한 청소년기의 발달적 특징이 극심한 스트레스와 만나게 되면 청소년들의 자살과 관련된 생각이나 시도를 하게 되는 데에 영향을 미칠 수 있다.

다음에서 청소년 자살의 대표적 특징을 보다 자세히 설명하였다.

첫째, 청소년 자살은 충동성이 작용하는 경우가 많다. Brent(1987)의 연구결과에 의하면 청소년들의 자살시도가 대다수 사전에 치밀하게 계획되기보다는 충동적이고 예상치 못했다는 연구 결과와 관련되어 있다. 청소년기는 성취해야 할 과업은 많은 데 비하여 정서적으로 미숙하고 인지적으로도 발달이 완성되지 않았기 때문에 스트레스를 회피하는 방법으로 충동적으로 자살을 선택하기도 한다(신민섭 외, 1990). 따라서 평소에 잘 지내는 것으로 보이던 일반 청소년들도 갑작스런 스트레스나 어려움을 경험했을 때 충동적으로 자살을 시도할 수 있음을 유념할 필요가 있다(Glaser, 1981).

둘째, 청소년 자살은 동반자살이나 모방 자살이 많다는 특징이 있다. 평소 친하던 또래가 자살로 사망한 경우 이를 따라 하거나 함께하는 시도를 하는 경우가 많다는 것이다. 이는 청소년기가 주변의 영향을 많이 받는 시기이며, 특히 또래와의 관계가 가장 많은 영향을 미치는 시기이기 때문으로 해석해볼 수 있다.

셋째, 청소년 자살은 우울증 등 정신적인 질환으로 인한 경우보다 가족이나 친구, 사회관계 속에서 느끼는 분노, 좌절감, 위기의식 등으로 발생할 수 있다.

성인의 자살의 경우 우울증으로 인한 원인이 대부분인 것에 비해 청소년의 자살은 임상적 진단에 따른 정신질환으로서의 우울증이라기보다는 스트레스로 인해 발생한 가변적인 우울증이 영향을 미치는 경우가 더 많다(Kashani and Simonds, 1979; 우선유, 1999).

넷째, 한국청소년상담원(2008)은 청소년들의 자살은 자신이 고통스럽다는 것을 극단적으로 표현한 것이고 실제로 죽고자 하는 경우는 많지 않다고 하였다. 즉, 자신을 힘들게 한 대상들에게 복수를 하고 싶지만, 스스로의 힘으로 불가능하다고 여겨질 때 자살을 시도함으로써 이 고통을 밖으로 표현한다는 것이다. 즉, 청소년이 자살시도를 했을 때 최종적으로 진정 죽으려고 하는 것이 아니라 괴로운 현실을 도피하고 싶거나 가정과 사회에 힘들다고 도움을 요청하는 신호일 수 있다.

다섯째, 청소년의 자살은 스트레스에 대해 충동적이고 일시적인 위기로서의 특징을 가지고 있다(한국청소년상담원, 2008). 청소년기에는 아동기에 비해 자기 자신의 주장과 생각이 성장하며, 자신을 둘러싼 가족, 학교 등과의 갈등이 발생한다. 갈등을 현명하게 대처할 수 있는 인지, 정서적 발달이 아직 미흡한 청소년은 갈등을 잘 대처하지 못하고 위기로 느끼며 위기를 극복하지 못한다고 여겨 자살시도를 충동적으로 행하기도 한다. 따라서 청소년이 직면하게 되는 위기의 실체가 무엇인지 살펴보고 그에 적절한 대응방안을 마련하는 것이 자살예방을 위해 중요하다. 위기로서의 특징을 가지고 있는 청소년기의 자살은 다른 한편으로는 청소년의 스트레스와 위기에 대해 사회에서 관심을 가짐으로써 예방할 수 있는 부분이 클 수 있다. 이에 우리 사회가 청소년기의 스트레스와 위기에 대해 많은 관심을 가지고 대안을 적극적으로 마련해나가는 것이 필요하다.

2. 청소년 자살의 실태2)

최근 대한민국의 자살 문제는 심각한 사회문제로 여겨지고 있다. 2016년 국내 자살률은 인구 10만 명당 약 25.6명으로 OECD 평균 12.1명의 2배 이상이었다. 연간 자살로 인한 사망자는 1만 3,092명이었고 이는 교통사고 사망률보다 2.5배 높았다. 2008년 국내 자살률이 인구 10만 명당 약 22명이었는데, 10년 후인 현재 2018년 25.6명으로 늘어나(보건복지부, 2018) 꾸준히 증가한 추세임을 알 수 있다. 전 세계에서 자살로 인한 사망률이 가장 높은 우리나라에서의 '자살'은 더 이상 개인의 비극으로 끝나는 것이 아닌 심각한 사회문제가 되고 있다.

다음 [그림 4-1]에서 OECD 회원국가의 자살률을 비교·제시하였다(OECD Health Data, 2015).

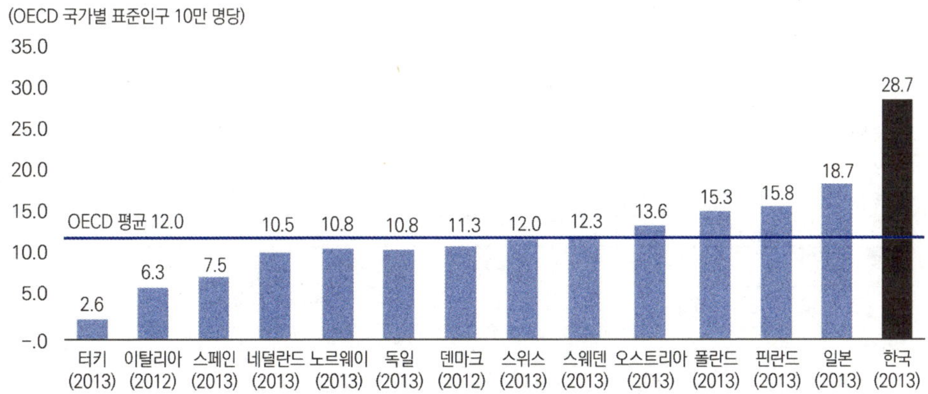

[그림 4-1] OECD 회원 국가 자살률 비교(OECD Health Data, 2015)

자살에 의한 사망률은 어느 나라나 자살사망률이 높게 나오면 불명예로 생각되는 경향으로 인해 실제에 비해 낮은 결과치일 수도 있다. 이는 통계치보다

2) 본 장은 필자의 박사학위논문인 '청소년의 자살위기와 레질리언스'와 필자가 공동연구원으로 참여한 한국청소년상담복지개발원의 2016년 연구과제인 '청소년자살예방교육 모형 개발'의 내용이 수정·보완되어 포함되어 있다.

더 심각한 수준으로 생각해야 함을 반영한다. 우리나라의 경우 자살률이나 이에 대한 증가율이 OECD 회원국들과의 비교에서도 매우 높은 비율을 차지하고 있어 우리 사회의 자살로 인한 사망이 매우 심각한 사회문제임을 알 수 있다. 우리나라의 자살로 인한 사망률이 높다는 것은 그만큼 대한민국 국민으로서 사는 것이 힘들고 삶의 질이 떨어진다는 것을 고려해볼 수 있다.

자살은 사회에 경제적 측면에서도 큰 손실을 가져온다. 자살로 인한 사회적 비용은 약 6.5조 원에 달하며, 이 중에서도 20~40대의 손실 비용은 80%(5.2조 원)에 해당한다고 보고하였다(관계부처 합동, 2016).

다음 [그림 4-2]에서는 우리나라의 연령별 자살률 추이를 제시하였다.

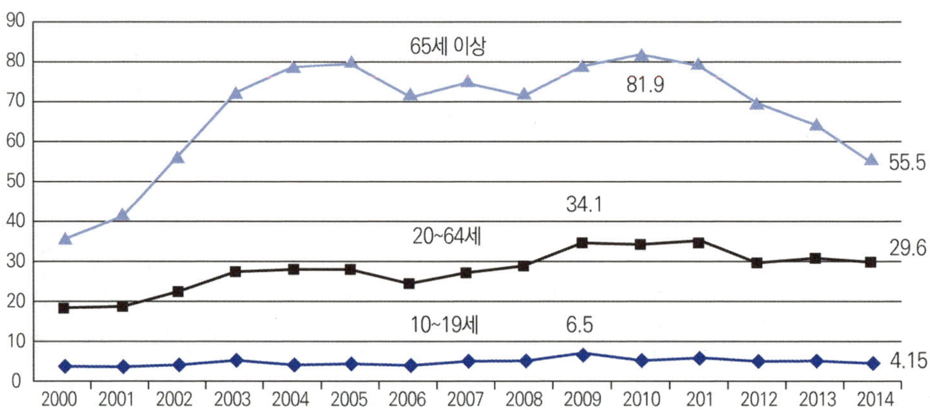

[그림 4-2] 연령별 자살률 추이(한국청소년상담복지개발원, 2016)

특히 밝고 건강하게 성장해야 하는 청소년기의 자살은 사회에 더 큰 우려를 낳고 있다. 10여 년 전인 2004년 이전에는 청소년의 사망원인의 1위는 '운수사고'가 가장 많았는데, 2007년 이후 '자살'이 청소년 사망의 1순위가 되었고, 이후 계속적으로 청소년자살이 사망원인의 1위를 기록하고 있다. 인구 10만 명당의 비율을 살펴보면, 2009년에 10.3명으로 가장 높았고, 2011년 8.9명, 2017년 7.7

명으로 조사되었다.

다음 [그림 4-3]에서 청소년사망원인 추이를 제시하였다.

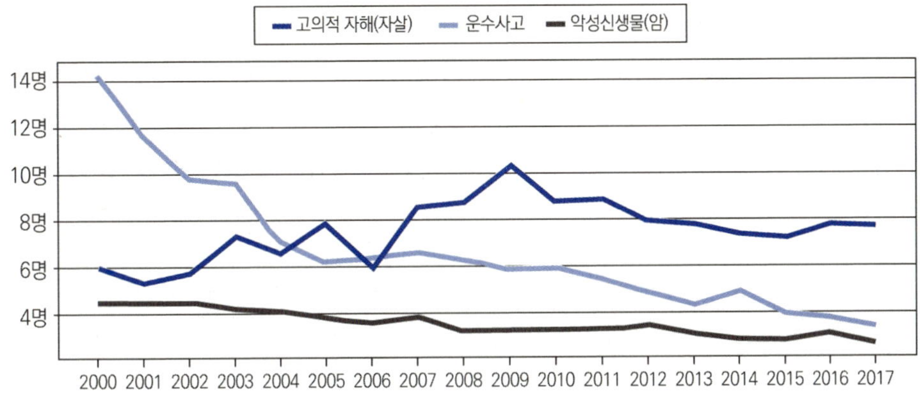

[그림 4-3] 청소년 사망원인의 추이(통계청, 2019)

국가에서는 청소년자살을 예방하고자 2008년 8월 27일 자살예방 2차 국가 시책을 발표하고(한국청소년상담원, 2008), 예방정책을 펼쳐나갔지만 청소년 자살은 여전히 심각한 사회문제이다. 특히 유행처럼 번져가는 동반자살, 모방 자살, 자살사이트를 통한 집단자살, 유명인 자살 등은 대한민국 사회에 큰 충격을 안겨주는 사회문제이다. 청소년기는 자살전염성이 높은 특징을 가지고 있기 때문에 더욱 큰 영향을 받게 된다(National Alliance on Mental Illness New Hampshire, 2006). 우리나라 청소년들의 어려움인 입시스트레스, 성적저하, 학교폭력 등의 학교문제를 겪는 청소년의 수가 증가하면서 10대 청소년의 사망원인의 1위인 자살은 우리 사회에 계속적으로 충격을 안기고 있다.

청소년기는 자살시도(Suicidal Attempt)와 자살생각(Suicidal Ideation)이 많은 시기로도 조사된다. 자살생각이나 시도 이후 생존하게 되더라도 언제든 성장 과정 중 다시 재시도의 위험이 높으므로 자살위험을 안고 있다고 할 수 있다. 따라서 청소년의 자살생각과 시도는 특별한 주의가 필요하며, 이 역시 사회문제로 바라보아야 한다.

청소년 자살생각과 자살시도 관련된 실태를 살펴보면, 2007년 한국청소년상담복지개발의 조사 결과, 조사대상 청소년 5,100명 중 자살생각을 해 본 경험이 있다는 청소년은 58.8%이고 자살을 시도해 본 경험이 있다고 응답한 비율은 11.2%였다. 또한 2005년 보건복지부 통계에서는 18.41%의 청소년이 자살생각[3]을 하고 있었다. 최근 조사인 2015년 청소년건강행태온라인조사(질병관리본부, 2015)에 의하면, 지난 1년간 심각하게 자살을 생각해본 청소년은 조사대상자의 11.7%, 자살을 계획해 본 경험이 있는 청소년은 3.8%였다. 자살시도자는 조사대상자의 2.4%에 해당되었고, 자살시도자 중 자살시도 후 병원치료의 경험비율은 16.7% 정도로 나타나 대상자의 자살시도 청소년이 병원치료를 받지는 않은 것으로 나타났다.

한편, 보건복지부(2008)의 연구조사에 의하면, 10대 자살원인은 학교문제, 부모와의 갈등, 우울증 등이 주요 원인인 것으로 나타났다. 이를 통해 10대 청소년의 자살원인은 육체적·정신적 질병보다는 학업문제, 가족문제, 또래문제가 주요한 원인임을 알 수 있었다.

2015년 통계청의 「사회조사」에서 자살충동 관련한 질문에서 13~24세 청소년 중 자살생각을 한 번이라도 해본 학생은 지난 1년간 7.9%에 이르는 것으로 나타났다. 13~19세 청소년의 경우 1위가 성적 및 진학문제, 2위가 경제적 어려움, 3위가 가정불화 순으로 나타났다. 20~24세 후기 청소년의 경우에는 직장문제, 경제적 어려움, 외로움·고독 순으로 나타나 청소년기의 연령대에 따라 자살충동이 일어나는 원인이 다른 것으로 나타났다. 요약하면, 10대 청소년은 성적과 진학문제가, 20대 청소년은 직장 및 진로에 대한 어려움이 자살을 생각하는 주요 원인임을 알 수 있다.

다음 〈표 4-1〉에서 청소년 자살충동에 대한 원인을 보다 구체적으로 제시하였다(통계청, 2015).

3) 지난 1년 동안 죽고 싶다는 생각을 해 본 적이 있는 사람

〈표 4-1〉 청소년 자살충동 여부 및 이유(통계청, 2015) (단위: %)

		있다	자살충동의 주요 이유						
			빈곤	이성 문제	직장 문제	외로움 고독	가정 불화	성적, 진학	기타
연도	2014년	7.9	19.7	6.4	8.5	12.4	10.2	27.3	15.5
연령	13~19	8.0	19.5	5.1	0.8	9.8	10.5	39.3	15.1
	20~24	7.6	20.0	8.5	20.1	16.4	9.7	9.2	16.1

다음으로 자살에 대한 성별차이를 분석한 자료들을 살펴보면, 한국청소년정책연구원(2013)의 1990년에서 2010년까지 OECD 주요 8개 회원국 분석 자료에서 10~24세 남녀 모두 전체적으로 자살사망 비율이 감소했지만, 우리나라의 경우 남성과 여성 모두에서 청소년의 자살로 인한 사망률이 증가한 것으로 나타났다. 또한 2012년 OECD의 전체 자살사망률에서 한국의 남자 청소년은 전체와 비교하여 차이가 크지 않았지만, 여자 청소년의 경우 차이가 큰 것으로 나타났다(한국 8.7명, OECD 2.5명). 이는 여자 청소년의 자살사망률 증가에 대한 경각심을 불러일으킨다.

질병관리본부(2015)에서 시행한 청소년건강행태온라인조사에서도 심각하게 자살을 생각해본 경험이 있다고 응답한 11.7%의 학생 중, 여학생은 13.9%, 남학생은 9.6%의 비율로 나타나 여학생의 자살생각이 좀 더 높은 것으로 나타났다. 그러나 자살시도자가 자살시도 후에 병원치료를 한 경험률을 살펴보면, 전체 16.7%의 학생 중 여학생이 11.1%, 남학생이 24.4%로 나타나 남학생이 보다 심각한 방법으로 자살시도를 하여, 병원치료를 받게 된 것임을 유추해 볼 수 있다. 이는 여학생이 남학생에 비해 자살생각은 높지만, 남학생이 보다 치명적인 방법으로 자살시도를 하여 사망위험이 더 클 수 있다는 해석을 해 볼 수 있다.

이상의 청소년 자살 관련 실태조사 결과를 보면, 우리나라 청소년의 자살

문제가 매우 심각한 사회문제이며, 소수의 정신적 어려움을 갖는 청소년에 국한되는 문제가 아니라 입시문제, 취업문제, 가정폭력 등의 사회문제와도 연관이 있는 것을 알 수 있다. 따라서 청소년 자살문제를 해결하기 위해서는 자살위험을 안고 있는 청소년 개인에 대한 개입뿐 아니라 사회적 대처방안도 함께 강구되어야 할 것이다.

3. 청소년 자살의 원인[4)]

여기에서는 청소년 자살의 발생 원인을 생물학적, 심리학적, 사회학적, 통합적 관점에서 살펴본다. 다음으로 청소년 자살을 불러일으킬 수 있는 위험요인을 살펴보며, 청소년이 자살을 생각하고 위험한 상황에 처했을 때 이를 보호하거나 완화해줄 수 있는 보호요인에 대해 살펴본다.

1) 청소년 자살의 발생 원인

(1) 생물학적 관점

생물학적 관점에서는 인간의 뇌에 세라토닌 기능이 저하되거나 부족한 경우 자살위험이 높아진다고 한다. 이에 세라토닌을 증가시키는 방법이나 심리치료 등을 통해 뇌의 활성화를 도우며 이를 치료하고자 한다.

유전적 접근방식으로 자살을 설명하는 경우도 있는데, 자살로 사망한 가족이 있는 경우 자살의 위험이 높아진다고 하며, 유전적인 영향을 주장하는 경우도 많다. 그러나 한편으로 생물학적 유전으로 자살위험이 증가될 수도 있지만, 부모의 자살행동이 학습되거나 가정환경으로부터 영향을 받아 자살위험이 증가될

4) 본 장의 일부분은 필자의 박사학위논문인 '청소년의 자살위기와 레질리언스'의 내용이 수정·보완되어 포함되어 있다.

가능성도 간과할 수는 없다.

생물학적 관점 중 정신병리적 특성으로 자살 관련 행동들을 해석하는 경우도 있다. 과거 정신질환을 가진 사람들이 주로 자살을 한다는 오해가 있었다. 자살을 시도한 사람들이 모두 정신질환을 앓고 있는 것은 아니기 때문에 이는 오해이다. 그러나 반대로 정신질환이 있는 사람들이 일반인들보다 자살률이 높은 것은 사실이므로 정신질환적 요소가 자살과 관련이 있는 것은 사실이다.

자살과 관련이 있는 대표적인 정신질환으로 우울증을 예로 든다. 우울증을 앓고 있는 경우 자살위험이 커지는 것은 사실이지만, 우울증이 있다고 해서 모두 자살을 하는 것은 아니기 때문에 모든 것을 설명하는 것은 아니다. 특히 청소년의 경우 학업 및 진로, 학교폭력, 가정폭력 등의 상황이 원인이 되어 우울증이 생기거나 우울의 단계 없이 바로 자살시도로 이어지기도 하기 때문에 그 원인에 따라 접근방식을 달리할 필요가 있다. 자살위험이 큰 병으로 조현병도 연구되고 있는데, 조현병 환자는 일반 인구에 비해 자살률이 8배 높고, 치명적인 자살시도가 많다(Radomsky et al., 1999). 조현병 환자 중에서도 주로 청소년기나 초기 성인기에 자살을 많이 시도한다고 한다(Hawton 등, 2005). 김미영과 전성숙(2014)의 연구에서도 청소년기에 첫 발병한 조현병 환자는 자살시도를 행할 가능성이 높다고 하였다.

따라서 우울증이나 조현병이 있는 일반인에 비해 자살위험성이 높음을 인식하고 이에 대해서도 면밀히 살펴보고 대비할 필요가 있다. 자살생각을 해 본 경험이 있거나 자살을 시도해 본 경험이 있는 환자의 자살 위험성이 높음을 우선적으로 고려하여야 한다.

(2) 심리학적 관점

심리학적 관점에서 자살을 설명하는 대표적인 학자로 프로이트(Freud)와 바우마이스터(Baumeister)가 있다. 프로이트(Freud)는 자살을 자기증오의 한 가지 방법으로 설명하기도 하는데, 분노가 자신에 대한 증오로 향해지고 이러한 현상이 자살로 이어질 수 있다고 하였다. 살인과 자살은 심리적으로 같은 맥락을 가지고 있는데, 타인에 대한 분노가 그대로 표현되면 타살이 되고, 자기 자신에 대한 분노는 자살로 이어질 수 있다는 것이다.

바우마이스터(Baumeister)는 '자기로부터의 도피'라는 저서를 통해서 자살은 자신과 관련된 고통스러운 감정과 생각으로부터 벗어나려는 행동이라고 하였다. 인지적 몰락 상태에 이른 개인은 내적으로 자신의 문제를 해결하거나 자살을 억제하고자 하는 능력이 약화되고, 자기 자신으로부터 도피하는 수단으로서 자살을 선택한다는 것이다(오승근, 2006).

(3) 사회학적 관점

사회학적 관점은 자살이 특정 개인의 심리·정신적인 문제가 아니라 사회적인 측면에 그 원인이 있다고 설명하는 관점이다. 이를 주장한 대표적인 학자는 뒤르켐(Durkheim)이며, 그의 이론이 대표적으로 언급된다. 뒤르켐은 자살론(Le Suicide)에서 자살을 이기적 자살, 이타적 자살, 아노미성 자살로 구분하여 설명하였다(황보종우 역, 2008).

첫째, 이기적 자살은 사회적 연대, 유대감, 지지체계 등이 약해져 지나친 개인주의로 흐른 사회 속에서 자살을 선택하는 것으로 해석하고 있다. '이기적'이라는 것은 자살을 행동하는 사람은 오직 자기 자신에게만 의존한 채 죽음을 맞이하게 된다는 것을 의미한다. 따라서 사회통합이 잘 이루어지지 못해 취약하며 개인주의적인 특징이 팽배하게 되면 이기적인 차원의 자살이 많이 나타난다. 자살행동의 많은 경우가 이기적 자살에 해당하는 것으로 설명한다. 청소년의 경우 사회로부터 멀어지고 자신의 존재의 의미를 찾지 못하고 도움 구할 지지체계도 없다고 판단하는 경우 자살을 결정할 수 있다.

둘째, 이타적 자살은 자살의 이유가 자기 자신보다는 타인이나 사회에 있는 경우로서 사회에 대한 희생심이 지나치게 강한 개인이 사회에 대한 헌신의 일환으로 자살을 선택하는 것이다. 예를 들면 전쟁 등으로 국가가 위기에 처했을 때 희생적으로 자살을 택하는 경우 등이 해당된다. 사회통합 수준이 높고 집단의 규범이 개인에게 작용할 때 이타적 자살률이 높아질 수 있다. 개인주의 성향이 강한 현대사회에서는 과거에 비해 많이 발생하지 않는 것으로 보고 있다.

셋째, 아노미성 자살은 개인과 사회 간 균형이 깨지고 개인의 가치에 대한 규범이 혼란이 있는 상태에서 발생하는 자살을 의미한다. 사회·환경의 급격한 변화가 이루어지거나 도덕적 통제의 결여 등에 의해 일어나는 자살이다. 예를 들면 경제위기나 예상치 못했던 재난, 사회질서가 심각하게 붕괴된 경우 등이 이에 해당된다. 청소년기의 높은 자살률은 청소년이 속한 가장 큰 사회인 학교와 청소년 간의 아노미성이 발현되고 있는 것으로도 고려해볼 수 있다.

(4) 통합적 관점

청소년 자살을 한 가지의 관점으로 설명하기는 어려우며, 개인의 심리·정신적 원인뿐 아니라 사회·환경적, 생물학적 원인을 모두 고려하여 설명해야 한다는 입장이다.

2) 청소년 자살의 위험요인과 보호요인

(1) 위험요인

청소년 자살에 대한 위험수준을 높이고 원인이 될 수 있는 요인으로 본서에서는 가장 대표적인 위험요인으로 학업스트레스, 학교폭력, 부정적 부모-자녀관계, 부모의 자녀에 대한 학대, 우울을 살펴보며, 기타 요인으로 충동성, 무망감, 경제수준, 과거에 자살을 시도해 본 경험, 음주 및 약물문제, 부모와의 동거 여부, 성별, 연령을 함께 살펴본다.

① 학업스트레스

학교는 청소년들이 하루 중 거의 대부분의 시간을 보내고 있으므로 이들에게 가장 중요한 사회이다. 학교에서의 적응은 청소년기에 가장 중요한 과업이기도 하다. 학교에서의 생활 중 어려움을 겪게 되면 청소년들이 자살을 생각할 만큼 위험한 상황에 빠지기도 한다. 관련하여 김성춘(2002)은 학교생활에 만족하지 못하는 청소년의 자살생각이 높다고 하였으며, 박영숙(2009)은 학교생활과 관련된 스트레스가 자살생각을 일으키는 데에 위험요인이 될 수 있다고 하였다. 보다 구체적으로 학교생활에 만족하지 못하고 스트레스를 유발하여 자살생각에까지 이르는 요인이 어떤 것들이 있는지 살펴보기로 한다.

국내의 입시를 중시하는 교육문화로 인한 청소년들의 학업스트레스는 자살의 주요 위험요인으로 꼽히고 있다. 통계청(2018)의 조사에서도 우리나라 청소년들의 자살원인의 1위가 학업문제라고 제시한 바 있으며, 김기환과 전명희(2000)의 연구에서도 학업으로 인한 스트레스가 청소년 자살의 주요 원인이라고 하였다(김기환과 전명희, 2000). 우리나라는 일류대학에의 진학을 목표로 한 입시위주의 교육제도와 학생들 서로 간의 경쟁을 부추기는 사회분위기가 학업스트레스를 불러일으키고 있다. 청소년기의 대부분의 생활이 좋은 대학 입학을 위한 입시 준비로 가득 차 있다고 해도 과언이 아니며, 입시에서 일류대학에 진학하지 못할 것으로 여겨지는 경우 이를 비관하여 스스로를 낙오자로 삼게 되고 삶의 의미를 상실하는 경우까지 발생하고 있다. 학업스트레스란 학업으로 인해 발생하는 부적응적 심리상태(조강래, 2007)이며, 오미향과 천성문(1994)은 공부나 성적으로 인해 너무 힘들다고 생각되는 정신적 부담과 근심으로 정의 내릴 수 있다고 하였다. 한국과 미국의 청소년들의 우울을 비교분석한 연구에서 한국 청소년들의 우울성향이 미국의 청소년들에 비해 더 높은 결과가 나왔는데(Lee와 Larson, 2000), 이 연구에서 그 원인을 한국의 학업스트레스와 경쟁적인 대학 입시제도 때문이라고 하였다. 미국뿐 아니라 학업스트레스가 높은 문화권인 일본과의 비교 연구(문영주와 좌현숙, 2008)에서도 우리나라 청소년이 경험하는 학업스트레스 수준이 일본 학생과 비교해 높은 수준으로 나타났다. 우리나라 청소년의 학업스트레스 수준은 타 국가와 비교해서도 상당히 높다는 것을 알 수 있다.

기존 연구들은 청소년 자살이 학업스트레스와 직접적으로 연관이 있다고 밝히고 있다. 김보영(2008)의 청소년 자살생각과 관련한 메타분석 연구에서 학업스트레스가 자살생각을 일으키는 데에 큰 영향을 가지고 있는 것으로 나타났다. 그 외 서혜석(2006), 김순규(2008), 하상훈(2000) 등의 연구에서 청소년기에 자살을 생각하는 데에 영향을 미치는 요인이 학업스트레스임을 검증하였다. 학업스트레스는 청소년의 주변 환경인 가족이나 학교 등에 의해 영향을 받아 과한 부담감을 느끼거나 열등감을 갖게 되기도 하며, 이를 적절히 해결하지 못하면 청소년 자살로 연결되는 위험요인이 될 수 있다. 문경숙(2006)은 학업스트레스가 높은 청소년들의 자살충동이 높음을 밝힌 바 있다. 김기환과 전명희(2000)는 청소년의 자살원인을 신문기사를 통해 분석한 결과, 학업스트레스가 가장 큰 요인이 되며, 이에 대한 촉발사건으로는 성적비관을 꼽았다. 이와 같은 연구들의 결과들을 종합해 보면, 학업스트레스는 입시경쟁이 심한 한국의 사회문화적 특성 속에서 청소년기 학생들의 자살을 일으키는 데에 위험요인이 되고 있다.

② 학교폭력

다음으로 학교폭력이 청소년 자살의 위험요인이 되고 있다. 학교폭력은 국내 선행연구의 메타분석 결과(김보영, 2008) 학교・환경적 변인군 중 학업스트레스 다음으로 효과크기가 높은 변인이었다. 청소년기의 또래관계는 이들에게 중요한 정서적 기반이다. 그러나 이 기반이 되어야 할 또래관계에서 '집단 따돌림' 등의 학교폭력이 발생하면 피해청소년에게 심각한 수준의 스트레스와 고통을 주고 있다. Kandel 등(1991)은 발달단계상 친구로부터 영향을 많이 받는 청소년기에 친구관계에서 겪게 되는 부적응, 소외감 등은 자살행동에 유의미한 영향을 미친다고 하였다. 국내에서 학교폭력은 저연령화되고, 그 빈도가 늘어나며, 점점 더 잔인해지는 특성이 있어 한국 사회의 사회문제이기도 하다. 하연희(2001)의 연구에서 청소년들이 자살하고 싶은 가장 높은 순위의 상황이 친구로부터의 따돌림 등 학교폭력이라고 하였다. 김정수와 노성덕(2003)의 연구에서도 학교 안에서 폭력을 당하거나 친구들로부터 따돌림을 경험하는 경우 청소년들이 자살을 생각하게 된다고 보고하였다. 국외 Rigby와 Slee(1999)의 연구에서도 학교폭력 피해경험과 청소년 자살생각의 연관성이 높았다. 이에 학교폭력은 청소년자살의 주요 위험요인으로서 파악된다.

③ 부정적 부모-자녀관계

청소년들의 가장 기초적인 지지기반이자 삶을 함께하고 있는 가정은 청소년들에게 태어났을 때부터 중요한 영향을 미치는 곳이다. 이러한 가정 속에서 부모와의 경험이 부정적인 경우에 자살에 영향을 미치는 것으로 나타났다. 관련하여 부정적 부모-자녀관계와 부모-자녀 의사소통이 왜곡되면 청소년 자살과 관련이 있다는 연구가 보고되었다(Brent et al., 1994; Fergusson and Lynskey, 1995). 부모로부터 공격적이고 지시적인 관계를 경험하고 있거나 부모로부터 애정결핍, 소외감 등을 경험한 청소년의 경우 자살위험이 높아지는 것으로 나타났다. 홍나미(1998)의 연구에 의하면 부모와 대화가 많이 부족하고 만족하지 못하는 관계를 형성하고 있는 청소년의 경우 자살의 위험성이 높다고 하였다. 부모-자녀관계에서 가장 중요한 기제는 부모와의 의사소통이다. 역기능적 의사소통을 경험한 청소년은 부모와의 갈등이 고조되며 자살생각을 할 위험이 높다. 자살시도를 심각하게 고려했던 청소년이 그렇지 않은 청소년에 비해 부모-자녀 간 갈등이 심했고, 부모로부터의 지지도 낮았다(Wright, 1985). 부모와의 갈등, 부모와 친밀하지 못한 경우, 부모로부터의 지원의 부족은 자살생각과 정적인 관계가 있다고 보고되었다(Maris et al., 2000). 더불어 빈곤 등 가족 내 걱정거리가 높은 경우 자살생각과 관련이 밀접하게 나타난다고 하였다(Roberts et al., 1997). 이처럼 청소년 자살은 부적절한 부모-자녀관계, 부정적 양육경험, 부모로부터의 지원 부족 등과 관련이 있는 것으로 나타났다.

④ 부모의 자녀에 대한 학대

부모의 자녀에 대한 학대는 청소년의 자살의 위험요인으로 보고되고 있다(Esposito and Clum, 2002). 기존의 여러 연구들에서 청소년이 부모로부터 학대를 받은 경험이 자살생각을 높인다는 결과를 보고하고 있다(Blum et al., 1992; Gibb, 2001; Grossman et al., 1991). Grilo 등(1999)의 연구에서도 학대경험이 있는 청소년이 그렇지 않은 청소년에 비해 자살위험이 더욱 높은 것으로 보고하였다. 국내 박병금(2007)의 연구에서도 부모가 자녀를 학대하는 경우에 청소년 자살에 직접적으로 영향을 주게 된다고 밝혔으며, 송지혜(2009)의 연구는 청소년 자살생각에 영향을 주는 요인이 부모로부터의 신체적·정서적 차원의 학대 경험이라고 밝혔다.

법적으로 아동학대의 정의를 살펴보면, '보호자를 포함한 성인에 의하여 아동의 건강·복지를 해치거나 정상적 발달을 저해할 수 있는 신체적·정신적·성적 폭력 또는 가혹행위 및 아동의 보호자에 의하여 이루어지는 유기와 방임'이다(법제처, 2018). 아동학대는 폭력을 행사하는 사람과 피해 받는 대상 모두 친밀한 가족구성원이라는 특성이 있다(이상준, 2006). 자신이 가장 믿고 의지하는 대상인 부모로부터 정신적, 신체적 학대를 경험하게 되는 경우 삶의 지지기반을 상실하여 고통을 극복할 수 있는 힘이 약해지게 된다. 즉, 힘들고 어려운 일이 있을 때 나를 도와줄 수 있는 지지원으로서 부모를 믿고 의지할 수 없게 되므로 정신적으로 취약하게 된다. 부모로부터 직접적인 학대를 지속적으로 당하고 있는 경우에는 그 고통스러운 삶에서 벗어나고자 자살을 생각하게 된다.

⑤ 우울

우울이 자살과 관련성이 높다는 것은 널리 알려져 있는 편이다. 자살생각을 하는 사람들에게서 발견되는 가장 보편적인 특징이며, 자살을 예측하는 인자가 우울이라는 보고가 다수이다(Peter et al., 1994).

우울한 사람은 절망감, 무력감 등을 갖는 것이 특징이다. 자기비난, 자기비하, 죄의식, 무가치감을 느끼고 주의력 및 사고력과 판단력도 저하된다. 또한 우울한 사람은 자기 자신, 자신의 미래, 자신의 세계에 대해 인지적인 왜곡을 보인다. 우울한 사람은 불면증, 식욕감퇴, 체중감소, 피로감 등의 증상이 나타나기도 한다(김세진, 1999).

청소년 3천여 명을 대상으로 한 Robert와 Chen(1997)의 연구에서 우울과 자살생각이 유의한 상관성을 보였으며, 우울증을 경험한 환자와 자살시도 경험이 있는 청소년의 특성이 유사하다고 하였다. 우울증세가 있는 청소년의 자살률이 우울증세가 없는 청소년에 비해 10배 이상 높다고 보고되었다(Shaffer, 1996). 우울증 청소년의 자살시도 위험이 높고 반복적으로 시도할 가능성도 크다(Wagner and Zimmerman, 2006). 이렇듯 청소년의 우울은 자살생각을 예측하는 가장 강력한 원인이다.

그러나 한편으로 성인에 비해 청소년은 병적인 증세로서의 우울증이라기보다는 생활스트레스로부터 경험하게 되는 우울일 가능성이 높으며, 이는 일시적으로 찾아올 수도 있다. 일시적으로 찾아온 우울을 장기간 방치할 경우 만성적인 우울증이 되어 정신·병리적인 우울증으로 진단을 받게 되기도 한다. 성인의 자살을 연구할 때는 첫 번째로 꼽을 수 있는 우울이 청소년에서는 첫 번째 순위가 아닌 것은 청소년의 우울이 아직은 일시적일 가능성이 높으며, 생활환경속의 스트레스를 감소시켜줌으로써 회복 가능한 수준인 경우가 대부분이기 때문이다.

따라서 자살의 효과적 예방을 위해서는 청소년의 주요 스트레스원을 파악하여 병적인 우울 증세를 나타내기 이전에 우울의 수준을 완화시킬 수 있는 전략이 필요하다.

⑥ 기타 위험요인

청소년 자살의 위험요인으로 위에 언급된 학업스트레스, 학교폭력, 부적응적인 부모자녀관계, 부모로부터의 학대, 우울 이외에도 청소년 자살에 영향을 미치는 위험요인들이 연구되고 있다.

첫째, 충동성이다. 청소년은 발달단계상 충동성을 가지고 있는 시기이다. 청소년의 충동성은 생활스트레스에 맞닥뜨렸을 경우 극단적인 생각을 부추기는 기능을 하기도 한다. 청소년들은 진지하게 삶을 마감하는 죽음보다는 스트레스를 회피하는 수단으로서 자살을 생각하는 경우가 많고, 이는 충동성과 연결되어 실행에 옮겨지는 경우가 발생하여 주의를 기울일 필요가 있다. 즉, 충동성은 청소년이 사회를 적응해 나가는 과정에서 바람직하게 대처하지 못하게 하고 이는 자살위험에 영향을 미칠 수 있다(Askenazy et al., 2003).

둘째, 무망감이다. 무망감은 실패감, 죄책감, 불행감, 의기소침 등과 관련된 감정으로 이러한 불행 등을 자신의 힘으로나 타인을 통해서나 바꿀 수 없다는 부정적인 신념을 의미한다. 자살을 시도하는 청소년들은 스트레스 상황이 발생했을 때 적극적으로 문제를 해결하려고 하기보다 오히려 무망감이 증가되는 경우가 많다. 열등감과 장래에 대한 무망감을 느끼는 경우 자살에 대한 생각이 많이 증가하는 것으로 나타났다(이경진, 2003).

셋째, 경제수준이다. 경제수준이 낮을수록 자살충동이 높다는 연구보고가 있으며(김영아, 2004), 경제적인 수준과 자살은 관련이 있다고 하였다(Parker 외, 1997). 중하위 계층의 청소년이 중산층 계층의 청소년에 비해 자살이 발생할 가능성이 더 높다고 하였다(오승근, 2006).

넷째, 과거에 자살을 시도해 본 경험이다. Arensman 등(1999)의 자살 관련 연구에 의하면, 과거 자살시도 경험은 이후 자살시도에 대한 예측력이 매우 높은 요인이다. WHO와 EURO의 통합연구에 따르면, 자살 시도자의 절반가량이 과거 자살 시도 경험이 있고, 30%가 일 년 안에 자살을 다시 시도하는 것으로 나타났다.

다섯째, 음주 및 약물문제이다. 김성이 외(2004)에 의하면, 청소년이 음주 및 약물을 사용 시 감정조절이 어려워지게 되고 자신에게 생긴 스트레스와 부정적 감정을 극복해내는 능력이 감소된다. 이는 이성적 판단을 결여시키고 자살시도를 하는 데 중요한 역할을 하게 된다.

여섯째, 부모와의 동거 여부이다. Wright(1985)에 의하면 실제 자살한 사람의 가족구조를 살펴본 연구에 의하면, 부모가 이혼을 하게 되어 해체된 가정이 많았다는 보고가 있다. 국내 한기석과 정영조(1992)의 연구에서도 부모의 이혼, 별거, 재혼 등으로 인해 가족구조가 변화하거나 부모의 사망, 부모 모두와 함께 살지 않는 등의 상황이 청소년에게 스트레스로 작용하여 자살할 가능성을 높인다고 하였다.

일곱째, 성별이다. 자살생각이나 시도비율은 여자 청소년이 높은데, 실제 자살시도로 인한 사망비율은 남자 청소년이 높다는 보고가 있다(Beautrais et al., 2006). 여자 청소년은 애착이나 대인관계를 중요시하여 자신이 고민이 있을 때 또래나 주변에 관심을 끌거나 도움을 요청하는 방법으로 자살을 시도하기도 한다(신의진, 2003). 남자 청소년은 보다 충동적으로 자살을 시도하는 경우가 있다.

여덟째, 연령이다. 연령과 자살위험성과의 관련 연구들에서 연령이 올라갈수록 자살생각이 높아진다는 보고가 많이 있었다(김현실, 2002). 이는 청소년들의 나이가 어릴 때는 아직 인지적으로 미성숙하므로 자살시도를 제대로 할 수 있는 도구나 방법을 찾기가 어려운 데 반해 연령이 올라갈수록 그 방법을 잘 찾아낼 수 있으며, 학업에 대한 부담이 점점 커지므로 자살생각에 노출될 확률이 더욱 높아지기 때문으로 볼 수 있다.

아홉째, 언론 및 인터넷의 부작용이다. 현대사회에서 청소년들은 인터넷게임, 스마트폰 등을 많이 사용하면서 부작용이 발생하고 있다. 또래친구들과 만나서 활동적으로 놀기보다는 스마트폰 등에 치중하다 보니 실제 사회 안에서는 외롭고 고립되는 경향이 있다. 사람 간의 의사소통 기회가 적은 청소년들은 실제 사회 속에서 문제가 생겼을 때 원활히 소통하지 못하고 괴로운 마음을 제대로 풀지 못해 자살을 생각하기도 한다. 또한 유명인, 연예인들 중 자신의 롤 모델인 사람이 자살을 하게 될 경우 대중매체를 통해 쉽게 보게 되어 이를 따라 하는 모방자살의 현상이 나타나기도 한다.

(2) 보호요인

본서에서는 청소년이 자살을 생각하고 위험한 상황에 처했을 때 이를 보호하거나 완화해줄 수 있는 대표적인 보호요인으로 자아존중감, 사회적 지지, 레질리언스에 대해 살펴본다.

① 자아존중감

청소년 스스로가 자신을 가치 있는 사람으로 생각하고 존중하는 마음을 자아존중감이라고 한다. 자아존중감이 높은 청소년은 대체로 스트레스 상황에서 적절히 대처할 줄 알며, 문제해결을 위해 대처방법을 긍정적으로 사용할 수 있다. 또한 스스로를 가치 있고 존중받을 만한 존재라고 생각하기 때문에 어려운 위기가 발생했을 때 자기 자신이 죽어야 한다는 생각은 쉽게 하지 않는다. 자기 자신이 가치 있는 존재이므로 어려운 위기를 해결할 수 있다는 긍정적인 마음을 가지게 되며, 소중한 자신의 삶을 자살이라는 행동으로 마감하는 것을 생각하지는 않는다. Fergusson와 Lynskey(1995)는 자아존중감이 자살의 위험요인인 우울감을 낮추어 자살과의 관련성을 줄어들게 할 수 있다고 하였다. 반면에 자아존중감이 낮은 청소년의 경우 스스로를 무력하고 가치 없는 존재로 여기기 때문에 위기상황에 닥쳤을 때 차라리 자살로 삶을 포기하는 것이 낫겠다고 판단하여 위험한 행동을 할 가능성이 높다. 즉, 자아존중감이 낮은 청소년은 위기상황을 역기능적으로 대처할 위험이 크고 스스로를 가치 없다고 여기며 자기학대와 무가치감으로 이어져 자살시도를 할 수 있다는 것이다(이경진, 2003).

② 사회적 지지

청소년 자살을 보호해 줄 수 있는 요인으로 사회적 지지가 많이 연구되어 왔다. 청소년에게 의미 있는 영향을 미치는 사회적 지지는 세부적으로 부모의 지지, 친구의 지지, 교사의 지지로 나누어 살펴볼 수 있다. 부모의 지지부터 살펴보면, 아버지-자녀관계, 어머니-자녀관계 모두 청소년의 자살시도와 밀접한 관계가 있다. 이 중에서도 어머니의 지지자원은 청소년 자살을 예방하는 가장 강력한 보호요인으로도 밝혀진 바 있다(임수영, 1996). 청소년기의 중요한 지지체계인 친구의 지지도 청소년 자살의 보호요인으로 연구되고 있는데, 교우관계가 긍정적이며 친구들과 의미 있는 상호작용이 있는 청소년은 어려운 위기가 찾아왔을 때 절망과 좌절을 극복하는 데 힘이 된다(김은정, 2002). 학교에서의 적응은 교사와의 관계가 영향을 많이 미치는데, 청소년 자살의 위험요인이 학업스트레스나 학교폭력과 같이 학교와 관련된 요인이 많으므로, 학교에서의 긍정적 지지체계는 이들이 자살을 생각하고 싶을 때 이를 극복하는 보호요인이 되어줄 수 있다. 이 외에도 전문상담가나 사회복지사 등 사회적 차원의 지지체계도 청소년자살을 예방하는 보호요인이 될 수 있을 것이다. 청소년들은 자신의 중요한 지지체계인 가족이나 친구, 교사로부터 보호받고 지지받지 못하다고 여겼을 때, 상담 등을 통해 사회에 도움의 손길을 보내기도 하는데, 이때 적극적으로 청소년의 어려움을 공감해주고 지지해줌으로써 이들이 자살충동에서 벗어날 수 있도록 하는 데 도움을 줄 수 있다. 이 세상에 나를 알아주고 이해해주고 나의 어려움을 극복하는 데에 도움이 될 수 있는 지지체계가 단 한 명이라도 존재한다면 자살이라는 극단적 생각과 행동에서 벗어날 수 있다. 따라서 1차적으로는 가족이 그 지지자원으로서 기능하도록 하는 것이 중요하며, 다음으로 친구, 교사, 사회적 지지체계 순으로 이들의 자살을 예방하는 지지 원으로 기능하게 하는 것이 중요하다.

③ 레질리언스

다음으로 살펴보는 보호요인은 레질리언스이다. 최근에 많은 연구들이 위기와 스트레스를 대처할 때 레질리언스가 효과가 있을 수 있음에 많은 관심을 갖고 있다. 레질리언스는 역경을 극복하고 더 강하고 많은 자원을 보유할 수 있는 능력이며, 위기를 감당하고 스스로를 바로 세우며 성장하는 적극적 과정을 의미한다(Walsh, 1998). 일시적 위기로서의 특징을 가진 청소년기의 자살은 이 스트레스를 잘 완화하고 보호할 수 있는 요인인 레질리언스가 효과적일 수 있음을 기대해 볼 수 있다. 즉 위기 상황에 효율적으로 대처해 나가도록 하는 힘인 레질리언스는 청소년의 자살을 대처하는 주요 보호요인이 되어줄 수 있을 것이다.

이와 관련하여 다수의 연구들이 청소년들이 극심한 스트레스나 위기 상황 속에서도 자살을 생각하지 않고, 이를 잘 이겨내도록 도울 수 있는 중요한 자원으로 레질리언스를 언급하고 있다(고재홍과 윤경란, 2007; 김정수와 노성덕, 2003; 고선, 2009; Roy et al., 2007).

4. 청소년 자살에 대한 정책현황[5)]

1) 자살예방대책

1990년대 후반 심각한 외환위기를 겪은 후 우리나라의 자살사망률은 급증하였고, 학교폭력, 학업스트레스 등이 심각한 청소년들의 자살률도 급속히 증가하여 자살은 중요한 사회문제가 되었다. OECD 회원국 중에서도 우리나라의 자살사망률은 1위로 보고된 빈도가 높아 전 세계적으로 보았을 때에도 우리나라의

5) 본 장은 필자가 공동연구원으로 참여한 한국청소년상담복지개발원의 2016년 연구과제인 '청소년자살예방교육 모형 개발'의 내용이 수정·보완되어 포함되어있다.

상대적인 자살의 심각도도 매우 높은 상황이다.

이에 정부는 국가 차원의 자살예방대책을 마련하고자 하는 노력을 시작하였고, 2004년 1차 국가자살예방 5개년 기본계획을 수립하게 되었다.

첫 번째로 1차 자살예방대책에서 주요 시책들을 살펴보면, 생명존중 문화조성, 자살에 대한 공공기관과 민간부문의 역할분담 및 협력체계 구축, 생애주기별 자살예방 추진체계 구축, 자살고위험군 조기발견 및 치료 등의 내용이 포함되어 있다. 1차 자살예방 5개년 계획은 정부주도의 정신보건사업에 치중되어 자살의 다차원적인 원인에 맞는 예방대책과 생애주기적 접근이 이루어지는 데에는 한계가 있었다는 평가가 있다(원시연, 2011).

두 번째, 2차 자살예방대책은 2008년에 5개년 계획(2009~2013)으로 추진되었다. 여전히 자살률은 증가추세인 것을 반영하여 2차 자살예방종합대책은 자살의 예방과 지속 가능한 정책을 추진함으로써 자살률을 감소시키는 것에 보다 역점을 두었다. 2011년 3월에는 관련법으로 '자살예방 및 생명존중문화 조성을 위한 법률'이 제정되기도 하였다. 2차 자살예방종합대책에서 목표로 했던 자살률 감소는 2007년 자살사망률이 인구 10만 명당 24.8명이었던 것에 비해 2016년 27.3명으로 오히려 증가되어 소기의 목적이 달성되지는 못했다고 평가해볼 수 있다. 관련법이 제정되었다는 것은 큰 의미를 부여할 수 있다.

세 번째, 2차 자살예방대책에서 자살률 감소라는 목표를 이루지 못하고, 실행이 부진하다는 비판 속에서 정부는 2016년 2월에 '정신건강 종합대책'을 발표한 후 추진하였다. 이 정책은 관계부처 합동 형태로 이루어졌으며, WHO의 권고기준에 맞추어 진행되었다. '정신건강 종합대책'의 비전은 '행복한 삶, 건강한 사회'이며, 4대 정책목표와 이에 따른 정책과제들을 다루고 있다. '정신건강 종합대책'은 2020년까지 인구 10만 명당 자살인구를 20명으로 줄이는 것을 목표로 하고 있다(2016년 인구 10만 명당 27.3명). 청소년기에 해당하는 10대의 경우 4명 이하로 줄이는 것을 목표로 한다(2016년 인구 10만 명당 4.5명). 4대 정책목표의 대표적인 내용을 살펴보면, 국민 정신건강의 증진, 증상이 심각한 정신장애인의 지역사회로의 통합, 중독 등으로 인해 개인의 건강이 저하되거나 사회적으로 폐해가 생기는 것을 최소화시키는 것, 자살의 위험성이 없는 안전한 사회를 구현하는 것 등이다. 이 중에서 자살을 예방하는 것과 관련된 정책은 사회적 차원에서 자살예방 환경을 조성하는 것, 개인별 맞춤형으로 자살을 예방할 수 있는 서비스 제공, 자살예방정책을 추진하는 기반을 강화하는 것 등의 내용이 포함되어 있다. 보다 구체적으로는 자살에 대한 위험한 환경을 개선, 사회적 인식을 개선, 자살을 예방하기 위한 사회적인 지지체계를 마련, 자살예방과 관련된 교육 강화, 자살의 고위험군에 대한 예방체계의 강화, 생애주기별로 자살 예방에 대한 대책을 추진, 자살 위기에 대한 대응 및 사후에 관리체계를 철저히 마련하는 것 등의 내용이 포함되었다.

이 중 자살예방 환경 조성의 예로서 자살 관련 언론보도 개선, 캠페인 등이 다루어지고 있으며, 자살예방 사회적 지지체계로서 SNS 온라인상담, 지역사회 상담체계 마련, 사회안전망과 자살예방 연계 강화 등의 내용이 다루어지고 있다. 또한 맞춤형 자살예방 서비스 제공의 예로서 아동청소년, 중장년, 노인 등으로 구분한 생애주기별 자살예방대책 추진전략들이 진행되고 있으며, 자살유가족 지원과 취약계층 등 자살고위험군 예방체계 강화, 24시간 Hot-line을 통한 자살예방체제 운영 등이 포함되어 있다. 다음으로 자살예방정책 추진기반 강화를 위한 정책과제에는 자살예방전문가 교육, 생명사랑지킴이(gatekeeper) 양성 교육 등이 추진되고 있다.

2) 자살예방교육 프로그램

(1) 청소년 자살예방 프로그램

자살예방교육은 '자살'이라는 단어를 청소년들에게 표면화시킴으로써 오히려 자살충동이 있는 개인의 자살률을 높이는 부작용이 있을 것을 우려하여 금기시 되었던 시절이 있다. 그러나 자살과 관련된 연구들이 진행되면서 자살에 대해 정확하게 인식하게 하고 자살충동이 일어났을 때 적극적으로 대처방안을 찾을 수 있도록 교육하는 것은 자살예방의 중요한 효과를 가져올 수 있을 것이라는 의견들이 대두되면서 자살예방교육이 현장에서 많이 개발되는 추세로 전환되었다. 이귀숙 외(2015)의 연구에 의하면, 자살예방교육을 받은 집단이 그렇지 않은 집단에 비해 어려움이 생겼을 때 보다 적극적으로 도움을 요청하며, 자살과 관련된 지식도 증가한다고 하여 오히려 자살위험이 감소할 수 있음을 시사하였다. 김춘경과 홍종관(2003)의 연구에서도 자살예방프로그램이 10대 청소년의 자살생각을 감소시키는 효과가 있음을 보고하였다.

국내 자살예방교육은 2000년대 중반에 수원시 자살예방센터, 삼성사회정신건강연구소, 한국생명의전화 등에서 생명존중프로그램을 개발하면서 본격적으로 진행되기 시작하였다. 이후 한국청소년상담복지개발원, 교육청, 중앙자살예방센터 등에서도 다양한 형태의 자살예방교육 프로그램이 개발되어 전국에 시행되고 있다. 이외에도 지승희 외(2008), 김지은(2014), 손정남(2011), 이종익과 오승근(2014) 등의 연구에서 자살예방프로그램을 개발하고 효과를 검증한 결과를 보고하였다.

한편, 학교에서의 자살예방교육은 대부분 도덕이나 윤리과목 안에 포함된 경우가 많으며, 자살에 대한 직접적인 표현보다는 생명의 소중함 등에 대해 교육하여 간접적인 방식으로 자살예방교육을 해 왔었다고 할 수 있다. 최근 들어서는 예전에 비해서는 보다 직접적으로 자살에 대한 언급을 하기 시작하였으며, 중·고등학교의 경우 삶과 죽음, 생명을 경시하는 풍조에 대한 문제의식 교육, 생명존중 실천 등의 내용으로 자살예방교육이 다루어지고 있다.

5. 요약

'자살'은 스스로 죽음을 선택하고 실행하여 사망하게 된 것을 의미한다. 자살은 '스스로 죽으려는 의도를 가지고 상해를 입힌 후 사망한 경우'이며, 의도를 실행할 때 스스로 사망할 것이라는 결과를 예상하거나 지각하고 있어야 한다. 자살에 대한 개념은 이와 같이 스스로 죽으려는 의지를 가지고 실행하여 죽음에까지 이른 경우를 의미하나, 자살로 사망한 자를 대상으로 원인을 밝히거나 사망자에게 개입하는 데 제한이 따르기 때문에 자살에 관해 연구를 할 때에는 자살사망의 전 단계로서 이를 예측할 수 있는 자살생각이나 계획, 시도자를 대상으로 하는 경우가 많다. 특히 사회에서 청소년 자살에 대해 관심을 갖는 이유는 청소년 자살이 발생하는 것을 예방하고자 하는 목적을 가지고 있으므로 자살사망의 이전 단계인 자살생각이나 계획, 시도 등에 대해 알아볼 필요가 있다.

청소년기는 정신적·신체적 발달이 급격히 이루어지는 시기이다. 또한 성인기를 준비하는 시기로서 아직은 정해지지 않은 미래에 대해 불안한 마음을 가지게 된다. 학교나 사회, 부모로 인한 부담과 스트레스가 많아지고 정서적으로 불안정한 시기이기도 하다. 이러한 청소년기의 발달적 특징이 극심한 스트레스와 만나게 되면 청소년들의 자살과 관련된 생각이나 시도를 하게 되는 데에 영향을 미칠 수 있다.

특히 밝고 건강하게 성장해야 하는 청소년기의 자살은 사회에 더 큰 우려를 낳고 있다. 10여 년 전인 2004년 이전에는 청소년의 사망원인의 1위는 '운수사고'가 가장 많았는데, 2007년 이후 '자살'이 청소년 사망의 1순위가 되었고, 이후 계속적으로 청소년자살이 사망원인의 1위를 기록하고 있다. 인구 10만 명당의 비율을 살펴보면, 2009년에 10.3명으로 가장 높았고, 2011년 8.9명, 2014년 7.4명으로 조사되었다.

본 서에서는 청소년 자살의 발생 원인을 생물학적, 심리학적, 사회학적, 통합적 관점에서 살펴보았다. 청소년 자살에 대한 위험수준을 높이고 원인이 될 수 있는 대표적인 위험요인으로 학업스트레스, 학교폭력, 부정적 부모-자녀관계, 부모의 자녀에 대한 학대, 우울을 살펴보며, 기타 요인으로 충동성, 무망감,

경제수준, 과거에 자살을 시도해 본 경험, 음주 및 약물문제, 부모와의 동거 여부, 성별, 연령을 함께 살펴보았다. 다음으로 청소년이 자살을 생각하고 위험한 상황에 처했을 때 이를 보호하거나 완화해줄 수 있는 대표적인 보호요인으로 자아존중감, 사회적 지지, 레질리언스에 대해 살펴보았다.

이후 그동안 정부에서 추진해 온 자살예방정책과 학교 및 자살예방 관련 기관 현장에서 시행되고 있는 자살예방프로그램에 대해 살펴보았다.

자살을 생각하여 시도하고 사망할 경우, 돌이킬 수 없는 치명적 결과를 가져오므로 예방적 개입이 매우 중요하다. 또한 자살시도자는 다시 자살을 시도할 위험이 큰 고위험군이므로 이들에 대한 사후관리도 중요하다. 근본적으로는 청소년들이 자살을 생각하게 되는 극심한 스트레스와 사회·환경이 어떤 것인지를 분석하여 사회 차원의 근본적인 해결책을 마련해야 할 필요도 있다. 입시 위주의 교육환경과 학교폭력 등으로 우리 청소년들은 많은 스트레스를 받고 있다. 그리고 이를 지지해주고 보호해주어야 하는 가족들이 힘이 되어주지 못하는 경우도 발생한다. 미래의 주역인 청소년의 자살을 예방하기 위해서는 사회, 가족, 개인 차원의 통합적 예방대책을 마련하는 것이 중요할 것이다.

참 고 문 헌

고선(2009). "학교환경이 청소년의 자살생각에 미치는 영향: 자아탄력성의 매개효과." 숙명여자대학교 정책산업대학원 석사학위논문.

고재홍·윤경란(2007). "청소년의 스트레스와 자살생각: 자아탄력성의 완충효과."『한국청소년연구』 18(1): 185-212.

관계부처 합동(2016). "행복한 삶, 건강한 사회를 위한 정신건강 종합대책." 국가정책조정회의.

김기환·전명희(2000). "청소년 자살의 특성과 유형에 관한 연구."『한국아동복지학』 9(1): 127-152.

김미영·전성숙(2014). "자살시도경험이 있는 조현병 환자의 자살사고 관련요인",『정신간호학회지』, 23(4): 59-267.

김보영(2008). "청소년 자살생각에 영향을 미치는 변인에 대한 메타분석." 전남대학교 석사학위논문.

김성이 조학래 노충래(2004).『청소년복지학』. 파주: 집문당.

김성춘(2002). "청소년의 자살생각에 영향을 주는 요인연구." 목원대학교 석사학위논문.

김세진(1999). "성인 애착 유형에 따른 분노 경험 양상의 차이." 서울대학교 석사학위논문.

김순규(2008). "청소년 자살에 영향을 미치는 위험 요인과 보호요인."『정신보건과 사회사업』 29: 66-93.

김영아(2004). "고등학생의 자살위험성에 영향을 미치는 변인." 계명대학교 석사학위논문.

김은정(2002). "청년기 친밀감 형성과 자아정체감 및 애착의 관계."『학생생활연구』 7: 101-113.

김정수·노성덕(2003). "청소년의 자살충동과 심리사회적 변인과의 관계."『대학생활연구』 21: 153-172.

김지은(2014). "고등학생 자살예방교육이 자살관에 미치는 영향." 이화여자대학교 대학원 석사학위논문.

김춘경·홍종관(2003). "십대자살 예방과 치료를 위한 위기상담적 고찰: 학교상담개입을 중심으로." 대구교육대학교. 논문집, 38: 305-328.

김현실(2002). "청소년의 성격 특성, 가정 역동적 환경 및 자살시도간의 관계."『대한간호학회지』 32(2): 231-242.

문경숙(2006). “학업스트레스가 청소년의 자살충동에 미치는 영향.” 『아동학회지』 27(5): 143-157.

문영주, 좌현숙(2008). “청소년의 학업스트레스와 정신건강에 있어 정서적 조절 능력의 조절효과.” 『사회복지연구』 38(가을): 353-379.

박병금(2007). “청소년의 가족환경요인과 자살생각: 자아존중감과 우울의 매개효과를 중심으로.” 『생활과학연구논총』 11(1): 1-17.

박영숙(2009). 청소년 자살사고의 보호요인과 위험요인: 인문계 및 실업계 고등학생의 학교생활스트레스, 우울, 부모관계, 친구관계 및 자살사고와의 관계. 『한국청소년연구』 20: 221-251.

박재연(2010). “청소년의 자살위기와 레질리언스.” 이화여자대학교 대학원 박사학위논문.

법제처(2018). www.moleg.go.kr

보건복지부(2018). www.mohw.go.kr

보건복지부(2008). “2008 우리 나라 보건 의료 실태 분석 결과.” http://stat.mw.go.kr/homepage/news/press_content.jsp?board_kind=12&seq_no=9493&menu_id=33&ctrl_command=getBoardContents&curr_page=1

서혜석(2006). “청소년의 자살생각에 영향을 미치는 요인에 관한 연구.” 대구대학교 박사학위논문.

손정남(2011). “중학생의 자살예방을 위한 또래 자살예방 지킴이 프로그램의 효과에 대한 연구.” 『정신간호학회지』 20(1): 111-119.

송지혜(2009). “아동기 학대 경험이 자아존중감 및 자살생각에 미치는 영향.” 단국대학교 석사학위논문.

신민섭, 박광배, 오경자, 김중술(1990). “자살성향에 관한 연구; 우울-절망-자살간의 구조적 관계에 대한 분석.” 『한국심리학회지: 임상』 9: 20-32.

신의진(2003). “고위험 자살 청소년에 대한 평가와 대처 방안.” 『생명의 전화 자살예방센터 편』 57-74.

오미향, 천성문(1994). “청소년의 학업 스트레스 요인 및 증상 분석과 그 감소를 위한 명상 훈련의 효과.” 『인간이해』 15: 63-96.

오승근(2006). “청소년의 자살태도, 자살위험성 및 생명존중교육 참여 요구와의 관계.” 고려대학교 박사학위논문.

원시연(2011). “자살예방대책의 문제점과 개선과제.” 국회입법조사처.

우선유(1999). “청소년 자살생각에 영향을 주는 변인 연구.” 서울여자대학교 석사학위논문.

이귀숙, 김은영, 장은희(2015). "청소년 자살예방 심화 프로그램 개발." 한국청소년상담원.
이경진(2003). "청소년 자살의 고위험 집단과 저위험 집단의 심리적 특성." 가톨릭대학교 석사학위논문.
이상준(2006). "가정폭력 경험 청소년의 탄력성과 보호요인" 가톨릭대학교 박사학위논문.
이종익, 오승근(2014). "청소년 대상 학급단위 자살예방 프로그램이 자살위험성과 자살 태도에 미치는 효과." 『청소년문화포럼』 37: 81-100.
임수영(1996). "중학생의 자살생각에 영향을 미치는 요인과 사회적 지지의 완충효과." 고려대학교 석사학위논문.
황보종우 역(2008). "에밀 뒤르껨의 자살론." 청아출판사.
조강래(2007). "고3학생들의 학업 스트레스 원(源)에 따른 학업스트레스 증상과 대처방식: 일반계 고등학생 남녀 비교를 중심으로." 경상대학교 석사학위논문.
지승희, 김명식, 오승근, 김은영, 이상석(2008). "청소년자살 예방프로그램 및 개입방안 개발." 한국청소년상담원.
질병관리본부(2015). 제11차 청소년건강행태 온라인조사.https://yhs.cdc.go.kr/new에서 발췌(검색일 2016. 2. 22)
통계청(2015). "2014년 최신 사망원인 통계." http://kostat.go.kr에서 발췌(검색일. 2016. 2. 22).
통계청(2016). "2016년 청소년 통계." http://kostat.go.kr에서 발췌(검색일. 2016. 2. 22).
통계청(2018). kostat.go.kr
하상훈(2000). "청소년의 자살충동과 심리사회적 변인과의 관계." 인하대학교 박사학위논문.
하연희(2001). "중학생의 자살생각 실태에 관한 연구." 이화여자대학교 석사학위논문.
한국청소년정책연구원(2013). "2013. 청소년 자살예방 정책연구." 세종: 한국청소년정책연구원.
한기석, 정영조(1992). "청소년 자살의 원인과 치료적 개입." 『인제의학』 13(2): 151-157.
홍나미(1998). "청소년의 자살생각에 영향을 미치는 심리사회적 요인에 관한 연구." 이화여자대학교 석사학위논문.
황순길, 박재연, 이혜정(2016). 청소년 자살예방교육 모형 개발 -초·중·고 학교급별 중심-. 부산: 한국청소년상담복지개발원.
Arensman, E., and Kerkhof, J. F. (1999). "Classification of attempted suicide. A review of empirical studies, 1963-1993." Suicide and Life Threatening Behavior 26: 46-67.
Askenazy, F. L., Sorci, K., Benoit, M. Lestideau, K., Myquel, M., and Lecrubier, Y. (2003). "Anxiety and impulsivity levels identify relevant subtypes in adolescents

with at-risk behavior." Journal of Affective Disorders, 74(3): 219-227.

Beautraits, A. L., Wells., J. E., McGee., M. A., and Browne, M. O. (2006). "Suicidal behavior in Te Rau Hinengaro: the New Zealand mental health survey." Australian and New Zealand Journal of Psychiatry, 40: 896-904.

Blum, R. W., Harmon, B., Harris, L., Bergeisen, L., and Resnick, M. D. (1992). "American Indian-Alaska native youth health." Journal of American Medical Association 267: 1637-1644.

Brent, D. A. (1987). "Correlates of medical lethality of suicide attempts in children and adolescent." Journal of the American Academy of Child Psychiatry 26: 87-89.

Brent, D. A., Johnson, B. A., Perper, J. A., Connolly, J., Bridge, J., and Bartle, C. (1994). "Personality disorder, personality traits, impulsive violence and completed suicide in adolescents." Journal of the American Academy of Child and Adolescent Psychiatry 33: 1080-1086.

Esposito, C. and Clum, G. A. (2002). "Social support and problem-solving as a moderators of the relationship between childhood abuse and suicidality: applications to a delinquent population." Journal of Traumatic Stress 15(2): 137-146.

Fergusson, L. J., Hoorwood, M. T. and Lynskey. (1995). "The prevalence and risk factors associated with abusive or hazardous alcohol consumption in 16-year-olds." Addiction 90(7): 935-946.

Gibb, B. E., Alloy, L. B., Abramson, L. Y., Rose, D. T., Whitehouse, W. G., and Hogan, M. E. (2001). "Childhood maltreatment and college student's current suicidal ideation." Suicide and Life-Threatening Behavior 31(4): 405-416.

Glaser, K. (1981). "Psychopathologic patterns in depressed adolescents." American Journal of Psychotherapy 35: 368-382.

Grilo, C. M., Sanislow, C. A., Fehon, D. C., Lipschitz, D. S., Martino, S., and McGlashan, T. H. (1999). "Correlates of suicide risk in adolescent impatients who report a history of childhood abuse." Comprehensive Psychiatry 40(6): 422-428.

Grossman, D. C., Milligan, B. C., and Deyo, R. A. (1991). "Risk factors for suicide attempts among Navajo adolescents." American Journal of Public Health 81: 870-874.

Hawton, K., Sutton, L., Haw, C., Sinclair, J., Deeks, J., (2005). "Schizophrenia and suicide: systematic review of risk factors", Br J Psychatry. 187: 9-20.

Kandel, D. B., Ravens, V. H., and Davies, M. (1991). "Suicidal ideation in adolescence, depression, substance use, and other risk factors." Journal of Youth and Adolescence 20(2): 289-308.

Kashan, I., and Simonds. (1979). "The incidence of depression in children." American Journal of Psychiatry 136: 1203-1205.

Lee, M., and Larson, R. (2000). "The Korean examination hell: Long hours of studying, distress, and depression." Journal of Youth and Adolescence 29(2): 249-271.

Maris, A. L., Berman, M. M., Silverman. (2000). Comprehensive Textbook of Suicidology. New York: Guilford Press.

National Alliance on Mental Illness New Hampshire. (2006). "Frameworks Youth Suicide Prevention-Postvention Project."

OECD Health Data, (2015). www.stat.mw.go.kr

Parker, L. D., Cantrell, C., and Demi, A. S. (1997). "Older adults' attitudes toward suicide: Are there race and gender differences." Death Suicide 21(3): 289-298.

Peter, M. L., Paul. R., and John, R. S. (1994). "Psychosocial risk factors for future adolescent suicide attempts." Journal of Consulting and Clinical Psychology 62(2): 297-305.

Radomsky, E. D., Haas, G. L., Mann, J. J, &Sweeney, J. A. (1999). Suicidal behavior in patients with schizophreniaand other psychotic disorders. The American Journal of Psychiatry, 156, 1590-1595.

Reynolds, W. M. (1998). Suicidal ideation questionnaire: Professional manual. Odessa, FL: Psychological Assessment Resources.

Rigby, K., and Slee, P. (1999). "Suicidal Ideation among adolescent school children, involvement in bully-victim problems, and perceived social support." Suicide and Life Threatening Behavior 29(2): 119-130.

Robert, R. E., Chen, Y. R., and Roberts, C. R. (1997). "Ethnocultural differences in prevalence of adolescent suicidal behaviors." Suicide and Life - Threatening Behavior 27(2): 208-217.

Roy, A., Sarchiapone, M., and Carli V. (2007). "Low resilience in suicide attempters: relationship to depressive symptoms." Depression and Anxiety 24(4): 273-274.

Shaffer, D., Gould, M., Fisher, P., Trautman, M. P., Moreau, D., Kleinman, M., and Flory, M. (1996). "Psychiatric diagnosis in child and adolescent suicide." Archives of General Psychiatry 53(4): 339-348.

Wagner, and Zimmerman, J. H. (2006). Developmental Influences on suicidality Among Adolescent: Cognitive, Emotional, and Neuroscience Aspects. Cognition and suicide; Theory, research, and therapy, (pp. 287-308). Ellis, Thomas E.(Ed).

Walsh. F. (1998). Strengthening Family Resilience. New York: Guilford Press.

Wright, L. S. (1985). "Suicidal thoughts and their relationship to family stress and personal problems among high school seniors and college undergraduates." Adolescence 20: 575-580.

제 5 장

청소년 성매매

국내 청소년의 성과 관련된 과거의 연구들은 유해매체물이 청소년에게 미치는 악영향을 조사하거나 청소년의 성의식과 관련된 연구가 대부분이었다. 그러나 90년대 후반 들어, 청소년의 성적 공간을 실질적으로 연구하고 그들의 목소리를 드러내는 연구들이 진행되고 있다. 본 장에서는 그 가운데서도 최근 급속히 중요한 사회문제로 떠오르고 있는 청소년 성매매를 다룬다.

청소년 성매매는 청소년이 성에 대해 어떤 생각을 가지고 있으며, 어떤 경험을 하고 어떻게 행동하는가에 대해 축약적으로 보여줄 수 있는 대표적인 청소년 성문제이다. 그러나 아직도 청소년 성매매에 대한 우리의 이해 수준은 상대적으로 낮다.

청소년 성매매를 살펴보기 위해 먼저 청소년 성매매의 개념과 중요성에 대해 간략히 제시하고, 청소년 성매매의 실태를 살펴보았다. 청소년 성매매를 심층적으로 이해하기 위해서는 청소년 성매매에 영향을 미치는 요인을 살펴보는 것도 중요하지만, 청소년이 성매매에 유입되어 중단하기까지의 과정을 탐색할 수 있어야 한다. 이에 청소년 성매매의 원인을 포함하여, 청소년 성매매의 유입과정, 성매매 중단, 탈성매매까지의 맥락을 살펴보았다. 마지막으로 청소년 성매매 해결을 위한 제언을 포함하여 요약을 제시하였다.

1. 청소년 성매매의 개념과 중요성[1)]

1) 청소년 성매매의 개념

청소년 성매매의 개념은 「아동·청소년의 성보호에 관한 법률」에 근거한다. 이 법에서는 성매매라는 용어 대신 '아동·청소년의 성을 사는 행위'라는 용어를 사용하고 있다. 여기서 "아동·청소년"이란 19세 미만의 자를 말하고, "아동·청소년의 성을 사는 행위"란 아동·청소년, 아동·청소년의 성(性)을 사는 행위를 알선한 자 또는 아동·청소년을 실질적으로 보호·감독하는 자 등에게 금품이나 그 밖의 재산상 이익, 직무·편의제공 등 대가를 제공하거나 약속하고, 성교 행위, 구강·항문 등 신체의 일부나 도구를 이용한 유사 성교 행위, 신체의 전부 또는 일부를 접촉·노출하는 행위로서 일반인의 성적 수치심이나 혐오감을 일으키는 행위, 자위행위 등의 어느 하나에 해당하는 행위를 아동·청소년을 대상으로 하거나 아동·청소년으로 하여금 하게 하는 것을 말한다(제2조제4호).

반면, 국외에서는 청소년 성매매라는 용어 대신 성착취(sexual exploitation)라는 용어를 사용하고 있다. 미국의 경우 Safe Harbour법을 제정한 주를 중심으로 이러한 용어를 사용하고 있으며, 영국은 2009년 교육부 자료를 통해 공식화되었으며, 2015년에는 중범죄법(Serious Crime Act)을 개정하면서 모든 제정법에서 아동 성매매가 아닌 아동 성착취라는 용어로 변경할 것을 명시하였다.

1989년 11월 20일 유엔총회에서 채택되고 한국에서 비준한 아동권리협약(Conventions on the Rights of the Child) 제34조를 살펴보면, 청소년 성매매를 성적 착취로 규정하고, 국가는 성적 착취와 성적 학대로부터 아동을 보호할 의무를 진다고 규정하고 있다.

---

1) 본 장의 일부분은 필자가 책임연구원으로 참여한 한국여성인권진흥원의 '가출청소년 유입예방 및 지원방안 Ⅰ: 가출청소년의 성매매유입과정' 및 여성가족부의 '2018년 아동·청소년 성매매의 특성분석 및 종합적 지원방안 연구'를 바탕으로 한 것임.

〈유엔 아동권리협약 제34조〉

당사국은 모든 형태의 성착취와 성학대로부터 아동을 보호할 의무를 진다. 이 목적을 달성하기 위해 당사국은 특히 다음의 사항을 방지하기 위해 적절한 국내적 · 양국 간 · 다국 간 조치를 모두 취해야 한다.
가. 아동을 위법한 성적 활동에 종사하도록 유인하거나 강요하는 행위
나. 아동을 성매매나 기타 위법한 성적 활동에 착취적으로 이용하는 행위
다. 아동을 외설스러운 공연 및 자료에 착취적으로 이용하는 행위

유엔 아동권리협약이 조약으로서 국내법과 동일한 효력을 가지고 있다는 점을 고려해본다면, 현재 사용되고 있는 청소년 성매매의 개념에 대한 변경 논의가 적극적으로 이루어져야 한다.

2) 청소년 성매매의 중요성

1990년대 후반 '원조교제[2]'가 사회적 이슈가 된 이래, 청소년 성매매는 일시적인 현상이 아닌 사회현상의 한 부분으로 간주되고 있다. 이처럼 한국 사회에서 한 부분으로 자리 잡은 청소년 성매매는 과거와는 다른 성격적 변화를 경험하고 있으며 위험성은 확장되고 있다.

최근에는 인터넷과 스마트폰 채팅 애플리케이션을 통한 청소년 대상 성매매의 증가는 기존 성산업구조에 중요한 유입경로로 기능하고 있으며, 인터넷과 스마트폰의 일상화는 성매매 유입 초기연령을 낮추는 데 기여하고 있다.[3] 미

2) 원조교제라는 것은 일본에서 유래한 것으로 기존의 성매매와는 달리 매개가 되는 업소가 없이 독자적인 방식을 통해서 청소년들이 자신의 성을 성인에게 제공하고 그 대가로 금전이나 옷 등의 선물을 받는 것을 말함(김준호 외, 2009).

3) 아동 · 청소년 대상 성매매 강요 · 알선 범죄는 사회관계망서비스(SNS), 스마트폰 어플리케이션 등 정보통신매체를 이용한 비율이 높았으며, 가해 및 피해자의 평균연령이 낮은 특성을 보였음. 성매매 알선: 가해자('15년 22.9세→'16년 21.9세) /피해자('15년 15.3세→'16년 15.8세)(윤덕경 외, 2017).

국무부는 새로운 기술이 아동 대상의 온라인 성착취를 조장하며 모바일기기 또한 가해자가 아동을 성적으로 착취할 수 있는 진화된 수단을 제공하고 있다고 지적하고 있으며,[4] 호주는 아동 성착취 법률 법안 2019(Combatting Child Sexual Exploitation Legislation Amendment Bill 2019) 제정을 통해 기술발전에 따른 아동 성착취 문제에 대한 적극적 대응을 하고 있다. 2015년 3월 관악구 14세 청소년성매매 피해자 살해사건, 2017년 10월 성매수자에 의한 후천성면역 결핍증(AIDS) 감염 등과 같은 사건은 오늘날 한국 청소년성매매 현장의 위험성과 열악한 상황들을 전형적으로 드러내고 있다. 이처럼 한국 사회의 폭력과 성착취는 아동과 청소년이라는 가장 열악한 대상에 향해 있지만, 청소년 성매매에 대한 대책은 미비하고, 청소년 성매매에 대한 오해는 여전하다.

청소년 성매매에 대한 올바른 이해와 변화된 환경에 대한 인식을 통해, 사회적 책임으로서의 청소년 성매매 방지에 기여해야 할 것이다.

2. 청소년 성매매의 실태[5]

1) 청소년 성매매의 출현과 확산

한국에서 청소년 성매매가 처음으로 문제시되기 시작한 것은 1997년 8월경 시사프로그램인 모 방송국의 "그것이 알고 싶다"에서 무분별하게 일본문화를 흉내 내는 청소년들에 대해 방송하면서부터이다. 1년 후 1998년 6월에는 또 다른 시사프로그램인 "PD수첩"에서 본격적으로 한국 청소년의 "청소년 성매매"

4) Department of State(2017). 2017 Trafficking in Persons Reports: Online Sexual Exploitation of Children: An Alarming Trend. Retrieved from https://www.state.gov/j/tip/rls/fs/2017/272010.htm

5) 본 장의 일부분은 필자가 책임연구원으로 참여한 한국여성인권진흥원 '가출청소년 성매매 유입예방 및 지원방안' 및 여성가족부의 '2018년 아동·청소년 성매매의 특성분석 및 종합적 지원방안 연구'를 바탕으로 한 것임.

를 다루었다. 이 당시만 해도 한국에서 청소년 성매매는 크게 문제시되지 않을 정도로 미미한 수준에 머무르고 있었다(김준호 외, 2009). 따라서 시청자들의 반응은 뜻밖에 별로 심각하지 않은 문제를 과대포장해서 보도하는 언론매체의 선정주의에 대한 비판을 불러일으켰다. 하지만 이 당시 청소년 성매매가 소리 없이 퍼지기 시작했다는 언론보도는 지금 돌이켜보면 상당히 설득력 있게 들린다.

최근에는 인터넷과 스마트폰 채팅 애플리케이션이 청소년 성매매의 주요 통로로 작용하고 있으며, 청소년 성매매의 확산이 빠르게 진행되고 있다. 또한 성매매에 유입되는 청소년의 연령이 낮아지고 있다. 정혜원(2011b) 조사 결과 평균 15.7세, 정현미 외(2016) 조사 결과 14세에서부터 16세(57.8%)로 나타났다. 그 외 이유진 외(2013) 연구에서는 가출팸과 또래포주의 등장을 통한 성매매의 조직화 경향을 지적하고 있으며, 정현미 외(2016) 연구에서도 범죄 조직에 의한 알선이 조직적으로 개입되는 경향을 언급하였다. 성매매피해청소년들은 위기청소년들 가운데에서도 가정, 학교, 지역사회에서 소외되어 있었으며, 성폭력이나 가출경험이 높았다.

2) 청소년 성매매의 현황

한국 사회에서 얼마나 많은 청소년 성매매 범죄가 일어나고 있을까? 관련 전문가 및 활동가는 물론 일반 시민들 모두 궁금해하는 정보라고 할 수 있다. 청소년 성매매 범죄의 수준은 공식 통계와 피해자 조사(victim survey) 등으로 추정할 수 있다.

청소년 성매매 범죄의 공식 통계로는 경찰청에서 제공되는 청소년 성매매 범죄 검거건수와 검거인원과 신상정보등록대상자[6](아동·청소년 대상 강간,

6) 신상정보 등록제도는 성범죄자의 신상정보를 주기적으로 등록, 관리함으로써 성범죄를 예방하고 관련 정보를 수사에 활용하도록 하려는 데 목적이 있다. 신상정보 등록제도의 연혁을 보면, 2000년 「청소년의 성보호에 관한 법률」(2009.6.9. 전부개정, 2010.1.1. 시행으로 「아동·청소년의 성보호에 관한 법률」로 법률명칭 개정) 제정 당시 계도문 작성 형식의

강제추행, 성매수, 성매수 강요·알선, 음란물 제작 등으로 유죄 판결이 확정된 범죄자 전원)에 대한 판결문자료가 있다. 그러나 청소년 성매매 범죄 검거건수나 판결문자료는 아동·청소년 대상 성매매 범죄의 규모나 수준을 엄밀하게 보여 주는 자료는 아니다.

검거건수 및 판결문자료와 같은 공식 통계의 문제는 그동안 많은 학자들에 의해 지적되어왔다. 이들에 의하면 공식 통계는 사회에서 실제 발생하는 범죄의 수준을 부정확하고 불완전하게 반영한다는 것이다(이순래 외, 2011). 더욱이 청소년 성매매 범죄는 숨은 범죄(Hidden Crime)와 형사사법기관에 보고되지 않는 범죄(Unreported Crime)로 인해 공식 통계로 측정할 경우 실제 발생하는 범죄의 수준을 불완전하게 반영할 가능성이 매우 높은 범죄이다.

대부분의 다른 범죄들은 피해자나 목격자와 같은 다른 사람들의 신고를 통해서 발견되고 집계된다. 피해자들은 침입절도, 강도, 폭행, 소매치기 등의 범죄들을 경찰에 신고하며 목격자들 또한 경찰에 신고를 한다. 하지만 청소년 성매매

신상공개제도가 도입되었고(2000.2.3. 제정, 2000.7.1. 시행), 2006년 이후 신상정보 등록·열람제도(2005.12.20. 개정, 2006.6.30. 시행)로, 2010년 이후 신상정보의 등록·인터넷 공개제도(2010.4.15. 개정 및 시행)로 바뀌면서 제도가 보다 정교해지고 있다고 할 수 있다. 또한 국가 청소년위원회의 결정에 따라 계도문을 작성하던 방식에서 2010년 이후는 법원선고에 의한 신상정보 등록 및 열람제도로 바뀌었다(2009.6.9. 전부개정, 2010.1.1. 시행). 2012년부터는 아동·청소년 대상 성범죄자 이외에 성인 대상 성범죄자의 신상정보를 등록, 공개하고 있으며(「성폭력범죄의 처벌 등에 관한 특례법」 2010.4.15. 제정, 2011.4.16. 시행), 2013년부터는 아동·청소년 대상과 성인 대상으로 나누어져 있던 신상공개 관리업무를 일원화하면서, 등록업무는 범죄자 관리를 담당하고 있는 법무부가, 공개·고지업무는 성폭력 예방업무를 담당하는 여성가족부가 맡기로 하였다(「아동·청소년의 성보호에 관한 법률」 2012.12.18. 전부개정, 2013.6.19. 시행). 신상정보 등록과 관련하여 2013년부터 크게 변경된 부분은 신상정보 등록대상자가 자신의 사진을 가져가서 등록하는 것이 아니라 경찰서·교정시설에서 직접 사진을 촬영하고, 등록일로부터 1년마다 관할 경찰서에 출석하여 컬러사진을 촬영하여 저장·보관하도록 한다(「성폭력범죄의 처벌 등에 관한 특례법」 제43조 제4항, 2012.12.18. 전부개정, 2013.6.19. 시행)는 것이다. 2016년 법 개정은 2015년 헌법재판소의 헌법 불합치 결정(헌재 2015.7.30. 2014헌마340)에 따른 것으로 신상정보 등록기간의 차등화와 등록면제를 주요내용으로 한다(「성폭력범죄의 처벌 등에 관한 특례법」 제42조, 제45조 개정, 제45조의 2, 3 신설, 2016.12.20. 일부개정, 2016.12.20. 시행)

범죄의 경우에는 피해자나 목격자가 경찰에 신고를 하지 않기 때문에 검거인원만으로는 청소년 성매매 범죄의 수준을 파악하기 어렵다.

이러한 공식 통계의 문제를 보완하는 조사인 피해자 조사가 있다. 피해자 조사란 사람들에게 청소년 성매매 피해자가 된 적이 있는지를 묻는 조사이다. 하지만 현재 한국 사회에서 청소년 성매매 범죄를 파악할 수 있는 피해자 조사는 전무하다. 일반화하기는 어렵지만, 성매매피해청소년의 현재의 성매매실태 및 경향성 정도를 유추할 수 있는 조사들은 일부 존재한다.

현재 한국 사회의 실제 청소년 성매매의 수준을 엄밀하게 측정할 수 있는 자료들은 미흡한 상황이다. 그러므로 이 연구에서는 경찰청에서 제공되는 청소년 성매매 범죄 검거건수 및 검거인원과 신상정보등록대상자(청소년 대상 강간, 강제추행, 성매수, 성매수 강요·알선, 음란물 제작 등으로 유죄 판결이 확정된 범죄자 전원)에 대한 판결문자료, 그리고 다양한 기관에서 생산한 관련 설문조사를 통해 다면적으로 청소년 성매매의 수준을 유추해 보고자 한다.

(1) 설문조사에서 나타난 청소년 성매매 실태

2010년부터 청소년 성매매와 관련하여 연구 및 조사를 진행한 기관들을 조사한 뒤, 청소년 성매매의 규모와 수준을 유추할 수 있거나 실태를 보여주는 양적 자료를 제시하고 있는 연구(조사)보고서는 〈표 5-1〉과 같다.[7)]

위의 연구(조사)보고서들과 서울시 보도자료(2012. 9. 24)[8)]에 근거하면 가출청소년 4명 중 1명 정도가 성매매에 유입된다고 할 수 있다. 서울시 보도자료(2012. 9. 24.)에 의하면 불우한 가정환경으로 가출이 아닌 탈출을 하고 있는 가출청소년은 연간 20만 명으로 추정되며, 4명 중 1명꼴로 성매매에 유입되고 있는 실정이라고 한다.

---

7) 〈표 5-1〉의 연구결과는 기관을 중심으로 추출한 자료이기 때문에, 인용 시에는 책임연구원이 아닌 발간기관을 중심으로 출처를 표시하고자 함.

8) 서울시, '가출 청소녀 성매매 방지 특별대책' 마련 보도자료(2012.9.24.)

이러한 결과는 한국여성인권진흥원(2011b)의 조사 결과에서도 유사하다. 한국여성인권진흥원(2011b)에 의하면, 가출경험이 있는 375명 가운데 25.6%인 96명이 성매매를 경험하였다. 또한 가출십대여성 175명을 분석한 서울시(2012) 조사에서도 성매매경험률이 25.1%로 나타났고, 또 다른 서울시(2015) 조사에서는 18.3% 정도의 수치가 나타났다. 2017년 한해 학교 밖 여자 청소년 인구 추정치[9]가 269,610명을 '위기 혹은 가출 청소년'으로 가정할 때, 한 해 성매매피해 청소년의 규모는 생각하는 것 이상일 수 있다.

또한 여성가족부(2012)의 청소년 유해환경 접촉 실태조사를 살펴보면, 조건만남을 제안받은 경험이 있는 청소년은 2.1%로 나타났고, 여기서 실제 성매매로 연결되었다고 응답한 비율은 58.3%로 나타나 조건만남을 제안받은 경우 실제 성매매로 연결되는 비중이 높았다.

〈표 5-1〉 청소년 성매매 관련 설문조사

구분	가출청소년 성매매 유입예방 및 지원방안 II (정혜원, 2011b)	청소년유해환경 접촉종합실태조사 (여성가족부, 2012)	십대여성의 가출과 폭력피해실태 (변혜정 외, 2012)	가출여자청소년 공간이용 및 폭력피해실태 (윤혜린 외, 2015)	아동 · 청소년 성매매 환경 및 인권실태조사 (정현미 외, 2016)
발간 기관	한국여성인권 진흥원	여성가족부	서울시	서울시	국가인권위원회
조사 대상	-일반 여자 청소년(비례규모확률표집, 600명) -가출 여자 청소년(할당표집, 400명)	-전국 중고등 학교에 재학중인 19세 미만남녀청소년 -중학생 75000명, 고등학생 75000명 대상	-서울시 및 경기지역 쉼터 총 25개소 거주하는 가출 10대여성 208명(179부 분석)	-서울 및 수도권에 소재한 가출청소년 보호 시설과 성매매피해청소년지원시설	아동 · 청소년: (응답자)103명

9) 2017년 학교 밖 여자청소년 인구 추정치는 간접추정방식으로 측정함. 간접추정방식은 행정자료를 활용하는 방식임. 청소년 해당인구추정치(추계 인구 혹은 주민등록인구)에서 학생인구를 뺀 청소년의 수로 측정됨.

구분	가출청소년 성매매 유입예방 및 지원방안 II (정혜원, 2011b)	청소년유해환경 접촉종합실태조사 (여성가족부, 2012)	십대여성의 가출과 폭력피해실태 (변혜정 외, 2012)	가출여자청소년 공간이용 및 폭력피해실태 (윤혜린 외, 2015)	아동 · 청소년 성매매 환경 및 인권실태조사 (정현미 외, 2016)
	총 1000부(최종 분석대상 970부)	− 비교집단: 초등학생 1500명, 위기청소년 15000명 추가표집		입소자 및 비입소자(만 19세 이하) 218명 − 입소자 106명, 비입소자 112명	
조사 방법	자기기입식 설문조사	자기기입식 설문조사	자기기입식 설문조사	자기기입식 설문조사	자기기입식 설문조사
조사 내용	− 인구사회학적 요인, 개인 및 학교, 가족요인, 성적 피해경험, 가출경험 등	− 유해환경 접촉 경험, 성 관련 행동 경험 등	− 가출경험, 가족요인, 성경험, 쉼터 경험 등	− 인구학적 특성, 가족, 가출 후 공간이용, 폭력피해 실태, 가출 관련 인식	− 인구사회적 특성

자료 출처: 정혜원 외(2018), '2018년 아동 · 청소년 성매매의 특성분석 및 종합적 지원방안 연구', 여성가족부

향후 아동 · 청소년성매매범죄의 규모 등과 관련해서 주목해야 할 지표는 가출청소년의 발생이다. 실제로 청소년 성매매의 경우, 가출과 성매매는 매우 밀접한 관련이 있다. 한국여성인권진흥원(2011b)의 조사 결과, 성매매경험이 있는 집단이 성매매경험이 없는 집단보다 가출경험이 많았고 가출기간이 길었다. 이유진 외(2013)의 성매매 요인 조사 결과에서는 가출로 인한 빈곤과 생계비 마련이 가장 큰 요인으로 나타났으며, 국가인권위원회(2016)의 조사에서 '성매매가 가출 후에 이루어졌는가'에 대해서 절반 이상(61.2%)이 '그렇다'고 응답하였다. 가출청소년의 증가는 성매매청소년의 증가와 비례한다고 할 수 있다.

최근 5년간(2013~2017) 실종아동 신고접수를 아동인구로 나누어서 살펴보면, 실종아동의 비율은 미미하지만 증가하고 있으며,[10] 이러한 증가는 가출 및 성매

매 청소년의 증가와 연동해서 생각해볼 수 있다. 실종아동신고와 관련해서 주목해야 할 점은 최근 5년간(2013~2017) 지적장애인 실종 신고건수가 증가하고 있다는 것이다.

(2) 공식적 통계로 본 청소년 성매매 현황

공식 통계는 형사사법체계가 처리한 범죄의 실태를 보여주는 자료이다. 경찰청자료의 경우에는 단순히 경찰의 단속에 포착된 성매매청소년의 규모를 보여줄 뿐이다. 사실 거의 대부분을 차지한다고 할 수 있는 경찰의 단속에 포착되지 않은 성매매피해청소년의 규모는 집계되고 있지 않다.

여기서 경찰청의 검거건수 등의 자료를 살펴보는 이유는 성매매피해청소년의 규모를 추정하려고 하는 것이 아니라 시계열적 비교를 통해 청소년성매매의 추이 등 경향을 살펴보고, 가해자들이 어떻게 처리되고 있는지를 살펴보기 위해서이다.

이에 최근 5년간 청소년 성매매 검거현황을 살펴보면, 2015년 287건, 2016년 388건, 2017년 656건, 2018년 317건, 2019년 277건으로 청소년 성매매 검거가 증가세를 보이다가 감소하고 있다. 청소년 성매매 검거인원 중에서 구속된 비율을 살펴보면, 2015년 11.1%, 2016년 13.2%, 2017년 9.8%, 2018년 12.4%, 2019년 7.0%로 증감을 반복하고 있다.

---

10) http://www.index.go.kr/potal/main/EachDtlPageDetail.do?idx_cd=1610 2018.9.14. 검색.

〈표 5-2〉 최근 5년(2015~2019) 청소년 성매매 검거 및 검거조치 현황 (단위: 건수, 명)

연도	검거건수	검거인원	조치	
			구속	불구속
2015	287	710	79	631
2016	388	1021	135	886
2017	656	1,101	108	993
2018	317	691	86	605
2019	277	711	50	661
계	1,925	4,234	458	3,776

자료: 경찰청 내부 자료

최근 5년간 광역자치단체의 청소년 성매매 검거현황을 살펴보면, 2015년에는 서울이 청소년 성매매 검거건수가 136명으로 가장 많이 검거하였고, 그다음으로 경기 남부 90명, 광주 81명으로 나타났다. 2016년에는 서울이 228명으로 가장 많이 청소년 성매매를 검거하였고, 그다음으로 경기 남부 153명, 부산 83명 등의 순으로 나타났다. 2017년에는 경기 남부가 188명으로 가장 많이 검거했고, 그 다음으로는 인천이 134명, 서울이 102명으로 나타났다. 2018년에는 경기 남부가 151명으로 가장 많이 검거하였고 그다음으로는 서울 69명, 부산 62명 순으로 나타났다. 2019년에는 경기 남부가 112명으로 가장 많이 검거하였고, 서울 81명, 부산 60명 순으로 나타났다.

최근 5년 동안 광역자치단체 가운데 청소년 성매매 검거인원이 가장 많은 광역자치단체는 서울특별시, 경기 남부, 부산, 인천광역시이며, 서울의 경우에는 2015년부터 청소년 성매매 검거인원이 2017년까지 증감을 계속하다 감소추세이며, 경기 남부, 부산, 인천광역시는 2015년부터 2017년까지는 증가하다가 2017년부터 감소추세로 변화하고 있다.

〈표 5-3〉 최근 5년(2015~2019) 광역단체 청소년 성매매 검거인원 현황 (단위: 명)

시도	2015	2016	2017	2018	2019
서울	136	228	102	69	81
부산	49	83	92	62	60
대구	18	50	96	32	26
인천	44	62	134	49	46
광주	81	61	69	61	41
대전	19	40	98	30	40
울산	22	35	5	7	35
경기 남부	90	153	188	151	112
경기 북부	30	58	86	28	61
강원	22	20	17	8	71
충북	26	31	24	25	12
충남	34	27	20	31	36
전북	21	49	33	25	23
전남	30	14	37	21	14
경북	30	30	25	46	10
경남	52	80	73	30	32
제주	6	0	2	14	7
세종				2	4
계	710	1,021	1,101	691	711

자료: 경찰청 내부자료

주: 청소년 대상 성매매사범 통계는 아동·청소년의 성보호에 관한 법률 제13조(아동·청소년의 성을 사는 행위), 제14조(아동·청소년에 대한 강요행위), 제15조(알선영업행위)만 적용한 통계임

청소년 대상 성범죄로 신상정보 등록된 범죄자의 통계분석 결과에서 주목할 점은 성매매 알선이다. 성매매 알선은 2014년 39건, 2015년 59건, 2016년 153건으로 나타났다. 성매매 알선은 해마다 증가하고 있으며 2016년에는 2015년에

비해 약 2.6배가 증가하였다. 청소년 대상 성매매 알선 범죄에서 가해자가 동일한 피해자에게 시간의 간격을 두고 1회 이상 지속적으로 피해를 주었는가를 살펴본 결과, 2015년도 78건에서 2016년 148건으로 크게 증가하였다(윤덕경 외, 2017). 성매매 알선 범죄를 저지르면 1회에 그치지 않고 반복하여 범죄를 저지를 가능성이 높음을 알 수 있었다.

이러한 청소년 대상 성매매 알선 범죄는 피해자에 대한 폭행이나 성폭력 등이 함께 이루어지는 경우가 많기 때문에 피해가 심각하다. 그러므로 청소년 대상 성매매 알선 범죄에 대한 면밀한 검토와 적극적인 대처방안이 요구된다. 이어서 청소년 대상 성매매 알선 범죄 가해자의 평균 연령은 19.6세, 2016년 21.9세로 약간 높아졌고, 피해자의 평균 연령은 2015년 15.3세, 2016년 15.8세로 약간 높아졌다. 성매매 알선 범죄 가해자와 피해자의 연령 차이가 많이 나지 않는 것을 알 수 있다. 서구의 몇몇 국가에서는 '러버보이(loverboy)[11] 또는 남자친구 방법(Boyfriend Method)'이라는 새로운 그루밍(grooming) 성착취 방법 때문에 성매매 알선 가해자와 피해자의 연령 차이가 적어지고 있다고 한다. 한국 사회에서도 성매매 알선 범죄 가해자와 피해자의 연령 차이가 좁혀지는 이유에 대한 심도 있는 고찰이 필요하며, 성매매 알선자와 피해자 사이의 '러버보이(loverboy) 또는 남자친구 방법(Boyfriend Method)' 등이 구현되고 있는 것은 아닌지 면밀히 분석해볼 필요가 있다.

11) 러버보이란 소녀들을 사랑(애정) 등으로 꾀어 성매매로 이르도록 하는 남성을 의미함. 네덜란드의 경우 러버보이로 인한 성착취 인신매매가 심각하여 학교에서 인식 제고 프로그램을 운영하고 있으며, 피해자 지원단체(stop loverboy now)에서도 청소년의 탈성매매를 돕기 위한 프로그램을 개발 운영하고 있음(한국여성인권진흥원, 2013)

3. 청소년 성매매의 원인[12)]

청소년 성매매의 원인은 매우 복합적이다. 청소년 성매매와 관련된 기존의 연구들은 청소년 성매매의 원인을 특정하여 설명하기보다는 청소년이 성매매로 유입되는 요인들을 복합적으로 서술하고 있다. 청소년이 성매매로 유입되게 하거나 성매매를 유지하게 하는 요인은 개인요인, 가정요인, 학교요인, 친구요인, 사회문화적 요인의 5개로 구분하여 살펴볼 수 있다.

그들은 첫 번째 청소년 성매매와 관련된 개인요인으로는 발달심리학적 특성, 성 태도, 소비적 · 물질적 욕구지향, 자아존중감을, 두 번째 가정요인으로는 가정학대, 역기능적 가족, 가출을 제안하고 있다. 세 번째 학교요인으로는 학업성적, 학교의 민주성, 교사에 대한 애착 정도, 학교생활 만족도 등의 요인들을 제안하고 있다. 네 번째는 주변에 비행 친구의 수가 많을수록, 친구에 대한 애착이 높을수록, 비행 가담률이 높을수록 성매매에 영향을 많이 준다고 보고하고 있다. 특히 친구에 대한 애착은 이성과의 성관계, 성매매에 가장 많은 영향을 준다고 보고하고 있다. 다섯 번째로 성매매 문제는 여성의 도덕적 문제에서 야기되는 것이 아니라 이를 조장하고 부추기는 환경의 영향이 절대적이며 특히 우리 사회에 내재되어 있는 사회문화적 요인을 간과해서는 안 된다는 것이다. 즉 우리 사회 전반의 성문화 및 의식체계(이중적 성윤리, 향락문화, 물질만능주의, 성의 상품화), 청소년 하위문화(청소년의 역기능적 성문화와 소비문화), 성산업 업주 및 중간 매개자 집단 등이 성매매 관계를 조장, 강화시키는 체계로 작용하고 있다는 것이다(정혜원, 2011b).

홍봉선과 남미애(2009)의 연구에서는 탈성매매의 보호요인과 위험요인 그리고 재유입청소년의 보호요인 및 위험요인을 개인적 요인, 성매매 관련 요인,

12) 본 장의 일부분은 필자가 책임연구원으로 참여한 여성가족부 '2018 아동 · 청소년 성매매의 특성 분석 및 종합적 지원방안 연구'와 한국여성인권진흥원 '가출청소년 유입예방 및 지원방안 II: 가출청소년 성매매에 영향을 미치는 위험요인 및 보호요인'을 바탕으로 한 것임.

관계적 요인, 시설요인으로 나누어서 제안하고 있다.

〈표 5-4〉 보호요인과 위험요인

구분	탈성매매		재유입	
	보호요인	위험요인	보호요인	위험요인
개인적 요인	• 미래에 대한 희망 • 인내심 • 학교졸업에 대한 의지 • 직업의 유지	• 충동성 • 학교중퇴 • 빈곤문제 • 가출해서 생활비가 없을 때 • 어린 시절부터 다중위험에 노출됨 • 적절한 놀이 및 스트레스 해소방법 모름 • 적절한 아르바이트 찾지 못함	• 자신에 대한 열망 • 성숙 • 자신을 버티고 지탱하는 힘 • 한 번의 성공경험	• 돈을 쉽게 벌려는 생각 • 돈과 자유, 놀이에 대한 향수 • 정신건강상의 어려움 • 무력감과 미래에 대한 준비 없음
성매매 관련 요인	• 성에 대한 허용성 낮음 • 성행동에 대한 통제력 높음 • 성매매에 대한 긍정적 기대 낮음 • 성매매횟수 적음 • 첫 성매매 나이가 많음	• 성에 대한 허용성 높음 • 성행동에 대한 통제력 낮음 • 성매매에 대한 긍정적 기대 높음 • 성매매 횟수 많음 • 첫 성매매 나이가 적음 • 성매매 초기 단계에 적절한 외부 도움 받지 못함	• 성매매 기간 및 횟수가 적음 • 성매매로 인한 임신, 성병, 폭력 등 심각한 위기 경험함	• 성매매 지속기간 길 • 인터넷상의 무차별적 유혹 • 성매매에 대한 긍정적 기대 높음
관계적 요인	• 사회적 지지(시설친구, 남자친구, 실무자)	• 잦은 친구들의 유혹 • 가출 시 성매매 경험 있는 또래 만남 • 도움도 주면서 이용하고 착취하는	• 적절한 순간에 적절한 사람과의 만남 • 가족문제에 휘둘리지 않고 적절한 분리와 관계유지	• 빈약한 사회적 관계로 인해 위험한 사회적 관계라도 유지하고자 함 • 주변의 낙인

구분	탈성매매		재유입	
	보호요인	위험요인	보호요인	위험요인
		또래 및 주변 사람과의 관계유지	• 주변의 긍정적 시선과 기다려주기	• 부정적인 가족관계의 유지
시설요인	• 시설에서의 적절한 통제(외출조절) • 심리적 안식처로서의 쉼터 • 자신에게 맞는 쉼터 및 실무자 발견 • 실무자 측의 심리적 여유와 인내 • 사법처리과정에 도움 줄 때 • 자립을 위한 지원금 제공	• 시설과의 초기 신뢰관계 구축 못하고 이탈됨 • 시설에 대한 정보 부족 • 시설에의 접근성 낮음	• 적절한 순간에 시설에 입소 • 반복적, 지속적 교육과 지원 • 여성주의적 시각에서 자기 삶 보기 • 심리적 지지자의 역할 • 시설생활로 인한 성매매 위험 차단	• 자신에게 맞는 시설 찾지 못함 • 시설생활이 잘 맞지 않음 • 안정적이지 못한 시설분위기

자료 출처: 홍봉선・남미애(2009), 성매수 피해청소년의 현황과 사회적 지원체계 점검, 보건복지가족부. 재구성

또한 이선희(2009)는 여자 가출 청소년의 성매매경험 유무에 영향을 미치는 요인에 대해 연구하였다. 그 결과 부정적 노동경험, 성매매경험이 있는 또래, 또래의 지지가 성매매경험에 영향을 미치는 것으로 나타났다. 또한 성매매경험이 있는 청소년과 성매매 경험이 없는 청소년들의 경우에 범죄피해, 부정적 노동경험 등과 같은 위험요인과 영적 안녕(종교), 또래의 지지 등과 같은 보호요인들에서 차이가 있다는 것을 확인하였다.

여성가족부(2010)의 성매매 피해 청소년 교육프로그램 개정연구에 의하면 탈성매매의 보호요인으로는 자기행동에 대한 자각과 탈성매매 사고 경향, 미래에 대한 꿈과 계획, 사회적 지지를 제시하고 있으며, 탈성매매의 위험요인으로는 성에 대한 높은 허용성과 성매매에 대한 가치의 둔감화, 미래에 대한 부정적 기대와 부정적 자기상, 사회적 낙인, 사회적 지지체계의 결여, 손쉬운 고소득에

대한 환상과 성매매 재유입요인 용이성을 제시하고 있다.

청소년 성매매의 원인은 매우 복합적이다. 그러므로 어떤 요인들을 단정적으로 논의하기보다는 성매매유입과정에서부터 벗어나는 전 과정을 탐색하는 것이 청소년 성매매를 이해하는 데 용이하다. 정혜원 외(2018) 연구에서는 성매매피해청소년의 경험을 성매매유입, 성매매와 교차하는 일상생활, 성매매 중단과 탈출로 구분하여 살펴보고 있다([그림 5-1]).

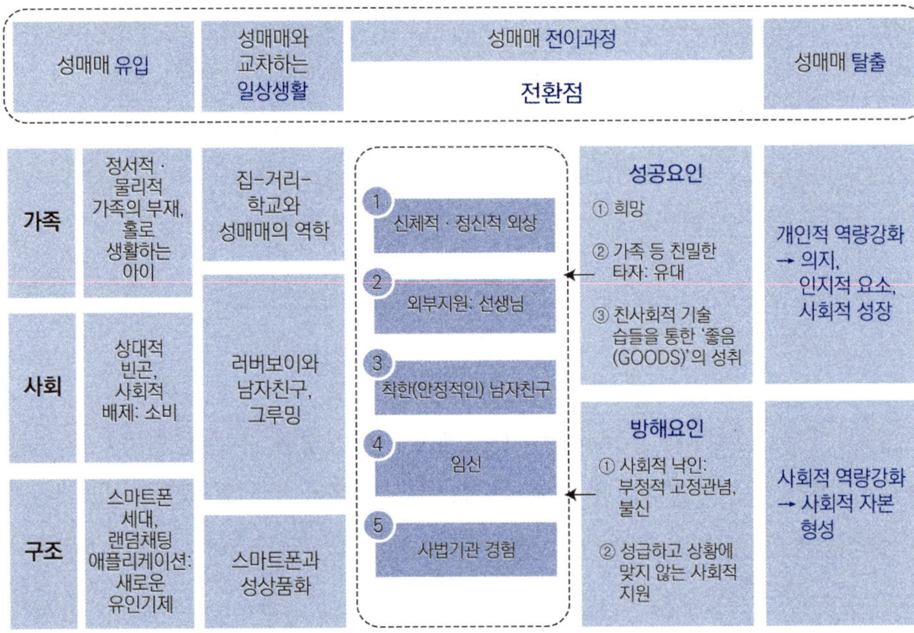

[그림 5-1] 성매매피해청소년의 경험 분석 결과

자료 출처: 정혜원 외(2018), '2018년 아동·청소년 성매매의 특성분석 및 종합적 지원방안 연구', 여성가족부

첫째, 청소년 성매매 유입과정에서 가장 중요한 요인은 가족의 방임과 학대, 빈곤으로 인한 사회적 배제, 기술발달에 따른 온라인 환경이다. 성매매피해청소년들의 가족은 존재하지만 부재하였고, 그 과정에서 그들은 거리에서, 거리와

가정의 경계에서 생활하며, '누군가의 사랑'을 갈망하고 있다. 성매매피해청소년들이 러버보이 혹은 남자친구 방식 등 그루밍에 의해 성매매에 유입되는 여러 가지 이유 중 하나는 성매매피해청소년들이 원가족으로부터 받지 못한 '사랑'에 대한 갈망이며, 관계중심적 성향 때문이었다.

또한 스마트폰 환경은 여성 청소년들이 성매매로 유입되는 데 적극적인 역할을 하고 있었다. 스마트폰 환경은 청소년에게 '돈' 혹은 왜곡된 '애정'을 공급하며, 성매매로 적극 유입하는 기제로 작용하고 있었다. 과거의 인터넷 등 채팅은 청소년을 단순 유인하거나 성매매로 진입하는 쉬운 기회 정도였다면, 현재의 스마트폰 기반의 랜덤채팅 앱 등은 청소년을 적극적 유인시키고 있어, 그 피해가 크다.

둘째, 성매매피해청소년들의 일상생활은 끊임없이 성매매와 교차하여, 순환적으로 움직이고 있었다. 정현미 외(2016)에 의하면, 성매매가 가출 후에 이루어졌는가에 대해서 절반 이상인 61.2%가 '그렇다'고 응답했으며, 가출과 상관없이 이루어졌다는 응답은 38.8%로 나타났다. 실제로 성매매피해청소년들 가운데 일부는 가출 상태가 아닌 가정에서 성매매로 유입되고 있었다. 기존의 청소년 성매매 방지정책은 '가출－거리생활－성매매'로 이어지는 단선적인 구조를 기반으로 형성되어 있었으며, 한국 성매매피해청소년에 대한 정책은 가출집단이라는 고위험군 중심으로 운영되고 있다. 성매매피해청소년들의 성매매유입과정은 단선적 구조가 아닌 '거리－가정－학교'라는 공간구조에서 다양하고 복합적인 형태로 성매매와 교차하고 있었다. 그러므로 가출집단이라는 고위험군 중심으로 운영되었던 성매매피해청소년 정책 대상을 가정에 거주하고 있거나 학교에서 생활하는 청소년으로 확대가 필요하다. 성매매피해청소년들의 유입과정도 그들의 일상생활과 성매매와의 교차지점들을 중심으로 다양하게 검토할 필요가 있으며, 향후 학교 등과의 적극적인 연계가 필요하다.

셋째, 청소년이 성매매를 중단하게 되는 전환점과 중단 및 재유입을 반복하게 하는 요인들을 살펴보면,[13] 성매매피해청소년들은 '신체적 · 정신적 외상', '외부

지원(선생님 등)', '착한(안정적인) 남자친구', '임신', '사법기관 경험' 등에 의해 성매매중단을 결심하는 것으로 나타났다. 하지만 이러한 성매매중단의 전환점을 경험했다고 하더라도 어떤 청소년들은 성매매를 중단하지 않고, 어떤 청소년은 성매매를 중단하고 성매매로부터 탈출하였다. 이에 청소년들이 탈성매매로 이행할 수 있도록 지지하는 성공요인은 무엇이고, 탈성매매로 이행할 수 없도록 하는 방해요인이 무엇인지를 살펴보았다. 그 결과 성공요인으로는 '희망', '가족 등 친밀한 타자와의 유대', '친사회적 기술 습득을 통한 좋음의 성취'이고, 방해요인으로는 '사회적 낙인(부정적 고정관념, 불신)', '성급하고 상황에 맞지 않는 사회적 지원'으로 나타났다. 이어서 성매매피해청소년들이 조건만남으로부터 벗어나기 위해서는 '의지'가 중요하다. 성매매피해청소년들의 탈성매매에 대한 의지는 '희망', '자기효능감', '성취감', '신념'의 변화와 같은 인지적 요소들이 작용하여 구성된다. 인지적 요소들은 친사회적 습관과 기술을 통해 형성되고, 그 과정에서 성매매피해청소년들은 개인적 역량과 사회적 역량이 강화된다.

성매매피해청소년들의 성매매중단과 전이과정, 성매매탈출과정에서 특히 주목해야 할 점은 성매매피해청소년들의 탈성매매과정이 단계적 구조를 가지고 있지 않다는 것이다. 성매매피해청소년들은 거리와 집의 경계에서 끊임없이 성매매에 유입되고 중단하고 다시 재유입되는 복잡한 순환구조를 지니고 있었다. 그러므로 성매매피해청소년들에 대한 지원은 이용자 중심의 심층적 사례관리가 필요하며, 청소년들이 무엇이 잘못된 것인지에 초점을 맞추거나 미리 짜맞춰진 경로에 따라 적용하는 것은 성매매피해청소년의 특성과는 괴리가 있다. 탈성매매과정은 아이들에게 여행이다. 지원시설은 탈성매매 경로를 따라서 그들의 길을 발견하도록 돕는 지지자일 뿐이며, 그 여행의 주체는 아이들이어야 한다. 성매매피해청소년의 지원은 성매매피해청소년을 주체로서 사고하고, 그

13) 성매매의 유입이나 원인 연구를 통해 여성들이 성매매에 유입되지 않도록 하는 예방도 중요하지만 성매매피해청소년들이 성매매를 중단하지 못하고 지속하게 되는 과정이나 탈성매매하는 과정의 연구를 통해 성매매피해청소년들이 성매매로부터 탈출할 수 있도록 적극적인 지원을 하는 것도 매우 중요하다.

들 스스로 감각을 만들어 더 좋은 삶을 살 수 있게 이끄는 것이다.

넷째, 성매매피해청소년의 삶의 변화에 관심을 가지기 위해서는 일방적인 평가 및 진단을 버리고, 그들과 대화 및 협상을 통한 동의적 방식이 중요하다. 기존의 많은 성매매피해청소년 연구 및 지원대책에서는 그들의 위험요인을 진단하고 결핍된 요소에 초점을 맞춰 프로그램이나 지원이 이루어졌다. 하지만 인간의 삶이란 긍정적인 요인과 부정적인 요인이 공존한다. 이에 성매매피해청소년의 강점, 자원, 좋음을 이끌어내려고 해야 한다. 실제로 연구참여자들은 친사회적 기술을 습득하거나 친밀한 타자와의 유대 등을 통해 성매매 중단을 결심하고 성매매로부터 탈출하였다. 청소년들의 삶 자체로부터 자원을 평가하고 활용해야 하며, 성매매피해청소년의 지원은 청소년들의 삶에 긍정적으로 강화하는 방식으로 지원되고 이루어져야 할 것이다.

다섯째, 성매매피해청소년을 어떤 위치에 놓고 지원을 하느냐가 중요하다. 청소년들은 조건만남에 유입되는 순간에서부터 적응하는 과정, 그 어느 순간에도 조건만남이 그들의 미래를 지배할 것을 가정하지 않는다. 때문에 성인성매매여성에게 나타나는 자기낙인화과정을 덜 경험한다.

그러나 한국 사회는 조건만남을 하는 청소년들은 판단력이 없고, 부도덕하며, 성적으로 문란하다는 고정관념을 형성하고 있었다. 조건만남에 유입된 청소년들 중 어떤 청소년은 판단력이 없을 수도 있고, 또 다른 어떤 청소년은 성적으로 문란할 수 있으며, 부도덕할 수 있다. 그러나 모든 조건만남에 유입된 청소년을 일반화하는 것은 낙인이며 차별이다. 이러한 사회적 낙인과 차별은 조건만남에 유입된 청소년들에게 '고정관념'을 내재화하라고 강요하고 청소년들에게 조건만남의 모든 책임이 그들에게 있다고 강요한다. 사회는 청소년에게 조건만남이 성착취이고 그들이 상업적 성착취(commercial sexual exploitation) 피해자임을 이야기해주지 않는다. 이러한 사회적 낙인은 청소년에게 부정적 고정관념을 형성하고, 어른들을 불신하게 만들며, 성매매피해청소년들이 성매매를 탈출하지 못하게 만드는 방해요인이었다.

4. 청소년 성매매 관련 법률 및 정책 현황[14)]

미국의 경우 미성년자의 성매매와 관련하여 미국에서 미성년자를 성매매를 한 범죄자로 처벌하지 않는 Safe Harbor 법(면책법)[15)]을 적용하고 있다. 성매매의 대상이 된 청소년을 피해자로 규정하게 된 것은 2000년에 연방법인 "인신매매 피해자 보호법(Trafficking Victims Protection Act)"의 제정이다(Sharedhope, 2016). 동 법에서는 "18세 이하의 상업적 성매매는 어떠한 강압의 형태가 관여되었는지의 여부에 상관없이, 인신매매로 정의된다"라고 규정하고 있어서, 당사자의 자발과 비자발, 강압의 여부에 상관없이 18세 이하의 미성년자는 인신매매 피해자로 규정되어 처벌이 아닌 피해자 지원을 받을 수 있다(Dysart, 2014).

영국에서는 2010년과 2012년에 조직적인 규모의 아동 성착취 사건이 발생했으며, 성착취 아동을 지원하는 단체인 Safeline[16)]은 영국 아동청소년 20명 중의 1명이 성적인 학대를 당하고 있다고 주장하고 있는 만큼, 아동 성착취에 대한 국가적 우려가 큰 상황에 있다. 현재 영국의 모든 관련법에서 아동 성매매(child prostitution)라는 용어를 아동 성착취(child sexual exploitation)라는 용어로 대체하였으며, 아동의 성을 산 사람에 대해서는 강력한 처벌을 하는 법을 제정하고, 성착취 피해 아동은 도움이 필요한 아동(children in need)으로 분류하여 아동법(Children Act)에 의거해 보호와 지원체계를 구축하였다(Department for Education, 2017). 특히 아동청소년의 생활의 일부분인 사이버를 통한 성착취가

14) 본 장의 일부분은 필자가 책임연구원으로 참여한 여성가족부 '2018 아동・청소년 성매매의 특성 분석 및 종합적 지원방안 연구에서 발췌 정리함.

15) 세이프 하버(Safe Harbor)는 주어진 규칙을 위반하지 않았다고 여겨지는 특정한 행동을 규정하는 법으로서, 특정 상황에서 또는 특정 조건이 충족되는 경우 책임 또는 형벌로부터 보호받을 수 있는 법률 또는 규정의 조항이다. 때로는 "선의"가 입증되면 책임이 면제되기도 한다. 환경법, 저작권법, 성매매 법에 관련된 사항들이 세이프 하버로 적용되는 법들이다(출처: https://ko.routestofinance.com/).

16) safeline 홈페이지 참조
https://www.safeline.org.uk/what-we-do/young-people/

심각함에 따라 온라인 아동 성착취 센터가 설립되어 적극적인 예방활동과 피해자 발굴 및 지원을 제공하고 있다.

이러한 일련의 발전을 연도별로 살펴보면, 첫 시작은 1998년에 제정된 "범죄와 무질서법 1998(Crime and Disorder Act)"이라고 할 수 있다. 본 법에 의거해서 성매매에 연루된 18세 이하의 미성년자에게는 경고(caution)가 주어지지 않게 되었다(Department of Health, 2000). 이후 2003년에는 "성범죄법(Sexual Offence Act)"을 제정하여 16세 미만의 아동청소년을 성매매에 이용하거나 성적인 행동을 하게 하는 경우 등을 학대로 규정하고 강력한 처벌을 할 수 있도록 하였다(Department for Education, 2017).

아동청소년들의 인터넷 사용이 증가하게 되자 사이버 공간을 통한 아동청소년에 대한 성착취 문제가 심각하게 대두되었으며 이를 근절하고 예방하기 위해 2006년에는 "아동착취와 온라인 보호센터(Child Exploitation and Online Protection Centre, CEOP)"가 설립되었다.

영국 내에서 공식 문건상에서 아동 성착취(children sexual exploitation, CSE)라는 용어를 처음 사용한 것은 아동에 대한 보호지침을 발행하는 교육부의 2009년 지침서이다(Gladman & Heal 2017). 교육부는 그간 사용했던 "성매매에 연루된 아동(children involved in prostitution)"이라는 용어 대신 성착취라는 용어를 사용하여 "아동청소년의 성착취 보호(Safeguarding Children and Young People from Sexual Exploitation)"를 발간한 후 가장 최근인 2017년도 개정판에서도 동일한 용어를 사용하였다. 이는 아동은 성관계를 가지는 것에 동의할 수 없고 대신 성착취 당하고 있을 뿐이라는 입장을 대외적으로 표명한 것으로 평가받았다(Gladman & Heal 2017).

2012년 잉글랜드 아동 위원회(Office of the Children's Commissioner for England)는 정부가 모든 제정법과 지침을 검토해서 아동 성매매라는 단어를 아동 성착취로 바꾸도록 권고했다. 여전히 단어가 사용되는 점을 2014년에 국회의원들이 지적하였다(Home Office, 2015). 2013년에는 내무부 위원회(Home

Affair Committee)가 "아동 성착취와 지역화된 그루밍(Child sexual exploitation and the response to localised grooming)" 보고서를 통해 성인이 아동을 길들이고 친밀감을 형성해서 궁극적으로는 성적인 행동과 관계를 이끄는 이른바 "그루밍(grooming)"의 문제점을 지적하고 이러한 개념을 법에 도입할 것을 권고하였다(Home Affair, 2013). 가장 최근인 2015년에는 중범죄법(Serious Crime Act)이 개정되면서 아동 성매매와 아동 포르노(child prostitution and pornography)라는 용어를 모든 제정법에서 아동 성착취(Child exploitation)로 변경할 것을 수정조항으로 만들었다(Home Office, 2015).

〈표 5-5〉 영국의 아동 성착취 대응 관련 변화

	연도	법명	내용
1	1998년	범죄와 무질서법 (Crime and Disorder Act)	성매매에 연루된 18세 이하 미성년자에게 경고(caution)가 주어지지 않음
2	2003년	성 범죄법(Sexual Offence Act)	16세 미만 아동청소년과의 성행위 등을 학대로 규정하고 강력처벌
3	2006년	Child Exploitation and Online Protection Centre	온라인을 통한 아동청소년 성착취를 근절하기 위해 설립
4	2009년	교육부 아동보호 지침서 용어 변경	아동 성착취라는 용어 사용
5	2010년	로더럼 사건 발생(2014년 보고서 발간)	1997~2013년 사이 1,400명의 피해자 발생
6	2012년	로치데일 사건 발생	2008~2009년 사이 47명의 피해자 발생
7	2012년	아동위원회 용어변경 권고	모든 제정법에서 아동 성착취라는 용어 사용할 것
8	2013년	내무부 위원회 보고서	그루밍 용어 사용 권고
9	2015년	중범죄법(Serious Crime Act) 개정	아동 성매매를 아동 성착취로 용어변경

자료 출처: 정혜원 외(2018), '2018년 아동 · 청소년 성매매의 특성분석 및 종합적 지원방안 연구', 여성가족부

미국과 영국이 "성매매에 연루된 아동(children involved in prostitution)"이

라는 용어 대신 성착취라는 용어를 사용하여 "아동청소년의 성착취 보호(Safeguarding Children and Young People from Sexual Exploitation)"를 입법화하여 정책을 운영하고 있다면, 한국은 「아동·청소년의 성보호에 관한 법률」에 기반하여 성매매피해아동·청소년 정책을 집행하고 있다. 한국의 아동·청소년 성매매 관련 규정을 살펴보면, 아동·청소년의 특성을 반영하여 아동·청소년 성구매자에 대한 높은 법정형과 피해아동·청소년과 대상아동·청소년 규정을 분리하여 규정하고 있다. 대상아동·청소년에 대해서는 '보호 및 자활을 위하여 처벌하지 아니한다.'라고 규정하면서 소년법에 따라 보호처분을 할 수 있도록 규정되어 있으며, 피해아동·청소년에 대한 보호 및 지원을 함께 다루고 있다.

여기서 "아동·청소년"이란 19세 미만의 자를 말하고, "아동·청소년의 성을 사는 행위"란 아동·청소년, 아동·청소년의 성(性)을 사는 행위를 알선한 자 또는 아동·청소년을 실질적으로 보호·감독하는 자 등에게 금품이나 그 밖의 재산상 이익, 직무·편의제공 등 대가를 제공하거나 약속하고, 성교 행위, 구강·항문 등 신체의 일부나 도구를 이용한 유사 성교 행위, 신체의 전부 또는 일부를 접촉·노출하는 행위로서 일반인의 성적 수치심이나 혐오감을 일으키는 행위, 자위행위를 아동·청소년을 대상으로 하거나 아동·청소년으로 하여금 하게 하는 것을 말한다(제2조 제4호).

「아동·청소년의 성보호에 관한 법률」 제13조 제1항에서 아동·청소년의 성을 사는 행위를 한 자는 1년 이상 10년 이하의 징역 또는 2천만 원 이상 5천만 원 이하의 벌금에 처하고, 제2항에서 아동·청소년의 성을 사기 위하여 아동·청소년을 유인하거나 성을 팔도록 권유한 자는 1년 이하의 징역 또는 1천만 원 이하의 벌금에 처하고 있다. 그리고 제14조에서는 아동·청소년에 대한 강요행위 등을, 제15조에서는 알선영업행위 등에 대해 처벌하고 있다.

「아동·청소년의 성보호에 관한 법률」은 정의규정 제2조 제6호에서 "피해아동·청소년"을 제2호 나목부터 라목까지, 제7조부터 제14조(제13조 제1항의

죄는 제외한다)까지의 죄의 피해자가 된 아동·청소년으로 규정하고, 동조 제7호에서는 "대상아동·청소년"을 제13조 제1항의 죄의 상대방이 된 아동·청소년으로 규정함으로써 "피해아동·청소년"과 "대상 아동·청소년"을 개념상 구분하고 있다.

규정의 내용상 "대상아동·청소년"이란 성매매의 상대방이 된 아동·청소년을 의미하는데, 이들에 대해서는 보호 및 재활을 위하여 처벌하지 않는다고 규정(제38조 제1항)되어 있다. 그러므로 "대상아동·청소년"은 형사처벌은 되지 않지만 보호처분은 부과될 수 있다. 즉 검사는 대상아동·청소년에게 「소년법」에 따른 보호처분을 하는 것이 상당하다고 인정하는 때에는 그 사건을 관할 법원 소년부에 송치할 수 있다고 규정하고 있어(제39조 제1항), 피해아동·청소년과 달리 대상아동·청소년에 대해서는 보호처분이 가능하다.

〈표 5-6〉 대상 아동·청소년과 피해 아동·청소년 처벌 및 보호처분비교

<table>
<tr><th>구분</th><th colspan="2">처벌 및 보호처분</th></tr>
<tr><td>아동·청소년 대상 성매매 처벌</td><td colspan="2">처벌(제13조 제1항)
아동·청소년의 성을 사는 행위를 한 자는 1년 이상 10년 이하의 징역 또는 2천만 원 이상 5천만 원 이하의 벌금</td></tr>
<tr><td rowspan="2">"대상 아동·청소년"</td><td colspan="2">아동·청소년 성매매(제13조 제1항) 상대방</td></tr>
<tr><td>보호처분(제40조)
• 검사는 보호처분을 위해 관할 법원 소년부에 송치
• 법원은 보호처분
1. 「소년법」 제32조 제1항 각 호의 보호처분
2. 「청소년 보호법」 제35조의 청소년 보호·재활센터에 선도보호를 위탁하는 보호처분</td><td>*소년법의 보호처분(제32조 제1항)
1. 보호자 등 감호 위탁
2. 수강명령
3. 사회봉사명령
4. 단기 보호관찰
5. 장기 보호관찰
6. 아동복지시설 등 감호 위탁
7. 병원 등 의료보호시설 위탁
8. 1개월 내 소년원 송치
9. 단기 소년원 송치
10. 장기 소년원 송치</td></tr>
</table>

구분	처벌 및 보호처분
"피해 아동 · 청소년"	아동대상성범죄 중 대상아동 · 청소년 제외
	피해아동 · 청소년을 위한 조치(제41조) • 가해자에 대한 보호관찰 • 가해자를 분리하거나 퇴거하는 조치 • 100미터 이내에 가해자 접근을 금지하는 조치 • 전기통신이나 우편물 이용 접촉 금지 • 보호위탁결정 등 피해를 받은 아동 · 청소년의 보호

자료 출처: 정현미 외(2016), 아동 · 청소년 성매매 환경 및 인권실태조사. 국가인권위원회

〈표 5-6〉처럼 성매매에 유입된 아동 · 청소년은「아동 · 청소년의 성보호에 관한 법률」에 근거하여 피해아동 · 청소년과 대상아동 · 청소년으로 구분지어 규정되어 있다.

「아동 · 청소년의 성보호에 관한 법률」에 의하면, 아동 · 청소년 성매수 규정의 행위주체를 성을 사는 사람에 두고 있기 때문에 그 대상이 된 아동 · 청소년은 처벌되지 않는다. 그러나 이들에게는 피해자의 지위가 부여되어 있지도 않다. 때문에 국가인권위원회 상임위원회는 "현행「아동 · 청소년의 성보호에 관한 법률」상 '대상아동 · 청소년' 규정을 '피해아동 · 청소년'으로 개정하여 이들이 성매매범죄의 피해자임을 분명히 하고, 성매매 아동 · 청소년에 대한 보호처분 규정을 삭제하고 이들에 대한 보호와 지원을 강화하는 것이 바람직하다"는 내용의 의견을 표명하였다(2017. 6. 15.). 또한「아동 · 청소년의 성보호에 관한 법률」 개정을 위한 공동대책위원회가 2019년 1월 22일 출범하여,「아동 · 청소년의 성보호에 관한 법률」 개정을 위해 노력하고 있으며, 2020년 현재 국회 계류 중이다.

현재「아동 · 청소년의 성보호에 관한 법률」상으로는 아동 · 청소년 성매매 전문기관은 존재하지 아니하며, 다른 법적 근거에 따라 설립된 보호시설(청소년 지원시설, 청소년쉼터, 청소년 보호 · 재활센터 등)과 상담시설(청소년상담복지 센터, 성매매피해상담소, 성폭력피해자 보호시설)에서 아동 · 청소년 성매매 범

죄에 대한 신고 접수, 각종 교육·상담프로그램 운영 등 성매매 아동·청소년에 대한 지원 업무를 수행할 수 있도록 하고 있다.

여성가족부에서는 아동·청소년 성매매 피해지원의 사각지대를 인식하고, 성매매피해아동·청소년지원센터를 시범적으로 운영하고 있다. 이에 현재 시범적으로 운영되고 있는 성매매피해아동·지원센터, 「아동·청소년의 성보호에 관한 법률」에 근거한 대상아동·청소년에 대한 보호 및 상담 관련 제도와 「성매매방지 및 피해자 보호 등에 관한 법률」에 근거하여 청소년만을 대상으로 지원되고 있는 제도 및 기관을 중심으로 정리를 해보면 〈표 5-7〉과 같다.

〈표 5-7〉 아동 · 청소년 성매매 지원 법규 및 기관

<table>
<tr><th colspan="2">법규</th><th>내용</th><th>기관</th></tr>
<tr><td rowspan="3">「아동 · 청소년의 성보호에 관한 법률」</td><td>제45조(보호시설)</td><td>보호시설의 업무규정</td><td>청소년지원시설
청소년상담복지센터
청소년보호·재활센터
청소년쉼터</td></tr>
<tr><td>제46조(상담시설)</td><td>상담시설의 업무 규정</td><td>성매매피해상담소
청소년상담복지센터</td></tr>
<tr><td>제39조 제2항 근거 「아동 · 청소년의 성보호에 관한 법률 시행령」9조</td><td>교육과정 및 상담과정(40시간 내외) 운영 및 위탁</td><td>위기청소년교육센터</td></tr>
<tr><td colspan="2">「성매매방지 및 피해자 보호 등에 관한 법률」제8조, 제9조, 제11조</td><td>동법 제8조: 성매매피해자 등 또는 그 가족의 취학지원규정
동법 제9조: 지원시설의 규정
동법 제11조: 지원시설의 업무규정</td><td>청소년지원시설</td></tr>
<tr><td colspan="2">「소년법」제32조</td><td></td><td>보호처분</td></tr>
<tr><td colspan="2">「아동 · 청소년의 성보호에 관한 법률」 개정안
(법사위 계류 중)</td><td>성매매피해아동·청소년지원센터 설치</td><td>성매매피해아동·청소년지원센터</td></tr>
</table>

자료 출처: 정혜원 외(2018), '2018년 아동·청소년 성매매의 특성분석 및 종합적 지원방안 연구', 여성가족부 재인용

아동・청소년 성매매 지원 기관 중 청소년상담복지센터, 청소년보호・재활센터, 청소년쉼터, 청소년상담복지센터, 보호처분 시설, 성매매피해상담소 등은 성매매 아동・청소년의 보호 및 지원이 주업무가 아니다. 이들 기관 가운데 아동・청소년 성매매 보호 및 지원을 주업무로 하는 기관은 「성매매방지 및 피해자보호 등에 관한 법률」에 근거한 청소년지원시설, 「대통령 공약 및 국정과제(66-5)」에 근거한 성매매피해 아동・청소년지원센터, 「아동・청소년의 성보호에 관한 법률」 제39조 제2항 교육과정 및 상담과정 운영 및 위탁에 근거한 위기청소년교육센터가 있다.

5. 요약

청소년이 성에 대해 어떤 생각을 갖고 있으며 어떤 경험을 하고 어떻게 행동하는가 하는 것은 청소년의 현재의 삶과 미래의 행복을 결정짓는 중요한 잣대이며 한국 사회의 삶의 질을 측정하는 중요한 지표이다. 성인에 의해 주도되어 사회적 병리 현상의 하나로 나타나는 청소년 성매매는 한국 사회의 축소판으로서 청소년들의 삶을 황폐화시키고 있다(홍선영 외, 2013).

디지털기술과 네트워크의 발전은 청소년들이 성매매에 유입하기 쉬운 구조를 만들고 있으며, 성매매 유입 초기연령을 낮추는 데 기여하고 있다. 최근 5년간 청소년 성매매 검거현황을 살펴보면, 청소년 성매매 검거건수뿐만 아니라 성매매 알선까지 해마다 증감을 계속하고 있다.

청소년 대상 성매매 알선 범죄는 피해자에 대한 폭행이나 성폭력 등이 함께 이루어지는 경우가 많기 때문에 피해가 심각하다. 더불어 청소년 대상 성매매 알선 범죄의 경우, 여자 청소년들의 경우 가해와 피해가 중첩되는 경우도 많으며, 성매매 알선 범죄 가해자와 피해자의 연령 차이가 많이 나지 않는 경우도 많다. 이러한 현상은 '러버보이(Loverboy) 또는 남자친구 방법(Boyfriend Method)' 등

아동·청소년을 대상으로 한 '그루밍(Grooming) 성착취 방법' 때문이다.

오늘날 청소년 성매매 현장의 위험성은 높아지고 있으며, 과거와는 다른 구조적 맥락과 변화를 경험하고 있다. 한국 사회의 폭력과 성착취는 아동과 청소년이라는 가장 열악한 대상에 향해 있다. 그러나 청소년 성매매에 대한 대책은 미비하고, 청소년 성매매에 대한 오해는 여전하다.

영국과 미국의 경우 아동 성매매, 청소년 성매매라는 용어 대신 '성착취'라는 용어를 사용하고 아동청소년을 피해자로 인식하고 지원을 강화하고 있다. 그러나 한국의 「아동·청소년의 성보호에 관한 법률」은 성매매피해청소년을 피해자로서도 제대로 규정을 하고 있지 못하다.

취약한 환경에 놓여있는 청소년의 성매매 유입문제는 우리 사회의 미래를 위해 특별히 지원해야 할 전략적 영역이라고 할 수 있다. 원미혜(2007)는 여성청소년에 대해 여성차별적인 사회통념을 변화시키기 위한 효과적인 전략범주라는 점에서 성주류화를 위한 '특별고려대상', 적극적 조치의 일환으로 접근해야 한다고 주장한다. 청소년 성매매 정책은 이러한 적극적 조치(Affirmative Action)[17]의 일환으로 정책 수립을 해야 하며, 성매매 자체에 내재되어 있는 착취성에 주목할 필요가 있다.

사회는 청소년 성매매에 대한 책임을 가지고, 청소년 성매매에 대한 올바른 이해와 변화된 환경에 대한 인식을 바탕으로 청소년 성매매 방지에 노력할 때 청소년의 미래를 기대할 수 있을 것이다.

17) 적극적 조치는 많은 국가가 실행하는 공통의 정책이지만 정책의 논리 및 제도 구성은 해당 국가의 특징적 맥락 속에서 구성됨.

참고문헌

김준호, 노성호, 이성식, 곽대경, 박정선(2009). 「청소년비행론」. 청목.

김현순, 최영준(2015). "청소년의 휴대전화 의존 예측변인에 대한 성차 연구". 「한국콘텐츠학회논문지」. 15(5). 340-352.

변혜정, 김효정, 이진영(2012). 「십대여성의 가출과 폭력피해 실태」. 서울특별시.

성은모, 진성희(2012). "청소년의 휴대폰 의존도와 휴대폰 사용목적이 자기조절학습능력 및 학업성취도에 미치는 영향: 성별과 휴대폰 의존도 수준 차이를 중심으로". 「제2회 한국아동·청소년패널조사 학술대회자료집」. 289-311.

여성가족부(2010). 「성매매피해청소년 교육프로그램 개정연구」. 여성가족부.

여성가족부(2012). 「청소년 유해환경 접촉 실태조사」. 여성가족부.

원미혜(2006). "십대를 위한 성인지적 관점의 정책은 가능한가?" 서울시 늘푸른여성지원센터 주최 「청소년 성평등 정책 포럼」자료집 발표문.

윤혜린, 이해응, 이소라, 심효진, 기지혜(2015). 「가출 여자청소년 공간이용 및 폭력피해 실태 조사 연구」. 서울특별시.

윤덕경, 장미혜, 이미정, 김차연(2017). 「아동·청소년대상 성범죄 동향분석: 2016년 신상정보등록대상자를 중심으로」. 여성가족부.

이선희(2009). 「여자가출청소년의 성매매경험유무에 영향을 미치는 요인에 대한 연구」. 경성대학교 석사논문.

이순래, 박철현, 김상원(2011). 「범죄예방론」. 그린.

이유진, 윤옥경, 조윤오(2013). 「아동·청소년 성보호 종합대책연구 Ⅱ: 아동·청소년 성매매 예방 및 피해지원대책 연구」. 한국청소년정책연구원.

장혜진(2002). 「휴대전화 중독적 사용집단 청소년들의 심리적 특성: 자기개념, 애착, 자기통제력, 충동성을 중심으로」. 성신여자대학교 대학원 석사학위논문.

정현미, 장명선, 조진경, 이기연, 박숙란, 김현아(2016). 「아동·청소년 성매매 환경 및 인권실태조사」. 국가인권위원회.

정혜원(2011a). 「가출청소년 유입예방 및 지원방안 Ⅰ: 가출청소년의 성매매유입과정」. 한국여성인권진흥원.

정혜원(2011b). 「가출청소년 유입예방 및 지원방안Ⅱ: 가출청소년 성매매에 영향을 미치는 위험요인 및 보호요인」. 한국여성인권진흥원.

정혜원, 박선영, 노자은(2018). 「2018 아동·청소년 성매매의 특성분석 및 종합적 지원 방안 연구」. 여성가족부.

홍봉선, 남미애(2009). 「성매수 피해청소년의 현황과 사회적 지원체계 점검」. 보건복지가족부.

홍선영, 구차순, 김향숙, 김희영(2013). 「부산지역 청소년 성매매 예방 방안 연구」. 부산여성가족개발원.

Department for Education. (2017). Safeguarding Children and Young People from Sexual Exploitation.

Department of State (2017). 2017 Trafficking in Persons Reports: Online Sexual Exploitation of Children: An Alarming Trend. Retrieved from https://www.state.gov/j/tip/rls/fs/2017/272010.htm

Dysart, T. L. (2014). The Protected Innocence Initiative: Building Protective State Law Regimes for America's Sex-Trafficked Children, 44 COLUM. HUM. RTS. L. REV. 619, 629.

Gladman, A., Heal, A. (2017). Child Sexual Exploitation After Rotherham. London: Jessica Kingsley Publisher. ISBN 978-1-7845-0276-8.

Home Affairs Committee (2013). Child sexual exploitation and the response to localised grooming. Second Report of Session 2013–14, Vol. 1 (PDF). London: House of Commons, The Stationery Office Limited.

Home Office. (2015). Serious Crime Act 2015 Fact sheet: Child sexual exploitation http://impact.sp2.upenn.edu/fieldctr/wp-content/uploads/2013/05/SafeHarborWhitePaper FINAL.pdf.

Sharedhope (2016). JuST Response State System Mapping Report: A Review of Current Statutes, Systems, and Services Responses to Juvenile Sex Trafficking. http://www.index.go.kr/potal/main/EachDtlPageDetail.do?idx_cd=1610

safeline

https://www.safeline.org.uk/what-we-do/young-people/

제 6 장

청소년 약물남용[1)]

1) 이 장은 "박철현. 2003. 청소년 약물남용의 실태와 대책"의 내용을 수정 보완한 것임.

이 장에서는 약물을 규제하는 법을 중심으로 약물의 개념을 정의하고, 어떤 물질들이 약물로서 남용되는지를 단속통계, 언론보도, 자기보고식 조사 결과를 통해서 살펴본다. 그리고 청소년 약물남용의 원인과 대책을 포괄적으로 살펴본다.

약물이 국내에 유입된 역사는 해방, 한국전쟁 등의 중요한 계기가 작용하고 있다. 1945년 해방 이후 귀국 동포들 중에 아편 중독자들이 섞여 들어온 것을 시작으로, 1950년대에는 한국전쟁 당시에 부상당한 군인들 사이에 모르핀 중독자가 생겨나게 되었다. 그리고 1970년대에는 마리화나나 히로뽕(메스암페타민)이 미군과 일본을 통해 들어와서 1980년대에 히로뽕 중독자가 급증하였고, 최근에는 약물을 구입할 능력이 되지 않는 청소년들 사이에 신나나 본드 등의 유해약물을 흡입하는 경우가 크게 증가하였다. 또한 청소년들 사이에서도 조기유학생이나 교포학생, 국내의 대학생 등을 중심으로 테크노바에서 엑스터시나 야바 등의 신종 약물의 남용이 크게 증가하였다.

그러나 국내에서 많이 이용되는 암페타민 계열의 강한 약물(히로뽕, 엑스터시, 야바 등)은 해외에서 생산되어서 한국으로 수입되는 경우가 대부분으로 대체로 고가이기 때문에, 청소년들이 접하기가 어려운 약물이라고 할 수 있다. 따라서 한국의 청소년들은 대부분 대용약물들을 사용하고 있으며, 본드나 신나 등에 이어서 최근에는 진통제나 진해제류의 대용약물들이 국내에서 대규모로 유통되고 있는 것으로 알려져 있다. 최근에는 조기유학생들이 많아지면서, 엑스터시, 물뽕 등의 암페타민 계열의 남용도 이들에 의해 증가하고 있다. 이러한 유해약물들은 청소년들의 뇌기능에 치명적인 손상을 가져올 수 있는 것으로 알려져 있으므로 큰 사회문제가 되고 있다.

1. 약물남용의 개념과 유형

1) 약물의 개념

약물(drug)의 종류가 다양한 것과 같이 약물의 개념도 매우 다양하게 나타나고 있으며, 여기에 대한 뚜렷한 합의가 존재하지도 않는다. 약물의 유사개념들 몇 가지를 살펴보면, 우선 마약이라는 용어가 많이 사용되고 있으며, 이것은 양귀비, 아편 및 그 제재와 이와 유사한 약리작용 및 중독작용이 있는 약물이라고 할 수 있다. 그 외 물질(substance)이라는 용어가 사용되고 있으며 이것은 보다 다양한 물질들을 모두 포괄하는 매우 폭넓은 개념이라고 할 수 있다. 이런 용어가 사용되는 이유는 청소년들이 주로 사용하는 신나나 본드, 진해거담제 등과 같은 물질들이 약물의 개념 속에 포함되지 않는다는 생각에서였다. 그러나 이 개념은 문제가 되지 않는 물질들까지도 모두 포함할 수 있는 지나치게 넓은 개념이라고 할 수 있다.

그 외 다양한 약물을 규제하기 위해서 제정된 법규들에 의해 또한 다양한 유사용어들이 만들어졌는데, 이미 논의한 마약 외에 '향정신성의약품', '마약류' 등이 있다. 이러한 규제법규들의 제・개정 역사를 살펴보면, 첫째, 형법상의 「아편에 관한 죄」(17장), 「아편 등의 제조 등의 죄」(198조)가 처음으로 제정되었다.[2] 둘째, 1957년 만들어져 수차례 개정을 거친 「마약법」이 있으며, 이것은 아편, 모르핀, 헤로인, 코데인, 테바인, 옥시코딘, 하이드로모르핀, 코카인, 크랙 등을 규제하는 법률로서 마약과 그 원료의 사용 등의 제반행위를 규제하는 「마약류관리에 관한 법률」이 생기기 전에는 매우 중요한 약물규제법의 역할을 했다. 셋째, 1976년에 제정된 「대마관리법」이 있으며, 이것은 대마초, 마리화나, 해시시, 해시시오일 등의 제조, 수출입, 판매 등을 규제하는 법이다. 넷째, 1979년

2) 이것은 그 당시 사용되던 아편과 모르핀에 대한 규제를 담고 있는 법으로, 특별법 우선원칙에 의해 사문화된 조항이지만, 아직 상징적인 법률조항으로서 남아 있다.

에 제정된 「향정신성의약품관리법」이 있으며, 이것은 암페타민, 메스암페타민(히로뽕), 펜메트라진, 메틸페니데이트, LSD, PCP, 메스칼린, 바르비탈계, 벤조디아제핀계 약물 등의 향정신성의약품의 제조, 판매 등을 규제하는 법률이다. 다섯째, 1990년에 제정된 「(유해)화학물질관리법」이 있으며, 이것은 톨루엔, 초산에틸, 메틸알코올, 신나, 본드, 도료, 부탄가스 등의 흡입행위를 규제하는 법률이다. 마지막으로, 지나치게 약물을 규제하는 특별법이 많음으로 인해서 혼란을 방지하기 위해서, 2000년에는 「마약법」, 「대마관리법」, 「향정신성의약품관리법」을 폐지하고 「마약류 관리에 관한 법률」을 새롭게 제정하여(이훈규 · 이경재, 1996), '마약류'라는 명칭이 새롭게 생겨났다.

최근에는 「청소년보호법」에 의해 청소년유해약물이라는 새로운 용어도 등장했다. 이 법은 청소년들이 복용 또는 흡입하는 광범위한 약물들을 모두 포괄하는 법으로, 「주세법」의 규정에 의한 주류, 담배사업법의 규정에 의한 담배, 「마약류 관리에 관한 법률」의 규정에 의한 마약류, 「화학물질관리법」의 규정에 의한 환각물질, 기타 중추신경에 작용하여 습관성, 중독성, 내성 등을 유발하여 인체에 유해작용을 미칠 수 있는 약물 등 청소년의 사용을 제한하지 아니하면 청소년의 심신을 심각하게 훼손할 우려가 있는 약물로서 대통령령이 정하는 기준(「청소년보호법 시행령」)에 따라 관계기관의 의견을 들어 청소년보호위원회가 결정하여 여성가족부 장관이 고시한 것으로 정의하고 있다.

청소년보호법 제2조(정의)

4. "청소년유해약물 등"이란 청소년에게 유해한 것으로 인정되는 다음 가목의 약물(이하 "청소년유해약물"이라 한다)과 청소년에게 유해한 것으로 인정되는 다음 나목의 물건을 말한다.

가. 청소년유해약물
  1) 「주세법」에 따른 주류
  2) 「담배사업법」에 따른 담배

3) 「마약류 관리에 관한 법률」에 따른 마약류
4) 「화학물질관리법」에 따른 환각물질
5) 그 밖에 중추신경에 작용하여 습관성, 중독성, 내성 등을 유발하여 인체에 유해하게 작용할 수 있는 약물 등 청소년의 사용을 제한하지 아니하면 청소년의 심신을 심각하게 손상시킬 우려가 있는 약물로서 대통령령으로 정하는 기준에 따라 관계 기관의 의견을 들어 제36조에 따른 청소년보호위원회가 결정하고 여성가족부장관이 고시한 것

청소년보호법 시행령 제3조(청소년유해약물의 결정기준)

법 제2조 제4호 가목에서 "대통령령으로 정하는 기준"이란 다음 각 호의 어느 하나에 해당하는 것을 말한다.

1. 청소년의 정신기능에 영향을 미쳐 판단력 장애 등 일시적 또는 영구적 정신장애를 초래할 수 있는 약물일 것
2. 청소년의 신체기능에 영향을 미쳐 정상적인 신체발육에 장애를 초래할 수 있는 약물일 것
3. 습관성, 중독성, 내성(耐性) 또는 금단증상 등을 유발함으로써 청소년의 정상적인 심신발달에 장애를 초래할 수 있는 약물일 것

이상의 규정에 의해 청소년유해약물에는 구체적으로 ① 주류, ② 담배, ③ 마약류, ④ 환각물질, ⑤ 청소년보호위원회가 고시한 약물이 모두 포함된다고 할 수 있다. 이와 같이 약물을 지칭하는 매우 다양한 용어들이 사용되고 있지만, 일반적인 마약류와 청소년이 복용하는 유해물질들을 모두 포괄하는 일반적인 용어로서 약물이라는 용어를 사용하는 것이 비교적 무난하다고 생각된다.

2) 약물의 종류와 약리효과

청소년이 사용하는 약물은 크게 세 가지로 나눌 수 있다. 첫째, 자연에서 재배해서 얻어지는 것 또는 이것을 원료로 해서 제조되는 천연약물이 있으며, 둘째, 자연원료를 사용하지 않고 화학적 합성과정을 통해서 얻어지는 합성약물

이 있고, 셋째, 남용의 목적으로 만들어지지는 않지만, 다양한 방법으로 남용되는 대용약물이 있다. 대용약물은 크게 보면 합성약물에 속한다고 할 수 있지만, 원래 남용을 목적으로 만들어지지 않고 고유한 용도가 있다는 점에서 쉽게 구분할 수 있다. 초기에는 약물의 대부분이 천연약물이었지만, 최근에는 다양한 합성약물이 출현하여 그 사용이 증가되고 있는 추세이다.

(1) 천연약물

천연약물에 속하는 것으로는 아편계통, 코카계통, 대마계통의 크게 세 가지로 나눌 수 있다. 첫째, 아편계통의 약물은 앵속, 약담배, 아편꽃 등으로 불리는 양귀비(Opium Poppy)에서 추출되는데, 양귀비의 익지 않은 열매에 상처를 내어 받은 유즙을 섭씨 60도 이하의 온도로 건조한 것이 아편(Opium)이다. 아편은 주로 인도, 터키, 유고, 파키스탄에서 재배되며, 중추신경을 마비시켜 진정제, 진통제로 쓰이지만 남용할 경우 강한 의존효과를 가지는 것으로 알려져 있다. 아편은 다시 생아편, 의료용인 아편말, 흡연용 아편으로 나뉘는데, 아편말은 생아편을 가루로 하여 모르핀의 함유량을 10%로 조절한 것으로 갈색의 가루형태를 띤다. 그리고 흡연용 아편은 생아편을 물에 녹여 찌꺼기를 제거하고 증발, 농축시켜 액상으로 만든 것이다. 양질의 아편에는 모르핀(Morphine)이 9~14% 정도 함유되어 있는데, 19세기 초에 처음으로 분리되어 강한 진통제로 주로 쓰이고 있다. 보통 정맥주사의 방법으로 남용되는데, 남용하면 아편보다 더 강한 중독성과 금단현상을 가져온다. 헤로인(Heroin)도 아편계통의 약물로서 모르핀으로부터 만들어지는 디아세틸모르핀이라고 한다. 이것의 어원은 "강하다"를 의미하는 독일어 heroisch에서 유래되었다고 하며, 1874년에 최초로 제조되었다. 형태는 향기가 없는 결정화된 무색 분말로 제조방법에 따라 다양한 색상을 띠며, 주로 코로 흡입하거나 주사 또는 흡연의 방법으로 남용된다. 마취제, 진통제, 진해제로 사용, 중독되면 강한 의존성과 금단현상을 가지며, 약효는 모르핀에 비해 수배나 강해서 산모가 남용하면 태아도 중독된다고 한다. 그 외 아편계통의 약물로서 코데인(Codeine), 테바인(Thebaine), 옥시코돈(Oxycodone), 하이드로모르핀(Hydromorphine) 등이 있으며, 이들은 헤로인에 비해 모두 약효가 약해서 인기가 낮다(박철현, 2003).

둘째, 코카계통의 약물이 있으며, 이것은 코카나무 잎에서 채취한 코카인(Cocaine)이 대표적이다. 코카잎 성분의 70~80%가 코카인이라고 하며, 주로 페루, 볼리비아, 콜롬비아, 인도네시아, 스리랑카, 대만 등의 해발 700~1,700미터 정도 되는 비가 많이 내리는 곳에서 재배된다. 코로 흡입하거나, 흡연, 정맥주사를 통해 남용되며, 먹는 경우도 있다고 한다. 1862년부터 국부마취제로 주로 사용했으며, 특유의 환각작용이 있고, 벌레가 몸 위를 기어 다니는 느낌이 나며, 공격적 행동을 유발한다고 한다. 남용하면 영양장애와 함께 우울증, 불안감, 수면장애, 만성피로, 정신장애가 온다고 한다. 코카인을 농축하면 크랙(Crack)이 되는데, 이것은 1985년 이후에 출현한 것으로 농축코카인으로 불린다. 일반적으로 대롱을 통해 연기를 흡입하는 방식으로 남용하며, 약효가 신속, 강렬하며 비용이 코카인에 비해 싸다고 한다. 복용하면 큰 황홀감을 느끼고, 코카인에 비해 남용과 중독, 그리고 폭력의 위험성이 크다고 한다(박철현, 2003).

셋째, 대마계통의 약물로서, 과거 우리나라에서도 많이 남용된 대마초가 있는데, 이것은 온대기후지역 대부분에 서식하며 우리나라에서도 가끔 야생에서 발견된다. 또한 삼베의 원료가 되기 때문에 농가에서 허가받아서 재배하기도 한다. 외국에서는 마리화나(Marihuana) 또는 카나비스(Canabis)라는 이름으로 통용되는데, 주로 가공되지 않은 대마초를 카나비스라 한다. 민간에서는 진통제, 경련 진정제로 쓰였으며, 주로 흡연을 통해서 남용된다. 약리효과는 흥분과 억제 두 가지 작용을 모두 가지며, 많이 복용하면 환각증상이나 정신이상도 나타난다고 한다. 보통 약물남용자들이 처음으로 접하는 약물이라고 할 수 있으며, 보통 다른 약물로 거쳐 가는 통로가 된다. 대마초로부터 채취된 대마수지를 건조, 압착시키면 해시시(Hashish)가 되는데, 파키스탄, 아프가니스탄, 레바논 등 중동 지역과 동남아, 인도, 멕시코, 아프리카, 북미에서 생산된다. 그 외 증류 공정 등을 반복하여 고도로 농축하면 해시시 오일(Hashish Oil)이 되는데, 한두 방울이 대마초 담배 한 개피의 효과에 해당한다고 한다(박철현, 2003).

(2) 합성약물

합성약물은 천연약물에 비해서 상대적으로 많은 종류가 존재하지만(70종 이상), 많이 사용되는 약물은 몇 종류로 한정되어 있다. 대표적인 것으로 메스암페타민(속칭 히로뽕), LSD, 바르비튜레이트, 엑스터시(속칭 도리도리), GHB(감마 하이드록시 부티레이트, 속칭 물뽕) 등이 있다. 이들 각각의 특성과 약리작용을 요약하면 다음과 같다.

첫째, 메스암페타민의 경우 1919년에 처음으로 합성되었으며, 정맥주사 또는 술이나 음료수에 타서 복용하거나 분말을 코로 흡입하거나 열을 가하여 가스를 흡입하거나, 심지어는 상처를 내어 바르는 방법에 의해 남용된다. 실제로는 대부분 정맥주사를 이용하며, 약리효과는 큰 황홀감을 느끼게 하며, 식욕을 억제하는 효과가 있어 다이어트의 목적으로 이용되기도 한다. 신체적 의존성은 없으나, 정신적 의존성이 있는 것으로 알려져 있다(쾌감의 유혹에 빠짐). 반복 사용하면, 보통 3개월 정도에서 만성 중독 상태를 초래하여 환각, 망상을 수반하는 정신장애에 빠진다고 한다(박철현, 2003).

히로뽕 외에 암페타민류의 합성마약으로 국내에서 많이 유통되고 있는 것으로 엑스터시(속칭 도리도리)와 야바가 있는데, 이들은 모두 미국, 유럽, 한국 모두에서 테크노 음악과 함께 최근에 급속히 퍼진 약물이다.[3)]

3) 이 약을 복용하고 머리를 좌우로 흔들면 큰 황홀감을 가져다준다고 하며, 실제로 테크노 댄스클럽에서 열리는 레이브파티에 이 약물이 거의 필수적으로 이용된다고 한다. 특히 엑스터시는 가격이 상대적으로 싸서(한 알에 5만 원 정도라고 함), 청소년들이 많이 남용하고 있다고 한다. 국내에서도 최근에 외국인들과 여대생들, 교포 고교생이 엑스터시를 복용하고 홍대 입구, 압구정동 등에서 레이브파티를 열다가 적발된 사례들이 있으며, 또한 최근에 미스코리아 출신 연예인 S모양을 비롯한 많은 연예인들이 엑스터시를 복용한 것이 밝혀

둘째, 강력한 약물로서 LSD가 있는데, 이것은 매우 소량으로도 환각작용을 경험할 수 있다고 한다. 흰색 가루나 정제 또는 맑은 액체의 형태를 취하며, 무색, 무미, 무취의 특성을 띤다. 약리효과는 히로뽕에 비해 강하며, 심지어는 자신의 모습을 제3자의 입장에서 관찰할 수 있다는 환각을 느끼거나 음악에서 색채감이나 맛을 느낄 수 있다는 착각을 일으킨다고 한다(박철현, 2003).

셋째, 바르비튜레이트가 있는데, 이것은 원래 불안감, 긴장, 불면증의 치료에 사용되었던 억제제로서, 많은 양을 복용하면 잠이 오며, 안정효과를 얻기 전에 흥분감을 경험하는 경우도 있다고 한다. 최면이나 마취, 심지어 안락사에 이용되며, 미국에서 발생하는 자살의 약 6%가 이 약물의 남용에 의한 것이라고 한다(박철현, 2003).

넷째, GHB(감마 하이드록시 부티레이트, 속칭 물뽕) 역시 엑스터시와 함께 청소년들이 많이 복용하는 약물이다. 특히 외국의 대학생들이 데이트강간용으로 많이 사용한다고 하며, 음료수나 알코올에 몇 방울을 타서 마시면 10~15분 내에 약효가 나타나서 3~4시간을 지속하는데, 기분이 좋아지고, 취한 듯하면서 몸이 처지는 느낌을 주며 기억이 상실되는 경험을 하는 경우가 많다고 한다. 또한 24시간 내에 인체를 빠져나가기 때문에 사후 추적이 어렵다는 점도 이 약물을 선호하는 원인이라고 한다. 최근 국내에서도 클럽 등에서 강간용으로 많이 사용되고 있으며, 심지어 웨이터들에게 쉽게 구입할 수도 있다고 한다(박철현, 2003).

(3) 대용약물

일반적으로 마약이라고 불리는 강한 약물들은 매우 고가이기 때문에, 청소년들이 접하는 것은 매우 어렵다. 따라서 청소년들은 이러한 고가의 마약을 대신할 수 있는 대용약물을 찾게 되는데, 이러한 대용약물은 남용을 목적으로 만들

져 구속된 바 있다.

어진 것이 아닌 각각의 고유한 용도가 있는 화학물질들이라고 할 수 있다. 예를 들어 본드나 신나, 부탄가스 등은 각각 그들만의 고유한 용도가 있으며, 실생활에 그러한 용도로 사용되는 화학물질들이기 때문에 남용을 고유한 목적으로 하는 마약과는 다르다고 할 수 있는 것이다. 이런 점에서 이들을 의사합법약물이라고 한다.

청소년들이 주로 많이 사용하는 대용약물로 본드, 신나, 가스, 수면제, 각성제 등이 있으며, 이들은 크게 유기용제류, 각성제나 수면제 등의 알약류, 술이나 담배류로 나눌 수 있다. 술과 담배를 제외한 나머지 물질들의 특성을 요약하면 다음과 같다.

첫째, 유기용제류(흡입제)로서, 이것은 본드나 가스에 함유된 것으로 본드의 경우 접착물을 녹여주는 것이다. 어떤 물질을 접착시키려고 본드를 바르면, 접착물질은 남아서 접착을 시키고 유기용제는 휘발성이어서 증발하는데, 이 증발가스(유기용제가스)를 흡입하면 정신기능이 왜곡된다. 여기에 속하는 약물로는 본드, 가스 외에 가솔린, 신나, 아교, 에어로졸, 스프레이, 락카 희석제, 매니큐어 제거제, 라이터액, 드라이클리닝액, 타자수정액 등을 들 수 있다. 이들은 주로 냄새를 코로 흡입함으로써 남용되는데, 시각과 청각장애, 현기증 등의 증세가 나타나며 심하면 환각증상이 나타난다고 한다. 내성이 있어서 지속적으로 흡입한 경우 처음과 같은 효과를 느끼기 위해서는 훨씬 많은 양을 흡입해야 하며, 심각한 정도는 아니지만, 신체적 의존성 및 정신적 의존성이 있다고 한다. 또한 심하면 영구적인 뇌의 손상을 가져올 수 있다고 한다(주왕기, 1996; 이훈규 · 이경재, 1996).

둘째, 알약이나 액상약물, 또는 앰플의 형태로 국내에서 유통되는 다양한 향정신성의약품이 있으며, 이들은 그 용도에 따라서 각성제(흥분제: 타이밍, 나이트, 에스나인, 레그린, 하트나인 등), 진정제(안정제: 아티반, 바리움, 세코날, 바르비탈류,[4] 벤조디아제핀류,[5] 루미날 등), 진통제[폰날, 세다핀, 누바인(염산

4) 바르비탈류는 가장 일반적으로 사용되는 수면진정제로서 적은 양으로 진정작용을 일으키

날부핀),[6] 카리소프로돌(S정),[7] 프로포폴,[8] 메사돈, 몰핀, 코데인, 데메롤 등], 진해제[덱스트로메토르판(러미나, 루비킹, 덱시판),[9] 지놀타, 지페프롤[10] 등], 그리고 항히스타민제(이빌, 프라콩, 페니라민 등), 살 빼는 약(푸링가, 푸링가올, 라식스 등), 수면제(세코날, 달마돔, 자메로 등) 등 매우 다양한 약물로 구성된다(김준호 · 박정선, 1995 참조; 정희선, 1997). 특히 이 중 프로포폴은 최근 유명 여배우들이 상습적으로 투약하여 큰 사회문제가 되었다.

며, 걱정이나 긴장감을 없애준다. 부작용으로는 장기간 사용할 시 기분의 저하, 불면증, 기억상실, 성격변화 등이 일어난다고 한다(정희선, 1997).

5) 여기에 속하는 것으로 우리나라에서는 플루니트라제팜(flunitrazepam), 로라제팜, 클로나제팜, 디아제팜 등이 있다(정희선, 1997).

6) 날부핀은 강한 진통작용이 있으며 주로 마취제로 병원에서 쓰이고 있었으나, 히로뽕이 구하기 어려워지자 약물남용자들이 히로뽕 대신에 남용하는 사례가 1991년 이후 증가하였다. 이것을 규정량의 20배 정도 복용하면 환각증상을 가져온다고 하며, 습관적으로 복용하면 식욕저하, 몸무게 감소, 오한 등의 부작용을 가져온다고 한다(정희선, 1997).

7) 근육통 등에 쓰이는 근육이완제로서 시중에서 팔리고 있는 S정은 화학구조 자체가 아편을 정제한 모르핀계 마약과 흡사하고 복용효과도 모르핀의 일종인 코데인과 비슷하다. 다량 복용하면 환각작용이 일어나서 최근에 청소년들이 남용하는 것으로 알려졌다. 부작용으로 혼수상태, 쇼크, 호흡기 마비 등이 올 수 있으며, 교통사고의 경우 운전자에게서 검출되는 경우가 많다. 보건복지부는 2003년 3월 18일 러미나와 함께 이것을 마약류로 지정하였다(정희선, 1997).

8) 프로포폴(propofol)은 벤젠계통의 화합물로서 수면마취제로 쓰이는 우윳빛의 정맥주사용 액체인데, 최근 이것의 남용이 문제시되자, 정부에서는 2011년부터 마약류로 지정하여 관리하고 있다. 특히 2009년에는 유명 팝가수인 마이클 잭슨이 이것의 남용으로 인해 사망하기도 하였다.

9) 비마약성 진해제로 원래 진통제로 알려졌지만 진통효과는 거의 없다고 한다. 과량복용해도 비교적 안전하다고 하지만, 부작용으로 환각, 불면증, 정신병 등이 올 수 있다고 한다. 우리나라에서 이러한 환각작용이 청소년들에게 알려져 널리 남용되고 있으며, 이를 과도하게 복용하여 사망한 사례도 11건이나 된다(정희선, 1997).

10) 지페프롤(zipeprol)은 비모르핀계 진해제로 과량 복용하면 환각작용이 일어난다고 한다. 신체적 중독성은 없지만, 과량 복용하면 사망에 이르기도 한다. 우리나라에서도 청소년들 사이에 환각작용을 얻기 위해 과량을 복용하다가 1991년 이래 70여 건이나 사망 사건이 발생하여 사회문제화되어 1995년부터 향정신성의약품으로 지정되어 통제되고 있다. 1995년 3월 불법약물 여부를 단속하기 위해 인천 지역을 중심으로 242명의 소변을 채취하여 시험한 결과 예상외로 이 지페프롤이 74명에게서 검출되어 1위를 기록하기도 하였다(정희선, 1997).

다음은 이러한 청소년들이 주로 남용하는 여러 가지의 약물들에 대한 규제법규와 그 약리효과를 요약한 표이다.

〈표 6-1〉 청소년들이 많이 남용하는 약물의 종류 · 관련법규 및 독성

구 분	종 류	약리학적 분류	법적 분류	투여 방법	신체적 증상 및 행동	독 성
억제제 (진정제, 수면제)	Barbiturates Phenobarbital Amytal Seconal Nembutal Tuinal	중추 신경 억제제	마약류관리에 관한 법률	경구, 주사	동공축소, 취한 행동, 말더듬, 사고산만, 억제, 졸림, 멍청함, 과량 사용 시 무의식, 혼수, 호흡마비로 사망	정신적 의존, 신체적 의존, 오판과 조정력 상실에 의한 위험, 금단증상, 신장장애, 뇌손상, 간장장애, 과량 사용 시 사망(술과 함께 복용 시 상승작용)
신경 안정제	Valium Librium Ativan Quaalude	중추 신경 억제제	마약류관리에 관한 법률	경구	중추신경 억제제와 유사한 평온, 즐거움과 안정감, 발한, 감정억제, 정신적 침체, 배뇨장애, 노여움, 긴장, 불안, 정신적 흥분, 언어장애	억제제와 유사(그러나 보다 강함), 정신적 · 신체적 의존, 술, 마약, 수면제와 겸용 시 상승효과, 시각장애, 현기증, 졸림, 금단증상(흥분, 오심, 감정억제, 경련 등)
흡입제 (본드 · 가스)	Toluene Hexane Acetone Gasoline Thinner	중추 신경 억제제	유해화학 물질 관리법, 청소년보호법	흡입	술과 유사함, 동공축소, 혼수, 언어장애, 현기증, 도취감, 시각과 청각 왜곡, 환각작용이 있다고도 함, 콧물, 눈물, 침, 근조절장애, 취한 행동, 성냄, 흥분, 졸림, 무의식	정신적 의존, 판단장애로 오는 위험, 공격적 행위, 반사회적 행동, 간장장애, 심장장애, 골수장애, 영구적 뇌손상 가능, 식욕감퇴, 체중저하, 사망

구 분	종 류	약리학적 분류	법적 분류	투여 방법	신체적 증상 및 행동	독 성
술	Wine Beer Whiskies	중추 신경 억제제	청소년보호법, 미성년자 보호법	경구	음주량과 개인의 정서적 상태에 따라 효과가 다름. 위통, 위염, 오심, 구토, 이뇨, 영양장애, 각종 질환, 불안, 긴장, 공포, 호전성	신체적 의존, 정신적 의존, 조정력 상실, 감상적·공격적 상태 등으로 인한 위험, 사망(수면제와 혼용하면 더욱 위험), 위염, 간경화, 췌장염, 반사회적 행동, 뇌손상, 각종 장기손상
담배	Cigarettes Cigars Pipe-Tobacco Chewing-Tobacco Snuff	중추 신경 흥분제	청소년보호법, 미성년자 보호법	흡입	타액증진, 기관지 분비증진, 혈압상승, 심박수 증가, 동공, 용량의 증가로 진전, 구토 호흡증진이 옴	폐암, 구강암, 후두암, 만성기관지염, 폐기종, 심장질환, 혈관질환, 공기오염

출처: 이훈규·이경재. 1996: 31-32에서 재작성.

3) 약물청소년들의 유형

일반적으로 약물범죄는 뚜렷이 구분되는 두 가지의 하위유형을 가지고 있다. 첫째는 투약범죄로서 보통 가해자이면서 피해자가 되는 경우라고 할 수 있다. 이 경우 범죄가 상습적, 반복적으로 행해지며, 보통 폭력범죄, 재산범죄, 풍속범죄를 동반하는 것으로 알려져 있다. 둘째는 약물제조범죄나 약물유통범죄로서, 이것은 전문가에 의해 행해지는 전형적인 조직범죄라고 할 수 있다. 또한 국제성을 띠는 광역범죄이며 한번 가담하면 헤어나기 어렵고, 보통 공무원의 부패가 함께 개입되어 있는 경우가 대부분이다. 이러한 두 가지 유형은 상호배타적으로 나타나기도 하지만, 경우에 따라서는 중복되어 나타나는 경우도 있다. 예를 들어 자신이 약물투약자이면서 약물을 중개하거나 소매하는 역할을 함께 하는 경우도 쉽게 찾아볼 수 있다. 특히 청소년의 경우는 이런 경향이 더욱 강하게 나타난다.

시겔(Siegel, 1991: 349-354)은 약물에 개입되어 있는 청소년들이 약물과 관련하여 다양한 상이한 역할을 하며, 다른 생활양식과 행동패턴을 보여준다는 점에서 이들을 크게 다음의 다섯 가지 하위유형으로 구분한다.

첫째, 소량의 약물을 판매하는 청소년들로서, 이들은 소량의 약물을 복용하며 공급하기도 하는 청소년들이지만, 어떤 다른 심각한 비행에는 개입하지 않는다고 한다. 이들은 자신이 사용할 약물을 마련하기 위해 마리화나, 아이스(Ice), PCP를 가끔씩 파는데, 이들에게 약물을 공급받는 구매자는 대부분 친구나 친·인척 등의 잘 아는 사람들이 된다고 한다. 이 유형의 청소년들은 자신을 심각한 약물중독자로 생각하지 않으며, 정상적인 학교생활 등이 가능하기 때문에 형사사법기관을 출입하는 경우도 거의 없다고 한다.

둘째, 자주 약물을 판매하는 청소년들로서, 이들은 여러 종류의 약물을 복용하는 경향이 있으며, 성인 약물공급자와 청소년 약물사용자 사이를 연결해 주는 역할을 한다고 한다. 앞의 유형의 청소년들이 매우 사적인 관계에서 약물을 판매하는 데 비해서, 이들은 종종 공공장소에서도 약물을 판매하기도 하지만, 이것이 정기적으로 이루어지지는 않기 때문에 적발의 가능성은 낮다고 한다.

셋째, 다른 비행도 병행하는 청소년 약물딜러로서, 이들은 자신이 약물을 사용하고 다양한 약물을 판매하며, 또한 나아가서 재산범죄 및 폭력범죄에 개입되는 청소년들이다. 미국에서 이들은 전체 청소년 인구의 2%에 불과하지만 전체 강도와 폭행의 40%를 저지르며, 전체 청소년 중절도와 약물판매의 약 60%를 저지른다고 한다. 보통 처음에 이들은 상위 딜러에 의해 거리에서 약물을 판매하는 판매원으로서 고용되는데, 보통 3명에서 12명 정도의 소년들이 함께 고용되어 일하며, 이들은 망보는 역할, 새로운 약물구매자를 물색하는 역할, 그리고 이들을 보호하는 역할로 나누어서 일을 한다고 한다. 이 멤버들은 대부분 헤로

인과 같은 중독성 약물을 복용하지 않는 경우가 많은데, 약물을 전혀 하지 않는 애들만 고용하는 딜러도 있다고 한다. 이 멤버들은 약물을 판매하는 도중에 강도나 침입절도, 그 외 다른 절도 등을 저지른다고 한다. 이들 중 대부분은 약물거래를 잘하지 못하고 따라서 약물판매를 중단하거나 약물중독자가 되지만, 일부는 경찰에 검거되지 않고 매우 성공적으로 약물판매를 하여 상위 딜러의 신임을 얻고 상당한 부를 얻어 고급 승용차를 타고 다닌다고 한다.

넷째, 교정시설에 주기적으로 들락거리는 청소년들로서, 이들은 약물판매와 범죄 모두에 실패한 청소년들이다. 이들은 갱에 가입할 정도도 되지 못하며, 따라서 즉흥적으로, 기회에 따라서 범죄를 저지르며, 그들 자신이 심각한 약물중독자이기 때문에 경찰에 체포될 가능성도 매우 높은 유형이다. 따라서 상위 딜러에게는 믿을만한 사람으로 여겨지지 않으며, 기껏 망을 보는 정도의 하찮은 일만 하며, 또한 서투르게 범죄를 하다가 자주 잡혀 더욱 상위 딜러의 불신이 고착화되는 유형이다. 그러한 이유로 자주 교정기관을 들락거리면서 범죄경력을 오래 지속하는 유형이라고 할 수 있다.

다섯째, 성인이 되어서 범죄를 계속하는 약물청소년들로서, 성인이 된 후에도 약물과 범죄를 함께 병행하는 사람들이다. 일반적으로 약물을 남용하는 청소년들의 2/3가 성인이 된 후에도 약물남용을 계속하지만, 반 정도는 범죄를 그만둔다고 한다. 성인이 되어서도 이 두 가지를 계속하는 사람들의 사회인구학적 특성은 가난한 가정 출신이고, 가족 중에 전과자가 있으며, 상대적으로 범죄경력에 일찍 진입하고, 다양한 약물을 남용하며 자주 범죄를 저지르는 경향이 있고, 따라서 학력도 낮은 경향을 띤다.

2. 청소년의 약물남용의 실태

1) 공식통계 및 단속사례에 나타난 실태

이 절에서는 한국에서 청소년들의 약물남용실태를 공식 통계와 자기보고식 조사 결과를 통해서 살펴본다. 〈표 6-2〉에 따르면, 필로폰, 대마초, 아편 등의 본격적인 강한 약물을 규제하는 마약류관리에 관한 법률을 위반한 청소년은 극히 소수에 불과한데, 2013년까지는 30건 미만이었다가 2014년 이후에는 43건에서 58건 사이로 더 많이 나타난다. 반면 본드, 신나 등의 유해화학물질 남용은 2007년의 188건에서 2008년에는 435건, 2009년에는 505건, 2010년에는 847건, 그리고 2011년에는 1,114건으로 정점을 이루었다가, 이후 2012년에는 1,014건, 2013년에 460건, 2016년에 282건, 그리고 2018년에 90건으로 감소하고 있다.

〈표 6-2〉 청소년 약물사범 추이

위반법	연도											
	2007	2008	2009	2010	2011	2012	2013	2014	2015	2016	2017	2018
마약류 관리에 관한 법률	7	23	28	18	9	10	26	49	56	44	43	58
(유해) 화학물질 관리법	188	435	505	847	1,114	1,014	460	168	212	282	201	90

출처: 대검찰청. 범죄분석 각 연도

「마약류 관리에 관한 법률」을 위반한 청소년들의 연령을 살펴보면, 15세 이하는 극히 드물고, 대부분 16세에서 18세에 걸쳐 있으며, 그중에서도 높은 연령대일수록 대체로 더 많다는 것을 알 수 있다.

〈표 6-3〉 청소년 마약류 사범 연령별 현황

연도	전체 마약류 사범	청소년 마약류사범			
		15세 이하	16~17세	18세	합계
2014	6,882	6	10	19	49
2015	8,876	1	28	27	56
2016	8,989	4	23	17	44
2017	10,361	3	18	22	43
2018	9,003	4	25	29	58

출처: 대검찰청, 범죄분석 각 연도

다음의 〈표 6-4〉는 유해화학물질 남용 청소년들의 연령별 분포를 살펴 본 것이다. 이것은 마약류 남용과는 달리 대체로 낮은 연령대에 더 많이 분포하며, 그중에서도 15~16세가 유해화학물질을 가장 많이 남용하고 있음을 알 수 있다. 2017년 이전까지는 유해화학물질 남용 청소년이 대부분 15세에서 17세 사이에 집중되고 있는 것을 알 수 있으며, 특히 2016년에는 15세가 122명, 16세가 90명으로 절정을 이뤘다. 그러나 가장 최근인 2018년에는 비교적 연령별로 고르게 남용 청소년이 분포하고 있는 것을 알 수 있다.

〈표 6-4〉 연령별 유해화학물질 남용사범 단속현황

연도	전체	14세 이하	15세	16세	17세	18세	청소년 합계
2014	624	33	43	33	42	17	168
2015	703	-	57	78	53	24	212
2016	842	19	122	90	34	17	282
2017	844	38	39	53	48	23	201
2018	583	17	18	15	18	22	90

출처: 대검찰청, 범죄분석 각 연도

그러나 이상의 공식 통계는 유해화학물질이 청소년들에게 광범위하게 퍼져 있다는 사실을 보여주기는 하지만, 구체적으로 어떤 약물이 사용되고 있는지는 알기가 어렵다. 따라서 이것을 알기 위해서는 단속에 적발되거나 유통실태가 보도된 신문기사를 참고함으로써 잘 알 수 있다. 신문에 보도된 대용약물의 단속사례를 살펴보면, 1994년과 1995년, 그리고 2001년 각각에 대용약물인 염산날부핀이 대량으로 밀거래되어 사회문제가 되었다는 것을 알 수 있다. 진통제로 병원에서 사용되는 날부핀이 부도덕한 제약회사와 약국을 통해 대량으로 유통되어 남용의 대상이 된 것이다.[11)]

최근에는 이러한 염산날부핀 외에도 러미나와 S정과 같은 대용약물들이 대량으로 도매약국을 중심으로 음성적으로 거래되고 있다. 이러한 약물들은 유흥업소에 종사하는 종업원이나 성매매하는 청소년들이 부끄러움을 잊기 위해서 또는 성적인 만족을 위해서 많이 복용하는 것으로 알려져 있다.[12)] 이렇게 러미나

11) 당시의 신문기사 내용을 소개하면 다음과 같다. 최근 급속하게 번지고 있는 대용마약 '염산날부핀'이 지난 1월 향정신성의약품으로 지정된 뒤에도 일부 영세 제약회사를 통해 광범위하게 밀거래되는 것으로 밝혀져 대책마련이 시급하다. 서울지검 강력부는 16일 반도제약 사장 박모(48) 씨 등 2명을 마약류관리에 관한 법률위반과 약사법 위반 혐의로 구속기소하고 이 회사와 명문제약을 벌금 1,000만 원과 500만 원에 약식기소했다. 검찰에 따르면 박 씨 등은 지난 1월부터 3월까지 날부핀 40만 앰플을 밀매업자인 김모(30. 구속) 씨 등에게 불법으로 판매, 4억 원을 챙긴 혐의를 받고 있다. 날부핀은 산부인과에서 주로 쓰이는 진통제로 의사의 처방전이 있어야 약국에서 구입할 수 있는 전문의약품. 그러나 모르핀의 2.3배나 될 만큼 강력한 효과 때문에 최근 대용마약으로 급속하게 확산되고 있다. 금단증세도 심해 실제 검찰에 적발된 한 중독자는 조사를 받으면서도 날부핀을 한 차례만 투약해주면 모든 것을 다 털어놓겠다고 매달렸다는 후문이다(세계일보 2001.4.17.).

12) 다음은 대용약물과 관련한 신문기사이다. 17일 밤 10시 서울 중구 남대문로 5가 속칭 '약골목'. 어두운 골목길 구석에서 40~50대로 보이는 10여 명의 남녀가 제각각 한두 사람의 행인과 마약대용 약물인 '러미나'가 담겨 있는 하얀 봉지와 현금 뭉치를 교환했다. "70알에 만 원이야. 약 얼마나 필요해?" 40대 여자가 조용히 접근하며 말을 건넸다. 3만 원어치를 요구하는 기자에게 그는 "고등학생들이나 노숙자들 빼고는 5만 원 이하로 사는 사람은 거의 없다"며 "한 번에 10만 원, 20만 원어치가 보통이고 백만 원 단위로 사가는 사람도 많다"고 말했다. 18일 오전 1시 서울 동대문구 전농 2동 '청량리 588' 윤락가에서 만난 50대 포주는 "약물 판매상이 한 달에 한두 번 방문해서 아가씨들에게 한 번에 70~100만

와 S정의 남용이 크게 사회문제화되자, 2003년 2월 서울지검 마약수사부는 14일 대용마약인 '러미나'와 'S정'을 불법으로 제조하여 시중에 대량 유통시킨 혐의로 적발된 H사와 M사 등 2개 제약회사의 20억 원대 재산에 대해 국세청의 협조를 얻어 압류조치하였다. 2003년 3월에는 이들 약물을 마약류로 분류해 규제하기로 하였다.

최근에는 시중에서 많이 사용되고 있는 해열진통제인 게보린이 청소년들에게 조퇴약이나 다이어트약으로 잘못 알려져 남용되는 사례가 보도된 바 있다. 2010년 청소년들 사이에 게보린 10알을 먹으면 열이 나고 토하게 되어 학교를 안 가거나 조퇴할 수 있다는 소문이 돌면서 남용한 사례가 나타났고, 2011년에는 게보린 5알 이상을 삼키면 먹은 것을 모두 토해서 다이어트에 도움이 된다는 소문이 돌아서 여학생들이 해열진통제를 남용한 사례가 보도된 바 있다.[13] 반면에 유투브 등의 영향으로 소위 '몸짱'을 만들기 위해 근육을 쉽게 만들어 주는 아나볼릭 스테로이드를 남용하는 사례도 급격히 늘고 있다.

한국의 경우 과도한 입시경쟁으로 인한 청소년 약물남용도 심각하다. 최근 국감자료에 따르면, 2014년에서 2019년 상반기까지 최근 5년 6개월 동안 ADHD 환자에게 처방되는 메틸페니데이트가 무려 320만 건이 처방된 것으로 나타났는

원 단위로 거래하는 경우가 대부분"이라며 "최근 단속이 심해지자 우선 전화를 통해 접선하는 등 거래가 은밀해지고 있다"고 말했다. 지난해 10월부터 검찰이 '러미나'와 'S정' 불법 제조·판매를 단속했지만 서울 남대문, 인천 등지의 '게릴라 판매상'들은 여전히 활개를 치고 있다. 마약에 비해 가격이 10%에 불과하고 복용해도 처벌받지 않았기 때문에 수요가 폭증한 것. 검찰은 과거 약만 팔던 '약아줌마'들이 최근에는 제조까지 하고 있는 것으로 보고 있다. 검찰은 윤락업소 종사자들을 비롯, 10대 청소년과 노숙자들의 상당수가 약물중독상태이고 그 수가 무려 30여 만 명에 달하는 것으로 추정하고 있다. 지난해 7월 전북 전주에서 이모(34) 씨는 '러미나'를 100알이나 먹고 환각에 빠져 "자신은 조물주" "어머니는 악마"라며 흉기로 어머니를 수십 차례 찔러 숨지게 했다(문화일보 2003.3.18.).

13) "게보린을 5알 이상 삼키면 먹은 걸 전부 토하고 설사를 하게 돼 살이 2kg은 빠진다고 하더라구요." 10일 낮 서울의 한 여고 앞에서 만난 여학생은 이른바 '게보린 다이어트'에 대해 이렇게 설명했다. 실제로 서울 노원구 상계동의 한 병원엔 최근 여중생 김모(15) 양이 게보린 7알을 먹고 의식이 흐려져 병원에 실려 왔다(한국 2011.10.11.).

데, 이 중 청소년에게 처방된 것이 전체의 73.6%였다. 이 약물은 수험생과 학부모들 사이에 공부 잘하게 만드는 약물로 알려져 그 남용이 급격히 증가하고 있는데, 해마다 50만 건 이상이 처방되고 있으며, 특히 2018년에는 약 64만 건이 처방되었으며, 2019년에는 상반기에만 약 37만 건이 처방된 것으로 나타나(헤럴드경제, 2019.10.15.), 단순 계산하면 2019년 한 해에 약 74만 건의 처방이 이뤄졌을 것으로 추정된다.

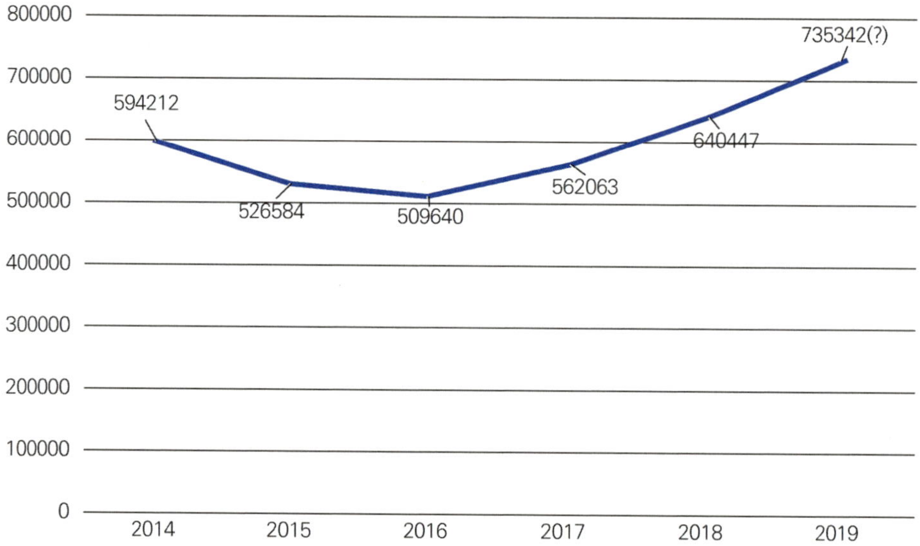

[그림 6-1] 메틸페니데이트 처방 추이

출처: 헤럴드경제, 2019.10.15.

2) 자기보고식 조사에 나타난 실태

약물남용범죄는 대표적인 피해자 없는 범죄(victimless crime)이기 때문에 신고가 거의 없고, 따라서 공식 통계를 통해서 정확한 실태를 파악하기는 쉽지 않다. 따라서 자기보고식 조사(self-reported survey)를 통해서 청소년 약물남용의 실태를 살펴볼 필요가 있다. 참고할만한 자기보고식 조사로는 1989년부터 국가 차원에서 정기적으로 약물남용실태에 대해 조사한 자료가 있다. 청소년 및 여성 관련부처에서 용역연구형식으로 추진한 이 추세연구(trend study)들의 결과는 청소년 약물남용의 실태와 추이를 잘 보여준다. 이 조사는 각각 다른 연구진에 의해 1989년, 1991년, 1993년, 1996년, 1999년, 2002년 각각 조사가 되었고, 2005년 이후 2012년까지 매년 조사가 이루어졌다. 그러나 2014년부터는 격년으로 조사가 되고 있는데, 특히 2016년부터는 기존의 〈청소년 매체이용 실태조사〉를 통합하여, 〈청소년 매체이용 및 유해환경 실태조사〉로 이름을 바꾸어 시행되고 있다.

이 추세연구는 학교에 다니는 청소년과, 근로청소년(1999년 이전), 그리고 비행청소년에 대해 각각 행해졌다. 비행청소년은 주로 소년원생이나 가출청소년, 학교부적응청소년으로 구성되어 있다. 조사 대상이 되는 약물은 국내에서 주로 많이 접하는 약물이라고 할 수 있는 술, 담배, 수면제, 각성제, 진통제, 본드, 가스, 대마초, 마약, 히로뽕 등의 사용경험으로 구성되었지만, 최근에는 술, 담배를 제외한 많은 것들이 조사항목에서 제외되었다. 이것의 추이는 〈표 6-5〉와 〈표 6-6〉에 일반청소년과 비행청소년으로 나누어 각각 요약되어 있다.[14)]

〈표 6-5〉에서 우선 학교청소년의 약물남용 실태를 유형별로 살펴보면, 1989년에 술을 마신 경험이 있는 청소년이 48.0%였던 것이 91년에 52.8%, 96년에 71.3%, 99년에는 60.2%, 그리고 2002년에 70.5%로 가장 높았다가, 그 이후에는 조금씩 줄어들어, 2016년에는 35.0%로 줄어들었다. 흡연의 경우는 89년에 33.1%, 91년에 29.0%, 93년에 22.3%, 96년에 28.1%, 그리고 99년에 35.4%로 가장 높은 비율이었으나, 그 이후 2002년과 2005년에는 약 30% 정도였다가 2006년에 24.0%, 2007년에 19.6%, 2008년에 19.1%, 2010년에 18.7%, 2114년에 21.4%, 그리고 2016년에 11.5%로 줄어들었다.

다음으로 일반청소년의 경우 수면제는 1999년까지만 조사되었는데, 89년에

14) 최근 조사에서는 위기청소년을 따로 조사하지 않고 있다.

5.9%, 91년에 1.8%, 93년에 4.7%, 96년에 5.3%, 99년에 4.2%로 91년을 제외하면 4~5%대를 안정적으로 유지하고 있는 것을 알 수 있다. 각성제의 경우 89년에 29.7%였던 것이 91년에는 6.6%, 93년에는 10.0%, 96년에는 13.8%로 89년에 가장 높고, 91년에 대폭 줄어들었다가 그 이후에는 조금씩 늘고 있는 것으로 나타난다. 2000년대에 들어서 각성제 남용은 2%에서 3% 초반대로 대폭 줄어든 것으로 나타난다. 진통제와 살 빼는 약의 남용은 2000년대 들어 새로 조사되기 시작했는데, 진통제의 경우 2005년에 3.6%로 가장 높았고, 2006년에 2.8%, 2007년에 2.6%, 2008년에 1.9%로 그 남용경험 비율이 점점 줄어들고 있다. 살 빼는 약의 경우, 2005년과 2006년 조사 결과가 이용 가능한데 각각 2.2%와 1.2%로 역시 줄어들고 있는 것으로 나타난다.

다음의 전체 흡입제의 추이는 대체로 2% 내외에서 생애 남용비율이 나타나는데, 본드남용을 경험한 사람의 비율의 경우 89년에 4.4%로 가장 높았고, 91년에 2.5%, 93년에 1.5%, 96년에 3.3%, 그리고 99년에 1.5%로 등락을 거듭하고 있지만 89년에 비해서는 조금 줄어든 상태라고 할 수 있다. 가스를 남용하는 사람 비율의 경우 91년에 1.5%, 93년에 1.4%, 96년에 3.7%로 대폭 증가하였고, 다시 99년에는 1.0%로 나타나고 있다. 2000년대부터는 이 흡입제들은 신나와 함께 일괄하여 조사하고 있는데, 이들의 흡입을 경험한 청소년의 비율이 2002년에 2.1%, 2005년에 2.2%, 2006년에 2.0%였다가, 2007년에 2.7%로 다소 높아졌고, 2008년에는 다시 2.4%로 조금 낮아졌다. 전반적으로 흡입제를 남용하는 일반청소년들은 2000년대 들어 2%대로 비교적 안정적으로 유지되고 있다. 그리고 2012년 보고서에는 흡입제를 남용하는 청소년들 중 본드, 가스, 신나, 톨루엔, 초산에틸, 메틸알코올로 나누어서 남용경험을 보여주는데, 이들 중 본드가 가장 높은 27.3%이고, 가스가 18.3%, 신나가 12.6%, 메틸알코올이 11.9%, 초산에틸이 11.4%, 그리고 톨루엔이 11.1%의 비율로 나타난다.

다음으로 대용약물이 아닌, 다시 말해서 일반적으로 마약으로 통칭되는 대마초나 향정신성 의약품 등의 마약류는 학교청소년의 경우 1999년 이전에만 집계되고 있는데, 그 추이를 살펴보면, 대마초를 경험해 본 학교청소년은 89년에 1.9%로 높았고, 그 이후에는 0.8%, 0.9%, 0.5%, 0.9%로 모두 1% 미만으로 나타나고 있다. 그 외 마약이나 히로뽕은 모든 연도에서 1% 미만으로 나타나고 있다. 이 결과는 우리나라의 학교를 다니는 일반청소년들은 아직 강한 약물에는 손을 대지 않고 있다는 것을 보여준다. 다만 최근에는 조사항목에서 빠져 있어 남용실태를 알 수가 없다.

〈표 6-5〉 학교청소년(중고교)의 생애 약물사용경험 연도별 (단위: %)

약물유형		조사연도															
		1989	1991	1993	1996	1999	2002	2005	2006	2007	2008	2009	2010	2011	2012	2014	2016
술		48.0	52.8	57.5	71.3	60.2	70.5	61.7	68.7	65.2	63.3	55.8	51.9		47.0	43.5	35.0
담배		33.1	29.0	22.3	28.1	35.4	29.2	30.7	24.0	19.6	19.1	17.1	18.7		24.6	21.4	11.5
수면제		5.9	1.8	4.7	5.3	4.2	8.3										
각성제		29.7	6.6	10.0	13.8	-		2.5	2.3	3.2	2.2						
진통제								3.6	2.8	2.6	1.9						
살 빼는 약								2.2	1.2								
흡입제							2.1	2.2	2.0	2.7	2.4	1.6	2.7	2.3	5.9	1.0	
	본드	4.4	2.5	1.5	3.3	1.5									27.3[a]		
	가스	-	1.5	1.4	3.7	1.0									18.3[a]		
	신나														12.6[a]		
	톨루엔														11.1[a]		
	초산 에틸														11.4[a]		
	메틸 알코올														11.9[a]		
마약류	대마초	1.9	0.8	0.9	0.5	0.9											
	마약	0.7	0.6	0.2	0.3	-											
	히로뽕	0.7	0.4	0.5	0.2	0.8											

출처: 〈청소년 (유해매체 및) 유해환경 종합실태조사〉 각 연도

a: 흡입제 남용경험자 중 남용경험 비율

* 빈 칸은 조사항목에 없거나, 보고서에 자료가 없는 것임.

〈표 6-6〉은 비행청소년의 약물남용경험 비율을 보여준다. 이들을 약물의 유형별로 살펴보면, 술과 담배의 경우는 다소 줄어들기는 했으나, 그래도 80~90%대를 유지하고 있어 거의 모든 비행청소년들이 남용하고 있다는 것을 알 수 있다. 수면제나 각성제의 경우 증감이 심하지만, 전반적으로는 감소추세를 보여주는데, 1989년에 수면제를 복용해 본 비행청소년이 25.4%였던 데 비해 91년에는 8.2%, 93년에는 19.2%, 96년에는 11.6%, 99년에는 16.5%, 2002년에는 13.8%, 2005년에는 9.2%, 그리고 2006년에는 11.7%로 증감은 있으나 1989년이나 1993년의 수준에 비해 낮은 수준이라고 할 수 있다. 각성제의 경우는 89년에 34.8%, 91년에 6.9%, 93년에 10.5%, 96년에 16.1%, 2002년에 9.2%, 2005년에 6.1%, 2006년에 4.0%, 2007년에 3.7%, 2008년에 5.9%로 2008년에 다소 증가하기는 했으나, 전반적으로는 완만한 감소추세를 보여준다. 이러한 추세는 최근까지 계속 이어지고 있는데, 2011년의 다소의 증가는 조사방법의 변화로 인한 것으로 추정되며, 실제의 추세는 매우 약간씩 남용이 감소하는 것으로 생각된다.

진해거담제나 진통제, 살 빼는 약의 남용은 2000년대부터 조사하기 시작했는데, 비행청소년들의 진해제(기침약) 남용의 경우, 2002년에 26.9%로 가장 높았으며, 2005년에 26.4%, 그리고 2006년에 24.9%로 조금씩 줄어들고는 있으나, 그 비행청소년들 사이에 진해거담제의 남용경험 비율이 매우 높다는 것을 알 수 있다. 진통제의 경우, 2002년에 26.5%, 2005년에 23.5%로 매우 높았으나, 2006년 이후에는 각각 4.5%, 3.7%, 5.9%로 크게 낮아졌다. 살 빼는 약의 경우 2002년에 7.8%로 높았으나, 2005년에 2.2%, 2006년에 2.3%로 역시 낮아졌다.

다음으로 비행청소년들의 다양한 흡입제 생애 남용실태를 살펴보면, 2002년에 19.3%로 높았다가, 2005년에 6.8%, 2006년에 6.1%, 2007년에 3.7%, 2008년에 6.6%, 2009년 5.6%, 2010년 7.6%, 그리고 2014년 7.1%로 다소의 증감은 있으나,[15] 전반적으로 감소하는 추세에 있는 것으로 보인다. 비행청소년들 중

15) 최근의 조사는 흡입제의 범위를 보다 넓게 정의하는 느낌이 있다. 예를 들어 2009년 조사에

흡입제 남용경험이 있는 청소년들의 유형별 흡입제 남용실태를 살펴보면, 본드의 경우 89년에 47.0%가 경험이 있었지만, 91년에는 45.9%, 93년에는 48.7%, 96년에는 68.8%, 99년에는 52.1%로 89년에 비해 대체로 높은 수치로 나타나고 있다. 가스의 경우도 유사한데, 91년에 32.9%였다가, 93년에는 43.7%, 96년에는 58.0%로 점점 높아졌지만, 99년에는 28.1%로 크게 떨어진 것으로 나타난다. 최근 2012년 보고서에 다시 이들의 남용비율을 보고했는데, 본드가 70.6%로 남용경험자 대부분이 손을 대는 인기 흡입제로 나타났고, 가스가 17.6%, 신나가 12.6%, 톨루엔이 11.1%, 초산에틸이 11.4%, 메틸알코올이 11.4%로 나타났다.

대마초를 남용하는 비행청소년의 비율은 89년에 28.5%였다가, 이후에는 6.9%, 12.3%, 6.3%, 24.2%로 줄어들었다가 다시 증가하는 것으로 나타난다. 아편, 헤로인, 코카인 등의 마약의 경우는 89년에 9.4%가 경험한 것으로 나타나지만, 이후에는 7.2%, 0.8%, 1.8%로 크게 줄어든 것으로 나타난다. 히로뽕의 경우는 89년에 9.6%였다가, 그 이후에는 5.6%, 1.5%, 4.5%, 7.1%로 93년을 중심으로 낮아지다가 다시 증가하는 경향을 나타내고 있다. 2002년 이후의 조사는 이들을 구분하지 않고, 크게 마약류로 포괄하여 조사하는데, 비행청소년 중에 이것을 남용하는 비율은 2002년 8.0%에서 2005년 2.0%, 2006년 4.0%로 다소 감소하는 경향으로 추정된다. 그러나 2007년 이후의 조사에서는 이 항목이 빠져, 그 실태를 알 수가 없게 되었다.

는 "본드, 신나 등의 환각제"로 표현하다가 "본드, 신나 등의 흡입제"로 표현하기도 하고, 때로는 "본드, 신나 등의 흡입제나 환각물질"로 표현하기도 한다. 2012년 조사에서는 "본드, 신나, 가스 등의 환각성 물질"로 주로 표현하며, 남용유형을 묻는 질문에서 본드, 부탄가스, 신나, 톨루엔, 초산에틸, 메틸알코올 등을 예시한다.

〈표 6-6〉 비행청소년의 생애 약물사용경험 연도별 추세 (단위: %)

약물유형		조사연도															
		1989	1991	1993	1996	1999	2002	2005	2006	2007	2008	2009	2010	2011	2012	2014	2016
술		93.1	82.6	91.4	90.2	92.8	90.6	89.5	87.3	84.7	87.6	87.6	83.0		85.1	83.5	
담배		96.1	86.6	93.7	95.5	93.0	84.9	85.1	81.1	76.7	83.5	85.4	84.6		85.6	83.6	
수면제		25.4	8.2	19.2	11.6	16.5	13.8	9.2	11.7								
진해제							26.9	26.4	24.9								
각성제		34.8	6.8	10.5	16.1	-	9.2	6.1	4.0	3.7	5.9						
진통제							26.5	23.5	4.5	3.1	3.7						
살 빼는 약							7.8	2.2	2.3								
흡입제							19.3	6.8	6.1	3.7	6.6	5.6	7.6		13.5	7.1	
흡입제 남용 경험자 중 남용 비율	본드	47.0	45.9	48.7	68.8	52.1									70.6		
	가스	-	32.9	43.7	58.0	28.1									17.6		
	신나														12.6		
	톨루엔														11.1		
	초산에틸														11.4		
	메틸알코올														11.9		
마약류	대마초	28.5	6.9	12.3	6.3	24.2	8.0	2.0	4.6								
	마약	9.4	7.2	0.8	1.8	-											
	히로뽕	9.6	5.6	1.5	4.5	7.1											

출처: 청소년유해환경실태조사 각 연도
* 빈 칸은 조사항목에 없거나, 보고서에 자료가 없는 것임.

이 결과들을 요약하면, 학교에 다니는 일반청소년들에 비해 비행청소년들이 대체로 약물남용의 비율이 높지만, 두 집단 모두 전반적으로 약물남용의 수준이 과거에 비해서 다소 줄어드는 양상을 보여주고 있으며, 그중에서도 일반청소년의 경우 특히 흡연을 하는 비율이 많이 줄어들었다. 반면 비행청소년의 경우는 흡연비율도 많이 줄어들고 있지만, 진통제, 각성제, 수면제 등의 대용약물의 사용이 많이 줄어들고 있으며, 또한 본드를 제외한 가스, 신나 등과 같은 흡입제의 사용이 크게 줄어들고 있다. 이러한 결과는 청소년보호위원회의 등장과 그 활동이 꾸준하고도 활발하게 이루어진 데서 찾을 수 있을 것이다. 특히 1999년 조사에서 나타난 전체적인 약물남용의 감소는 청소년보호위원회의 활동으로 청소년이 약물을 쉽게 구할 수 있는 관행을 깨뜨릴 수 있었기 때문인 것으로 생각된다.

3. 약물남용의 원인

약물남용의 원인은 크게 다음의 몇 가지 시각으로 나눌 수 있다(Siegel, 2000).

첫째, 하위문화적 견해로서, 이러한 견해를 가진 사람들은 환경에 의해 약물남용이 영향을 받는 것으로 생각하고 주로 하층계급 청소년의 약물중독에 주목한다. 이 입장은 하층계급의 인구에 비해 하층계급 약물중독자의 비율이 지나치게 높고, 따라서 약물남용이 빈곤지역에서 발견되는 인종적 편견, 낮은 자아존중감, 열악한 사회적 지위, 높은 수준의 불신과 부정적 사고경향, 반항적인 태도에 의해 시작된다고 주장한다. 특히 슬럼지역은 약물하위문화로 가는 출입구이기도 한데, 이런 지역에서는 소외감과 무기력감이 강하며, 종종 기존의 약물남용자들을 쉽게 만날 수 있으며, 이들은 청소년들이 그들의 스트레스를 극복하는 방법으로 약물을 사용하도록 가르치기 쉽다는 것이다. 하층계급의 청소년들은 일부 교육적, 직업적 성취를 통해서 약물하위문화를 잊어버릴 수도 있지만, 이들에게 상승이동의 기회는 매우 드물게 주어지기 때문에 다시 약물문화에 빠지기가 쉽게 된다. 그러나 이러한 견해는 모든 약물남용자들이 하층계급은 아니라는 점에서 다소 한계가 있다고 하겠다.

둘째, 정신역학적 견해로서, 이것은 약물남용이 성격장애나 감정적 문제와 관련되어 있다고 본다. 이 입장에 의하면, 청소년들이 약물남용을 통해서 그들의 무의식 속에 존재하는 욕구와 충동을 통제하거나 표출할 수 있다고 한다. 청소년들은 과잉보호적인 어머니에게 의존상태로 남아 있기 위해서나, 청소년기의 감정적 혼란을 감소시키기 위해서, 또는 문제 되는 충동들에 대처하기 위해서 약물에 의존할 수 있다. 기존 연구들에 의하면, 약물중독자들은 성격장애를 갖고 있는데, 이들은 허약한 자아, 좌절에 대한 낮은 인내심, 불안, 그리고 전능하다는 환상 등의 증상으로 나타난다고 한다. 이른바 중독되기 쉬운 성격이 이러한 사람들의 성격특성이라고 한다.

셋째, 유전적 요인에 주목하는 견해로서, 이것은 약물남용이 유전적 요인에 의해 영향을 받는다고 주장한다. 예를 들어 알코올이나 약물을 남용하는 부모를 둔 자녀들은 약물남용자가 될 가능성이 그렇지 않은 사람들에 비해 훨씬 높다는 것이다. 이러한 사실들은 입양아연구(adoption study)에서나, 쌍생아연구(twin study)에서 모두 경험적으로 확인되고 있다. 그러나 이러한 설명의 한계는 알코올이나 약물을 남용하는 부모를 둔 청소년들의 대부분은 약물중독에 빠지지 않는다는 사실에서 찾을 수 있다. 특히 약물남용의 시작에서 보다 중요한 역할을 하는 요인은 사회환경적 요인이라는 점에서, 유전적 요인은 부차적으로만 고려되어야 할 것이다.

넷째, 사회학습의 견해로서, 이것은 약물남용이 부모의 약물남용을 관찰함으로써 발생한다는 것이다. 부모의 약물남용은 심지어 2세의 유아에게도 나쁜 영향을 주기 시작한다고 하며, 이것은 부모가 우울증이 있거나 충동을 통제하는 능력이 낮은 것과 같은 약물과 관련된 성격장애가 있는 경우에 더욱 강하게 나타난다고 한다. 또한 약물이 즐거운 감각을 가져다준다는 것을 학습한 사람들은 더욱 불법적인 약물을 시험적으로 복용하려는 경향이 강하게 나타난다고 한다. 특히 이 입장을 견지하는 사람들은 약물 출입문(drug gateway)으로서 흡연과 음주에 주목한다. 이들에 의하면, 대부분의 흡연과 음주를 즐기는 청소년들이 강한 약물남용자로 발전하지는 않지만, 일부는 보다 강한 약물로 옮겨간다고 한다. 일반적으로 성인 약물중독자들은 매우 어린 시기에 음주를 시작하는 경향이 있다고 한다. 따라서 청소년들의 흡연과 음주를 줄인다면, 향후에 보다 강한 약물남용을 줄일 수 있을 것이라고 주장한다.

국내의 한 연구(김상희, 1991)도 청소년들이 약한 약물에서 강한 약물로 발전하는 이러한 단계를 거친다는 것을 보여준다. 이 연구에 의하면, 청소년들은 1차적으로 담배와 술에 접하게 되고, 그 다음으로 본드와 가스를 흡입하게 되며, 다음에는 알약 형태의 다양한 대용약물을 남용하게 되며, 그 다음에는 대마초와 같은 약한 마약을 시작하게 되며, 마지막으로 히로뽕과 같은 강한 약물을 남용하게 된다는 것이다. 이러한 과정은 약물의 내성으로 인해 점점 투약의 양을 늘려야 한다는 점과, 한번 약물의 즐거움을 경험한 청소년들이 새로운 강한 약물에 대한 호기심을 직접적으로 충족하려는 경향이 강하게 나타난다는 것을 보여준다.

다섯째, 합리적 선택의 견해로서, 이것은 약물남용이 중독, 질병, 처벌과 같은 개인적 비용에 대한 평가와 또래들 사이에서의 인정받음, 붕 뜨는 기분, 성적으로 강해지는 즐거움, (예술에서의) 창조성의 증가, 현실로부터의 도피와 같은 이익에 대한 평가를 함께 고려한 다음에 결정된 선택이라고 한다. 그러나 일반적으로 대부분의 약물남용자들은 자신들에게 올 수 있는 부정적인 결과에 대해서는 거의 생각하지 않기 때문에 쉽게 약물남용을 선택한다고 한다.

4. 청소년 약물대책

약물을 통제하는 전략은 크게 공급감소전략과 수요감소전략으로 나눌 수 있다. 공급감소전략은 약물의 생산, 제조, 거래, 판매 등 약물의 공급부분을 통제하여 이를 감소시키는 것이다. 반면에 수요감소전략은 약물남용자들의 약물사용을 줄이는 전략이다. 이 두 가지의 전략을 다시 세분해 보면 청소년들의 약물남용을 통제하는 전략은 크게 "억제전략, 처벌전략, 약물예방전략, 지역사회전략, 그리고 치료전략의 다섯 가지로 나눌 수 있다"(Siegel, 1991: 357-361).

첫째, 억제전략은 대규모 약물딜러에 대한 체계적인 검거와 매우 높은 금액의 벌금을 부과하는 엄격한 법의 집행을 통해서 약물의 판매와 수입을 억제하는 것이다. 이 방법은 알려진 약물딜러들과 남용자들을 처벌하고, 새롭게 약물을 거래할 것을 고려하고 있는 사람들을 억제하는 것을 주목표로 한다. 이 접근방식은 약물의 원료작물 수출국과 협조하여 원료작물재배지를 파괴하고 약물카르텔의 구성원을 검거하여 공급을 막는 방식으로 공급원 통제로 알려져 있다(Siegel, 1991).

실제로 유엔은 사생활이 조금 침해되더라도 통신감청, 함정수사, 예금 계좌추적을 폭넓게 허용할 것을 권고하고 있으며, (특히 조직범죄집단의) 약물거래로부터 생기는 수익을 철저히 박탈하도록 권고한다. 이를 위해 돈세탁을 불법화하고 금융거래 시에 수상한 거래를 신고하도록 유도하며, 약물수사에 대한 국제협력을 확대하도록 권고하고 있다. 이러한 유엔의 전략은 공급원 통제에 의해 약물을 근절하겠다는 의지를 나타낸 것이라고 볼 수 있다. 우리나라에서는 이러한 권고를 받아들여 1995년에 「마약류불법거래 방지에 관한 특례법」을 제정하였다.[16] 그리고 2001년 9월에는 약물자금을 비롯한 불법자금의 이동을 분석하고 범죄수익을 몰수하는 것을 골자로 한 돈세탁 방지 관련 법률인 「범죄수익은닉의 규제 및 처벌 등에 관한 법률」과, 「특정 금융거래정보의 보고 및 이용 등에 관한 법률」을 제정하였다(조병인, 2002).

국내에서는 「청소년보호법」에 의해 청소년들에 대한 유해약물의 판매, 청소

16) 1998년 4월에는 실제로 이 법에 명시된 '기소전 몰수' 규정에 따라서 의정부지청에서 중국산 히로뽕을 밀수하여 판매한 조모 씨를 구속기소하면서, 조 씨의 재산인 아파트, 은행예금, 승용차 등 4억 원 상당의 재산을 몰수하였다. 또 2000년 4월에는 부산지방검찰청이 역시 이 규정을 적용하여 상습적으로 히로뽕을 밀매한 성모 씨를 구속기소하면서 성 씨의 동생과 어머니 등 명의의 예금, 현금, 아파트 전세보증금, 외제승용차 등 모두 6,036만 원 상당의 재산을 몰수한 바 있다(조병인, 2002).

년 유해약물에 대한 유해표시 불이행 행위를 엄격하게 금지하고 있다. 이 법은 청소년에게 술이나 담배를 판매하는 경우에 2년 이하의 징역 또는 1,000만 원 이하의 벌금에 처하도록 하고 있으며, 청소년에게 환각물질을 판매하는 경우에는 3년 이하의 징역 또는 2,000만 원 이하의 벌금을 부과하도록 규정하고 있고, 청소년 유해약물에 유해표시를 하지 않은 경우에는 2년 이하의 징역 또는 1,000만 원 이하의 벌금에 처하도록 규정하고 있다(다음의 〈표 6-7〉 참조).

〈표 6-7〉 청소년 유해약물에 대한 규제법령

대 상	행위자	위 반 행 위	위반 시 형사처벌
청소년대상 판매금지 위반	누구든지	청소년에게 주류나 담배를 판매한 자(제28조 제1항)	2년 이하 징역 또는 2천만 원 이하 벌금(법 제59조 6호)
청소년대상 판매금지 위반	누구든지	청소년에게 화학물질관리법상의 환각물질이나 여성가족부 고시약물(제28조 제1항)을 판매, 대여 배포하거나 무상으로 제공한 자	3년 이하 징역 또는 3천만 원 이하 벌금(법 제58조 3호)
청소년 유해표시 불이행	제조 · 수입한 자	청소년 유해약물 등의 유해표시를 하지 않은 자(제13조 제1항 및 제28조 제7항)	2년 이하 징역 또는 2천만 원이하 벌금(법 제59조 제1호)

출처: 청소년보호법

둘째, 처벌전략은 검찰과 법원 차원에서 약물범죄자의 기소와 처벌에 가장 우선순위를 두는 전략이다. 이 전략하에서 약물범죄자는 유죄판결 및 실형을 받을 가능성이 높으며, 따라서 이런 정책이 지속적으로 유지되면 불가피하게 교도소과밀화를 가져올 수도 있는 전략이라고 할 수 있다(Siegel, 1991). 실제로 약물거래의 소매단계를 집중단속할 경우에 많은 용의자들을 체포할 수 있겠지만 이러한 활동은 현재 과밀화된 형사사법체계에 또 다른 부담을 줄 뿐이라고 한다(Belenko, 1990).

셋째, 약물예방전략은 청소년들이 약물의 유혹을 단호히 뿌리칠 수 있도록 돕는 전략이다. 이것의 구체적인 예로는 대중매체를 통해 약물남용의 위험에 대해 경고하거나 (초등)학교의 프로그램으로 술이나 담배 등에 대한 또래친구들의 압력에 저항하는 기술을 가르치는 방법 등이 대표적이다(Siegel, 1991). 예방프로그램은 주로 청소년들을 대상으로 하는데, 이것은 약물을 실험해 보거나 복용습관에 빠져드는 대부분의 시기가 청소년기이기 때문이다. 보트빈(Botvin, 1990)은 예방대책을 5가지 전략, 즉 정보배포, 정서교육, 대안, 거부기술, 대면접촉 및 사회기술의 훈련으로 구분하였다. 이러한 5가지 유형의 예방전략들은 상호배타적이지는 않다. 약물과 약물의 폐해에 대한 구체적인 정보배포는 대부분 예방프로그램이 활용하는 것이다. 자아존중심의 배양, 자기선택에 대한 책임감 인식, 친구압력을 다루는 방법의 학습 등 역시 대부분의 전략에 포함되어 있다.

정보배포 프로그램은 가장 일반적인 약물프로그램이며, 실제로 우리나라에서도 많은 단체들이 주로 대중매체나 가두홍보, 이벤트 등을 통해서 약물예방캠페인을 전개해 왔다. 그 중에서 중요한 것 몇 가지를 살펴보면, 우선 공익광고협의회는 1989년과 1991년, 1994년에 약물퇴치 공익광고를 제작하여 각 TV매체를 통해서 방영하였으며, 1995년에는 극장광고로 방영한 바 있다. 또한 이벤트를 통해 마약퇴치캠페인을 전개하는 경우도 있는데, 1992년에 서울신문사와 마약퇴치본부는 「마약퇴치 국민대회」를 개최하여 유공자에 대한 표창 및 포스터의 공모 및 전시활동을 하였다. 그 외 1994년에 MBC에서 「한번쯤도 안됩니다」를, SBS는 1992년 「정트리오 마약퇴치친선대사 취임공연」 이벤트를 개최한 적이 있다. 그 외 마약퇴치본부는 사람들이 많이 모이는 역, 터미널, 유원지 등에서 현수막, 피켓, 어깨띠, 전단, 이동식 TV 등을 통해 가두홍보활동을 하고 있으며, TV 및 라디오 광고, 극장광고, 지하철광고 등을 통해서도 약물예방캠페인을 활발히 진행하고 있다. 이러한 노력의 결과로 2003년부터는 초·중·고등학교에서 학기당 2시간 이상 의무적으로 약물예방교육을 하고 있다.

그러나 이러한 정보배포 프로그램을 통해 약물에 대한 지식을 보급하는 것은 예상치 않은 문제에 부딪히기도 한다. 예를 들면 약물에 대한 자세한 지식을 학습함으로써 “스스로 알아보고 싶다”는 마음에 마약실험을 해보는 부작용도 간혹 발생하고 있으며(Lab, 1997), 국내에서는 보호관찰소에서 민간에 위탁한 약물예방교육을 받으러 갔다가 함께 본드를 흡입하는 웃지 못할 사례까지 발생한 바 있다.[17)]

정보배포 프로그램 다음으로 많이 시행되는 프로그램은 거부기술훈련인데, 이것은 문제상황과 징후를 파악하는 방법, 동료압력에 대처하는 요령, 언론보도로 인한 압력을 파악하는 법, 유혹에 적절히 대처하는 법, 자기존중심과 과단성을 배양하는 법, 자기입장을 분명히 해야 할 순간과 장소를 구분하는 법 등 다양한 훈련내용으로 구성된다. 거부기술훈련의 기본가정은 상황과 동료의 압력이 마약사용에 있어 중요한 요인이라는 것이다. 따라서 청소년들은 동료의 압력을 판단하는 방법과 이러한 압력하에서 적절한 의사결정을 내리는 방법을 배워야 한다는 것이다. 이러한 프로그램의 예는 미국에서 많이 찾아볼 수 있는

17) 청소년들의 약물남용을 예방하기 위해 만들어진 ‘약물남용 예방교육’제도가 부실하게 운영돼 개선책이 마련돼야 한다는 지적이 일고 있다. 예방교육은 본드 등을 흡입하다 적발된 약물사범들을 교육하기 위해 법무부 산하 보호관찰소 등이 만든 프로그램으로 검찰에서 보호관찰 선도유예(선도조건부 기소유예) 처분을 받거나 법원에서 보호관찰과 함께 수강명령을 받은 청소년 약물사범들을 대상으로 실시된다. 현재 교육을 받는 청소년은 서울에만 3백여 명으로 사회복지회관 YMCA 아동상담소 등 10여 곳의 각종 민간단체에서 위탁교육을 받고 있다. 그러나 약물남용 청소년에 대한 교육은 처음부터 끝까지 책임지는 기관이나 책임자가 없고 교육내용도 부실해 교육을 받으러 간 청소년들이 오히려 교육장에서 본드를 흡입하는 사건까지 발생하는 등 문제를 안고 있다. 지난 10일 검찰의 선도유예 처분으로 Y사회복지회관에서 약물남용 예방교육을 받던 이모 군(16・K상고 2년) 등 10대 4명은 최근 교육장에서 본드를 흡입하다 적발돼 보호관찰 2년과 사회봉사명령을 선고받았다. 이 사건은 약물예방교육을 위탁받은 민간단체의 경우 보호관찰소와는 달리 법적 강제력이 없는 것이 그 원인으로 지적됐다. 현재 보호관찰소는 월 1회 2시간 정도 약물교육을 실시하고 있을 뿐 실질적인 교육은 사회복지회관 등 사회단체에서 맡고 있다. 서울지법 K 판사는 “이 군처럼 약물교육을 받으러 왔다가 오히려 약물을 복용하는 ‘보호관찰소 동기’가 늘고 있는 것이 현실이다”라고 말했다(동아일보 97.9.21.).

데, 안 한다고 말하기(Just Say No) 운동, 마약남용 거부교육(Drug Abuse Resistance Education, DARE) 프로그램 등을 들 수 있다. 그러나 불행하게도 이러한 프로그램에 대한 평가연구들은 대체로 부정적인 연구 결과들을 내놓고 있다(Lab, 1997).

넷째, 지역사회전략은 지역사회의 다양한 집단들이 주도하여 약물예방프로그램들을 만들고 시행하는 것을 말한다. 예를 들어 약물딜러들이 학교 가까이 와서 판매를 하지 못하도록 약물로부터 안전한 스쿨존(drug-free school zone)을 만들거나, 약물딜러들을 신고하는 이웃감시프로그램이나 시민순찰활동 등을 시행하는 것을 들 수 있다(Siegel, 1991).

다섯째, 치료전략은 약물남용청소년들이 낮은 자아존중심을 가진다는 점에 착안하여, 여러 처우프로그램으로 이들에게 자아존중심을 높이도록 유도하거나, 아니면 가치 있는 프로그램에 약물남용자들을 참여시켜 이들이 야외활동, 야생훈련, 방과 후 프로그램 등에 참가하도록 하는 것 등을 들 수 있다. 그 외 약물의 경험이 있는 사람에게 약물에 대한 또래친구들의 압력에 대처하는 기술을 가르치거나, 아예 입원을 통해 약물에 대한 중독성을 줄이는 등의 프로그램이 있을 수 있다. 그러나 이런 프로그램들은 대부분 시설 내에서 약물중독자들을 치료하기 때문에, 오히려 이들이 약물중독자로 낙인이 부여될 수 있는 등의 문제점이 있는 것도 사실이다(Siegel, 1991).

우리나라는 과거 약물에 대한 규제 중심의 정책을 고수했으나, 최근에는 약물남용자에 대한 치료와 보호를 중시하는 제도로 나아가고 있다. 「마약류관리에 관한 법률」의 제40조는 마약류중독자의 치료보호규정을 두고 있다는 점에서, 이 법은 약물남용자에 대해 처벌을 규정하면서도 한편으로는 치료보호를 도모하고 있음을 보여준다.

이러한 치료전략은 약물범죄를 비범죄화해야 한다는 주장과 관련되어 있다. 실제로 유럽의 여러 나라에서는 약물투약행위를 부도덕한 행동으로 간주하지만 처벌은 하지 않는 많은 나라들이 있다. 독일, 영국, 덴마크, 네덜란드, 오스트리아, 스페인이 약물투약을 비범죄화한 나라들이며, 벨기에는 집단투약만 처벌하고 있으며, 스칸디나비아의 국가들은 약물투약을 양성화하여 공공장소에 투약장소를 개설하여 희망하는 사람들에게 무료로 투약, 위생관리, 계도의 정책을 사용하고 있다. 이렇게 투약범죄를 비범죄화하자는 주장은 약물투약이 다른 사람에게 아무런 피해를 주지 않는데도 자신에게 위해하다는 이유로 처벌을 하는 것은 개인의 자유를 침해하는 것이라는 데 근거를 둔다. 이렇게 약물투약을 처벌하는 것은 개인의 행복추구권에 대한 침해이며, 술이나 담배의 복용을 처벌하지 않는 점에서 평등권 조항에 저촉된다고 주장하는 견해도 있다.

대마초는 한약인가?

문화예술인들을 중심으로 대마초 흡연을 합법화해야 한다는 목소리가 커지고 있다. 이에 놀란 사정당국은 대마초 흡연의 위험성을 담은 보도자료를 내는 등 '불씨 잡기'에 나섰다. 영화배우 김부선 씨, 가수 신해철 씨 등은 9일 '대마 합법화 및 문화적 권리 확대를 위한 문화예술인 선언' 행사를 갖고 대마초에 대한 사회적 금기의 해체를 요구했다. 다큐멘터리 감독 김동원 씨는 "정부는 지금까지 대마초 흡연에 대해 과도한 처벌을 가해왔다"며 "이에 대한 사회적 논의가 이뤄질 필요가 있다"고 밝혔다. 영화감독 박찬욱 씨와 가수 전인권 씨 등은 영상메시지를 통해 "문화적 소수자에 대해 공공연히 행해지는 금기와 탄압을 해소해야 한다"고 말했다. 문화연대가 주최한 행사는 최근 대마초를 마약으로 규정한 마약류관리에 관한 법률(마약법)에 대해 김부선 씨가 제기한 위헌법률심판제청을 지지하기 위해 열렸다. 김 씨의 법률대리인 김성진 변호사는 "현행법이 대마와 관련해 헌법에 보장된 국민의 행복추구권, 자유권 등을 침해하고 있다"며 위헌소송 요지를 설명했다.

이에 대검찰청 마약과는 이례적으로 '대마 합법화 주장에 대한 의견'이라는 반박자료를 냈다. 검찰은 "대마에 있는 'THC'라는 성분은 시간과 공간에 대한 감각을 왜곡시키는 환각성이 있고 중단할 경우 불면증, 음식섭취 장애 등 금단증상이 일어난다"며 "특히 대마초 5개비 흡연 시 1주일간 매일 1갑의 담배를 피울 때와 비슷한 암유발 화학물질을 섭취하게 된다"고 설명했다. 검찰은 "대마에 대한 규제를 완화하면 전파가 급속도로 진행돼 중독성으로 인한 다른 범죄행위 유발 가능성이 높다"며 "향후 대마의 제조 · 공급 사범은 엄단하되, 단순 흡연사범은 처벌보다는 치료보호 등 재활제도를 적극 활용하겠다"고 덧붙였다(경향 2004.12.10.).

헌법재판소 전원재판부(주심 김효종 재판관)는 25일 대마초 흡연 및 수수(授受) 행위를 처벌하도록 한 마약류 관리에 관한 법률 조항이 위헌이라며 영화배우 김부선(본명 김근희 · 43) 씨가 낸 헌법소원 사건에서 재판관 전원일치 의견으로 합헌 결정을 내렸다고 밝혔다. 재판부는 "대마는 술과 담배보다 더 심각한 폐해를 일으키고 환각상태에서 범죄를 저지를 위험성도 있다"며 "대마 흡연 시 5년 이하의 징역이나 5,000만 원 이하의 벌금에 처하게 한 규정이 과도하다고 볼 수 없다"고 밝혔다(한국 2005.11.26.).

이렇게 헌법소원을 했다가 받아들여지지 않자, 최근에는 다시 영화배우 김부선 씨가 "대마초는 한약"이라는 발언을 하여 구설수에 오르내리고 있다. 국내에서 이렇게 대마초의 합법화를 주장하는 사람들 중에는 유명가수나 배우 등의 연예인 그리고 간혹 학자들이 있다. 이들은 공통적으로 외국에서 대마초를 합법화한 나라들이 있고, 이것의 중독성은 심지어 알코올에 비해서도 더 낮다는 것이다. 그러나 한의사협회는 즉시 대마초는 어떠한 한약의 재료로도 사용되는 경우가 없고, 한약이 아니라고 강하게 부정하였다.

실제로 미국의 일부 주에서는 코카인이나 필로폰 등의 다른 약물들은 불법이지만, 대마초를 허용하는 경우가 있다. 그러나 대부분의 나라에서는 대마초는 불법이며, 대부분의 이 분야 학자들은 대마초를 불법으로 규제해야 한다는데 대해 동의한다. 이처럼 대부분 대마초에 대해 부정적인 의견이 지배하고 있는 데는 크게 다음의 두 가지 이유가 있다.

첫 번째 이유는 대마초는 보통 약물남용자들이 처음으로 접하는 약물이며, 보통 다른 약물로 거쳐 가는 통로가 되고, 따라서 형사사법기관의 개입이 필요하다는 것이다. 이 때문에 대마초를 더 강한 약물중독의 세계로 들어가는 진입약물(gateway drug)이라고 한다. 소년사법체계에서 형사법령을 위반하지 않은 비교적 사소한 문제소년들에게도 개입하는 것처럼, 결국은 약물중독에 빠질 가능성을 높이는 대마초도 규제하는 것이 현명하다는 것이다.

두 번째 이유는 대마초가 비록 신체적 의존성을 갖고 있지는 않지만, 정신적으로 강한 의존성을 갖고 있다는 것이다. 다시 말해서 도박에 중독되는 것과 같이 대마초도 같은 원리로 중독될 수 있고, 따라서 이 중독성으로 인해 더 강한 약물로 발전할 가능성이 농후하기 때문에 대마초를 불법으로 해야 한다는 것이다.

그러나 약물투약을 비범죄화하는 것은 약물로 인한 폭력 또는 재산범죄의 증가, 비위생적인 약물투약과 제도로 인한 성병이나 다른 전염병의 감염이나 중금속 중독 등이 우려되기 때문에 바람직하지 못하다고 하겠다. 특히 우리나라의 경우 약물통제의 중요한 문제점으로 지적되는 약물가격의 상승과 이를 근거로 한 조직범죄의 발전이 크게 우려되지 않기 때문에 투약을 비범죄화하는 것은 부적절하다고 하겠다. 한편 비범죄화는 하지 않더라도, 유럽처럼 양성화하는 경우는 청소년들에게 가치관의 혼란을 가져다줄 수 있으며, 타락인구의 증가 또한 우려되므로 이 역시 바람직하지 않다고 할 수 있을 것이다.

5. 요약

청소년 유해약물이란 중추신경계 등에 작용하여 습관성, 중독성, 내성 등을 유발하여 인체에 유해작용을 미칠 수 있는 약물 등 청소년의 사용을 제한하지 아니하면 청소년의 심신을 심각하게 훼손할 우려가 있는 물질을 말한다. 이러한 약물에는 크게 자연 상태에서 식물을 재배하여 얻는 천연약물과, 인위적인 화학반응을 통해 얻는 합성약물, 그리고 원래의 고유한 다른 용도가 있지만 남용의 대상이 되는 대용약물의 3가지가 있다. 이 외에도 청소년이란 지위로 인해 문제가 되는 술이나 담배도 넓게 보면 청소년 유해약물에 포함할 수 있다. 천연약물이나 합성약물은 보통 고가에 거래되기 때문에, 청소년들이 주로 남용하는 약물은 대용약물이나 술, 담배 정도라고 할 수 있다. 이들은 대부분 「청소년 보호법」에 의해 유해약물로 규정되어 있다.

유해화학약물을 규제하는 「화학물질관리법」 위반건수를 살펴보면, 대체로 청소년의 약물단속건수는 최근에 감소 추세에 있다. 그러나 좀 더 강한 약물을 규제하는 「마약류관리에 관한 법률」을 위반한 청소년은 최근에 오히려 증가추세에 있다. 그러나 범죄의 암수가 많은 약물범죄의 특성상 단속통계는 청소년 약물남용실태를 정확히 보여주지는 못한다. 그러나 정기적인 자기보고식 조사의 결과는 여러 약물에서 청소년들의 남용이 조금씩 줄어들고 있다는 증거를 제시한다.

언론에 보도된 단속사례들을 살펴보면, 청소년들이 본드, 신나 등의 유해화학물질 외에도 각성제, 진해거담제 등의 대용약물들을 남용하는 경우가 많이 드러나고 있다. 특히 최근 몸짱 만들기 열풍으로 스테로이드제의 남용이나 다이어트용 약물의 남용이 청소년들 사이에 확산되고 있으며, 수험생들 사이에 ADHD의 치료제인 메틸페니데이트의 남용이 광범위하게 확산되고 있다.

약물남용의 원인은 여러 가지로 지적되고 있는데, 하층계급 청소년들이 느끼는 소외감과 자아존중감 하락을 극복하기 위해서나, 유전적인 영향과 중독되기 쉬운 성격과 같은 성격요인, 약물에 대한 긍정적인 학습, 그리고 약물이 주는 심리적 이익에 의한 합리적 선택 등이 지적되고 있다. 약물남용에 대한 대책은 크게 공급원 통제전략과 수요억제전략의 두 가지로 나눌 수 있는데, 전자는 공급자에 대한 단속과 처벌을 위주로 하는 것이고, 후자는 또래압력을 극복하는 거부기술훈련이나 약물의 위험성에 대한 정보배포 등의 인지프로그램으로 구성되어 있다.

참고문헌

국가청소년위원회(2005). 2005년 청소년 유해환경 접촉 종합 실태조사.

국가청소년위원회(2006). 2006년 청소년 유해환경 접촉 종합 실태조사.

국가청소년위원회(2007). 2007년 청소년 유해환경 접촉 종합 실태조사.

김상희(1991). 청소년의 약물남용과정에 관한 연구. 한국형사정책연구원. 형사정책연구, 2(3).

김준호, 박정선(1995). 청소년의 약물남용 실태에 관한 연구. 한국형사정책연구원.

박철현(2003). 청소년 약물남용의 실태와 대책. 동의대 지방자치연구소. 동의법정, 19.

보건복지가족부(2008). 2008년 청소년 유해환경 접촉 종합 실태조사.

여성가족부(2009). 2009년 청소년 유해환경 접촉 종합 실태조사.

여성가족부(2011). 2011년 청소년 유해환경 접촉 종합 실태조사.

여성가족부(2012). 2012년 청소년 유해환경 접촉 종합 실태조사.

여성가족부(2014). 2014년 청소년 유해환경 접촉 종합 실태조사.

여성가족부(2017). 2016년 청소년 매체이용 및 유해환경 실태조사.

이훈규, 이경재(1996). 청소년 약물남용 예방전략. 한국형사정책연구원.

정희선(1997). 한국에서 남용되는 약물의 현황 및 분석에 대한 고찰. 한국형사정책연구원. 형사정책연구, 8(1).

조병인(2002). 마약류 불법유통과 규제전략. 한국형사정책연구원. 형사정책연구, 13(2).

주왕기(1996). 환각물질과 청소년비행. 법무부. 보호, 96년 6월.

청소년보호위원회(1999). 1999년 청소년 유해환경 접촉 종합 실태조사.

청소년보호위원회(2002). 2002년 청소년 유해환경 접촉 종합 실태조사.

Belenko, S. (1990). "The Impact of Drug Offenders on the Criminal Justice System." Wdisheit, R. (Eds.) Drugs, Crime and the Criminal Justice System. Cincinnati: Anderson Publishing Co.

Botvin, D. J. (1990). "Substance Abuse Prevention: Theory, Practice and Effectiveness." Tonry and J. Q. Wilson. (Eds.) Drugs and Crime. Chicago: University of Chicago Press.

Lab, Steven P. (1997). *Crime Prevention: Approaches, Practices and Evaluations*. Third Edition. Cincinnati: Anderson Publishing Co.

Siegel, Larry J.. and Joseph J. Senna(1991). *Juvenile Delinquency: Theory, Practice & Law*. Fourth Edition. St. Paul: West Publishing Company.

〈법령〉

마약류 관리에 관한 법률. 국회법률정보시스템("http://likms.assembly.go.kr/law/")에서 2020년 2월 검색.

청소년 보호법 시행령. 국회법률정보시스템("http://likms.assembly.go.kr/law/")에서 2020년 2월 검색.

청소년 보호법. 국회법률정보시스템("http://likms.assembly.go.kr/law/")에서 2020년 2월 검색.

화학물질관리법. 국회법률정보시스템("http://likms.assembly.go.kr/law/")에서 2020년 2월 검색.

〈통계집〉

대검찰청. 범죄분석(2007~2018).

〈신문기사〉

경향신문 2004년 12월 10일 기사.

동아일보. 1997년 9월 21일 기사.

문화일보. 2003년 3월 18일 기사.

세계일보. 2001년 4월 17일 기사.

한국일보 2005년 11월 26일 기사.

한국일보. 2011년 10월 11일 기사.

헤럴드경제. 2019년 3월 15일 기사.

제 7 장

청소년 흡연

청소년기의 흡연은 청소년의 혈압, 천식 등 신체건강에 해를 끼칠 수 있고, 우울, 스트레스 등 정신건강에도 해를 끼칠 수 있으며, 학교폭력가해, 자살시도 등에도 좋지 않은 영향을 미칠 수 있다. 즉, 청소년 흡연은 청소년의 신체적, 정신적, 사회적 성장발달에 해를 끼칠 수 있는 중요한 요인인 것이다. 최근 수년간 흡연하는 청소년들의 비율이 조금씩 줄어드는 추세를 보이고 있지만, 그럼에도 불구하고 2018년 기준 한국 청소년(중1~고3)들의 현재 흡연율(30일 동안 1일 이상 흡연한 사람의 분율)은 6.7%, 평생 흡연경험률(평생 동안 담배를 한두 모금이라도 피운 경험이 있는 사람의 비율)은 14.9%를 나타내고 있다.

본 장에서는 청소년의 건강한 성장발달에 해를 끼칠 수 있는 청소년 흡연에 대한 이해를 도모해보고자 한다. 먼저 청소년 흡연의 개념 및 중요성에 대해서 살펴볼 것이다. 이어서 청소년 흡연의 실태를 현재 흡연율, 매일 흡연율, 평생 흡연경험률 등을 중심으로 살펴보고, 청소년 흡연에 영향을 미치는 여러 요인들에 대해 살펴보게 될 것이다. 마지막으로 청소년 흡연을 감소시키고자 하는 국내 정책적 노력과 국제 협약적 노력들에는 어떠한 것들이 있는지에 대해서도 살펴보고자 한다.

1. 청소년 흡연의 개념 및 중요성

청소년 흡연의 개념을 청소년보호법에 규정된 사항을 중심으로 살펴보면, 청소년 흡연은 만 19세 미만의 청소년들이, 마약류(마약류관리에 관한 법률), 환각물질(화학물질관리법), 주류(주세법) 등과 함께 청소년 유해약물로 규정된 담배(담배사업법)를 피우는 행위를 지칭한다(법제처 국가법령정보센터, 2018. 12. 20., 청소년보호법 제2조 제4항). 여기에서 담배사업법상 담배란 "연초(煙草)의 잎을 원료의 전부 또는 일부로 하여 피우거나, 빨거나, 증기로 흡입하거나, 씹거나, 냄새 맡기에 적합한 상태로 제조한 것"을 말한다(법제처 국가법령정보센터, 2018. 09. 06., 담배사업법 제2조 제1항).

청소년 흡연의 상태를 알려주는 주요 지표에는 현재 흡연율, 매일 흡연율, 평생 흡연경험률 등이 있다(교육부, 보건복지부 질병관리본부, 2017, 2018). 현재 흡연율은 최근 30일 동안 1일 이상 흡연한 청소년들의 비율을 의미하고, 매일 흡연율은 최근 30일 동안 매일 흡연한 청소년들의 비율을 의미하며, 평생 흡연경험률은 평생 동안 담배를 한두 모금이라도 피운 경험이 있는 사람의 비율을 의미한다(교육부, 보건복지부 질병관리본부, 2017, 2018). 이러한 주요 지표들을 통해 청소년 흡연의 횡단적 상태와 종단적 추이의 변화를 살펴볼 수 있다.

이러한 청소년 흡연은 청소년 개인의 신체적, 정신적, 사회적 성장발달에 해로운 영향을 미칠 수 있다.

먼저 청소년의 흡연은 각종 질환을 통해 청소년기의 신체건강에 해를 끼칠 뿐만 아니라 성인기의 신체건강에도 해를 끼칠 수 있다(National Cancer Institute, 2005, 박선희, 2007에서 재인용; Pavanello & Clonfero, 2000; 김혜진, 신선정, 2011; 변영순, 이혜순, 2007; 신경옥, 안창훈, 황효정, 최경순, 정근희, 2009; 이경상, 김지연, 최수미, 이순래, 2012; 이미라, 2017). 몇몇 국내 관련 연구 결과들을 살펴보면, 변영순, 이혜순(2007)은 경남 소재 D고등학교 학생들을 대상으로 수집한 데이터를 바탕으로 청소년의 흡연과 혈압, 지질 및 체질량 지수와의 관계를 살펴보았는데, 흡연집단 청소년의 수축기 혈압, 총콜레스테롤, 중성지방, LDL-콜레스테롤 및 체질량지수가 비흡연집단 청소년보다 높게 나타났다. 조경숙(2012)은 2011년 청소년 건강행태 온라인 조사 데이터를 바탕으로 청소년의 직·간접흡연이 천명 및 천식에 미치는 영향을 분석하였는데, 흡연량 및 간접흡연 노출량이 증가할수록 청소년의 천명 및 천식 발생이 증가하는 것으로 나타났다. 권정대, 김범택, 김광민, 박샛별, 김유진, 장충수, 김보영, 주남석(2010)은 안산시 소재 중, 고등학교에서 표본으로 추출된 학생들을 대상으로 수집된 데이터를 바탕으로 청소년 흡연과 비만의 관련성을 분석하였는데, 여학생 흡연자에서 비만과 관련된 식생활 행태가 두드러져 비만을 유발할 가능성이 있는 것으로 나타났다.

그리고 청소년의 흡연은 우울, 스트레스 등 청소년기의 정신건강에도 좋지 않은 영향을 끼칠 수 있다(김태석, 김대진, 2007; 김현옥. 전미숙, 2007; 박선혜, 강주희, 전종설, 오혜정, 2010; 변해원, 2012; 이경상, 김지연, 최수미, 이순래, 2012; 전해성, 2015). 몇몇 국내 관련 연구 결과들을 살펴보면, 박선혜, 강주희, 전종설, 오혜정(2010)은 한국청소년패널조사 데이터를 바탕으로 흡연지속집단과 비흡연집단 청소년의 우울 및 스트레스 정도를 종단적으로 살펴보았는데, 흡연지속집단 청소년의 우울 및 스트레스가 비흡연집단 청소년에 비해 높은 것으로 나타났다. 이복임, 정혜선(2011)은 2008년 국민건강영양조사 데이터를 바탕으로 청소년의 흡연이 스트레스에 미치는 영향을 성별로 나눠 살펴보았는데, 남성 청소년들의 경우에 흡연이 스트레스에 정적인 영향을 미치는 것으로 나타났고, 여성 청소년들의 경우에는 흡연이 스트레스에 통계적으로 유의한 영향을 미치지 않는 것으로 나타났다.

또한 청소년의 흡연은 학교폭력 가해, 자살시도 등 사회적 일탈행위에도 좋지 않은 영향을 미칠 수 있다(김재엽, 이근영, 2010; 라진숙, 조윤희, 김혜선, 2015; 이경상, 김지연, 최수미, 이순래, 2012). 몇몇 국내 관련 연구 결과들을 살펴보면, 김재엽, 이근영(2010)은 서울 경기 지역 중고등학교 청소년을 대상으로 수집한 자료를 바탕으로 청소년의 음주 및 흡연 경험이 학교폭력 가해행동에 미치는 영향을 살펴보았는데, 음주 및 흡연을 많이 경험한 청소년들이 그렇지 않은 청소년들에 비해 학교폭력 가해 행동을 더 많이 행하는 것으로 나타났다. 김혜원, 김양근, 백재용, 홍창빈, 이가영, 박태진, 김진승(2017)은 2016년 청소년건강행태온라인조사 데이터를 바탕으로 한국 청소년의 흡연과 자살 관련 행동과의 관계를 살펴보았는데, 청소년의 흡연과 흡연량은 청소년의 자살생각, 자살계획, 자살시도에 영향을 미치고 있는 것으로 나타났다.

즉 청소년의 흡연은 청소년 개인의 신체적, 정신적, 사회적 측면에서 청소년의 건강한 성장발달에 해를 끼칠 수 있는 중요한 요인인 것이다.

2. 청소년 흡연의 실태

그럼 청소년 개인의 신체적, 정신적, 사회적 성장발달에 해로운 영향을 끼칠 수 있는 청소년 흡연의 실태는 어떠한가? 여기에서는 청소년건강행태온라인조사 결과를 바탕으로 한국 청소년들의 흡연 실태를 살펴보았다(교육부, 보건복지부 질병관리본부, 2017, 2018). 청소년건강행태온라인조사는, 보건복지부 질병관리본부와 교육부에서, 한국 청소년 건강 관련 정책의 기획 및 평가에 활용할 목적으로, 한국 청소년의 흡연, 음주, 비만, 식생활, 신체활동 등의 건강행태를 파악하기 위해, 전국의 중1~고3 학생 중 확률표집인 층화집락추출법으로 추출된 학생들을 대상으로 2005년부터 매년 자기기입식 온라인조사방법으로 자료를 수집해서 공표하는 정부승인통계조사(승인번호 제117058호)이다(교육부, 보건복지부 질병관리본부, 2017, 2018).

1) 현재 흡연의 정도

먼저, 한국 청소년들의 조사시점 기준 현재 흡연의 정도를 현재 흡연율과 매일 흡연율 지표를 중심으로 살펴보았다. 현재 흡연율은 최근 30일 동안 1일 이상 흡연한 청소년들의 비율을 의미하고, 매일 흡연율은 최근 30일 동안 매일 흡연한 청소년들의 비율을 의미하는 지표이다(교육부, 보건복지부 질병관리본부, 2018).

청소년 현재 흡연율을 살펴보면, 2018년 기준 한국 청소년(중1~고3)들의 현재 흡연율은 6.7%로, 한국 청소년들 중 최근 30일 동안 1일 이상 흡연한 사람의 비율이 20명 중 1명 이상 정도인 것으로 나타났다(교육부, 보건복지부 질병관리본부, 2018). 학교급별로는 중학교 학생들이 3.0%, 고등학교 학생들이 9.8%이고, 성별로는 남학생이 9.4%, 여학생이 3.7%인 것으로 나타나, 고등학교 학생의 경우, 그리고 남학생의 경우 현재 흡연의 비율이 높은 특성을 보이고 있다(교육부, 보건복지부 질병관리본부, 2018).

2013~2018년까지 최근 6년간의 한국 청소년(중1~고3)들의 현재 흡연율의 종단적 변화추이를 살펴보면, 2013년 9.7%, 2014년 9.2%, 2015년 7.8%, 2016년 6.3%, 2017년 6.4%, 2018년 6.7%로, 최근 수년간 감소하다가 2017년부터 조금씩 증가하는 추세를 보이고 있다(교육부, 보건복지부 질병관리본부, 2018). 학교급별로 나눠 살펴보면, 중학교의 경우 최근 수년간 감소하다가 2017년부터 조금씩 증가하는 추세를 보이고 있고, 고등학교의 경우에도 최근 수년간 감소하다가 2018년부터 조금 증가하는 추세를 보이고 있다(교육부, 보건복지부 질병관리본부, 2018). 성별로 나눠 살펴보면, 남학생의 경우 최근 수년간 감소하는 추세를 보이고 있고, 여학생의 경우 최근 수년간 감소하다가 2017년부터 조금씩 증가하는 추세를 보이고 있다(교육부, 보건복지부 질병관리본부, 2018).

즉, 한국 청소년(중1~고3)들의 현재 흡연율은 20명 중 1명 이상 정도라는 높은 비율을 나타내고 있으며, 최근 수년간 감소하다가 2017년부터 조금씩 증가하는 추세를 보이고 있음을 알 수 있다.

〈표 7-1〉 현재 흡연율(2013~2018년)

(단위: %)

	'13	'14	'15	'16	'17	'18
전체	9.7	9.2	7.8	6.3	6.4	6.7
학교급						
중학교	5.5	4.7	3.3	2.5	3.0	3.0
고등학교	13.8	13.5	11.7	9.5	9.2	9.8
성별						
남학생	14.4	14.0	11.9	9.6	9.5	9.4
여학생	4.6	4.0	3.2	2.7	3.1	3.7

※ 현재 흡연율: 최근 30일 동안 1일 이상 흡연한 사람의 분율
※ 출처: 교육부, 보건복지부 질병관리본부, 2018, pp. 36-39에서 발췌하여 표로 재구성

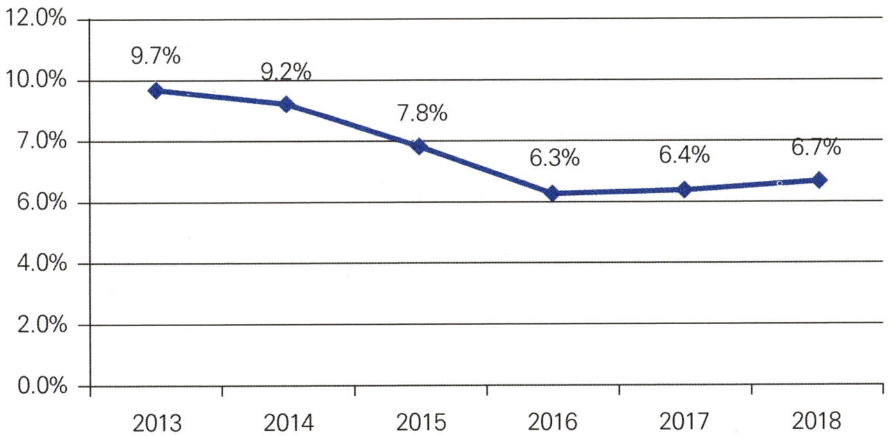

[그림 7-1] 현재 흡연율(전체)의 변화추이

※ 현재 흡연율: 최근 30일 동안 1일 이상 흡연한 사람의 분율
※ 출처: 교육부, 보건복지부 질병관리본부, 2018, pp. 36-39에서 발췌하여 그림으로 재구성

청소년 매일 흡연율을 살펴보면, 2018년 기준 한국 청소년(중1~고3)들의 매일 흡연율은 3.2%로, 앞에서 살펴본 현재 흡연 청소년들의 절반 정도가 매일 흡연을 하고 있는 것으로 나타났다(교육부, 보건복지부 질병관리본부, 2018). 학교급별로는 중학교 학생들이 0.9%, 고등학교 학생들이 5.3%, 성별로는 남학생이 4.9%, 여학생이 1.4%로 나타났다(교육부, 보건복지부 질병관리본부, 2018).

2013~2018년까지 최근 6년간의 한국 청소년(중1~고3)들의 매일 흡연율의 종단적 변화추이는 2013년 4.8%, 2014년 4.8%, 2015년 3.8%, 2016년 3.1%, 2017년 3.0%, 2018년 3.2%로, 최근 수년간 감소하다가 2018년부터 조금 증가하는 추세를 보이고 있다(교육부, 보건복지부 질병관리본부, 2018). 학교급별로 나눠 살펴보면, 중학교의 경우 최근 수년간 감소하다가 2017년부터 조금씩 증가하는 추세를 보이고 있고, 고등학교의 경우 2014년에 조금 증가한 후 최근 수년간 감소하다가 2018년부터 다시 조금 증가하는 추세를 보이고 있다(교육부, 보건복지부 질병관리본부, 2018). 성별로 나눠 살펴보면, 남학생의 경우 2014년에 조금 증가한 후 최근 수년간 감소하다가 2018년부터 다시 조금 증가하는 추세를 보이고 있고, 여학생의 경우 최근 수년간 감소하다가 2017년부터 조금씩 증가하는 추세를 보이고 있다(교육부, 보건복지부 질병관리본부, 2018).

즉, 한국 청소년(중1~고3)들의 매일 흡연율은 현재 흡연 청소년들의 절반 정도가 매일 흡연을 하고 있는 것으로 나타난 가운데, 최근 수년간 감소하다가 2018년부터 조금 증가하는 추세를 보이고 있음을 알 수 있다.

〈표 7-2〉 매일 흡연율(2013~2018년)

(단위: %)

	'13	'14	'15	'16	'17	'18
전체	4.8	4.8	3.8	3.1	3.0	3.2
학교급						
중학교	1.7	1.5	0.9	0.7	0.8	0.9
고등학교	7.7	7.9	6.4	5.0	4.7	5.3
성별						
남학생	7.4	7.5	6.0	4.9	4.6	4.9
여학생	1.9	1.8	1.4	1.0	1.2	1.4

※ 매일 흡연율: 최근 30일 동안 매일 흡연한 사람의 분율
※ 출처: 교육부, 보건복지부 질병관리본부, 2018, pp. 40-43에서 발췌하여 표로 재구성.

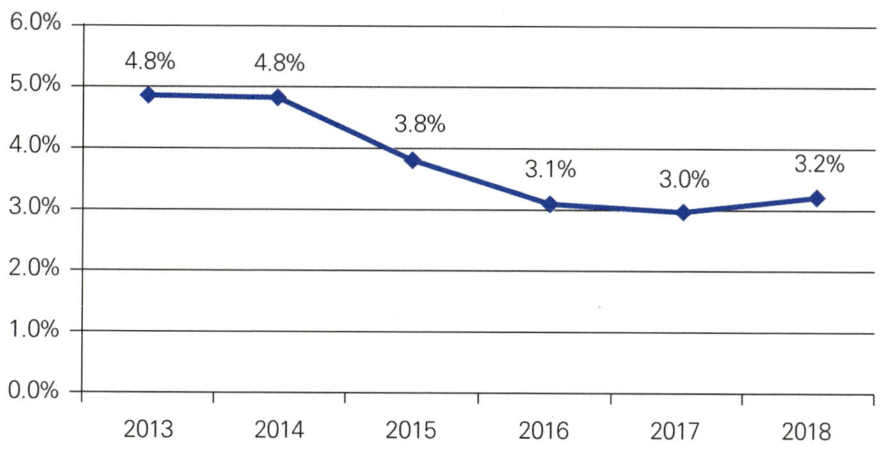

[그림 7-2] 매일 흡연율(전체)의 변화추이

※ 매일 흡연율 : 최근 30일 동안 매일 흡연한 사람의 분율
※ 출처 : 교육부, 보건복지부 질병관리본부, 2018, pp. 40-43에서 발췌하여 그림으로 재구성.

한편 최근 사회적으로 논란이 되고 있는 청소년 전자담배 현재 사용률(최근 30일 동안 전자담배를 사용한 사람의 분율)을 추가적으로 살펴보면, 2018년 기준 한국 청소년(중1~고3)들의 전자담배 현재 사용률은 2.7%인 것으로 나타났다(교육부, 보건복지부 질병관리본부, 2018). 학교급별로는 중학교 학생들이 1.2%, 고등학교 학생들이 4.0%이고, 성별로는 남학생이 4.1%, 여학생이 1.1%인 것으로 나타나, 고등학교 학생의 경우, 그리고 남학생의 경우 전자담배 현재 사용의 비율이 높은 특성을 보이고 있다(교육부, 보건복지부 질병관리본부, 2018).

〈표 7-3〉 전자담배 현재 사용률(2013~2018년) (단위: %)

	'13	'14	'15	'16	'17	'18
전체	3.0	5.0	4.0	2.5	2.2	2.7
학교급						
중학교	1.7	2.3	2.0	1.1	1.2	1.2
고등학교	4.2	7.4	5.7	3.7	3.0	4.0
성별						
남학생	4.7	8.1	6.2	3.8	3.3	4.1
여학생	1.1	1.5	1.5	1.1	0.9	1.1

※ 전자담배 현재 사용률: 최근 30일 동안 전자담배를 사용한 사람의 분율
※ 출처: 교육부, 보건복지부 질병관리본부, 2018, pp. 84-87에서 발췌하여 표로 재구성

2) 생애 흡연경험

다음으로, 한국 청소년들의 조사시점 기준 생애 흡연경험에 대해 평생 흡연경험률과 처음 흡연경험 연령 지표를 중심으로 살펴보았다. 평생 흡연경험률은 평생 동안 담배를 한두 모금이라도 피운 경험이 있는 사람의 비율을 의미하고, 처음 흡연경험 연령은 평생 흡연경험자 중에서 처음으로 담배를 한두 모금 피워

본 연령의 평균을 의미하는 지표이다(교육부, 보건복지부 질병관리본부, 2018).

청소년 평생 흡연경험률을 살펴보면, 2018년 기준 한국 청소년(중1~고3)들의 평생 흡연경험률은 14.9%로, 한국 청소년들 중 평생 동안 담배를 한두 모금이라도 피운 경험이 있는 사람의 비율이 10명 중 1명 이상인 것으로 나타났다(교육부, 보건복지부 질병관리본부, 2018). 학교급별로는 중학교 학생들이 8.7%, 고등학교 학생들이 20.3%, 성별로는 남학생이 21.1%, 여학생이 8.1%로 나타나, 고등학교 학생의 경우, 그리고 남학생의 경우 평생 흡연경험의 비율이 높은 특성을 보이고 있다(교육부, 보건복지부 질병관리본부, 2018).

2013~2018년까지 최근 6년간의 한국 청소년(중1~고3)들의 평생 흡연경험률의 종단적 변화추이를 살펴보면, 2013년 21.4%, 2014년 19.9%, 2015년 17.4%, 2016년 14.8%, 2017년 13.7%, 2018년 14.9%로, 최근 수년간 감소하다가 2018년부터 조금 증가하는 추세를 보이고 있다(교육부, 보건복지부 질병관리본부, 2018). 학교급별로 살펴봐도 중학교, 고등학교 모두 최근 수년간 감소하다가 2018년부터 조금 증가하는 추세를 나타내고 있고, 성별로 살펴봐도 남학생, 여학생 모두 최근 수년간 감소하다가 2018년부터 조금 증가하는 추세를 나타내고 있다(교육부, 보건복지부 질병관리본부, 2018).

즉, 한국 청소년(중1~고3)들의 평생 흡연경험률은 10명 중 1명 이상이라는 높은 비율을 나타내고 있는 가운데, 최근 수년간 감소하다가 2018년부터 조금 증가하는 추세를 보이고 있음을 알 수 있다.

〈표 7-4〉 평생 흡연경험률(2013~2018년) (단위: %)

	'13	'14	'15	'16	'17	'18
전체	21.4	19.9	17.4	14.8	13.7	14.9
학교급						
중학교	14.7	12.7	10.0	7.8	7.4	8.7
고등학교	27.7	26.7	24.0	20.7	19.0	20.3
성별						
남학생	29.7	28.4	25.3	21.9	20.1	21.1
여학생	12.3	10.6	8.8	7.1	6.8	8.1

※ 평생 흡연경험률: 평생 동안 담배를 한 두 모금이라도 피운 경험이 있는 사람의 분율
※ 출처: 교육부, 보건복지부 질병관리본부, 2018, pp. 32-35에서 발췌하여 표로 재구성

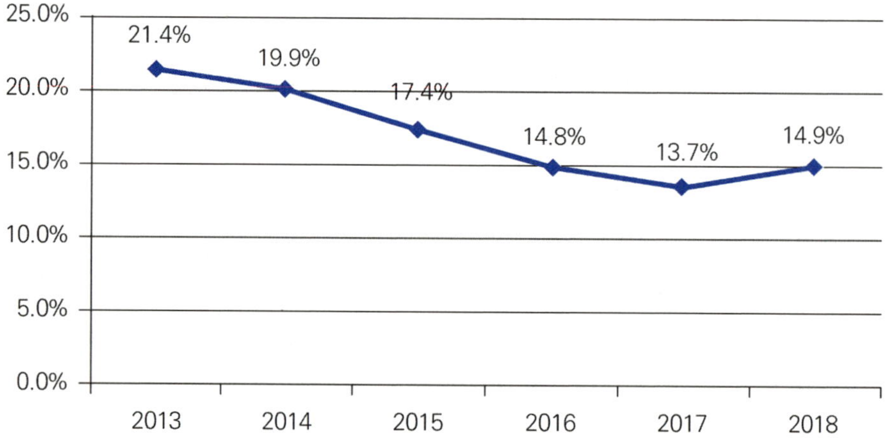

[그림 7-3] 평생 흡연경험률(전체)의 변화추이

※ 평생 흡연경험률: 평생 동안 담배를 한두 모금이라도 피운 경험이 있는 사람의 분율
※ 출처: 교육부, 보건복지부 질병관리본부, 2018, pp. 32-35에서 발췌하여 그림으로 재구성

청소년 처음 흡연경험 연령을 살펴보면, 2018년 기준 한국 청소년(중1~고3)들의 처음 흡연경험 연령은 13.0세로, 이른 나이에 처음으로 흡연을 경험하는 것으로 나타났다(교육부, 보건복지부 질병관리본부, 2018). 성별로는 남학생이 12.8세, 여학생이 13.5세인 것으로 나타나, 남학생이 여학생보다 약간 이르긴 하지만, 남학생, 여학생 모두 이른 나이에 처음으로 흡연을 경험하고 있는 것으로 나타났다(교육부, 보건복지부 질병관리본부, 2018).

2013~2018년까지 최근 6년간의 한국 청소년(중1~고3)들의 처음 흡연경험 연령의 종단적 변화추이는 2013년 12.6세, 2014년 12.6세, 2015년 12.7세, 2016년 12.7세, 2017년 12.9세, 2018년 13.0세인 것으로 나타나, 최근 수년간 처음 흡연경험 연령이 미세하게나마 높아지고 있음을 알 수 있다(교육부, 보건복지부 질병관리본부, 2018). 성별인 남학생, 여학생별로 나눠 살펴봐도 최근 수년간 처음 흡연경험 연령이 미세하게 높아지고 있음을 알 수 있다(교육부, 보건복지부 질병관리본부, 2018).

즉, 한국 청소년(중1~고3)들은 이른 나이에 처음 흡연을 경험하고 있는 가운데, 최근 수년간 미세하게 높아지는 추세를 보이고 있음을 알 수 있다.

〈표 7-5〉 처음 흡연경험 연령(2013~2018년) (단위: 세)

	'13	'14	'15	'16	'17	'18
전체	12.6	12.6	12.7	12.7	12.9	13.0
성별						
남학생	12.6	12.6	12.7	12.7	12.8	12.8
여학생	12.6	12.8	12.8	12.9	13.1	13.5

※ 처음 흡연 경험 연령: 평생 흡연경험자 중에서 처음으로 담배를 한두 모금 피워본 연령의 평균

※ 출처: 교육부, 보건복지부 질병관리본부, 2018, p. 53에서 발췌하여 재구성

한편 청소년 전자담배 평생 경험률(평생 동안 전자담배를 사용한 경험이 있는 사람의 분율)을 추가적으로 살펴보면, 2018년 기준 한국 청소년(중1~고3)들의 전자담배 평생 경험률은 7.9%인 것으로 나타났다(교육부, 보건복지부 질병관리본부, 2018). 학교급별로는 중학교 학생들이 3.7%, 고등학교 학생들이 11.5%, 성별로는 남학생이 12.3%, 여학생이 3.1%로 나타나, 고등학교 학생의 경우, 그리고 남학생의 경우 전자담배 평생 경험의 비율이 높은 특성을 보이고 있다(교육부, 보건복지부 질병관리본부, 2018).

〈표 7-6〉 전자담배 평생 경험률(2013~2018년) (단위: %)

	'13	'14	'15	'16	'17	'18
전체	7.5	9.1	10.1	8.6	7.4	7.9
학교급						
중학교	4.0	4.6	5.7	4.3	3.5	3.7
고등학교	10.8	13.3	14.0	12.1	10.6	11.5
성별						
남학생	11.7	14.5	15.9	13.4	11.6	12.3
여학생	2.9	3.3	3.7	3.3	2.8	3.1

※ 전자담배 평생 경험률: 평생 동안 전자담배를 사용한 경험이 있는 사람의 분율
※ 출처: 교육부, 보건복지부 질병관리본부, 2018, pp. 80-83에서 발췌하여 표로 재구성

청소년 처음 전자담배 경험 연령(평생 전자담배 사용 경험자 중에서 처음으로 전자담배를 사용한 연령의 평균)을 살펴보면, 2018년 기준 한국 청소년(중1~고3)들의 처음 전자담배 경험 연령은 14.0세로, 이른 나이에 처음 전자담배를 경험하는 것으로 나타났다(교육부, 보건복지부 질병관리본부, 2018). 성별로는 남학생이 13.9세, 여학생이 14.1세인 것으로 나타나 큰 차이가 없음을 알 수 있다(교육부, 보건복지부 질병관리본부, 2018).

〈표 7-7〉 처음 전자담배 경험 연령(2015~2018년) (단위: 세)

	'13	'14	'15	'16	'17	'18
전체	–	–	14.6	14.0	13.8	14.0
성별						
남학생	-	-	14.6	14.1	13.8	13.9
여학생	-	-	14.6	13.7	13.5	14.1

※ 처음 전자담배 경험 연령: 평생 전자담배 사용 경험자 중에서 처음으로 전자담배를 사용한 연령의 평균

※ 출처: 교육부, 보건복지부 질병관리본부, 2018, p. 88에서 발췌하여 재구성

3. 청소년 흡연의 영향요인

이러한 청소년 흡연에는 어떠한 요인들이 영향을 미치고 있는가? 그간 청소년 흡연의 영향요인들을 밝히기 위해 많은 경험적 연구들이 수행되었다. 여기에서는 그간 국내에서 수행된 여러 경험적 연구 결과들을 바탕으로 청소년 흡연의 영향요인에는 어떠한 것들이 있는지에 대해 살펴보았다. 여러 연구 결과들에 나타난 청소년 흡연의 영향요인들은 크게 개인적 요인과 환경적 요인으로 나눠 살펴볼 수 있다.

1) 개인적 요인

먼저 청소년 흡연에 영향을 미치는 개인적 요인에는 성, 학년, 교급, 학업성적, 처음 흡연시기, 음주경험과 같은 기본적인 요인들이 있고, 우울, 스트레스와 같은 정서적 요인들도 있으며, 흡연지식, 흡연태도 등과 같은 인지적 요인들도 있다(곽연희, 김태준, 2011; 김지은, 조병희, 2012; 안은성, 배상수, 2009; 전종설, 2014; 허원빈, 전종설, 2014).

성, 학년, 교급, 학업성적은 청소년 흡연에 영향을 미치는 기본적인 요인이다. 관련 연구 결과들에서는 남성일수록, 학년과 교급이 높을수록, 학업성적이 낮을수록 청소년 흡연을 더 많이 하는 것으로 나타났다(곽연희, 김태준, 2011; 김지은, 조병희, 2012; 안은성, 배상수, 2009; 이정렬, 서미혜, 조원정, 배선형, 이경희, 함옥경, 서구민, 2004; 이철, 고복상, 이무식, 이미영, 2006). 몇몇 국내 관련 연구 결과들을 살펴보면, 안은성, 배상수(2009)는 2006년 청소년 건강행태 온라인조사 자료를 바탕으로 청소년의 현재 흡연 여부에 미치는 영향요인들을 살펴보았는데, 여학생에 비해 남학생일수록, 학년이 높아질수록, 학업성적이 상인 학생에 비해 중, 하인 학생일수록 현재 흡연의 가능성이 높게 나타났다. 곽연희, 김태준(2011)도 부산 지역 거주 543명의 중고교생을 대상으로 수집한 자료를 바탕으로 청소년 흡연행동에 영향을 미치는 요인들을 살펴보았는데, 여학생에 비해 남학생일수록, 중학교에 비해 전문고 학생들이 흡연을 더 많이 하고 있었다.

처음 흡연시기, 음주경험도 청소년 흡연에 영향을 미치는 중요한 요인이다. 관련 연구 결과들에서는 처음 흡연시기가 빠를수록, 음주경험이 있는 청소년일수록 흡연을 더 많이 하는 것으로 나타났다(김지은, 조병희, 2012; 이철, 고복상, 이무식, 이미영, 2006; 허원빈, 전종설, 2014). 몇몇 국내 관련 연구 결과들을 살펴보면, 이철, 고복상, 이무식, 이미영(2006)은 2002년 충남 A지역 7개 고등학교 남녀 고교생 977명을 대상으로 수집된 데이터를 바탕으로 고교생 청소년 흡연에 미치는 영향을 분석하였는데, 흡연시작연령이 어릴수록 흡연율이 높았다. 김지은, 조병희(2012)는 2003년 중2 시기 한국청소년패널조사 자료를 바탕으로 청소년 흡연에 미치는 영향요인들을 분석하였는데, 음주경험이 있는 청소년일수록 흡연을 더 많이 하고 있었다.

우울, 스트레스와 같은 정서적 요인들도 청소년 흡연에 영향을 미치는 중요한 요인이다. 관련 연구 결과에서는 우울, 스트레스가 높은 청소년일수록 흡연을 더 많이 하는 것으로 나타났다(안은성, 배상수, 2009). 앞에서 살펴본 안은성, 배상수(2009)의 연구에서 스트레스를 느끼고 우울감 경험이 있는 학생일수록 현재 흡연의 가능성이 높게 나타났다.

흡연지식, 흡연태도와 같은 인지적 요인들도 청소년 흡연에 영향을 미치는 중요한 요인이다. 관련 연구 결과들에서는 흡연지식, 흡연태도가 낮은 청소년들일수록 흡연을 더 많이 하는 것으로 나타났다(이정렬, 서미혜, 조원정, 배선형, 이경희, 함옥경, 서구민, 2004; 전종설, 2014). 이정렬, 서미혜, 조원정, 배선형, 이경희, 함옥경, 서구민(2004)은 한국금연운동협의회에서 서울 일부 지역 중고등학생 6,352명을 대상으로 수집한 자료를 바탕으로 청소년 흡연 관련 요인을 분석하였는데, 흡연에 대한 지식이 낮은 학생일수록, 간접흡연에 대한 주의태도가 낮은 학생일수록 흡연할 가능성이 높게 나타났다. 전종설(2014)은 2010 청소년 건강실태조사 자료를 바탕으로 청소년 흡연에 미치는 영향요인들을 분석하였는데, 흡연에 대한 부정적 인식이 낮을수록 흡연할 가능성이 높은 것으로 나타났다.

2) 환경적 요인

다음으로 청소년 흡연에 영향을 미치는 환경적 요인에는 부모의 흡연 여부, 부모의 흡연에 대한 태도, 양부모 동거 여부, 가정 내 간접흡연 경험과 같은 가족 관련 요인들이 있고, 친구의 흡연 여부와 같은 친구 관련 요인들도 있으며, 영화, 방송, 광고 등과 같은 매체 관련 요인들도 있다(곽연희, 김태준, 2011; 김이경, 이성규, 이향기, 지선하, 2003; 김지은, 조병희, 2012; 안은성, 배상수, 2009; 이정렬, 서미혜, 조원정, 배선형, 이경희, 함옥경, 서구민, 2004; 전종설, 2009, 2014).

부모의 흡연 여부, 부모의 흡연에 대한 태도, 양부모 동거 여부, 가정 내 간접흡연 경험과 같은 가족 관련 요인들도 청소년 흡연에 영향을 미치는 중요한 요인이다. 관련 연구 결과들에서는 부모가 흡연을 할수록, 부모의 흡연에 대한 태도가 엄격하지 않을수록, 양부모와 동거하지 않을수록, 가정 내 간접흡연을 경험할수록 청소년이 흡연을 더 많이 하는 것으로 나타났다(곽연희, 김태준, 2011; 안은성, 배상수, 2009; 이정렬, 서미혜, 조원정, 배선형, 이경희, 함옥경, 서구민, 2004; 이철, 고복상, 이무식, 이미영, 2006). 앞에서 살펴본 이정렬, 서미혜, 조원정, 배선형, 이경희, 함옥경, 서구민(2004)의 연구에서도 흡연하는 부모를 둔 학생일수록 청소년이 흡연할 가능성이 높은 것으로 나타났다. 곽연희, 김태준(2011)의 연구에서도 부모가 흡연을 많이 할수록 청소년의 흡연행동이 더 높았다. 이철, 고복상, 이무식, 이미영(2006)의 연구에서는 부모의 흡연에 대한 태도가 엄격하지 않을수록 흡연율이 높은 것으로 나타났다. 안은성, 배상수(2009)의 연구에서는 양부모 동거에 비해 한부모 동거 또는 양부모 모두 동거 안 하는 청소년일수록, 가정 내 간접흡연 경험이 있는 청소년일수록 현재 흡연할 가능성이 높은 것으로 나타났다.

친구의 흡연 여부와 같은 친구 관련 요인들도 청소년 흡연에 영향을 미치는 중요한 요인이다. 관련 연구 결과들에서는 일관되게 흡연하는 친구를 둔 청소년일수록 흡연을 더 많이 하는 것으로 나타났다(곽연희, 김태준, 2011; 김지은, 조병희, 2012; 유순화, 정규석, 2003; 이정렬, 서미혜, 조원정, 배선형, 이경희, 함옥경, 서구민, 2004; 이철, 고복상, 이무식, 이미영, 2006; 전종설, 2009, 2014; 황성현, 2009, 2012). 앞에서 살펴본 이정렬, 서미혜, 조원정, 배선형, 이경희, 함옥경, 서구민(2004)의 연구에서 흡연친구를 둔 학생일수록 흡연할 가능성이 높은 것으로 나타났다. 이철, 고복상, 이무식, 이미영(2006)의 연구에서도 친구 중 흡연자가 있는 경우, 흡연율이 높은 것으로 나타났다. 곽연희, 김태준(2011)의 연구에서도 흡연친구가 많을수록 청소년의 흡연행동이 더 높게 나타났다. 김지은, 조병희(2012)의 연구에서도 흡연친구가 있는 경우, 흡연을 더 경험하는 것으로 나타났다.

영화, 방송, 광고 속 흡연 장면 노출 정도와 같은 매체 관련 요인들도 청소년 흡연에 영향을 미치는 중요한 요인이다. 관련 연구 결과들에서는 영화, 방송, 광고 등의 매체 속 흡연 장면에 노출되는 정도가 높은 청소년들일수록 흡연을 더 많이 하는 것으로 나타났다(김이경, 이성규, 이향기, 지선하, 2003; 안은성, 배상수, 2009; 조형오, 2005). 김이경, 이성규, 이향기, 지선하(2003)는 국내 일부 고등학생과 대학생 1,075명을 대상으로 수집한 데이터를 바탕으로 청소년의 과거 영화 속 흡연 장면 노출 정도가 현재 흡연 여부에 미치는 영향을 분석하였는데, 과거 영화 속 흡연 장면 노출 정도가 낮은 청소년에 비해 노출 정도가 높은 청소년들이 현재 흡연의 가능성이 높은 것으로 나타났다. 조형오(2005)는 전국 10대 이상 563명을 대상으로 수집된 자료를 바탕으로 담배회사의 기업광고가 청소년의 흡연의도에 미치는 영향을 분석하였는데, 담배회사의 기업광고를 접할수록 청소년의 흡연의도가 높아지는 것으로 나타났다. 앞에서 살펴본 안은성, 배상수(2009)의 연구에서는 금연광고 등 금연 관련 홍보를 접한 경험이 없는 청소년일수록 현재 흡연할 가능성이 높게 나타났다.

그 외 학교생활에 대한 인식이 부정적인 청소년일수록 흡연할 가능성이 높다는 연구 결과도 있다(전종설, 2014).

4. 청소년 흡연 관련 정책현황

1) 청소년 흡연 관련 국내 정책의 주요 내용

한국의 정부부처에서는 청소년 흡연을 청소년 비행으로 생각하거나 청소년 건강을 해치는 행위로 생각해서 다양한 정책들을 마련해서 시행하고 있다. 청소년 비행정책적 시각이든 청소년 건강정책적 시각이든 청소년 흡연 관련 정책들은 크게 흡연규제정책, 흡연예방교육정책, 금연지원정책의 세 가지 유형으로 나눠 살펴볼 수 있다(이경상, 김지연, 최수미, 이순래, 2012).

청소년 흡연규제정책은 주로 여성가족부, 보건복지부, 기획재정부, 방송통신위원회 등에서 시행하고 있다(여성가족부, 2018; 이경상, 김지연, 최수미, 이순래, 2012).

여성가족부에서는 청소년보호법을 통해 청소년에게 담배를 판매·대여·배포(자동기계장치·무인판매장치·통신장치 포함)하거나 무상으로 제공하는 행위(청소년보호법 제28조 제1항), 청소년의 의뢰로 담배를 구입하여 청소년에게 제공하는 행위(동법 제28조 제2항), 청소년에게 권유·유인·강요해서 담배를 구매하게 하는 행위(동법 제28조 제3항)를 금지하고 있고, 담배를 판매·대여·배포하고자 하는 자는 상대방의 나이 및 본인 여부를 확인(동법 제28조 제4항)해야 하고 그 업소(자동기계장치·무인판매장치 포함)에 청소년 대상의 담배 판매·대여·배포를 금지하는 내용을 표시(동법 제28조 제5항)하게끔 규정하고 있다. 또한 담배를 제조·수입한 자는 담배에 청소년 유해표시(동법 제28조 제7항)를 하도록 규정하고 있다(법제처 국가법령정보센터, 2018. 12. 20.; 이경상, 김지연, 최수미, 이순래, 2012). 아울러 전자담배 등에 대해서도 규제할 수 있도록 니코틴 용액 등 담배성분을 흡입할 수 있는 전자장치 등에 대해서도 청소년 유해물건으로 결정고시하였다(여성가족부, 2018).

보건복지부에서는 국민건강증진법을 통해 청소년 이용 장소에 담배자동판매기를 설치하는 것을 금지하고(국민건강증진법 제9조 제2항), 담배자동판매기를 설치하여 담배를 판매하는 자는 반드시 성인인증장치를 부착하게끔 하며(동법 제9조 제3항), 학교, 도서관, 청소년활동시설, 사회복지시설 등 청소년 관련 시설을 금연구역으로 지정하였다(동법 제9조 제4항). 또한 담배의 제조자 또는 수입판매업자는 담뱃갑 포장지에 흡연의 폐해를 나타내는 경고그림, 경고문구 등을 표기하여야 하고(동법 제9조의2). 담배에 관한 광고를 법에 의해 엄격히 제한하고 있다(동법 제9조의4)(법제처 국가법령정보센터, 2018. 08. 14.; 이경상, 김지연, 최수미, 이순래, 2012).

기획재정부에서는 담배사업법을 통해 청소년들이 우편 등의 방법으로 담배를 구매하는 것을 금지하기 위해 소매인이 우편판매 및 전자거래를 통해 담배를 판매하지 못하도록 금지하고(담배사업법 제12조 제4항), 게임장, 만화방 등 청소년이 주로 이용하는 장소에는 소매인 지정을 하지 않을 수 있도록 제한하고 있다(동법 제16조 3항; 동법 시행규칙 제7조의3)(법제처 국가법령정보센터, 2018. 09. 06., 2018. 09. 07.; 이경상, 김지연, 최수미, 이순래, 2012).

방송통신위원회에서는 방송법을 통해 방송통신심의위원회가 아동 및 청소년의 보호와 건전한 인격형성에 관한 사항 등을 포함한 심의규정을 제정하여 흡연 장면 등 청소년의 건전한 발달에 장애가 되는 방송장면 등을 규제하도록 하고 있다(방송법 제33조 제2항)(법제처 국가법령정보센터, 2018. 09. 14.; 이경상, 김지연, 최수미, 이순래, 2012).

〈표 7-8〉 청소년 흡연 관련 국내 정책 주요 내용

구분	주관부처	주요 내용
흡연규제 정책	여성가족부	• 청소년에게 담배를 제공하는 행위 금지(청소년보호법 제28조 1항) • 청소년의 의뢰로 담배를 구입하여 제공하는 행위 금지(동법 제28조 2항) • 청소년에게 강요해서 담배를 구매하게 하는 행위 금지(동법 제28조 3항) • 담배판매업자의 청소년 나이확인 의무화(동법 28조 4항) • 담배판매업소에 청소년 대상 담배판매금지 표시(동법 28조 5항) • 담배에 청소년유해 표시(동법 28조 7항) • 니코틴용액 등 흡입전자장치 청소년 유해물건으로 고시
	보건복지부	• 청소년 이용장소 담배자동판매기 설치 금지(국민건강증진법 제9조 2항) • 담배자동판매기에 성인인증장치 부착(동법 제9조 3항) • 학교, 청소년활동시설 등을 금연구역으로 지정(동법 제9조 4항) • 담뱃갑 포장지에 흡연 경고그림, 경고문구 표기(동법 제9조의2) • 담배광고 법에 의해 엄격히 제한(동법 제9조의4)
	기획재정부	• 담배를 판매할 수 있는 사람을 소매인으로 제한(담배사업법 제12조 2항) • 우편판매나 전자거래를 통해 담배판매 금지(동법 제12조 4항) • 청소년 이용시설에서 소매인 지정의 제한(동법 제16조 2항, 동법 시행 규칙 제7조의3)

구분	주관부처	주요 내용
	방송통신위원회	• 흡연 방송 장면에 대한 방송통신심의위원회 심의(방송법 제33조 2항)
흡연예방 교육 정책	여성가족부	• 유통업체, 청소년유해환경감시단과 협력하여 신분증 확인캠페인 전개 • 청소년 대상 담배 불법판매 모니터링 강화 및 유통업자 종사자 교육 • 청소년 대상 흡연예방 교육 및 홍보 실시(방학, 수능전·후 등)
	보건복지부	• 매스미디어 홍보(언론매체, 인터넷, 금연월간지 등) • 학교 흡연예방사업 지원
	교육부	• 전국 초·중·고등학교 대상 흡연·음주예방 교육 실시(금연학교 운영) • 학생건강정보센터를 통한 유해약물에 대한 정보 제공
금연지원 정책	여성가족부	• 담배 등 청소년유해약물 피해청소년 치료재활 지원(청소년보호법 제34조 1항)
	보건복지부	• 보건소 금연상담 및 금연치료프로그램(금연상담, 금연교실, 금연클리닉, 금연지도자 교육 등) 제공

※ 출처: 이경상, 김지연, 최수미, 이순래, 2012, p. 60의 표와 여성가족부, 2018. p. 299의 표를 바탕으로 수정보완하여 제시하였음.

청소년 흡연예방교육정책은 주로 여성가족부, 보건복지부, 교육부에서 시행하고 있다(여성가족부, 2018; 이경상, 김지연, 최수미, 이순래, 2012).

여성가족부에서는 유통업체 및 시·군·구 청소년유해환경감시단과 협력하여 신분증 확인 캠페인을 전개하고, 유통업자들을 대상으로 청소년 대상 담배 불법판매에 대한 모니터링 강화 및 종사자 교육을 실시하며, 청소년들을 대상으로 방학, 수능 전후 등 다양한 계기별로 흡연예방 교육 및 홍보활동을 실시하고 있다(여성가족부, 2018; 이경상, 김지연, 최수미, 이순래, 2012).

보건복지부에서는 청소년 흡연시작연령을 늦추고 신규흡연자 발생을 억제하기 위해 언론매체, 인터넷, 금연월간지 등 매스미디어를 통한 홍보활동을 전개하고 있고, 학교에서 수행하는 흡연예방사업을 지원하는 형태로 일반 학생들을 대상으로 효과적인 흡연예방교육을 실시하고 있다(보건복지부, 2011; 여성가족부, 2018; 이경상, 김지연, 최수미, 이순래, 2012).

교육부에서는 전국 초·중·고등학교 청소년들을 대상으로 체계적인 흡연예방교육을 실시하고 있고, 학생건강정보센터를 통해 청소년들에게 유해약물에 대한 정보를 제공하고 있다(여성가족부, 2018; 이경상, 김지연, 최수미, 이순래, 2012).

청소년 금연지원정책은 주로 여성가족부, 보건복지부에서 시행하고 있다(여성가족부, 2018; 이경상, 김지연, 최수미, 이순래, 2012).

여성가족부에서는 청소년보호법에 청소년 유해약물 피해청소년에 대한 치료와 재활에 대한 규정(청소년보호법 제34조 제1항)을 제시하고 있으며 이를 바탕으로 담배 등 청소년 유해약물 피해청소년에 대한 치료재활 지원정책을 시행하고 있다(법제처 국가법령정보센터, 2018. 12. 20.; 여성가족부, 2018).

보건복지부에서는 지역 보건소를 통해 흡연청소년들을 포함한 흡연자들을 대상으로 금연상담 및 금연치료 프로그램을 지원하고 있다. 구체적으로는 금연상담, 금연교실, 금연클리닉, 금연지도자 교육 등의 프로그램을 제공하고 있다(여성가족부, 2018; 이경상, 김지연, 최수미, 이순래, 2012).

2) 청소년 흡연 관련 국제협약의 주요 내용

국제적으로는 국제협약을 통해서 청소년 흡연에 대한 다양한 정책들을 시행하고 있다. 세계보건기구(WHO)에서는 2003년 제53차 보건총회에서 채택되고 2005년 발효된 담배규제기본협약(FCTC: Framework Convention on Tobacco Control)을 제정하여 청소년을 포함한 전 인구를 대상으로 담배의 수요와 공급을 감소시키는 데 필요한 강력한 금연정책들을 국제적으로 수행해 오고 있다(보건복지부, 2010. 05. 28.). 한국은 2003년 담배규제기본협약에 서명하고 2005년에 비준함으로써 담배규제기본협약에 따라 국내 관련 법제도를 정비하고 관련 정책을 이행해야 할 의무를 지니게 되었다(보건복지부, 2010, 2010. 05. 28.).

담배규제기본협약의 주요 내용은 크게 수요감소 전략과 공급감소 전략으로 나눠 살펴볼 수 있다(보건복지부, 2010, 2010. 05. 28.).

먼저 수요감소 전략에는 가격 및 조세 조치(제6조)가 제시되어 있고, 비가격 조치(제7조)로 담배연기에의 노출로부터의 보호(제8조), 담배제품의 성분에 관한 규제(제9조), 담배제품의 공개에 관한 규제(제10조), 담배제품의 포장 및 라벨에 관한 규제(제11조), 교육, 의사소통, 훈련과 일반인의 인식 강화(제12조), 담배광고, 판촉 및 후원의 포괄적 금지(제13조), 담배중독 및 금연에 관한 수요감소(제14조)의 7개 조치들이 제시되어 있다(보건복지부, 2010, 2010. 05. 28.).

가격 및 조세 조치(제6조) 규정에서는 각 당사국이 가격 및 조세 조치가 사람들, 특히 청소년의 담배소비 감소에 효과적이고 중요한 수단임을 인식하여 담배제품에 대한 가격 및 조세 정책을 시행하도록 규정하고 있다(보건복지부, 2010).

비가격 조치(제7조)도 각 당사국에서 담배소비 감소에 효과적이고 중요한 수단임을 인식하여 7개의 정책들을 시행하도록 규정하고 있는데(보건복지부, 2010), 먼저 담배연기에의 노출로부터 보호(제8조) 규정에서는 각 당사국이 담배연기에의 노출이 사망·질병·장애를 초래한다는 과학적 증거가 명백하다는 것을 인식하여 실내 작업장·대중교통수단·공공장소 등에서의 담배연기 노출로부터 사람들을 보호하는 정책을 시행하도록 규정하고 있다(보건복지부, 2010).

담배제품의 성분에 관한 규제(제9조)에서는 각 당사국이 담배제품의 성분 및 배출물을 시험·측정하고 규제하기 위한 정책을 시행하도록 규정하고 있다(보건복지부, 2010). 담배제품의 공개에 관한 규제(제10조)에서는 각 당사국이 담배제품의 제조업자 및 수입업자가 담배제품의 성분 및 배출물에 관한 정보를 정부당국에 제공토록 하고, 담배제품 배출물의 독성 성분에 관한 정보를 일반인에게 공개토록 하는 정책을 시행하도록 규정하고 있다(보건복지부, 2010).

담배제품의 포장 및 라벨에 관한 규제(제11조)에서는 각 당사국이 담배제품의 포장 및 라벨에 허위·오도·기만적이거나 잘못된 인상을 조장할 개연성이 있는 방법을 사용하여 제품홍보를 하게 해서는 안 되고, 담배의 유해성을 기술하는 경고 문구를 포함하여야 하는 정책을 시행하도록 규정하고 있다(보건복지부, 2010).

교육, 의사소통, 훈련과 일반인의 인식 강화(제12조)에서는 각 당사국이 모든 가능한 의사소통 수단을 활용하여 담배 규제문제에 관한 일반인의 인식을 촉진하고 강화하도록 하는 정책을 시행하도록 규정하고 있다(보건복지부, 2010).

담배광고, 판촉 및 후원의 포괄적 금지(제13조)에서는 각 당사국이 담배의 광고, 판촉 및 후원의 포괄적 금지가 담배제품의 소비를 감소시킬 것임을 인식하여, 초국경적인 금지조치를 포함하여, 라디오, 텔레비전, 인쇄매체 및 인터넷 같은 기타 매체를 통한 모든 담배광고, 판촉 및 후원에 대한 포괄적인 금지조치를 시행하도록 규정하고 있다(보건복지부, 2010).

담배중독 및 금연에 관한 수요 감소(제14조)에서는 각 당사국이 과학적인 증거를 바탕으로 하는 방법을 개발해서 금연상담, 금연촉진 프로그램 등 담배중독 해소 및 금연을 위한 적절한 치료조치를 시행하도록 규정하고 있다(보건복지부, 2010).

〈표 7-9〉 청소년 흡연 관련 담배규제기본협약(FCTC) 주요 내용

수요감소 전략	**가격 및 조세 조치**(제6조)
	비가격 조치(제7조) • **담배연기에의 노출로부터의 보호**(제8조) • 담배제품의 성분에 관한 규제(제9조) • 담배제품의 공개에 관한 규제(제10조) • **담배제품의 포장 및 라벨에 관한 규제**(제11조) • 교육, 의사소통, 훈련과 일반인의 인식 강화(제12조) • **담배광고, 판촉 및 후원의 포괄적 금지**(제13조) • **담배중독 및 금연에 관한 수요 감소**(제14조)
공급감소 전략	• 담배제품의 불법거래 금지(제15조) • **미성년자의 담배구매 및 판매 금지**(제16조) • 경제적으로 실행 가능한 대체활동을 위한 지원 제공(제17조)

※ 출처: 보건복지부, 2010. 05. 28. p. 5를 일부 수정하여 제시하였음.

다음으로 공급감소 전략에는 담배제품의 불법거래 금지(제15조), 미성년자의 담배구매 및 판매 금지(제16조), 경제적으로 실행 가능한 대체활동을 위한 지원 제공(제17조)들이 있다(보건복지부, 2010, 2010. 05. 28.).

담배제품의 불법거래 금지(제15조)에서는 각 당사국이 밀수, 불법제조 및 위조를 포함한 모든 유형의 담배제품 관련 불법거래를 근절하는 정책을 시행하도록 규정하고 있다(보건복지부, 2010).

미성년자의 담배구매 및 판매 금지(제16조)에서는 각 당사국이, 판매장소 내부에 미성년자에 대한 담배판매 금지표지 설치, 담배구매자의 연령증명서 확인, 담배구매자의 직접 접근이 가능한 선반진열과 같은 방식의 판매 금지, 미성년자의 흥미를 유발시킬 수 있는 담배제품 형태의 사탕, 과자, 장난감 등의 제조 및 판매 금지, 미성년자의 담배자판기 접근 금지, 미성년자에 대한 담배제품 무상배포 금지, 미성년자의 담배제품 판매 금지 등 국내법에서 규정한 연령 또는 18세 미만인 미성년자에 대한 담배제품의 판매와 미성년자의 담배제품 판매를 금지하는 정책을 시행하도록 규정하고 있다(보건복지부, 2010).

경제적으로 실행 가능한 대체활동을 위한 지원 제공(제17조)에서는 각 당사국이 담배업계 경작자, 노동자 및 판매업자에게 경제적인 대체활동을 촉진하는 지원을 제공하는 정책을 시행하도록 규정하고 있다(보건복지부, 2010).

5. 요약

이 장에서는 청소년기 성장발달에 유해한 영향을 끼칠 수 있는 청소년 흡연에 대해 청소년 흡연의 개념 및 중요성, 청소년 흡연의 실태, 청소년 흡연의 영향요인, 청소년 흡연 관련 국내, 국제적 정책현황으로 나눠 살펴보았다.

먼저 청소년보호법상 청소년 흡연의 개념은 만 19세 미만의 청소년들이, 마약류(마약류관리에 관한 법률), 환각물질(화학물질관리법), 주류(주세법) 등과 함께 청소년 유해약물로 규정된 담배(담배사업법)를 피우는 행위(법제처 국가법령정보센터, 2018. 12. 20., 청소년보호법 제2조 제4항)를 지칭한다. 이러한 청소년 흡연은 청소년 개인의 건강한 신체적, 정신적, 사회적인 성장발달에 해로운 영향을 미칠 수 있는 중요한 요인이다(김재엽, 이근영, 2010; 김태석, 김대진, 2007; 김현옥, 전미숙, 2007; 김혜진, 신선정, 2011; 라진숙, 조윤희, 김혜선, 2015; 변영순, 이혜순, 2007).

다음으로 청소년 현재 흡연율(최근 30일 동안 1일 이상 흡연한 청소년들의 비율)을 살펴본 결과, 2018년 기준 한국 청소년(중1~고3)들의 현재 흡연율은 6.7%이고, 최근 6년간의 종단적 변화추이는 수년간 감소하다가 2017년부터 조금씩 증가하는 추세를 보이고 있다(교육부, 보건복지부 질병관리본부, 2018). 청소년 매일 흡연율(최근 30일 동안 매일 흡연한 청소년들의 비율)을 살펴본 결과, 2018년 기준 한국 청소년(중1~고3)들의 매일 흡연율은 3.2%이고, 최근 6년간의 종단적 변화추이는 수년간 감소하다가 2018년부터 조금 증가하는 추세를 보이고 있다(교육부, 보건복지부 질병관리본부, 2018). 청소년 평생 흡연경험률(평생 동안 담배를 한두 모금이라도 피운 경험이 있는 사람의 비율)을 살펴본 결과, 2018년 기준 한국 청소년(중1~고3)들의 평생 흡연경험률은 14.9%이고, 최근 6년간의 종단적 변화추이는 최근 수년간 감소하다가 2018년부터 조금 증가하는 추세를 보이고 있다(교육부, 보건복지부 질병관리본부, 2018). 청소년 처음 흡연경험 연령을 살펴보면, 2018년 기준 한국 청소년(중1~고3)들의 처음 흡연경험 연령은 13.0세이고, 최근 6년간의 종단적 변화추이는 최근 수년간 처음 흡연경험 연령이 미세하게나마 높아지고 있음을 알 수 있다(교육부, 보건복지부 질병관리본부, 2018).

다음으로 청소년 흡연의 영향요인을 개인적 요인과 환경적 요인으로 나눠 살펴본 결과, 개인적 요인에는 성, 학년, 교급, 학업성적, 처음 흡연시기, 음주경험과 같은 기본적인 요인들이 있고, 우울, 스트레스와 같은 정서적 요인들도 있으며, 흡연지식, 흡연태도 등과 같은 인지적 요인들도 있었다(곽연희, 김태준,

2011; 김지은, 조병희, 2012; 안은성, 배상수, 2009; 전종설, 2014; 허원빈, 전종설, 2014). 환경적 요인에는 부모의 흡연 여부, 부모의 흡연에 대한 태도, 양부모 동거 여부, 가정 내 간접흡연 경험과 같은 가족 관련 요인들이 있고, 친구의 흡연 여부와 같은 친구 관련 요인들도 있으며, 영화, 방송, 광고 등과 같은 매체 관련 요인들도 있었다(곽연희, 김태준, 2011; 김이경, 이성규, 이향기, 지선하, 2003; 김지은, 조병희, 2012; 안은성, 배상수, 2009; 이정렬, 서미혜, 조원정, 배선형, 이경희, 함옥경, 서구민, 2004; 전종설, 2009, 2014).

마지막으로 청소년 흡연 관련 국내정책을 살펴본 결과, 여성가족부, 보건복지부, 교육부 등에서 청소년보호법, 국민건강증진법을 통해 청소년에게 담배를 판매・대여・배포(자동기계장치・무인판매장치・통신장치 포함)하거나 무상으로 제공하는 행위(청소년보호법 제28조 제1항) 등에 대한 흡연규제정책을 실시하고 있고, 전국 초・중・고등학교 청소년 대상의 체계적인 흡연예방 교육 실시 등의 흡연예방교육정책을 실시하고 있으며, 금연상담, 금연교실, 금연클리닉, 금연지도자 교육 등의 금연지원정책을 실시하고 있다(여성가족부, 2018; 이경상, 김지연, 최수미, 이순래, 2012). 국제협약인 WHO의 담배규제기본협약(FCTC)에서는 수요감소 전략으로 가격 및 조세 조치(제6조)와 함께 비가격 조치(제7조)로 담배연기에의 노출로부터의 보호(제8조), 담배제품의 성분에 관한 규제(제9조), 담배제품의 공개에 관한 규제(제10조), 담배제품의 포장 및 라벨에 관한 규제(제11조), 교육, 의사소통, 훈련과 일반인의 인식 강화(제12조), 담배광고, 판촉 및 후원의 포괄적 금지(제13조), 담배중독 및 금연에 관한 수요 감소(제14조)의 7개 조치들을 실시하고 있고, 공급감소 전략으로 담배제품의 불법거래 금지(제15조), 미성년자의 담배구매 및 판매 금지(제16조), 경제적으로 실행 가능한 대체활동을 위한 지원 제공(제17조)들을 실시하고 있다(보건복지부, 2010, 2010. 05. 28.).

참 고 문 헌

곽연희, 김태준(2011). 청소년 흡연에 영향을 미치는 가족요인과 친구요인에 관한 연구, 교류분석상담연구, 1(1), 47-71.

교육부, 보건복지부 질병관리본부(2017). 제13차(2017년) 청소년건강행태온라인조사 통계.

교육부, 보건복지부 질병관리본부(2018). 제14차(2018년) 청소년건강행태온라인조사 통계.

권정대, 김범택, 김광민, 박샛별, 김유진, 장충수, 김보영, 주남석(2010). 청소년에서 흡연과 비만의 관련성. Korean Journal of Family Medicine, 31, 369-376.

김이경, 이성규, 이향기, 지선하(2003). 국내 청소년의 과거 영화 속 흡연장면 노출정도와 현재 흡연유무와의 관련성. 보건사회연구, 33(4), 497-517.

김재엽, 이근영(2010). 청소년의 음주 및 흡연 경험이 학교폭력 가해행동에 미치는 영향: 부모-자녀 상호작용의 조절효과를 중심으로. 청소년복지연구, 12(2), 53-74.

김지은, 조병희(2012). 사회적 관계가 청소년 흡연에 미치는 영향. 한국청소년연구, 23(1), 57-87.

김태석, 김대진(2007). 흡연과 우울증 간의 관련성. 대한정신약물학회지, 18(6), 393-398.

김혜원, 김양근, 백재용, 홍창빈, 이가영, 박태진, 김진승(2017). 한국 청소년의 흡연과 자살관련행동과의 관계: 제12차(2016년) 청소년건강행태온라인조사. Korean J Health Promot, 17(4), 219-233.

김혜진, 신선정(2011). 일부 고등학생의 흡연경험 여부에 따른 주관적 구강건강인지, 구강보건행동 및 가족흡연행태에 관한 연구. 한국치위생학회지, 11(5), 695-706.

김현옥, 전미숙(2007). 청소년의 흡연, 음주와 정신건강과의 관계. 한국보건간호학회지, 21, 217-229.

라진숙, 조윤희, 김혜선(2015). 고등학생 청소년의 자살생각과 시도에 대한 흡연빈도와 강도의 수준별 결합효과. 한국학교보건학회지, 28(3), 168-176.

박선혜, 강주희, 전종설, 오혜정(2010). 흡연 청소년과 비흡연 청소년의 정신건강에 대한 종단적 비교연구. 청소년복지연구, 12(2), 75-94.

박선희(2007). 청소년들의 흡연경험 및 흡연빈도 증가에 영향을 미치는 요인. 아동간호학회지, 13(3), 318-328.

법제처 국가법령정보센터(2018.08.14.). 국민건강증진법.

http://www.law.go.kr/lsInfoP.do?lsiSeq=200902&efYd=20171230#J9:0에서 2018년 8월 14일 인출.

법제처 국가법령정보센터(2018.09.06). 담배사업법. http://www.law.go.kr/lsInfoP.do?lsiSeq=195019&efYd=20170922#0000에서 2018년 9월 6일 인출.

법제처 국가법령정보센터(2018.09.07.). 담배사업법 시행규칙. http://www.law.go.kr/lsInfoP.do?lsiSeq=195019&efYd=20170922#0000에서 2018년 9월 7일 인출.

법제처 국가법령정보센터(2018.09.14). 방송법. http://www.law.go.kr/lsInfoP.do?lsiSeq=205994&efYd=20180313#J32:0에서 2018년 9월 14일 인출.

법제처 국가법령정보센터(2018.12.20). 청소년보호법. http://www.law.go.kr/lsInfoP.do?lsiSeq=205825&efYd=20181218#0000에서 2018년 12월 20일 인출.

변영순, 이혜순(2007). 청소년의 흡연과 혈압, 지질 및 체질량 지수와의 관계. Journal of Korean Academy of Nursing, 37(6), 1020-1026.

변해원(2012). 우리나라 고등학생의 흡연과 우울증의 관련성. 한국산학기술학회 논문지, 13(10), 4669-4675.

보건복지부(2010). 담배규제기본협약 비준 5주년 기념 자료집.

보건복지부(2010.05.28.). 복지부, WHO 담배규제기본협약(FCTC) 비준 5주년 기념 자료집 발간. 보건복지부 5월 28일 보도자료.

보건복지부(2011). 제3차 국민건강증진종합계획(2011~2020).

신경옥, 안창훈, 황효정, 최경순, 정근희(2009). 남자 중고생의 흡연과 음주습관이 영양소 섭취 및 건강상태에 미치는 영향. 한국식품영양과학회지, 38(6), 694-708.

안은성, 배상수(2009). 개인적 특성과 사회환경이 청소년의 흡연에 미치는 영향. 보건교육 · 건강증진학회지, 26(2), 1-13.

여성가족부(2018). 2018 청소년백서.

유순화, 정규석(2003). 청소년 음주 · 흡연에 관한 사회학습이론적 분석. 청소년학연구, 10(2), 195-214.

이경상, 김지연, 최수미, 이순래(2012). 청소년 흡연 · 음주 실태와 정책적 대응방안. 서울: 한국청소년정책연구원.

이미라(2017). 우리나라 청소년에서 흡연 및 음주상태와 치은증상의 관련성. Journal of

Korean Society Dental Hygiene, 17(5), 865-874.

이복임, 정혜선(2011). 청소년의 흡연이 스트레스에 미치는 영향에 대한 성별 차이. 한국학교보건학회지, 24(1), 81-88.

이정렬, 서미혜, 조원정, 배선형, 이경희, 함옥경, 서구민(2004). 서울 일지역 청소년 흡연관련 요인 분석. 지역사회간호학회지, 15(1), 95-101.

이철, 고복상, 이무식, 이미영(2006). 일부 중소도시 고교생 흡연에 대한 부모 및 학교의 태도가 흡연에 미치는 영향. 가정의학회지, 27, 278-287.

전종설(2009). 미국 약물사용 청소년들의 흡연행동 요인에 관한 연구. 청소년학연구, 16(3), 1-23.

전종설(2014). 사회적, 태도, 내적 요인이 청소년 흡연에 미치는 영향. 청소년학연구, 21(1), 27-50.

전해성(2015). 2008~2014년까지 청소년건강행태 온라인조사를 활용하여 흡연・음주・약물사용이 청소년 자살생각에 미치는 영향. 한국학교보건학회지, 28(2), 99-110.

조경숙(2012). 직・간접흡연이 청소년의 천명 및 천식에 미치는 영향. 보건사회연구, 32(4), 2012, 605-630.

조형오(2005). 담배회사의 기업광고가 기업태도와 흡연의 인지적 반응에 미치는 영향. 광고학연구, 16(5), 61-78.

허원빈, 전종설(2014). 개인, 인지, 정서 요인이 청소년의 흡연량에 미치는 영향. 아동과 권리, 18(1), 75-104.

황성현(2009). 청소년 음주・흡연행위에 관한 사회유대, 자아통제, 사회학습이론적 고찰. 한국청소년연구, 20(1), 113-139.

황성현(2012). 청소년 흡연・음주행위의 원인에 대한 비행이론적 접근. 보건과 사회과학, 32, 19-38.

National Cancer Institute (2005). Cancer Trends Progress Report. *Retrieved February 24*, 2007, from http://progressreport.cancer.gov/doc_detail.asp?pid=1&did=2005&chid=21&coid=203&mid=#cancer.

Pavanello, S., & Clonfero, E. (2000). Biomakers of gentotoxic risk and metabolic polymorphism. *Med Lav, 91*(5), 431-469.

제 8 장

청소년 음주

최근 우리 사회에서 음주와 관련된 주요 쟁점은 일명 윤창호법 시행일 것이다. 윤창호법은 2018년 휴가 중이던 군인 윤창호 씨가 만취 운전자의 차에 치여 사망한 사건이 계기가 돼 만들어진 법이다. 이 법에서 음주운전으로 인한 사고유발 시 음주운전자가 최고 무기징역까지 선고받도록 처벌 수위를 강화했다. 우리 사회에서 청소년 음주실태는 상당히 위험한 수준이다. 국회입법조사처가 발표한 '청소년 음주 규제의 문제점 및 개선방향' 보고서에 따르면 청소년 알코올 중독 환자가 해마다 증가하고 있으며 음주 청소년 2명 중 1명은 소위 폭음을 하고 있는 것으로 나타났다(파이낸셜뉴스, 2019).

이 장에서는 청소년 음주의 개념 및 음주의 사회적 비용과 청소년에게 미치는 신체적, 사회적, 정신적, 정서적 폐해에 대해 먼저 살펴본 후, 청소년 음주행위의 실태를 살펴볼 것이다. 음주실태는 2011년부터 2016년까지 수집한 청소년 건강행태 온라인 조사와 청소년정책연구원에서 지난 2012년부터 2017년도까지 조사한 한국아동 · 청소년패널 중등패널 종단자료를 통해 알아보고자 한다. 그 다음으로 청소년 음주행위의 원인을 개인적 요인과 환경적 요인으로 나누어서 살펴볼 것이다. 특히 환경적 요인에서는 개인환경적 요인으로 음주를 가장 잘 설명하는 이론인 사회유대이론, 사회학습이론, 일반긴장이론, 자기통제이론에서 설명하는 음주의 원인을 간략하게 살펴본 후 사회환경적 요인을 개관할 것이다. 마지막으로 청소년 음주에 대한 정책적 노력과 예방책을 설명하고자 한다. 청소년의 음주율을 줄이기 위해 여성가족부, 보건복지부, 교육과학기술부, 법무부, 경찰청 등의 정부기관에서 실시하는 정책을 간략하게 살펴보고 청소년 음주의 원인을 설명한 개인환경적 요인과 사회환경적 요인을 바탕으로 이에 걸맞은 예방전략을 함께 논의할 것이다. 이는 가정에서의 예방전략, 학교와 또래집단에서의 예방전략, 지역사회에서의 예방전략 등을 중심으로 청소년 음주를 예방하기 위한 사회적 고민을 함께 살펴볼 것이다.

1. 청소년 음주의 개념 및 중요성

1) 청소년 음주의 개념

청소년 음주는 대표적인 지위비행에 속한다. 지위비행은 음주, 흡연, 가출, 무단결석 등 청소년기의 사회적 지위에 걸맞지 않은 행동을 하는 것을 말한다. 김준호와 이동원(1996)은 청소년의 비행유형을 지위비행, 음란물비행, 성비행, 약물비행, 재산비행, 폭력비행으로 구분하고 이 중 지위비행이란 법률상으로 위법행동은 아니나 청소년이라는 지위에 걸맞지 않은 문제행위를 의미하며, 가출, 커닝, 무단결석, 음주, 흡연 등이 속한다고 주장하였다. 따라서 청소년 음주는 성인에게는 법률적으로 문제 되지 않지만 청소년에게는 청소년기라는 특정 시기에 해서는 안 되는 비행행위이다.

2016년에 청소년 음주율은 13.2%이며, 남학생은 17.2%, 여학생은 12.5%로 나타나 상당수의 청소년들이 술을 마시는 것으로 드러났다(교육부・보건복지부・질병관리본부, 2017). 청소년기의 음주행위는 성인기의 음주를 포함한 다양한 약물남용으로 이어질 수 있다. 선행연구에 따르면 청소년기에 과음을 하거나 상습적으로 음주를 할수록 성인이 되었을 때 알코올 중독자로 발전할 가능성이 높다(Merline et al., 2004; Patrick & Schulenberg, 2011).

청소년기의 음주행위는 성인기의 유해약물이나 약물남용의 통로가 되는 경향이 있을 뿐만 아니라 신체적, 정신적, 사회적 부적응 현상을 초래한다. 예를 들면, 청소년이 지속적으로 술을 마시면 기억력 저하로 학업능력에 부정적 영향을 받게 되거나, 부모, 친구, 선생님과의 갈등을 초래하며, 우울증, 두려움, 또는 공격적인 성향을 가지게 됨으로써 폭력 또는 자살 등과 같은 청소년범죄로 이어질 가능성이 높고, 성인보다 더 빨리 알코올 의존으로 발전할 가능성이 높아진다(김재엽・이근영, 2010).

2) 청소년 음주의 중요성

우리 사회에서 청소년 음주비율을 줄이기 위해 노력해야 하는 이유는 음주의 사회적 비용과 청소년에게 미치는 신체적, 사회적, 정신적, 정서적 악영향이 상당하기 때문이다.

(1) 음주의 사회적 비용

음주의 사회적 비용은 상당한 수준에 이른다. 2010년 국민 1인당 술 소비량은 성인기준으로 소주 66.6병, 맥주 100.8병, 막걸리 14.2병을 소비한 것으로 나타났다(국세청, 2011). 술 소비량은 꾸준히 증가하여 2017년에는 국민 1인당 술 소비량은 OECD 평균의 1.5배를 초과했다(KBS News, 2017년 1월 31일자 보도). 음주로 인한 사회경제적 비용으로 질병 비용 5조 224억 원, 가정폭력 관련 비용 12조 3,562억 원, 산업재해, 교통사고 등 기타비용 1조 2,370억 원으로 총 18조 6,057억 원에 달하는 것으로 추정된다(정영호, 2009).

음주의 사회적 비용과 더불어 음주는 각종 범죄발생의 주요 요인이 된다. 〈표 8-1〉은 음주로 인한 범죄발생 비율을 나타낸 표이다. 지난 10년 동안 발생한 각종 범죄와 알코올 및 마약류와의 관계에서 마약류는 1,172건 0.4%, 본드·신나는 472건 0.1%, 알코올은 311,571건 99.5%로 알코올 남용으로 인한 범죄가 전부를 차지하고 있다고 해도 과언이 아니다. 즉, 지난 10년 동안 범죄자들이 각종 범죄를 저질렀을 당시, 알코올을 포함한 불법 약물을 복용했을 경우, 그 약물의 99.5%는 술이라는 것이다. 〈표 8-1〉에서 알코올 관련 범죄는 2010년도에 9.9%를 제외하고는 전체적으로 꾸준히 증가하고 있으며, 2004년 19,394건에서 2013년 35,613건으로 10년 동안 약 1.8배 정도 증가했다.

〈표 8-1〉 알코올 남용으로 인한 범죄 발생 비율

	2004	2005	2006	2007	2008	2009	2010	2011	2012	2013
알코올남용 범죄 건수(비율)	19,394 (6.2)	19,001 (6.1)	32,367 (10.4)	35,272 (11.3)	35,373 (11.4)	34,255 (11.0)	30,922 (9.9)	34,599 (11.1)	34,775 (11.2)	35,613 (11.4)

출처: 대검찰청 범죄분석 2005년-2014년

[그림 8-1]은 알코올 남용 후 각종 범죄를 저지른 비율을 나타낸 것이다. 음주 후에 교통사고를 낸 비율이 33.1%로 가장 높게 나타났으며, 그 다음으로 상해 31% 〉 폭행 25.4% 〉 절도 5.4% 〉 강간 3.6% 순으로 나타났다. 즉, 술을 마신 후에 가장 많이 저지른 범죄는 교통사고이다. 또한 술은 폭행, 상해, 교통사고와 가장 밀접한 관련을 맺고 있는 약물이며, 술을 마신 후에 발생하는 범죄의 약 90% 정도는 교통사고, 상해, 폭행임을 알 수 있다.

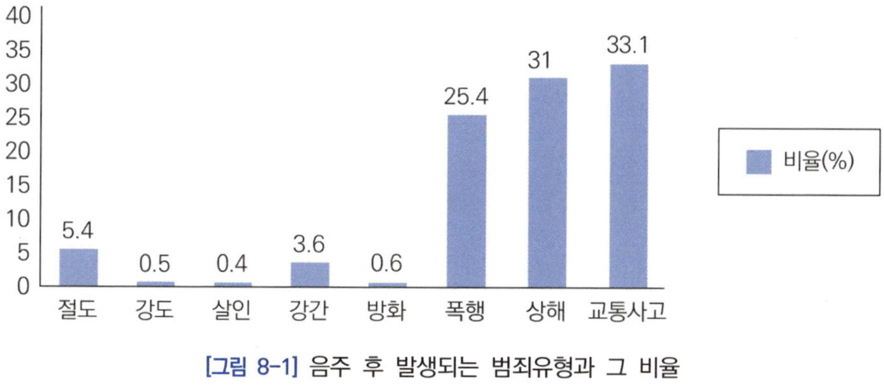

[그림 8-1] 음주 후 발생되는 범죄유형과 그 비율

출처: 대검찰청 범죄분석 2005년-2014년

음주와 관련된 범죄 및 범죄유형에서 알 수 있듯이 음주의 사회경제적 비용뿐만 아니라 그로 인해 발생되는 각종 범죄는 심각한 사회문제로 대두되고 있다. [그림 8-1]에서 음주로 인해 발생되는 가장 큰 사회문제는 교통사고다. 국내 음주운전 사고는 1일 평균 71.6건 발생하고 있으며, 이로 인해 1.6명이 사망하고 126명이 부상을 당하고 있다(보험연구원, 2016). 특히 음주운전 사고는 비음주운전 사고에 비해 사고발생 원인이 과실이 아니라 고의에 가깝고, 사고심도가 매우 크며, 피해자 사망이나 중증 후유장애자 양산으로 사회적 부담을 야기하는 파급효과가 큰 특징을 가지고 있다. 음주운전 사고 심도를 보면 사망은 비음주운전에 비해 1.5배, 부상과 후유장애는 1.7배나 높게 나타났다(보험연구원, 2016).

(2) 청소년에게 미치는 악영향

알코올은 중추신경억제제의 대표적 약물이다. 알코올의 단기작용은 1회 사용 후 빠르게 나타나며 수 시간 또는 수일 내에 사라진다. 알코올은 혈중농도에 비례하여 뇌나 척수의 활동력을 억제하기 때문에 중추신경억제제로 분류된다. 혈액 속에 흡수된 알코올의 농도에 따라 신체적, 심리적 반응이 다른데, 다량의 알코올을 단기간 내에 마시면 혈액 속의 알코올 농도가 급격히 증가하여 뇌의 조절기능이 마비되며 사망에까지 이르기도 한다(최은영 외, 2014). 알코올의 만성효과는 장기간에 걸친 반복적인 알코올 사용에 의해 나타난다. 많은 상습음주자는 일반적인 의욕상실, 식욕감퇴, 비타민 결핍, 위장장애, 여러 종류의 감염, 피부질환, 발기불능 등을 호소한다. 심한 경우 기억상실이나 정신혼란을 나타낼 수도 있으며 기억상실은 영구적일 수도 있다(주왕기, 1999).

청소년기에 술을 마시는 경우, 청소년들에게 미치는 의학적 폐해로 뇌기능장애, 위장장애, 간장장애 등의 부작용 이외에도 대마초, 필로폰, 접착제나 시너흡입과 같은 강성약물로 나아갈 가능성이 높다. 또한 술을 마신 상태에서 각종 청소년 범죄를 저지를 가능성도 높아진다. 즉, 무단가출, 폭력, 절도, 기물파손과 같은 비행 및 범죄를 저지를 가능성이 높으며, 어린 나이에 알코올을 경험할수록 나이 들어 상습음주자가 될 확률이 높으며, 이로 인해 청소년기에 마땅히 습득해야 할 정서적, 사회적 기술을 배울 수 있는 기회가 감소한다(최은영 외, 2014).

청소년에게 음주의 부정적 영향은 욕구불만이나 스트레스 해소를 위해 다량으로 술을 마시게 되면 뇌에 주는 영향이 성인에 비해 훨씬 심각하다. 청소년이 충동적으로 과음을 하거나 상습적으로 음주를 할수록 알코올 중독이 되기 쉽고 개인적으로나 사회적으로 막대한 피해가 따르며, 판단력이나 이성이 흐려져 예상치 못했던 행동을 하기도 하고, 친구 간의 불화를 초래할 수 있으며 성인이 되었을 때 알코올 중독자로 발전할 가능성이 높다. 특히 여자 청소년이 상습적으로 술을 마실 경우, 장래 임신 시 기형아, 저능아, 지능 발육장애 등을 가져올 수도 있다. 음주를 하는 청소년들은 음주를 하지 않는 청소년에 비해 우울, 스트레스, 자살 등의 정신건강 문제를 경험할 가능성이 높은 것으로 나타났다(윤명숙·조혜정, 2009). 또한 약물의존 청소년이 비약물의존 청소년에 비해 주요우울장애, 품행장애, 범불안장애, 스트레스성 장애, 주의력결핍과잉행동장애 등과 같은 주요 정신장애가 공존하는 비율이 높은 것으로 나타났다(전종설, 2008).

2. 청소년 음주의 실태

청소년 음주실태를 정확하게 파악하기 위해서는 청소년을 대상으로 한 전국조사 자료가 필요하다. 전국 자료로는 질병관리본부에서 지난 2011년부터 2016년까지 수집한 청소년건강행태온라인조사 자료가 대표적이다. 이 자료는 모집단인 전국 중고등학교 학생들이 무작위로 선정될 수 있는 확률표본추출과정을 통해 최종표본으로 선정되었으므로 이 자료의 분석 결과를 전국의 청소년들에게 확대 적용할 수 있다는 장점을 가지고 있다. 그러나 이 자료는 특정한 시점에서 표본을 추출한 횡단자료(cross-section data)라는 단점이 있어 청소년들이 긴 청소년기를 거치면서 연도별로 청소년 음주행태에서 어떤 변화가 발생하는지를 살펴볼 수 없다. 이런 단점을 보완하기 위해 청소년정책연구원에서 지난 2012년도부터 2017년도까지 수집한 중등패널 종단자료(longitudinal data)를 살펴볼 필요가 있다. 청소년정책연구원의 한국아동·청소년패널 자료 또한 전국 청소년을 대상으로 확률표본추출방식을 통해 표본을 선정하였기 때문에 이 조사의 결과를 전체 청소년 모집단에 일반화할 수 있어 청소년 음주 실태를 가장 정확하게 파악할 수 있는 자료로 평가된다. 중등패널의 조사대상은 2011년 제주도를 제외한 전국의 중1 학생들을 모집단으로 층화다단계표집 방법을 통해 추출된 총 2,351명의 연구대상자를 수집하였고 이후 최종 표본으로 선정된 대상자를 매년 추적 조사하였다(한국청소년정책연구원, 2017).

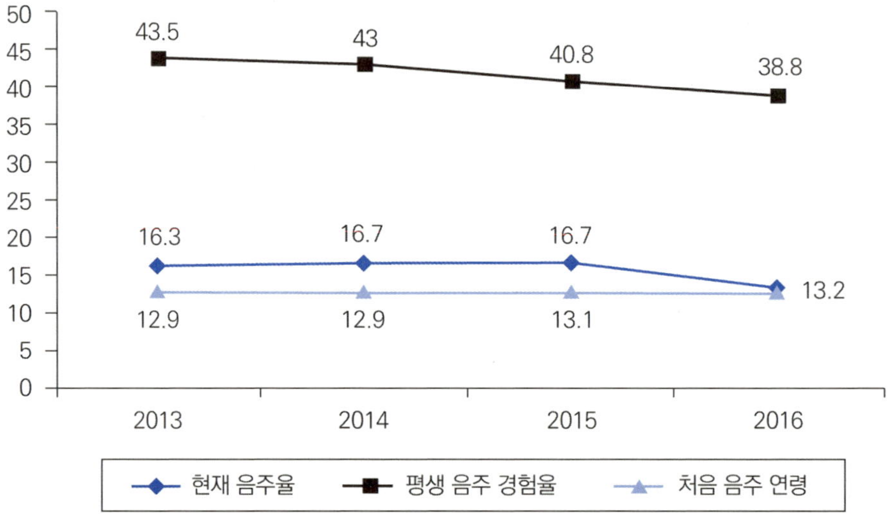

[그림 8-2] 청소년 현재 음주율, 평생 음주율, 처음 음주 연령의 통계 결과

자료 출처: 청소년건강행태온라인조사, 교육부·보건복지부·질병관리본부, 2017

[그림 8-2]는 한국 청소년들의 현재 음주율, 평생 음주 경험률, 처음 음주 연령을 나타낸 결과이다. 중학교 1학년부터 고등학교 3학년까지의 청소년들의 현재 음주율은 약 13~16%에 이른다. 현재 음주율은 지난 30일 동안의 음주실태를 파악한 것으로 평균적으로 약 10명 중에 1.5명 정도가 지난 한 달 동안에 술을 마신 경험이 있다고 응답했다. 연도별로는 2013년부터 2015년까지는 16%

를 유지하다가 2016년에는 13%대로 약간 감소했다. 평생 음주율은 "지금까지 1잔 이상 술을 마셔본 적이 있는지"에 응답으로 평균 40% 정도를 차지한다. 청소년 2명 중 1명은 지금까지 1잔 이상의 술을 마셔 본 경험이 있다고 응답함으로써 술에 관대한 한국 문화의 특성과 일맥상통한다고 볼 수 있다. 술을 호기심에서 한 번 정도 마실 수는 있지만, 이런 행태가 주기적 음주로 이어질 수 있다. 마지막으로 처음 음주 연령을 묻는 질문에서 한국 청소년들은 13세에 처음으로 술을 마셨다고 응답했다. 즉 청소년들은 평균적으로 중학교 1학년 때에 처음으로 술을 마셨다. 자기통제력이나 절제력이 제대로 형성되지 않은 초기청소년기에 술을 접했다는 점을 예의주시할 필요가 있다. [그림 8-2]에서 연도별로 처음 음주 시기가 조금씩 늦춰지고 있지만, 유의미한 변화는 발견되지 않았다.

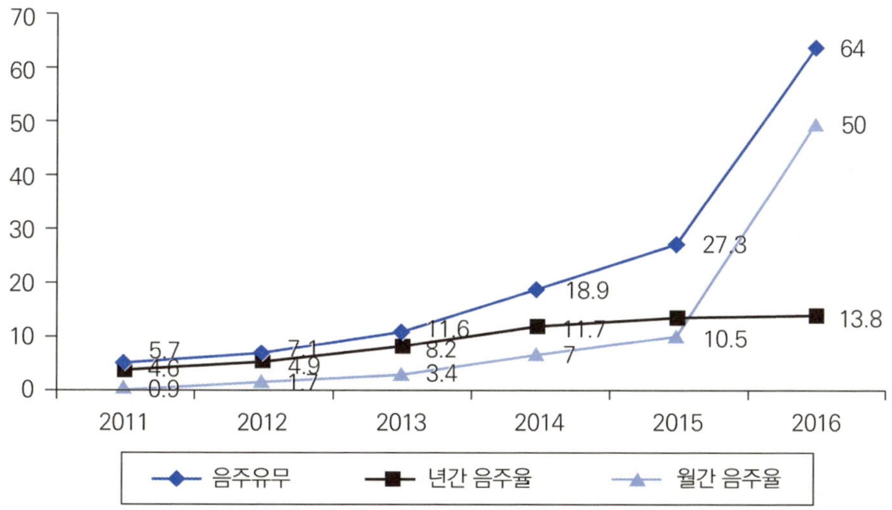

[그림 8-3] 한국 청소년의 음주율에 대한 종단자료 분석 결과

자료 출처: 한국아동・청소년패널조사, 2012~2017, 한국청소년정책연구원

[그림 8-3]은 한국아동・청소년패널의 종단자료 결과표이다. 이 그림에서 청소년들은 중학교 2학년 때인 2011년에 3.7%가 지난 1년 동안 술을 마신 경험

이 있다고 응답했다. 연도별로 중3 때는 4.9%, 고등학교 때는 순차적으로 8.2%, 11.7%, 13.4%로 음주 경험률이 순차적으로 증가한다. 월간 음주율 또한 중학교 2학년 때부터 연도별로 순차적으로 증가한다. 특히 고등학교 1학년 때 3.4%의 월간 음주율을 나타내다가 고등학교 2학년 때 7.0%로 전년 대비 2배로 증가하며 대학교 1학년 때인 2016년에는 전년 10.5% 대비 약 5배 증가한 50.0%가 지난 한 달 동안 술을 마신 경험이 있다고 응답했다. 즉 청소년이 고등학교를 졸업한 후에는 2명 중 1명꼴로 지난 한 달 동안 술을 마신 경험이 있다고 응답했다. 이는 대학 입시와 엄격한 학교생활에서 벗어나 초기 성년으로 진입하는 시기에 음주율이 폭발적으로 증가함으로써 우리 사회에 경각심을 불러일으키고 있다. 결론적으로 대학과 각 산업체에 진출한 청소년들 2명 중 1명이 자발적이든, 비자발적이든 간에 음주문화에 상당히 무방비로 노출되어 있다고 볼 수 있다. 남녀별 월간 음주 횟수는 [그림 8-4]에 잘 나타나 있다.

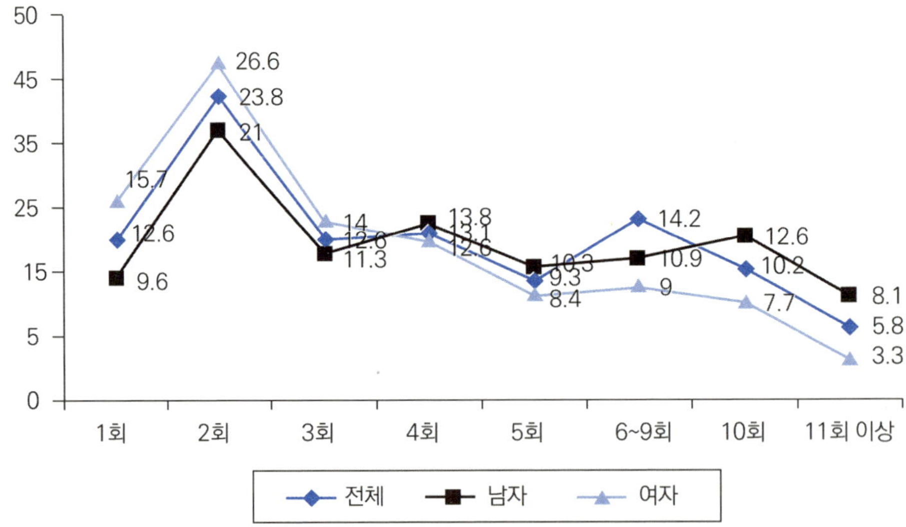

[그림 8-4] 한국 청소년의 월간 음주율 남녀 비교연구 결과

자료 출처: 한국아동·청소년패널조사, 2017, 한국청소년정책연구원

[그림 8-4]에서 지난 한 달 동안 술을 마신 횟수를 살펴보면, 청소년들은 대학 1학년 시기에 월 2회 마셨다고 응답한 비율(23.8%)이 가장 높았으며 그 다음으로 월 6~9회(14.2%) 순으로 나타났다. 특히 10회 이상 마셨다고 응답한 비율도 16%로 전체 청소년 10명 중 1.6명은 3일에 한 번꼴로 술을 마셨다고 응답했다. 이는 일반 성인들의 전체 음주율보다 높은 수치로 청소년 음주문제가 상당히 심각하다는 사실을 알 수 있다. 성인 초입기의 높은 음주율은 우리 사회에서 음주로 인한 각종 사회경제적 비용을 증가시킬 뿐만 아니라 청소년 개인 건강에도 문제가 발생할 가능성이 높다. 대학이나 사회로 진출한 청소년이 음주에 관대한 사회적 분위기에 편승해 절제 없이 술을 마시고 있는 셈이다. 남녀별로 보면, 전반적으로 여자는 남자보다 월간 음주횟수가 낮으며 상습음주자의 비율도 낮게 나타났다. 월 10회 이상 마시는 상습음주자의 경우 여자는 10%로 남자의 20.7%에 비해 1/2에 불과하다.

3. 청소년 음주의 원인

청소년 음주의 원인은 다양하지만 크게 개인적 요인과 환경적 요인으로 나눌 수 있다. 개인적 요인은 음주의 원인을 개인에 초점을 두는 반면 환경적 요인은 음주에 취약한 개인환경적 요인과 사회환경적 요인을 포함한다.

1) 개인적 요인

청소년 음주의 개인적 요인은 유전적 요인과 심리적 요인으로 구분될 수 있다. 첫째, 유전적 요인의 핵심요소는 부모로부터 음주행태와 습관을 물려받을 가능성이 높다는 것이다. 부모가 알코올 중독자일 경우, 자녀가 생물학적으로, 가정환경적으로 음주에 쉽게 노출되어 알코올 중독자가 될 가능성이 있다. 예를 들면, 일란성 쌍생아와 이란성 쌍생아의 알코올 중독을 비교 분석한 결과, 일란성 쌍생아의 알코올 중독 일치율이 이란성 쌍생아의 일치율보다 2배 더 높았다(Goodwin, 1984). 이 결과로 판단하건대 청소년 음주행위는 유전적으로 부모로부터 물려받았을 가능성이 있다는 사실을 암시한다.

둘째, 심리학적 측면에서 알코올 중독자는 선천적으로 음주를 인지하는 기능에 장애가 생겼거나 인성형성 시기의 심리적인 문제로 인해 일반인에 비해 음주의 유혹에 취약할 수 있다고 판단한다. 인성형성 시기에 상당히 충격적인 사건을 당했을 경우, 그것을 잊기 위해 술에 의존하는 경우가 발생한다. 예를 들면, 청소년기에 부모나 주위 사람들로부터 심한 신체적 학대와 폭력을 당했을 경우 그것을 감당할 수 있는 인성이 제대로 형성되지 못한 청소년은 그 고통을 잊기 위해 술에 빠져들 수 있다. 성폭력과 신체적 학대의 피해자들이 그 고통을 참아내기 위해 술을 마신다는 연구 결과(Smith et al., 2004)가 있으며, 우울증에 걸린 사람은 자살과 같은 보다 극단적인 방법의 대안으로서 알코올에 의존한다는 연구결과도 존재한다(Kidd, 2004).

2) 환경적 요인

환경적 요인을 주장하는 학자들은 음주의 원인을 유전적, 선천적 요인에서 찾기보다는 음주가 후천적, 사회적 환경 때문에 발생한다고 주장한다. 즉, 선천적으로 음주에 취약한 유전인자나 인지기능을 가지고 태어난다 하더라도 후천적, 가정환경적, 사회환경적으로 음주에 엄격한 환경하에서 생활한다면 음주의 유혹에 쉽게 빠져들지 않는다는 것이다. 환경적 요인은 다시 미시적으로 가정, 또래친구, 학교, 직장 등과 같은 개인환경적 요인과 사회구조나 주위 환경 때문에 술을 마신다는 사회구조적 환경으로 구분된다.

(1) 개인환경적 요인

개인환경적 요인으로 음주를 가장 잘 설명하는 이론은 허쉬(Hirschi)의 사회유대이론(social bonding theory), 에이커스(Akers)의 사회학습이론(social learning theory), 애그뉴(Agnew)의 일반긴장이론(general strain theory), 갓프레드슨과 허쉬(Gottfredson & Hirschi)의 자기통제이론(self-control theory)이 대표적이다.

① 사회유대이론적 측면

사회유대이론에 따르면, 사회적 유대가 약화되거나 깨어졌을 때 청소년은 음주를 할 가능성이 높다고 본다(Hirschi, 1969). 사회유대이론은 네 가지 측면에서 청소년 음주행위를 설명하는데 그것은 애착(attachment), 관여(commitment), 참여(involvement), 신념(belief)이다. 이 중심개념을 청소년 음주에 적용하면, 청소년이 친구나 부모 등의 원초집단에 애착을 덜 느낄수록(애착), 교육이나 직업에 대한 열망이 약할수록(관여), 가족과 함께 여행이나 여가 등을 통해 보내는 시간이 적을수록(참여), 법 준수에 대한 신념이나 종교적 신념이 약할수록(신념) 청소년 자신이 술을 마실 가능성이 높아진다. 흡연행위를 포함한 청소년들의 비행을 허쉬의 사회유대이론으로 규명한 많은 국내의 경험적 연구들이 있다(심미영 · 정규석, 2007; 임은희 · 서현숙, 2007; 전영실, 2003). 청소년패널자료를 활용한 심미영 · 정규석(2007)의 연구에서 부모와의 애착이 강할수록 청소년들은 각종 비행을 덜 저지르는 것으로 드러났다. 또한 부모와의 관계가 학교생활의 적응과 문제 및 비행과 관련성이 깊으며, 부모의 감독수준이 높을수록 청소년비행을 줄일 수 있는 것으로 나타났다.

② 사회학습이론적 측면

사회학습이론에서 음주행위는 친한 친구들과 차별적 접촉을 통해 학습하게 된다. 이 이론에서 음주의 원인은 네 가지 차원에서 설명되는데 그것은 '차별적 접촉(differential association)', '정의(definitions)', '차별적 강화(differential reinforcement)', '모방(imitation)'이다. '차별적 접촉'은 술을 마시는 개인이나 단체와의 상호작용이나 접촉에 얼마만큼 노출되어 있는지를 파악하는 개념이다. 청소년이 술을 자주 마시는 친한 친구와의 접촉이 많을수록 청소년 자신도 술을 남용할 가능성이 많아진다. '정의'는 주어진 행위에 대해 개인이 부여하는 의미와 태도를 말한다. 정의는 술에 대해 우호적일 수도 있고 비우호적일 수도 있다. 청소년이 음주에 대해 우호적인 생각과 중립(중화)적인 생각이 많을수록 술을 남용할 가능성이 많아진다.

'차별적 강화'는 행위의 결과로 나타나는 예상되거나 실제적인 보상과 처벌 간의 균형을 의미한다(Akers et al., 2016). 음주를 통해 긍정적인 보상이 얻어지거나 부정적인 처벌이 회피될 때, 음주행위는 강화된다. 반면에 음주행위의 결과 긍정적 처벌이라는 혐오스러운 자극을 받거나(예를 들면, 술을 마셨을 때 속이 불편하다든지, 토할 것 같은 느낌이 있든지, 부모나 친구들이 싫어한다든지 등) 보상의 상실이라는 부정적 처벌을 받게 될 때(예를 들면, 경찰이나 선생님들께 발각된다든지, 학교에서 징계를 받든지 등), 그 행위는 약화된다. 따라서 청소년이 술을 마신 후 기분이 좋아지거나 친구들과의 관계가 더 돈독해지는 것과 같이 보상이 처벌보다 강하다면 음주를 남용할 가능성이 높아진다. 마지막으로 '모방'은 다른 사람의 행동을 관찰한 후에 그것과 유사하게 행동하는 것을 의미한다(Akers et al., 2016). 모방은 가족이나 친구집단과 같은 원초집단을 통해서뿐만 아니라 언론이나 미디어를 포함한 대중매체를 통해서도 발생된다. 따라서 청소년이 주위에서 가족, 친구, 대중매체를 통해 술에 취한 모습을 직접 보거나 관찰한 적이 많을수록 자신이 술을 자주 마실 가능성이 높아진다.

사회학습이론의 국내연구는 주로 한국청소년패널자료와 한국아동·청소년패널자료를 사용한 횡단적 연구뿐만 아니라 종단적 연구를 통해 검증되었다. 연구 결과, 비교대상이 되었던 다른 비행이론에 비해 사회학습이론의 변인들이 청소년 음주의 원인을 가장 잘 설명하는 것으로 나타났다(박정선 · 황성현, 2013; 황성현, 2006; 2007; 2008; 2009; 2010a; 2010b; 2012; 2015; 2016; 이완희 · 유완석, 2014; 이완희 · 황성현; 2014; 2016; 황성현 · 이강훈, 2013).

③ 일반긴장이론적 측면

애그뉴의 일반긴장이론에 따르면, 청소년은 일상생활에서 여러 가지 긴장요인으로 화, 우울감, 절망감 등의 부정적 감정을 경험하게 되며, 이런 부정적 감정을 해소하기 위한 일환으로 술을 마신다는 것이다. 일반긴장이론에서 긴장은 기본적으로 부정적인 긴장을 의미하는 것으로 애그뉴는 이를 세 가지 유형으로 분류한다(Agnew & White, 1992). 애그뉴는 음주의 원인으로 첫째, 목표달성의 실패, 둘째, 긍정적 자극의 소멸, 셋째, 부정적 자극의 발생을 제시했다. 애그뉴는 스트레스 및 긴장의 유형은 모두 다르지만 음주의 원인으로 스트레스 및 긴장을 지목했다. 예를 들면, 청소년이 일상생활에서 부모의 사망이나 친한 친구와의 이별, 부모로부터의 학대, 학교 전학, 친구들의 폭언과 정신적 학대, 친구들로부터의 소외 등과 같은 긴장요인이 발생하면, 분노, 불안, 우울과 같은 부정적 감정이 발생하고 이런 부정적 감정을 잊기 위해 술을 마신다고 본다.

우리 사회에서 청소년 음주의 원인을 일반긴장이론으로 설명한 연구 결과물은 제법 존재한다. 한국청소년패널조사를 활용한 청소년 지위비행에 관한 연구에서 학교긴장요인이 청소년 지위비행과 깊은 상관관계를 보인다고 주장했으며 (송아영 외, 2009), 한국청소년정책연구원에서 조사한 '2010년 청소년 건강실태조사' 자료를 활용한 황성현의 연구에서 9,944명의 한국 초 · 중 · 고등학생들의 음주의 원인으로 긴장과 스트레스를 지목하였다(황성현, 2012). 이 연구에서 한국 청소년들은 자신이 설정한 목표가 달성될 수 없을 것 같거나, 무엇을 때려 부수고 싶은 충동성이 강하거나, 부모의 이혼이나 가족의 해체를 경험하거나, 친구들로부터 학대를 받은 청소년은 그렇지 않은 청소년보다 음주행위를 더 많이 하는 것으로 나타났다.

④ 자기통제이론적 측면

자기통제이론에 따르면, 어릴 때 가정에서의 잘못된 사회화과정으로 인해 낮은 자기통제감(low self-control)이 형성되어 청소년기와 성인기에 알코올 중독자가 된다고 주장한다. 즉, 낮은 자기통제감은 어린 시절 가정에서 부모가 자녀들의 행위를 잘 통제하지 못하고, 자녀의 비행이나 잘못된 행위를 인지하더라도 그에 대한 적당한 처벌을 내리지 않고 관대하게 대하거나, 또는 동일한 잘못된 행위를 어떤 때는 처벌하고 또 다른 때는 처벌하지 않는 일관되지 못한 훈육태도를 보일 때 형성된다. 청소년들이 만족감을 늦추기 힘들수록(impulsivity), 단순작업을 선호할수록(simple tasks), 위험추구를 좋아할수록(risk-seeking), 육체적 활동을 선호할수록(physical activities), 자아중심적일수록(self-centered), 인내심이 부족할수록(temper), 알코올 중독자가 될 가능성이 높으며, 이런 현상은 평생 동안 진행된다는 것이다.

음주의 원인에 대한 자기통제이론의 경험적 연구 결과물 또한 상당한 수준에 이른다. 예를 들면, 깁스와 기버(Gibbs & Giever, 1995)는 자기통제이론의 변인들이 알코올중독을 가장 잘 설명하는 예측변인이라고 주장했으며, 아네클리브(Arneklev)와 그의 동료들도 낮은 자기통제감과 흡연, 음주, 도박이 밀접한 관련이 있다고 주장했다(Arneklev et al., 1993). 한국 청소년들을 대상으로 한 청소년의 술, 담배, 진정제, 흥분제 남용의 원인에 대한 황성현과 에이커스의 연구에서 여섯 가지 낮은 자기통제감은 청소년의 약물남용을 잘 설명하는 것으로 나타났다(Hwang & Akers, 2003; 2006). 특히 위험추구경향과 육체적 활동선호경향을 가진 청소년의 경우, 그렇지 않은 청소년보다 술을 더 많이 마시는 경향이 있었다.

(2) 사회환경적 요인

음주행위의 원인에 대한 사회환경적 접근은 하류층 사람들이 주로 거주하는 지역에 사는 청소년이 중상류층 밀집지역에 사는 청소년보다 술을 더 많이 마신다고 주장한다. 하층 지역에 사는 청소년은 대체적으로 빈곤하여 각 가정에서 부모학대, 부모이혼, 가장의 실직 등이 중상류층보다 그 비율이 더 높다. 이런 사회경제적 요인으로 인해 하류층 밀집지역의 청소년은 사회적 편견, 평가 절하된 자기정체감, 낮은 자아존중감, 낮은 사회적 기반 속에서 살아가면서 겪는 스트레스 등을 술을 마심으로써 해소할 가능성이 높다. 사회해체가 진행되는 지역의 청소년은 음주에 대해 긍정적인 생각을 가지고 있으며 음주습관에 대한 사회적 지지를 얻기 위해 술을 자주 마시는 또래 친구들과 어울리면서 일종의 하위문화를 형성해 가는 경향이 있다. 음주의 사회환경적 요인을 잘 설명하는 이론으로 하위문화이론을 들 수 있다. 하위문화이론에 따르면, 음주행위를 포함한 청소년비행은 하류층이 밀접한 지역에서 자주 발생하는데 이는 음주행위에 우호적인 하위문화를 서로 공유하기 때문으로 알려져 있다. 하위문화이론에는 코헨(Cohen)의 지위박탈(status frustration)과 비행하위문화(delinquent subculture), 클라워드(Cloward)와 올린(Ohlin)의 차별기회와 비행 하위문화(differential opportunity and the delinquent subculture), 밀러(Miller)의 하층계급문화이론, 울프강(Wolfgang)과 페라쿠티(Ferracuti)의 폭력하위문화이론 등이 있다(이창한・황성현・김상원, 2012). 특히 음주와 관련된 하위문화이론으로 클라워드(Cloward)와 올린(Ohlin)이 제시한 비행하위문화이론(delinquent subculture theory)이 대표적이다.

클라워드와 올린의 주장에 따르면, 비행하위문화에는 세 가지 형태가 있는데, 그것은 범죄하위문화, 갈등하위문화, 도피하위문화 등이다. 범죄하위문화(criminal subculture)는 이미 불법적인 기회구조가 발달되어 있는 노동계급 지역에서 나타나며, 이곳의 청소년은 주로 절도, 공갈, 사기와 같은 재산범죄를 저지르는 소년갱단에서 주로 활동한다. 갈등하위문화(conflict subculture)는 합법적 기회구조와 불법적 기회구조가 모두 결핍되어 있는 지역, 즉 사회적으로 해체된 지역에서 발달하는데, 비행활동은 폭력적인 갱들 간의 싸움을 중심으로 일어난다.

클라워드와 올린의 비행하위문화에 따르면 청소년 음주와 직결되는 하위문화는 도피하위문화이다. 도피하위문화 또는 이중실패하위문화(retreatist or double-failure subculture)에 속한 청소년들은 일탈적 방식으로 문제를 해결하려 하지만, 억제가 내면화되어 있어 일탈행위를 하지도 못할 뿐만 아니라 다른 하위문화에도 들어가지 못하기 때문에 그들은 문제를 해결하기 위해 주로 술을 자주 마신다는 것이다. 따라서 낮은 자기정체감과 자아존중감을 갖고 있는 청소년은 주로 도피하위문화에 속하는 지역에서 사회에 대한 높은 불신감, 부정적 사고, 반항심 등을 음주행위로 표출하는 경향이 강하게 나타난다.

우리 사회에서 사회해체를 경험한 지역에 살고 있는 청소년이 술을 자주 마실 가능성이 많다는 사실을 경험적으로 증명하기는 쉽지 않다. 그럼에도 불구하고, 강은영과 이성식은 일반인 2,500명, 교도소에 수감된 일반사범 807명, 약물사범 672명, 총 3,979명을 대상으로 한 조사에서, 약물사범들은 다른 집단에 비해 약물 친화적인 환경 속에서 생활한다고 주장했다(강은영 · 이성식, 2005). 즉 이들은 주변에 약물을 하는 친구나 가족, 애인이 많고, 이들로부터 약물을 권유받는 비율도 다른 사람들에 비해 훨씬 높은 것으로 나타났다. 따라서 약물남용의 원인을 단순히 개인적인 차원에서 심리적으로, 정서적으로 안정되지 못한 사람들의 일탈행위로 보거나, 낮은 자기통제감, 높은 스트레스나 긴장 때문이라기보다는 그들이 약물의 유혹에 쉽게 빠질 수 있는 사회환경하에서 생활하고 있기 때문으로 볼 수 있다.

4. 청소년 음주에 대한 정책현황

1) 정책현황

청소년기의 음주문제를 해결하기 위해 관련 정부 부처에서는 다양한 정책적 노력과 개선방안에 대한 노력을 기울여 오고 있지만 청소년 음주율은 줄어들지 않고 있다. 정부의 음주에 대한 정책현황은 크게 규제정책, 예방교육정책, 금지 지원정책의 세 가지 유형으로 진행되고 있는데, 그 내용은 〈표 8-2〉와 같다(이경상 외, 2014).

〈표 8-2〉 청소년 음주에 대한 정책 현황

구분	주관 부처	주요 내용
규제 정책	여성 가족부	• 청소년에게 주류를 제공하는 행위(청소년보호법 제28조 1항) • 청소년의 의뢰로 주류를 구입 제공하는 행위(동법 제28조 2항) • 청소년 출입금지업소의 청소년 나이확인 의무화(동법 제29조 2항) • 19세 미만 판매금지와 청소년유해표시(동법 28조 5항, 동법 시행령 제22조) • 청소년 대상 술·담배 불법판매 근절을 위한 공동협약 체결
	보건 복지부	• 주류광고 내용의 변경과 금지(국민건강증진법 제7조 1항) • 주류 광고방송에 대한 시정조치(동법 제8조 1항) • 주류의 판매 용기에 경구문구 표시(동법 시행령 제4조 2항) • 청소년 출입·고용 금지업소에서 영업자 준수사항 규정(식품위생법 제44조 1항)
	교육 과학 기술부	• 유흥시설의 학교정화구역 내 영업금지(학교보건법 제6조) • 학칙에 의해 음주학생 징계(초·중등교육법 제18조)
	법원 소년부	• 술을 마시고 소란을 피우는 소년의 심리(소년법 제4조 1항) • 심리결과 필요한 경우 보호처분(동법 제32조)
	경찰청	• 음주운전의 금지(도로교통법 제44조 1항) • 음주상태에서의 상해와 치사상해 가중처벌(특정범죄 가중처벌 등에

구분	주관 부처	주요 내용
		관한 법률, 제5조의11) • 음주를 행하는 소년을 불량행위소년으로 규정(경찰청예규 제10호, 제2조 5호) • 불량소년에 대한 주의, 조언, 제지, 보호자 연락(동예규 제21조)
	방송통신위원회	• 음주 방송장면에 대한 방송통신심의위원회 심의(방송법 제33조) • 방송장면에 대한 자체심의(방송법 제86조)
예방 교육 정책	여성 가족부	• 유아기 조기예방교육(놀이형 교구의 개발과 보급) • 음주예방 공동캠페인(수능 백일주 근절 캠페인, 하계 해수욕장 음주예방 캠페인, 청소년에게 술 권하지 않는 건전한 명절문화 만들기, 술로부터 자녀를 보호하는 부모교육, 유통업체 공동캠페인)
	보건 복지부	• 음주폐해 감소 및 예방을 위한 국민의식 제고(캠페인, 공익광고 제작 및 방영, 전광판 등 각종 매체 활용 홍보, 절주홍보대사의 선정과 활동, 절주기간의 운영 • 생애집단별 교육 및 홍보(학생과 비행청소년, 또래 지도자와 교사, 주류판매업자 대상 교육) • 정신건강검진사업을 통한 조기발견과 음주 폐해 예방(학교와 연계해 방과 후 예방 프로그램 개발과 보급, 중학생과 초등학생까지 적용) • 주류 판매자의 자정노력 강화(클린판매점 선정과 운영)
	교육과학 기술부	• 학교에서의 체계적 음주 예방교육(정규수업, 학교장 재량시간 활용) • 교원 연수를 통한 지도능력 배양과 인식 제고 • 전문지도자 과정 운영
금주 지원 정책	보건 복지부	• 절주 상담실 운영(절주상담과 교육, 절주 잔 제공) • 알코올상담센터를 통한 지역협력체계 구축(절주학교 운영 추진, 조기검진도구 개발, 지역사회 연계체계 구축 추진)

출처: 청소년 음주관련 정책현황 및 개선방향, 이경상 외, 2014

위의 〈표 8-2〉에서처럼 정부 각 부처들은 청소년 음주문제를 해결하기 위해 다양한 정책을 제시하고 실행하고 있지만 청소년 음주율은 줄어들지 않고 있다. 청소년 음주율이 감소되지 않는 이유로 각 정부부처에서 실시하는 정책이 단기

사업 중심적이고, 청소년 친화적인 정책개발 노력이 부족하다는 점, 규제정책의 미흡, 예방교육 및 치료정책의 미흡, 성인 대상 교육의 부족 등을 꼽을 수 있다(이경상 외, 2014).

2) 예방전략

이미 이 장에서 살펴본 바와 같이 청소년 음주의 주된 요인으로 개인환경적 접근과 사회환경적 접근을 강조하였다. 청소년 음주행위를 억제하기 위한 예방전략 또한 이러한 원인을 바탕으로 가정에서의 전략, 학교와 또래집단에서의 전략, 지역사회에서의 전략 등을 중심으로 살펴볼 필요가 있다(황성현 외, 2015).

(1) 가정에서의 전략

청소년 음주의 원인으로 지목한 가정환경은 음주남용을 억제하기 위한 가장 중요한 요인 중 하나이다. 자기통제이론에 따르면 가정에서의 부적절한 사회화로 발생하는 낮은 자기통제감과 자아존중감은 청소년 음주의 주요한 원인이다. 따라서 청소년 음주를 줄이기 위해서는 가정에서의 일관된 훈육과 자녀에 대한 애정 어린 관심 등이 필요하다. 사회유대이론에 따르면 부모와의 애착과 유대가 약해지면 청소년 음주행위가 증가하므로 부모의 감독, 애착, 유대강화가 무엇보다 필요하다. 사회학습이론에 따르면 부모의 모방이 청소년 음주와 직결되어 있으므로 부모의 금주나 절주가 선행되어야 한다. 특히 우리 사회에서 음주에 관대한 문화 때문에 부모의 음주행위를 보고 자란 아이들은 청소년기에 음주에 대해 호의적인 태도를 가질 가능성이 높다. 특히 부모를 롤모델로 생각하는 청소년일수록 부모의 음주행위는 자녀의 음주행위에 결정적 영향을 미친다.

가정에서의 부모역할에 중점을 둔 약물남용 억제전략으로 미국의 오리건 사회학습센터(Oregon Social Learning Center)에서 시행하는 청소년변화 프로그램(Adolescent Transition Program)을 들 수 있다. 이 프로그램은 부모/10대 집단에서의 가족관리 기술을 주로 가르친다. 구체적으로 부모집단에서는 치료사들과 함께 몇몇 모임이 이루어지는데, 이는 부모에 대한 교육, 토론, 역할수행을 통하여 감독, 훈육, 문제해결, 기타 효과적인 사회화와 훈육기술을 발전시키는 데 도움을 준다(Akers et al., 2016). 이 모임의 목표는 의사소통기술, 자기통제, 친사회적 태도, 친사회적 또래교제를 발전시키고 향상시키도록 도와주는 것이다(Akers et al., 2016). 따라서 이런 프로그램의 한국적 토착화를 통하여 부모에게 적절한 사회화기술을 가르치고, 일관적인 훈육, 감독, 문제해결 능력 등을 배울 수 있는 프로그램이 체계적으로 실행된다면 청소년 음주율을 줄이는 데 긍정적인 역할을 할 것이다.

(2) 또래집단과 학교에서의 전략

① 또래집단에 대한 예방책

사회학습이론에 따르면 청소년비행에 가장 큰 영향을 미치는 요소는 비행친구들과의 차별적 접촉에 있다. 청소년 음주 여부는 그들의 친구들에게 달려 있다고 해도 과언이 아니다. 특히 술을 자주 마시는 친한 또래집단의 압력이나 그 집단에 소속되거나 인정받기 위해 마시기 싫어도 억지로 술을 마셔야 되는 상황이 청소년들에게 자주 발생한다. 따라서 학교, 가정, 지역사회에서 청소년들에게 또래집단의 압력에 대처하는 방법, 또래집단의 인정을 받기 위해서 술이나 담배 이외의 긍정적 대안을 사용하도록 하는 방법, 그리고 술을 자주 마시는 친구들을 포함해서 긍정적인 사회적 관계망을 형성하는 방법을 가르쳐 주어야 한다. 또래친구들의 음주 압력에 저항하는 좋은 예로 미국의 데어(DARE; Drug Abuse Resistance Education) 프로그램을 들 수 있다.

데어 프로그램은 미국 젊은이의 음주를 포함한 마약 남용 예방과 폭력 예방 교육 프로그램으로서 학생들이 친구들에 의한 마약, 폭력의 유혹을 뿌리칠 수 있도록 하고 술, 마리화나, 담배, 또는 다른 마약들로부터 욕구를 억제할 수 있게 하는 프로그램이다. 이 프로그램은 자기만족, 발언능력, 인간관계에 있어서의 의사소통능력, 의사결정 능력, 마약남용과 폭력조직 사이에 대한 자각을 확립하는 데 초점이 맞추어져 있다. 이 프로그램에서 학생들은 먼저 담배와 알코올 그리고 약물에 대해서 정확한 정보를 제공받고, 또래집단의 압력에 저항할 수 있는 기술을 배우고, 법과 법집행 경찰관에 대한 존경심을 가지는 훈련을 받고, 약물의 대체품에 대한 정보를 제공받고, 학생들이 스스로 자부심을 갖도록 하는 기술을 제공받는다. 우리나라에서도 많은 단체들이 주로 대중매체나 가두홍보, 이벤트 등을 통하여 약물예방 캠페인을 전개해 왔다. 대표적인 기관으로는 '한국마약퇴치운동본부(홈페이지: http://www.drugfree.or.kr)'가 있다. 이 기관에서 정보배포 프로그램 다음으로 많이 시행되는 프로그램은 거부기술 훈련인데, 이것은 문제 상황과 징후를 파악하는 방법, 동료압력에 대처하는 요령, 언론보도로 인한 압력을 파악하는 법, 유혹에 적절히 대처하는 법, 자기존중심과 과단성을 배양하는 법, 자기입장을 분명히 해야 할 순간과 장소를 구분하는 법 등 다양한 훈련내용으로 구성된다. 따라서 이런 프로그램 등을 통해 학교나 지역사회에서 청소년이 음주의 부정적 영향에 대한 정확한 정보와 친구들의 압력에 저항할 수 있는 구체적인 기술을 제공받는 것이 필요하다.

② 학교에서의 예방책

학교에서 음주에 관한 정기적이고 좀 더 효과적인 교육이 필요하다. 학교에서 실시되는 음주를 포함한 약물남용에 대한 교육이 의무적으로 실시되고 있지만 일방향적인 정보전달 모델만으로는 예방효과를 기대할 수 없다. 청소년 스스로 음주와 절주를 실행할 수 있는 마음을 가지도록 하는 설득과정이 포함된 사회적 기술훈련이 필요하다. 학교는 교육과정을 통해 청소년에게 음주의 사회적 폐해에 대한 정확한 정보와 사회적 압력에 거부할 수 있는 구체적인 기술을 제공할 수 있고, 더 나아가 청소년의 일반적인 문제해결능력을 향상시킬 수 있다. 이를 위해 새로운 법을 다시 만들어 학교교육을 강화하기보다는 현재 시행되고 있는 법의 테두리 안에서(학교보건법 제9조, 아동복지법 제31조) 할 수 있는 학교 스스로의 노력을 통해 청소년들이 좀 더 실감할 수 있는 교육프로그램이 필요하다.

또한 일반긴장이론에 따르면, 청소년들은 일상생활에서의 긴장을 해소하기 위해 술을 마시는 경향이 있는데 학교 차원에서 긴장을 완화시킬 수 있는 교육정책이 필요하다. 청소년기에 가장 큰 긴장과 스트레스는 지나친 입시 위주의 주입식 교육과정일 것이다. 지금까지의 학교교육은 교육목적, 교육내용, 교육방법 및 교사-학습자 간의 관계 및 역할 등을 중심으로 이루어져 왔다. 청소년들이 학교에서 주입식 위주의 교육과정에서 받는 긴장과 스트레스에서 해방되기 위해서는 청소년 삶의 세계에 있는 다양한 장소와 공간에서의 교육도 고려해야 할 필요가 있다. 예를 들면, 학교 밖 교육기관으로 청소년시설을 활용한 청소년의 학습활동이 적극적으로 촉진될 필요가 있다. 이를 위해 학교와 교육당국은 청소년시설이 청소년교육을 위한 주요한 교육영역으로 자리매김할 수 있도록 보다 많은 노력과 실천이 있어야 한다.

(3) 지역사회에서의 전략

지역사회전략으로 각종 유해환경으로부터 청소년을 보호하기 위해 마련된 청소년보호법을 보다 철저하게 시행해야 할 필요성이 있다. 아직도 많은 청소년들이 자신의 주위 환경에서 술이나 담배 등을 쉽게 구입할 수 있다. 청소년에게 주류를 공급하는 편의점이나 마트 같은 공급자에 대한 단속이나 처벌만으로는 청소년이 음주에 대한 유혹에서 쉽게 벗어날 수 없다. 지역사회의 다양한 집단들이 주도하여 약물예방프로그램을 만들고 시행할 필요가 있는데, 주류 공급자들을 신고하는 이웃감시프로그램이나 시민순찰활동 등도 필요하면 시행할 필요가 있다. 이웃감시 프로그램은 주류공급자들, 예를 들면, 청소년에게 술이나 담배를 파는 편의점이나 마트 등을 발견하면 즉시 신고할 수 있도록 하는 프로그램이다. 시민순찰활동은 주류공급자들을 공공 주택단지에서 멀어지게 하는 정기적인 순찰활동을 말하는데 이런 활동을 통해 청소년이 술에 대한 유혹에 쉽게 빠지지 않도록 할 수 있다.

좀 더 구체적인 지역사회 실천방안으로 청소년 음주문제 예방과 관련이 있는 지역의 협의체 구성(정신보건센터, 알코올상담센터, 보건소, 학교, 대학, 주민자치센터, 경찰 등)을 통해 관련된 자료 수집, 지역사회의 음주환경에 대한 감시활동, 합동 캠페인, 주민참여 확대를 위한 동 단위의 분회 조직 및 지원, 청소년 음주폐해 공론화를 위한 주민 토론회 개최, 주류 판매 시 철저한 연령 확인으로 청소년에게 주류를 판매하지 않는 편의점이나 마트 선정 등의 다양한 활동이 가능하다(김승수, 2015). 또한 지역사회의 다양한 집단들, 예를 들면, 교육부, 식품의약품안전청, 경찰, 사회복지기관, 청소년단체, 한국마약퇴치운동본부 등에서 캠페인 및 홍보, 이벤트, 지역주민교육 등을 통하여 음주 예방 프로그램도 정기적으로 실시할 필요가 있다.

5. 요약

청소년에게 음주는 신체적으로 청소년의 신경 및 신체조직의 손상, 신체발육의 지연, 신체기능의 부조화를 초래할 뿐만 아니라 환각, 망상, 기억상실 등과 같은 정신장애를 일으킬 수도 있다(김재엽 · 이근영, 2010). 개인환경, 가정환경, 학교환경적 측면에서는 우울, 사회적 위축, 공격성, 자기통제력, 자아존중감, 자기효능감 등의 저하와 부모, 친구, 선생님과의 유대감 저하, 비행친구와의 친밀한 접촉을 통해 각종 청소년비행 및 범죄에 연루될 가능성이 높아진다.

한국 청소년들의 처음 음주 시기는 평균 13세이며, 13세 이후 고등학교 3학년까지 평균 음주율은 13~16%에 이른다. 고등학교 졸업 후에는 지난 한 달 동안 평균 음주율은 50%까지 급격하게 증가한다. 특히 우려스러운 점은 고등학교

졸업 후에는 평균 한 달에 2회 이상 술을 마시며, 10회 이상 마셨다고 응답한 비율도 16%로 일반 성인들의 평균 음주율보다 높다는 것이다. 이런 높은 음주율은 우리 사회에서 음주로 인한 각종 사회적, 경제적 비용을 증가시킬 뿐만 아니라 청소년 개인 건강에도 치명적 손상을 초래할 가능성이 높다. 다른 나라 청소년들보다 한국 청소년들의 음주율이 높은 이유는 무엇인가? 청소년 음주의 원인은 다양하지만 개인적 요인과 환경적 요인으로 나눌 수 있다. 개인적 요인은 유전적 요인과 심리적 요인을 포함하는데 유전적 요인으로 부모가 알코올 중독자일 경우, 자녀가 생물학적으로, 가정환경적으로 음주에 쉽게 노출되어 알코올 중독자가 될 가능성이 높아진다. 심리학적 요인으로 청소년들이 인성형성 시기에 충격적인 사건을 당했을 경우 그것을 잊기 위해 술에 의존하는 가능성이 높아진다.

환경적 요인은 개인환경적 요인과 사회환경적 요인을 포함하는데 개인환경적 요인으로 가장 많이 거론되는 이론에는 허쉬의 사회유대이론, 에이커스의 사회학습이론, 애그뉴의 일반긴장이론, 갓프레드슨과 허쉬의 자기통제이론을 들 수 있다. 사회유대이론에 따르면, 청소년이 친구나 부모 등의 원초집단에 애착을 덜 느낄수록, 교육이나 직업에 대한 열망이 약할수록, 가족과 함께 여행이나 여가 등을 통해 보내는 시간이 적을수록, 법 준수에 대한 신념이 약할수록 청소년 자신이 술을 마실 가능성이 높아진다. 사회학습이론에 따르면, 술을 자주 마시는 친한 친구들과 자주 어울릴수록 음주를 남용할 가능성이 높아지며, 일반긴장이론에 따르면, 일상생활에서 여러 가지 긴장요인으로 화, 우울감, 절망감 등의 부정적 감정을 경험하게 되면, 이런 부정적 감정을 해소하기 위해 술을 자주 마신다는 것이다. 마지막으로 자기통제이론에 따르면 청소년들이 단순작업을 선호할수록, 위험추구경향이 높을수록, 육체적 활동을 선호할수록, 자아중심적일수록, 인내심이 부족할수록 청소년이 알코올 중독자가 될 가능성이 높아진다. 사회환경적 요인에서 주장하는 청소년 음주의 원인은 하류층 지역에 사는 청소년은 대체적으로 빈곤하여 각 가정에서 부모학대, 부모이혼, 가장의 실직 등이 중상류층보다 그 비율이 높아 사회적 편견, 평가 절하된 자기정체감, 낮은 자아존중감을 가질 가능성이 높다. 이런 환경 속에서 살아가는 청소년은 다른 지역의 청소년에 비해 각종 스트레스를 술로 해결할 가능성이 높다.

우리 사회에서 청소년 음주의 원인을 설명하는 다양한 방법에 부합한 예방대책으로 가정에서의 전략, 학교와 또래집단에서의 전략, 지역사회에서의 전략 등이 있다. 첫째, 가정적 전략으로 가정에서 일관된 훈육과 자녀에 대한 애정 어린 관심 등이 필요하며, 부모의 감독, 애착, 유대강화도 필요하다. 특히 부모를 롤모델로 생각하는 청소년이 부모의 음주행위를 모방하지 않도록 부모가 먼저 금주와 절주를 실천해야 한다. 둘째, 학교와 또래집단의 전략으로 청소년들에게 또래집단의 음주를 부추기는 압력에 대처하는 방법, 또래집단의 인정을 받기 위해 음주 이외의 긍정적 대안을 사용하는 방법, 긍정적인 사회적 관계망을 형성하는 방법 등을 가르쳐 줄 필요가 있다. 마지막으로, 지역사회전략으로 청소년 음주문제 예방과 관련이 있는 지역의 협의체 구성을 통해 관련된 자료 수집, 지역사회의 음주환경에 대한 감시활동, 합동 캠페인, 주민참여 확대를 위한 동 단위의 분회 조직 및 지원, 청소년 음주폐해 공론화를 위한 주민 토론회 개최, 주류 판매 시 철저한 연령 확인으로 청소년에게 주류를 판매하지 않는 편의점이나 마트 선정 등의 다양한 활동이 가능하다. 또한 지역사회의 다양한 집단들, 예를 들면, 교육부, 식품의약품안전청, 경찰, 사회복지기관, 청소년단체, 한국마약퇴치운동본부 등에서 캠페인 및 홍보, 이벤트, 지역주민교육 등을 통하여 음주 예방 프로그램도 정기적으로 실시할 필요가 있다.

참고문헌

강은영, 이성식(2005). "약물 남용과 수요 감소 전략에 관한 경험적 연구", 「한국형사정책연구원」.

교육부, 보건복지부, 질병관리본부(2017). "제13차(2017년) 청소년건강행태온라인조사 통계". 「교육부·보건복지부·질병관리본부」.

국세청(2011). "국세통계연보", 「국세청」.

김승수(2015). "학교현장에 기반한 청소년 음주문제 예방 연구-Wee 클래스 수행학교에 대한 실행연구(Action Research)의 적용", 「중앙대학교 대학원 박사학위논문」.

김재엽, 이근영(2010). "청소년 음주 및 흡연 경험이 학교폭력 가해행동에 미치는 영향: 부모-자녀 상호작용의 조절효과를 중심으로", 「청소년복지연구」, 12(2): 53-74.

대검찰청(2005-2014). "범죄분석", 「대검찰청」.

박정선, 황성현(2013). "청소년의 긴장감, 사회유대감, 비행친구와의 차별적 접촉이 청소년 지위비행에 미치는 영향", 「청소년학연구」, 20(10): 77-94.

보험연구원(2016). "음주운전 사고방지에 대한 보험제도 기여방안", 「KIRI Weekly, 2016년 8월 22일, 제398호」.

송아영, 박경나, 정세정(2009). "청소년지위비행에 대한 일반긴장이론의 부분적 검증: Ping의 2단계 방법을 중심으로", 「한국청소년연구」, 20(1): 309-337.

심미영, 정규석(2007). "한국 청소년비행에 관한 Hirschi 이론의 검증", 「한국사회복지학회」, 12(3): 147-171.

윤명숙, 조혜정(2009). "부모의 문제음주가 청소년 자녀의 음주행위에 미치는 영향-부모애착과 학대경험의 조절효과를 중심으로", 「정신보건과 사회사업」, 32: 248-284.

이경상, 이순래, 김지연(2014). "청소년 음주관련 정책현황 및 개선방향", 「소년보호연구」, 25: 193-224.

이완희, 유완석(2014). "청소년 지위비행에 관한 분석적 연구: 청소년 비행이론을 중심으로", 「한국경호경비학회지」, 39: 217-239.

이완희, 황성현(2014). "청소년의 부정적 자극이 친구차별접촉과 긴장요인을 매개로 청소년비행에 미치는 영향", 「한국경찰학회보」, 16(5): 197-218.

이완희, 황성현(2016). "잠재성장모형을 활용한 사회학습이론과 일반긴장이론의 비교연구",

「한국경찰학회보」. 59: 91-111.
이창한, 황성현, 김상원(2012). 「신) 범죄학 & 형사정책」, 서울: 박영사.
임은희, 서현숙(2007). "성역할 정체감과 청소년 비행의 관계: 사회통제이론의 실증 분석". 「청소년학연구」, 14(3): 53-78.
전영실(2003). "성, 사회유대, 비행에 대한 연구: 가족적 요인을 중심으로". 「형사정책연구」, 14(1): 313-347.
전종설(2008). "청소년의 약물의존과 정신장애 이중진단에 관한 조사연구-미국 청소년을 중심으로", 「청소년학연구」, 15(6): 251-270.
정영호(2009). "흡연과 음주의 사회경제적 비용", 「외부불경제 품목 소비억제를 위한 정책개편방안: 소비 세제 개편에 관한 정책토론회 자료집」.
주왕기(1999). 「약물남용: 흥분제, 대마, 마약, 본드, 환각제, 진정/수면제, 평온제, 술, 담배」, 서울: 신일(신일북스).
최은영, 양종국, 김영근, 이윤희, 김현민(2014). 「청소년비행 및 약물중독 상담 제2판」, 서울: 학지사.
KBS News(2017). "술에도 '건강부담금' 부과?...증세논란", 「KBS News, 2017년 1월 31일자 보도」.
파이낸셜뉴스(2019). 술 권하는 대한민국 · · · 청소년 알코올중독 해마다 늘어난다. 파이낸셜뉴스, 2019년 6월 21일자 사회면.
한국마약퇴치운동본부 홈페이지(2018). http://www.drugfree.or.kr.
한국청소년정책연구원(2017). "한국아동 · 청소년패널조사(KCYPS) 제 1-7차 조사 데이터 유저 가이드", 「한국청소년정책연구원」.
황성현(2006). "낮은 자아통제감, 친구집단요인, 부모요인이 청소년 약물사용에 미치는 영향", 「청소년학연구」, 13(5-1): 129-154.
황성현(2007). "한국과 미국 청소년들의 약물남용에 관한 비교연구", 「한국범죄학」, 1(1): 73-90.
황성현(2008). "한국과 미국 청소년들의 음주행위에 관한 비교 연구: 사회학습이론을 중심으로", 「보건과 사회과학」, 23: 5-29.
황성현(2009). "청소년 음주 · 흡연행위에 관한 사회유대, 자아통제, 사회학습이론적 고찰", 「한국청소년연구」, 20(1): 113-139.
황성현(2010a). "청소년 지위비행에 관한 비행이론 비교연구", 「청소년학연구」, 17(5): 49-68.
황성현(2010b). "부모와 친구요인이 청소년 음주 · 흡연행위에 미치는 영향", 「보건과 사회과학」, 27: 81-103.

황성현(2012). “청소년 흡연, 음주행위의 원인에 대한 비행이론적 접근: 일반긴장이론과 사회학습이론을 중심으로”, 「보건과 사회과학」, 32: 23-42.

황성현(2015). “청소년 비행이론의 상대적인 영향력 검증: 아동·청소년패널자료를 중심으로”. 「한국경호경비학회보」, 44: 225-250.

황성현(2016). “청소년비행에서 비행친구가 선행하는가, 비행이 선행하는가?: 잠재성장모형의 적용”. 「사회과학연구」, 23(2): 53-70.

황성현, 이강훈(2013). “청소년비행의 원인에 관한 사회학습, 사회유대, 일반긴장이론적 접근”, 24(3): 127-145.

황성현, 이창한, 이강훈, 이완희, 한우재(2015). 「한국 범죄심리학」, 서울: 피앤씨미디어.

Agnew, R., & White, H. R. (1992). “An empirical test of general strain theory”. *Criminology*, 30: 475-500.

Akers, R. L. & Sellers, C. S., and Jennings, W. G. (2016). *Criminological Theories: Introduction and Evaluation*. 7th Edition. Oxford University Press, Inc.

Arneklev, B. J., Grasmick, H. G., Tittle, C. R., & Bursik, R. J. (1993). “Low self-control and imprudent behavior”. *Journal of Quantitative Criminology*, 9: 225-247.

Gibbs, J. J., & Giever. D. (1995). “Self-control and its manifestations among university students: an empirical test of Gottfredson and Hirschi's general theory”. *Justice Quarterly,* 12: 231-235.

Goodwin, D. W. (1984). “Alcoholism and genetics”. *Archives of General Psychiatry*, 42: 171-174.

Hirschi, T. (1969). *Causes of Delinquency*. Berkeley, CA: University of California Press.

Hwang, S. H. & Akers, R. L. (2006). “Parental and peer influences on adolescent drug use in Korea”. *Asian Journal of Criminology*, 1: 51-69.

Hwang, S. H. & Akers, R. L. (2003). “Substance use by Korean adolescents: A cross-cultural test of social learning, social bonding, and self-control theories” in Ronald L. Akers and Gary F. Jensen. (eds.) Social Learning Theory and The Explanation of Crime: A Guide for the New Century, *Advances in Criminological Theory,* 11: 39-64. Piscataway, NY: Transaction Publisher.

Kidd, S. (2004). “The walls were closing in, and we were trapped”. *Youth and Society*, 36: 30-55.

Merline, A. C., O'Malley, P. M., Schulenberg, J. E., Bachman, J. G., & Johnston, L. D. (2004). “Substance use among adults 35 years of age: prevalence, adulthood predictors, and impact of adolescent substance use." *American Journal of Public Health*, 94(1): 96-102.

Patrick, M. E., & Schulenberg, J. E. (2011). "How trajectories of reasons for alcohol use relate to trajectories of binge drinking: National panel data spanning late adolescence to early adulthood." *Developmental Psychology*, 47(2): 311-317.

Smith D., Davis, J., and Fricher-Elhai, A. (2004). "How does trauma beget trauma? Cognitions about risk in women with abuse histories". *Child Maltreatment*, 9: 292-302.

제 9 장

청소년 인터넷 중독

통신망의 연동을 뜻하는 인터네트워크(internetwork)[1]에서 유래된 용어인 인터넷(Internet)은 정보화사회에서는 매우 중요하고도 필요한 서비스이다. 나아가 인터넷과 함께 손 안의 컴퓨터라고 불리는 스마트폰의 보급은 트위터 · 페이스북과 같은 소셜네트워크(Social Network Service, SNS)를 통해 전 세계를 연결하고 소통할 수 있는 환경을 제공하고 있다. 이제 컴퓨터와 인터넷을 능수능란하게 다루는 디지털 키드, 인터넷과 업무에 필요한 기기만 있으면 장소에 구애받지 않고 일할 수 있는 사람들을 뜻하는 디지털 노마드[2](Digital Nomad), 가상현실, 가상세계, 인공지능, 사물인터넷과 같은 용어가 현대사회에서는 낯설지 않을 뿐만 아니라 우리가 살고 있는 세상도 많은 변화를 겪고 있는 중이다.

이러한 변화 속에서 청소년의 문화 역시 빠르게 변화하고 있다. 무엇보다 정보화사회를 이루고자 하는 국가의 정책적 방향은 인터넷 강국이라는 발전적 결과를 이루었다. 정보화사회로의 급속한 발전 속에서 청소년은 인터넷과 컴퓨터를 활용하는 능력이 신장되었고, 정보화역량 또한 증가하였다. 그러나 급속한 정보화사회의 발전은 미처 준비하지 못했던 부작용도 유발하게 되었다. 특히 발달과정상 외부의 영향력에 민감하게 반응할 수 있는 청소년에게 친숙한 환경으로 주어진 인터넷세계와 컴퓨터 활용, 핸드폰이나 스마트폰이라는 매체와 이를 통해 전달되는 게임이나 교육과 같은 콘텐츠의 보급은 이전 세대에서와는 다른 영향을 미치게 되었다. 외부의 실외활동이나 또래들과의 관계성은 인터넷이라는 세상 속에서 이루어지는 일이 많아졌고, 교육의 콘텐츠 또한 인터넷이라는 매체 속에서 전달되는 일이 평범한 일상이 되었다. 그러나 한편으로는 과도한 인터넷 이용과 게임의 이용, 지나친 스마트폰 이용으로 인해 가정 내 의사소통의 갈등과 다툼, 규칙적 학교생활의 어려움과 교사와의 갈등이나 또래관계 갈등으로 인한 학교부적응뿐만 아니라 심지어 중독이라 불리는 극단적 현상이 사회문제로 제시되었다.

이에 본 장에서는 인터넷 중독의 정의와 이에 대한 쟁점을 살펴보고 인터넷 중독의 실태와 원인, 그리고 인터넷 중독에 대한 정책현황과 상담과 교육에 대한 개입에 대해서 살펴볼 것이다.

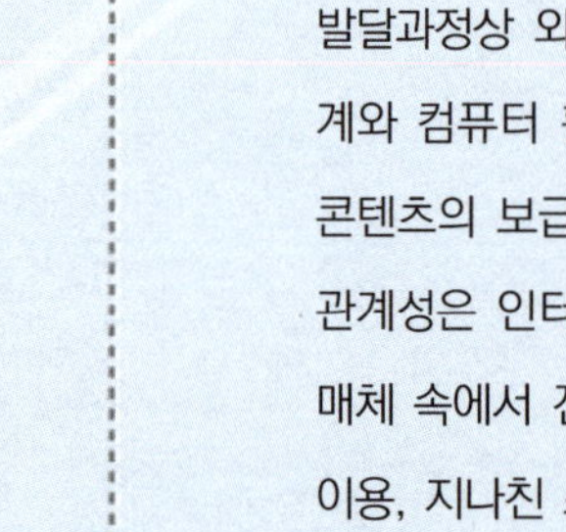

1) 통신 프로토콜이 다르거나 같은 복수의 통신망을 상호 접속하여 형성한 통신망의 집합 또는 광역 통신망[한국정보통신기술협회(2020. 2. 13), 정보통신용어사전, http://terms.tta.or.kr/main.do]
2) 첨단 디지털 장비를 갖추고 여러 나라를 다니며 일하는 사람. 또는 그런 무리[국립국어원(2020. 2. 13.). 우리말샘, https://opendict.korean.go.kr/main]

1. 청소년 인터넷 중독의 개념

1) 인터넷 중독의 개념

인터넷 중독은 과연 무엇인가? 인터넷 과다사용으로 인한 폐해에 대한 합의된 기준이 마련되기 전에 90년대 후반 Goldberg(1996)는 '인터넷 중독 장애(Internet Addiction Disorder: IAD)'라는 용어를 처음 사용하였다. '중독'이라는 단어의 사용으로 인해 인터넷의 긍정적인 측면보다는 병리적이고 강박적인 부적응적 사용에 초점을 두게 되었다. 그 후 미국심리학회에서 Young(1996)은 병리적 도박의 기준을 근거로 인터넷 중독을 중독성 물질이 없는 충동조절장애(Impulse Control Disorder)로 간주하여 인터넷 중독의 기준을 제시하였다(류인균, 하지현, 양은주, 김영미, 장창곡, 우종인, 2000). 그는 인터넷을 하고자 하는 강박적 사고, 인터넷 사용에 대한 내성과 인터넷을 사용하지 못할 때 나타나는 금단증상, 의도 이상의 과도한 인터넷 사용과 이에 대한 지속적인 욕구, 인터넷 이외의 다른 활동에 대한 흥미 감소, 과도한 인터넷 사용으로 인해 나타나는 부정적 결과를 무시하는 폐해 등을 구체적으로 언급하였다. 그리고 결과적으로 인터넷 중독의 개념으로 '내성'과 '금단증상' 그리고 '사회적 및 직업적 역할기능의 손상'을 제시하였다. Griffiths(1996) 역시 인터넷 사용에 대한 집착, 활용 시의 긍정적 감정, 내성, 금단, 일상생활의 지장 등과 같은 병리적 증상을 인터넷 중독의 핵심기준으로 제시하였다(김혜원, 2001).

인터넷 중독을 약물 중독 등의 중독으로 보는 정신의학적 견해는 국내 학자들 역시 마찬가지였다. 국내 연구자들 역시 통제력 부족이나 대인관계 붕괴 등의 부정적 영향을 인터넷 중독의 중심현상으로 설명하였고, 이와 함께 개인, 학교, 가족, 사회생활에 문제를 초래하여 결과적으로 사회문제화될 수 있는 파괴적 영향이 있음을 강조하고 있다(강선경, 이근무, 2016). 미국심리학회(American Psychology Association)는 『정신질환 진단 및 통계 편람 제5판(Diagnostic and

Statistical Manual of Mental Disorders 5th edition, DSM-5; American Psychiatric Association, 2013)』을 발표하면서 게임 중독에 대한 과학적 준거로서 '인터넷 게임장애(Internet Gaming Disorder, IGD)'라는 용어를 추가하여 제시하였다. 그러나 인터넷 중독이 인터넷의 과도한 사용으로 인한 부작용이나 현실적인 어려움을 의미한다는 데는 어느정도 일치된 듯 하였으나, 인터넷 중독이 무엇인가에 대해서는 이렇다 할 합의가 이루어지지 않고 있었다(김동일, 이윤희, 강민철, 정여주, 2013). 인터넷 중독이라는 포괄적 용어의 사용은 인터넷 안에서 행하게 되는 구체적 활동을 명시하지 않으며, 사용하는 활동에 따라 부정적 영향 역시 차이가 있을 수 있기 때문이다. 또한 인터넷 사용자의 동기나 게임의 장르에 따라서도 청소년에게 미치는 영향은 차이가 있을 수 있기 때문이다(장미경, 이은경, 장재홍, 이자영, 김은영, 이문희, 2004).

인터넷 중독 중 게임 중독 역시 학자들간의 일치된 정의가 없어 인터넷 중독 기준을 병행하여 사용하였다. 이에 대해 장재홍(2007)은 게임 중독이라는 용어의 사용에 대해서 몇 가지를 지적하였다. 첫째, 중독은 '약물에 신체적으로 의존된 상태'를 뜻하는 것으로, 현재 공식적인 정신의학 진단매뉴얼에서 사용되지 않는 용어로 그 하위유형인 온라인 게임에서 이 용어의 사용이 적절하지 않다는 점이다. 둘째, 게임 중독에서 사용하고 있는 '인터넷 중독'의 진단준거에 대한 연구나 논의 없이 외국의 척도를 국내 연구에서 그대로 사용하여 게임 중독자의 수를 부풀리는 경향이 있는 점이다. 셋째, 아직 나이가 어린 초등학생, 중학생, 고등학생 등 청소년에게 알코올 중독, 마약 중독을 연상시키는 '중독'이라는 용어의 사용으로 낙인을 찍는 것이 적절하지 않다는 점이다.

국내의 연구자들은 청소년의 게임 중독에 대해 게임 사용으로 인해 조절능력이 상실되거나 내성으로 인해 게임을 지속적으로 사용하는 것, 그리고 게임을 하지 않을 경우 게임에 강박적으로 집착하거나 의존하여 신체적, 사회적, 정서적 문제를 일으키는 상태를 의미한다고 간주하고 있어 인터넷 게임 중독의 개념을 일반적인 병리적 차원에서 이해하기보다는 특정 목적으로 인한 행동적 문제의 차원에서 이해하고 있다(김승옥, 이경옥, 2007). 이러한 이유로 '중독'이라는 부정적 단어 사용에 대한 문제점이 제시되었고, 이로 인해 정부 부처 역시 인터넷 게임 중독[3], 게임 과몰입[4], 과의존[5] 등 조금씩 다른 용어를 사용하고 있었다. 최근 2016년 청와대 대통령실에서 조정회의를 통해 인터넷에 대한 병리적 사용을 지칭하는 '중독'이라는 용어 대신 '과의존'이라는 용어를 사용하기로 하여 국내 연구자들이 인터넷 중독이라는 용어 대신 '과의존'의 용어를 보편적으로 사용하게 되었다. 인터넷이나 스마트폰을 지나치게 사용한다고 할지라도 마약이나 도박의 병적 사용을 가리키는 '중독'이라는 용어 사용의 부적절성을 지적하는 부분이라 할 수 있다(한국정보화진흥원, 2010).

2) 인터넷 중독 및 과의존 진단

국내에서 인터넷 중독을 진단하는 척도로 가장 많이 사용되었던 척도는 Young (1998)의 인터넷 중독 척도(Young's Internet Addiction Test)를 번안(강만철, 오익수, 2002, 김은정, 이세용, 오승근, 2003)하여 사용하였다. 그러나 연구자들이 사용하는 척도에 대해 적은 규모의 규준집단 규모, 편향된 표집 등의 문제로 인터넷 중독 위험군을 과잉진단한다는 문제점이 제기되었다(구훈정, 조성훈, 권정혜, 2015). 이에 정보통신부 산하 한국정보문화진흥원에서 초·중·고등학생의 인터넷 중독을 자가진단하기 위한 목적으로 『한국형 인터넷중독 진단검사(K-척도)』를 개발하고 타당화하였다(김청택, 김동일, 박중규, 이수진, 2002).

3) 법제처 국가법령정보센터(http://www.law.go.kr) 청소년보호법(여성가족부, [시행 2019. 12. 12.] [법률 제15913호, 2018. 12. 11., 일부개정]). 제3장 청소년의 인터넷게임 중독 예방, 검색일: 2020.2.13.

4) 법제처 국가법령정보센터(http://www.law.go.kr) 게임산업 진흥에 관한 법률(약칭: 게임산업법, [시행 2019. 6. 25.] [법률 제16045호, 2018. 12. 24., 일부개정]) 제3장 제12조의2(게임과몰입의 예방 등), 검색일: 2020.2.13.

5) 한국정보화진흥원에서는 제3차 스마트폰·인터넷 바른 사용 지원종합계획(2016~2018)에 따라 인터넷 실태조사의 명칭을 2016년부터 인터넷과의존실태조사로 변경하여 실시하고 있음(한국정보화진흥원, 2016)

40문항으로 구성된 K-척도에서는 인터넷 중독을 인터넷 사용에 대한 금단과 내성, 그리고 인터넷 사용으로 인한 일상생활의 장애가 있는 것으로 정의하였다. K-척도의 7개 하위요인은 일상생활 장애, 현실구분 장애, 긍정적 기대, 금단, 가상적 대인관계 지향성, 일탈행동, 내성으로 구성되어 있다. 검사 결과에 따라 일반사용자군, 잠재적 위험사용자군, 고위험군으로 분류한다. 그리고 이 중 일상생활 장애, 금단, 내성의 하위요인점수가 모두 표준점수 70점 이상 혹은 총점이 표준점수 70점 이상일 때 고위험군으로 분류된다. 척도의 사용용이성과 현장적용성을 높이기 위해 20문항의 간략형 인터넷중독 자가진단검사(K-척도 Short form: KS척도)가 개발되어 현재는 사용되고 있다(김동일, 정여주, 이은아, 김동민, 조영미, 2008).

〈표 9-1〉 인터넷중독진단검사(K-척도)(김청택, 김동일, 박중규, 이수진, 2002)

요인	번호	문항
일상생활 장애	1	인터넷 사용으로 인해서 생활이 불규칙해졌다
	2	인터넷 사용으로 건강이 이전보다 나빠진 것 같다
	3	인터넷 사용으로 학교 성적이 떨어졌다
	4	인터넷을 너무 사용해서 머리가 아프다
	5	인터넷을 하다가 계획한 일들을 제대로 못한 적이 있다
	6	인터넷을 하느라고 피곤해서 수업 시간에 잠을 자기도 한다
	7	인터넷을 너무 사용해서 시력 등에 문제가 생겼다
	8	다른 할 일이 많을 때에도 인터넷을 사용하게 된다
	9	인터넷 사용으로 인해 가족들과 마찰이 있다
현실구분 장애	10	인터넷을 하지 않을 때에도 하고 있는 듯한 환상을 느낀 적이 있다
	11	인터넷을 하고 있지 않을 때에도, 인터넷에서 나오는 소리가 들리고 인터넷을 하는 꿈을 꾼다
	12	인터넷 사용 때문에 비도덕적인 행위를 저지르게 된다
긍정적 기대	13	인터넷을 하는 동안 나는 가장 자유롭다
	14	인터넷을 하고 있으면, 기분이 좋아지고 흥미진진해진다

요인	번호	문항
	15	인터넷을 하는 동안 나는 더욱 자신감이 생긴다
	16	인터넷을 하고 있을 때 마음이 제일 편하다
	17	인터넷을 하면 스트레스가 모두 해소되는 것 같다
	18	인터넷이 없다면 내 인생에 재미있는 일이란 없다
금단	19	인터넷을 하지 못하면 생활이 지루하고 재미가 없다
	20	만약 인터넷을 다시 할 수 없게 된다면 견디기 힘들 것이다
	21	인터넷을 하지 못하면 안절부절못하고 초조해진다
	22	인터넷을 하고 있지 않을 때에도 인터넷에 대한 생각이 자꾸 떠오른다
	23	인터넷 사용 때문에 실생활에서 문제가 생기더라도 인터넷 사용을 그만두지 못한다
	24	인터넷을 할 때 누군가 방해를 하면 짜증스럽고 화가 난다
가상적 대인 관계 지향성	25	인터넷에서 알게 된 사람들이 현실에서 아는 사람들보다 나에게 더 잘해준다
	26	온라인에서 친구를 만들어 본 적이 있다
	27	오프라인에서보다 온라인에서 나를 인정해 주는 사람이 더 많다
	28	실제에서보다 인터넷에서 만난 사람들을 더 잘 이해하게 된다
	29	실제 생활에서도 인터넷에서 하는 것처럼 해보고 싶다
일탈 행동	30	인터넷 사용 시간을 속이려고 한 적이 있다
	31	인터넷을 하느라고 수업에 빠진 적이 있다
	32	부모님 몰래 인터넷을 한다
	33	인터넷 때문에 돈을 더 많이 쓰게 된다
	34	인터넷에서 무엇을 했는지 숨기려고 한 적이 있다
	35	인터넷에 빠져 있다가 다른 사람과의 약속을 어긴 적이 있다
내성	36	인터넷을 한번 시작하면 생각했던 것보다 오랜 시간을 인터넷에서 보내게 된다
	37	인터넷을 하다가 그만두면 또 하고 싶다
	38	인터넷 사용시간을 줄이려고 해보았지만 실패한다
	39	인터넷 사용을 줄여야 한다는 생각이 끊임없이 들곤 한다
	40	주위 사람들이 내가 인터넷을 너무 많이 한다고 지적한다

최근 개정된 DSM-5에서 '인터넷게임장애'는 집착, 내성, 금단, 통제실패, 부정적 기분의 회피, 문제를 인식하지만 계속 사용, 속임, 게임이 포함되지 않은 다른 활동에 대한 흥미 없음, 이로 인한 갈등의 9가지 진단준거를 제시하고 있다. 그리고 지난 1년 동안 이러한 9가지 진단준거 가운데 5개 이상이 충족될 때 인터넷 게임장애로 진단하도록 하고 있다(조성훈, 권정혜, 2017). DSM-5에 제시된 9가지 진단준거는 다음과 같다.

〈표 9-2〉 DSM-5의 인터넷게임장애 진단준거(조성훈, 권정혜, 2017)

진단준거	내용
집착(preoccupation)	게임을 하지 않을 때에도 상당한 시간 동안 게임에 대해 생각하는 것
내성(tolerance)	원하는 만큼의 만족을 얻기 위해서 이전보다 더 많이 혹은 더 자주 게임을 하길 바라는 것
금단(withdrawal)	게임을 할 수 없을 때나 게임 사용량을 줄이려고 할 때 경험하는 부정적인 심리적/신체적 증상들
통제실패(loss of control)	게임 사용을 줄이거나 그만두려는 생각/의도가 분명함에도 불구하고 그럴 수 없는 상태
부정적 기분의 회피(escape)	죄책감, 우울/불안 등의 부정적 정서를 줄이거나 회피하기 위한 목적으로 인터넷 게임을 사용
문제를 인식하지만 계속 사용(persistence)	인터넷 게임의 부정적 효과에 대한 것을 인식하고 있음에도 불구하고 인터넷 게임을 계속 사용하는 것
속임(deception)	게임 사용을 감추기 위해 중요한 타인에게 거짓말을 함
게임 이외의 다른 취미/활동에 대한 흥미 상실(displacement)	이전에 즐기던 취미나 활동들에 대한 흥미가 현저하게 감소하는 것
관계 · 직업, 교육 · 경력에서의 갈등(conflict)	게임으로 인해 관계, 직업, 교육, 경력에서 갈등이 생기거나 이러한 위험에 노출되는 것

최근 '과의존'이라는 용어의 사용과 함께 인터넷 중독 척도와 스마트폰 척도의 통합척도에 대한 필요성이 제기되어 스마트폰 과의존 척도가 개발되었다(권선중, 엄나래, 2016). 스마트폰 과의존이란 과도한 스마트미디어 사용으로 이에 대한 통제력이 감소하여 일상생활에서의 어려움을 경험하는 상태를 의미한다. 이 척도는 청소년과 성인의 자기보고용 척도 10문항으로 구성되어있다. 주요 하위요인은 현저성, 조절실패, 문제적 결과로 구분된다. 현저성(salience)이란 인터넷 콘텐츠와 이를 이용하는 환경에 대해 과도하게 의미를 부여하여 자신의 생활에서 스마트폰 사용을 가장 중요하게 여기게 되는 것을 의미한다. 조절실패(out of control)는 스마트폰 이용에 대해 조절하는 자율적 조절능력이 상실되어 통제하기 어려운 상태임을 의미한다. 문제적 결과(serious consequences)는 개인의 심리적 상태뿐만 아니라 대인관계와 사회생활까지 어려움을 겪으면서도 반복적으로 사용하게 되는 상태를 의미한다.

〈표 9-3〉 스마트폰 과의존 척도(한국정보화진흥원, 2016)

번호	문항
1	스마트폰 이용시간을 줄이려 할 때마다 실패한다.
2	스마트폰 이용 시간을 조절하는 것이 어렵다.
3	적절한 스마트폰 이용 시간을 지키는 것이 어렵다.
4	스마트폰이 옆에 있으면 다른 일에 집중하기 어렵다.
5	스마트폰 생각이 머리에서 떠나지 않는다.
6	스마트폰을 이용하고 싶은 충동을 강하게 느낀다.
7	스마트폰 이용 때문에 건강에 문제가 생긴 적이 있다.
8	스마트폰 이용 때문에 가족과 심하게 다툰 적이 있다.
9	스마트폰 이용 때문에 친구 혹은 동료, 사회적 관계에서 심한 갈등을 경험한 적이 있다.
10	스마트폰 때문에 업무(학업 혹은 직업 등) 수행에 어려움이 있다.

문화관광부와 한국콘텐츠진흥원은 게임행동을 진단하는 척도로 사용되는 '게임행동 종합진단척도(Comprehensive Scale for Assessing Game Behavior: CSG, 이하 CSG)'를 개발하였다(최훈석, 김교헌, 용정순, 김금미, 2009). 게임행동종합척도에서는 청소년 게임 이용에 대해 중독 혹은 정상적 이용이라는 양극단의 접근에서 벗어나 청소년 게임 이용을 문화적 관점에서 제시하고 있다. 여기서는 중독의 개념을 피하고 게임행동을 '게임 선용'과 '문제적 게임 이용'의 각기 다른 차원으로 구분하고 있다. 이에 따라 게임이용자를 과몰입군, 과몰입위험군, 일반사용자군, 선용군 등 총 4개 유형으로 분류한다.

CSG는 게임 사용으로 인한 긍정적 결과와 부정적 결과가 독립적이라는 가정(최훈석, 김교헌, 용정순, 김금미, 2009)하에, 동일한 게임 사용자내에서도 게임으로 인한 긍정적 결과와 부정적 결과가 공존할 수 있다고 전제한다. 그리고 게임 사용에 대한 공중건강의 관점을 적용하여 게임 사용에 있어서 긍정적인 결과와 부정적 결과가 있을 수 있음을 제시한다. 여기서는 이전의 척도에서 게임 사용에 대해 병리적 증상이나 사회적 문제행동으로 이해하던 부정적 입장을 벗어나 게임문제에 대한 문화적 관점을 제공한다.

CSG는 게임 사용으로 인한 긍정적 선용과 문제적 게임 이용의 결과를 측정하는 두 개의 척도로 구성되어 있다. '게임 선용 진단척도(Adaptive Game Use Scale: AGUS)'는 청소년 게임이용자들이 게임을 통해 경험할 수 있는 긍정적 심리와 경험을 측정한다. 그리고 다른 측면으로는 '문제적 게임이용진단척도(Maladaptive Game Use Scale: MGUS)'에서는 미국정신의학회의 DSM-IV-TR와 세계보건기구(WHO)의 ICD-10에서 제시하고 있는 기준을 토대로 게임 이용의 문제적 사용을 정의하고 있다. 각 척도의 총점을 채점한 후 2단계로 분류한다(한국콘텐츠진흥원, 2010). 문화관광부는 교육부와 함께 게임행동 종합진단 척도를 활용하여 『게임과몰입실태조사』를 매년 실시하고 결과를 발표하고 있다.

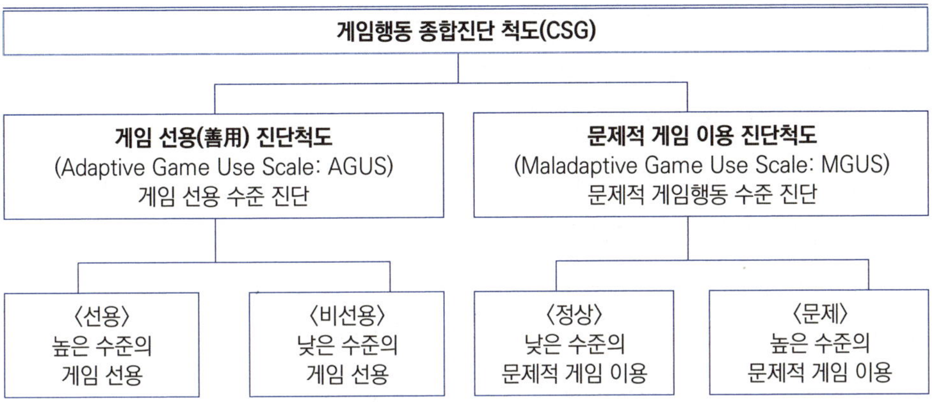

게임 선용 / 문제적 게임 이용	비선용群	선용群
문제群	고위험군(A)	경계군(B)
정상群	일반사용자군(C)	게임 선용군(D)

[그림 9-1] 게임행동 종합진단척도(CSG) 구성 및 진단분류(한국콘텐츠진흥원, 2018, 6p)

2. 청소년 인터넷 중독의 실태

1) 인터넷 과의존 실태

2016년 "제3차 스마트폰·인터넷 바른사용 종합지원계획" 이후 우리나라에서는 '과의존'이라는 용어를 공식적으로 사용하고 있다. 현재 한국의 인터넷 과의존을 담당하는 부처는 총 10개[6]로 알려져 있다. 각 부처는 『국가정보화기본법』을 근거로 매년 인터넷 과의존 정책협의회를 개최하며, 3년마다 종합계획

6) 정부는 관계부처 합동으로 2016년 "제3차 건강한 스마트폰사회 구현을 위한 스마트폰·인터넷 바른 사용 지원 종합계획(안)(2016~2018)"을 발표함. 여기서 인터넷 과의존을 담당하는 부처로 과학기술정보통신부, 문화관광부, 여성가족부, 교육부, 보건복지부, 법무부, 국방부, 산업통상자원부, 방송통신위원회, 국민안전처를 제시함

수립에 참여하고 있다. 인터넷 중독 실태조사는 2004년부터 매년 실시되어왔으나 2016년 '인터넷 중독 실태조사'를 '인터넷 과의존 실태조사'로 변경하여 실시하여 그 결과를 『정보화백서』에 보고하고 있다(한국정보화진흥원, 2016).

2018년 스마트폰 과의존 실태조사 결과(한국정보화진흥원, 2018)에 따르면 전체 과의존위험군(고위험군+잠재적위험군)은 19.1%(8,278천 명)로 2017년 18.6%보다 0.5%p 증가한 것으로 나타났다. 연령대별로는 유아동이 20.7%(615천 명)으로 2017년 대비 1.6%p 증가하였으며, 성인(18.1%, 5,558천 명)과 60대(14.2%, 659천 명) 역시 전년 대비 각각 0.7%p, 1.3%p증가한 것으로 나타났다. 청소년은 여전히 높은 비율로 29.3%인 1,445천 명이나 전년과 비교할 때 1.0%p 감소한 것으로 나타났다. 그러나 오히려 저연령층의 스마트폰·인터넷의 과다 사용 위험성이 증가한 것으로 나타났는데 유아동 과의존위험군의 비율이 인터넷과의존실태조사가 시작된 2015년도 이후 8.3%p의 큰 폭으로 증가하여 이들에 대한 대책이 마련될 필요가 있는 것으로 나타났다.

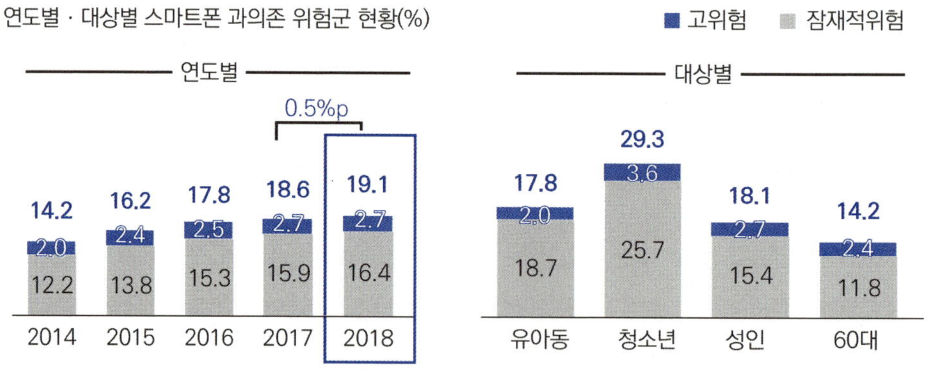

[그림 9-2] 연도별, 대상별 스마트폰 과의존 위험군 실태(한국정보화진흥원, 2018, 44p)

그리고 아동과 청소년은 부모의 영향을 많이 받는 것으로 나타났는데, 부모가 스마트폰 사용의 위험군(유아동자녀 부모과의존위험군 23.0%, 청소년자녀 부모과의존위험군 34.7%)일 경우 자녀 역시 위험군에 속하는 비율이 일반 사용자군 부모(유아동자녀 부모일반군 20.2%, 청소년자녀 부모일반군 28.5%)에 비해 높은 것으로 나타났다. 그리고 맞벌이 가정의 경우 자녀의 과의존 위험성(유아동 22.7%, 청소년 30.2%)이 높은 것으로 나타났다. 또한 고위험군은 3~9세가 0.8%p로 가장 많으며, 잠재적 위험군은 30대와 60대가 조금씩 증가하고 있는 것으로 나타났다. 그러나 과의존위험군의 비율은 청소년이 29.3%로 가장 높고, 유아동 20.7%, 성인 18.1%, 60대 14.2%로 나타나 청소년뿐만 아니라 유아동 대상의 스마트폰 과의존 예방과 관련된 개입이 필요한 것으로 나타났다.

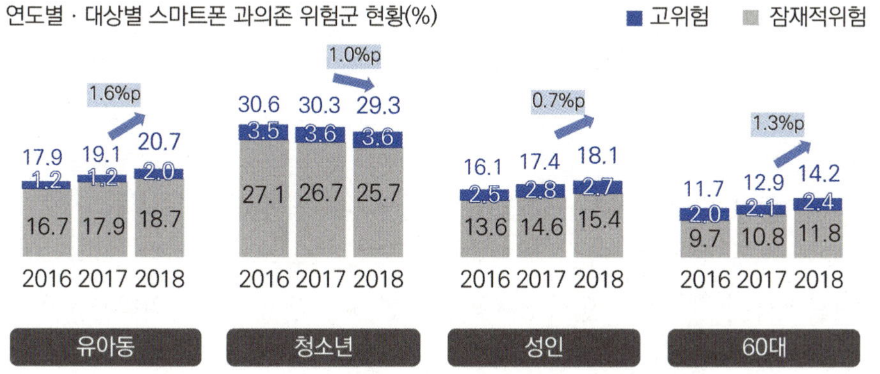

[그림 9-3] 연도별 스마트폰 과의존 현황(한국정보화진흥원, 2018, 21p)

2) 인터넷 · 스마트폰 이용습관 실태

여성가족부와 한국청소년상담복지개발원은 매년 전국 초등 4학년, 중학교 1학년, 고등학교 1학년의 학령전환기 청소년을 대상으로 '인터넷 · 스마트폰 이용습관 진단조사'를 실시하고 그 결과를 발표하고 있다. 『2018년 인터넷 · 스마트폰 이용습관 진단조사』(약 132만여 명 대상) 결과 인터넷 과의존 위험군은 140,421명으로 이 중 위험사용자군은 13,440명, 주의사용군은 126,981명인 것으로 나타났다. 그리고 스마트폰의 경우 위험사용자군은 14,324명, 주의사용군은 106,516명으로 스마트폰 중독의 위험군이 120,840명에 이르는 것으로 나타났다. 인터넷과 스마트폰의 두 가지 문제를 모두 갖고 있는 공존위험군은 64,924명으로 나타났다(여성가족부, 2018). 2017년도에 비해 과의존위험군은 14.3%에서 15.2%로 0.9%p 증가한 것으로 나타났다.

〈표 9-4〉 2017~2018년 진단조사 주요 결과 비교(여성가족부, 2018) (단위, 명)

구 분	재학생 수	참여 인원(A)	인터넷 · 스마트폰 과의존위험군(B)	참여인원 대비 과의존위험군 비율(B/A)
'17(A)	1,447,817	1,413,725	202,436	14.3%
'18(B)	1,316,562	1,291,546	196,337	15.2%
증감(B-A)	△131,255	△122,179	△6,099	0.9%p

연령별로 보면, 과의존 위험군의 경우 중·고등학생은 전년과 비슷하거나 다소 감소하고 있는 것으로 나타났다. 그러나 초등학교 4학년의 경우 인터넷과 스마트폰 모두 위험사용자 수가 증가하고 있는 것으로 나타났다. 특히 이용습관 진단조사에 참여한 초등학생 4학년의 인원은 감소했으나 위험사용자 수가 증가하고 있는 것으로 나타났다. 이는 인터넷과 스마트폰 사용이 보편화된 현상을 반영하면서도 저연령층에서 이에 대한 과의존현상이 발생하고 있음을 알려준다.

성별로 보면, 여학생에게서도 인터넷과 스마트폰 과의존 위험사용자가 증가한 것을 알 수 있다. 초등학교 4학년을 살펴볼 때 과의존 위험사용자의 경우 남학생(28,281명)이 여학생(14,957명)보다 약 두 배 많은 것으로 나타났다. 그러나 중학생과 고등학생의 경우 남학생에 비해 여학생이 위험사용자수가 많은 것으로 나타났다. 이러한 결과는 인터넷 사용에서 남학생의 게임 이용이 두드러졌던 경향이 게임 이용에 대한 뚜렷한 성별 차이의 감소, 1인미디어나 유투브 등 영상콘텐츠 소비의 증가 등 최근의 경향을 반영하며 이에 대한 여학생들의 사용추세가 증가하고 있음을 시사한다.

〈표 9-5〉 2018년 학년별 · 성별 과의존 위험군 수(여성가족부, 2018)

(단위, 명)

구분	인터넷 과의존 위험군 (A)			스마트폰 과의존 위험군 (B)			인터넷+스마트폰 과의존 위험군(중복위험군) (C)			인터넷 또는 스마트폰 과의존 위험군 ((A+B)-C)		
	소계	성별		소계	성별		소계	성별		소계	성별	
		남	여		남	여		남	여		남	여
초4	43,238	28,281	14,957	28,937	18,368	10,569	16,708	10,963	5,745	55,467	35,686	19,781
중1	54,561	26,567	27,994	42,458	18,920	23,538	25,237	10,985	14,252	71,782	34,502	37,280
고1	42,622	18,950	23,672	49,445	20,706	28,739	22,979	9,076	13,903	69,088	30,580	38,508
계	140,421	73,798	66,623	120,840	57,994	62,846	64,924	31,024	33,900	196,337	100,768	95,569

3. 청소년 인터넷 중독의 원인

청소년 인터넷 중독과 관련된 변인은 매우 복잡하다. 청소년의 발달과정상 주어지는 발달과업은 개인의 특성과 연관되어 새로운 도전을 하게 하고, 이러한 과정에서 건강한 성장을 할 수 있는 다양한 기회가 주어지기 때문이다. 청소년 인터넷 중독과 관련하여 초반에는 인터넷이 가지고 있는 용이성이나 매력과 같은 인터넷 자체의 매력, 인터넷을 사용하는 개인의 시간, 어디서든 접할 수 있는 인터넷 자체의 요인들에 주목하였다. 그러나 컴퓨터나 인터넷과 같은 디지털매체 사용의 경우 선택의 주체가 개인에게 있고 그만큼 개인이 가지고 있는 취약성이나 위험요소에 따라 그 위험의 수준이 달라질 수 있다. 최근 인터넷 중독의 연구 분야를 분석한 결과 인터넷 중독 관련 연구에서 개인 변인을 연구한 논문이 가장 많고(39편, 50%), 사회 환경적 변인 25편(32%), 인터넷 특성 관련(13편)의 순으로 나타났다(금명자, 정상화, 신다겸, 2016).

1) 개인의 심리적 요인

청소년 인터넷 중독을 다루는 상담자나 연구자는 우울과 충동통제장애, ADHD 등 공존 질환과의 밀접한 관련성(김희선, 유금란, 2017)에 주목한다. 그리고 낮은 통제력과 인터넷 사용 역기능적 신념 경향 역시 위험군에서 공통적으로 보이는 특성으로 나타났다(양재원, 조영미, 배주미, 최요한, 김경은, 2013). 개인의 자존감, 스트레스, 자기효능감 등의 요인 등도 자주 언급되는 요인이다. 초등학생들의 경우 게임 이용 욕구가 게임 사용에 영향을 미친다. 초등학생들은 일상생활에서 겪게 되는 스트레스를 해결하지 못하거나 자존감이 낮은 경우, 충동성이나 공격성을 자제하지 못하는 경우에 컴퓨터 게임을 통해서 이러한 욕구를 충족할 가능성이 있는 것으로 나타났다(장미경, 이은경, 2007). 인터넷을 사용하는 개인이 가지고 있는 우울이나 불안, 외로움과 같은 부정적 정서상태, 자기통제력이나 자존감과 같은 개인의 성격적 특성, 의사소통기술 부족이나 대인관계에서의 어려움이나 갈등, 충동성 등이 인터넷 중독을 유발할 수 있는 위험요소로 꼽힌다(신효정, 2018).

인터넷의 사용은 개인에게 고통을 줄 수 있는 우울이나 불안과 같은 부정적 정서를 회피하는 데 좋은 보상경험으로 인식될 수 있어 인터넷 사용이 강화될 수도 있다(장재홍, 유정이, 최한나, 김형수, 2003). 현실의 대인관계에서 긍정적 경험이 적은 청소년이 사이버공간에서 만난 사람들과 긍정적 경험을 하게 될 때 친밀감을 느끼게 되면서 현실의 대인관계에서의 불안과 관련된 순환적 고리에 대한 도피의 수단으로 인터넷을 이용하는 경우 위험요인으로 작용할 수 있다. 특히 인터넷공간의 사이버 세상에서 자신을 숨기고 다른 사람들과의 관계를 맺을 수 있는 점은 인터넷 중독의 위험요인으로 꼽힌다.

인터넷 중독 관련 연구를 분석한 연구들은 지금까지의 연구 결과 중에서 우울, 자기통제력 부족, 인터넷 사용에 대한 역기능적 신념 등이 공통적 요인으로 나타났다고 보고하고 있다. 김희선과 유금란(2017)은 국내 인터넷 중독 연구[7]

를 분석한 결과 청소년 인터넷 중독과 관련된 위험요인으로 가장 높은 정적 상관을 보이는 불안, 스트레스, 충동성과 우울을 언급하였다. 그리고 청소년의 인터넷 중독을 보호하는 중요한 변인으로 자기통제력을 언급하였다. 또한 인터넷 중독을 설명하는 대표적 변인으로 청소년 시기에 많이 나타나는 우울과 불안, 충동성, 개인의 스트레스 같은 개인 내적 변인을 꼽으면서 청소년의 발달적 특성상 자율성과 독립성을 획득하고자 하는 과정에서 개인요인의 중요성을 의미하는 것이라고 해석하였다. 특히 이들은 충동성과 학교생활적응요소들은 인터넷 중독에 직접적인 영향을 미치지는 않으나 개인의 자기통제력에 따라 인터넷 중독에 영향을 미친다고 하였다. 구체적으로 우울과 불안, 충동성 등 개인의 심리내적 문제가 심화되면서 자기통제력이 저하되고 인터넷 중독이라는 증상이 발현될 수 있음을 확인하였다. 이를 토대로 인터넷중독을 예방할 수 있는 개인요인으로 자기통제력의 중요성을 지적하였다.

양재원 등(2014)은 K-척도를 사용하여 인터넷 위험군을 군집분석하였다. 이들은 인터넷 중독군의 높은 우울성향, 자기통제력의 부족, 인터넷 사용과 관련된 자기부정신념이나 과다의존의 당위성을 믿는 역기능적 신념이 인터넷 중독의 중요한 선행요인으로 나타났다고 보고하였다. 이는 인터넷 중독 위험군이 장기적 목표를 위해 행동하기보다는 현재의 욕구충족을 위해 인터넷에 과몰입하여 의존하는 현상을 설명한다. 이들은 이러한 충동조절의 문제를 인터넷 중독의 핵심적 문제로 지적하였다.

2) 가족 및 사회 환경적 요인

부모와의 안정적 애착과 양육태도는 청소년의 성장에 있어서 매우 중요한 영향을 미친다. 부모와의 긍정적 관계는 청소년이 성공적으로 발달과업을 수행하고 문제행동을 예방하는 데 영향을 미친다. 부모의 관심과 지지는 인터넷

7) 2005년 1월~2014년 12월, 10년간의 학위논문과 학술지논문을 메타분석함

중독 수준을 낮추며(김영혜, 2010; 김혜숙, 서명교, 2008), 부모의 긍정적이고 민주적인 양육행동이 청소년의 인터넷 중독 위험성을 낮추는 것으로 알려져 있다(남영옥, 이상준, 2005; 류진아, 김광웅, 2004).

양재원 등(2013)은 인터넷 중독 위험군이 지각한 부모의 양육태도는 상대적으로 더 권위적이었다고 보고하였다. 이는 대체로 부모와의 의사소통이 잘 이루어지지 않고, 권위적이며, 친밀감이 낮은 경우 인터넷의 과도한 사용을 촉진함을 의미한다. 이들은 우울한 청소년의 경우 부모의 지나친 통제는 자신의 자율성을 훼손한다고 지각하게 하며, 발달적 상황에서 발생할 수 있는 스트레스 해결에 어려움을 초래하고 이러한 결과로 생긴 우울로 인해 인터넷으로 도피할 가능성이 높아진다고 보고하였다. 인터넷 중독을 연구한 많은 연구 결과에서도 부모의 양육태도와 부모자녀의 의사소통은 자녀의 인터넷 중독에 중요한 것으로 나타났다. 특히 부모가 자녀를 거부 혹은 과보호할수록, 자녀와의 부정적 의사소통이 많을수록 인터넷 중독에 영향을 미치는 것으로 나타났다. 그리고 부모의 긍정적 양육태도와 개방적 의사소통 유형이 인터넷 중독을 예방하는 효과가 있는 것으로 나타났다(김희선과 유금란, 2017). 이러한 결과는 청소년의 인터넷 중독을 유발하거나 억제할 수 있는 중요한 환경적 요인이 일상생활에서 인터넷이나 스마트폰 사용, 게임 사용과 관련되어 부딪칠 수 있는 가능성이 높은 부모의 양육태도와 의사소통 방식임을 의미한다.

그리고 집에 혼자 있는 시간이 많이 있는 가족환경, 자녀의 인터넷 사용이나 생활습관에 대한 적절한 지도가 부족한 경우 청소년은 인터넷이나 컴퓨터, 혹은 스마트폰에 의존할 가능성이 높다. 인터넷이나 게임, 스마트폰의 사용시간이 증가할수록 인터넷 사용의 지속성이 증가하고 이와 관련된 습관적 행동이 많아지고 중독의 위험성이 높아질 수 있다.

청소년기의 또래관계 역시 균형 있는 성장발달뿐만 아니라 학교적응과 성인기 대인관계형성에도 영향을 미친다. 친구들의 관계는 인터넷 중독 수준에 영향을 미치는 것으로 알려져 있다. 김혜원(2001)은 인터넷 중독의 청소년들이 그렇지 않은 청소년에 비해 친구 수가 적다고 지적하였다. 강희양과 손정락(2007)은 인터넷 중독과 관련된 변인들을 분석한 결과 또래관계가 청소년 인터넷 중독에 중요한 영향을 미친다고 지적하였다. 이러한 결과는 청소년들이 평소 친구관계에 대한 만족도와 일상생활에서의 행복감을 증진시키기 위해 현실적 공간보다는 익명성이 보장되는 사이버공간을 통해 자신의 억압된 감정을 표현하고 있을 수 있음을 의미하는 것으로도 해석할 수 있다. 배주미, 조영미, 정혜연(2013)은 초등학교 고학년 인터넷 중독 위험군을 우울정서형과 자극추구기질형으로 구분하였는데, 두 집단 모두 또래집단에 대한 만족도가 낮다고 보고하였다. 이들은 초등학교 고학년인 청소년 초기의 인터넷 중독 문제를 접근-회피의 개념으로 파악하였다. 그리고 우울정서형의 경우 현실의 자기 및 관계에 대해 부정적인 견해를 많이 가지고 있었고 또래들과도 잘 못 어울린다는 지각이 현실에서 벗어나 인터넷의 과다사용을 유도할 가능성이 있다고 지적하였다.

3) 인터넷 관련 요인

인터넷이나 사이버공간에서의 익명성, 제공되는 콘텐츠의 재미와 매력, 컴퓨터 관련 취미와 사용하는 활동 등 인터넷 자체의 요인도 인터넷 중독과 관련된다. Griffiths(1997)는 인터넷이 이용자에게 상당한 양의 강화물을 제공하여 지속적으로 접속하도록 만드는 측면이 있다고 지적하였다. 구체적으로 관심이 같은 사람들이 가상의 공간에서 함께 손쉽게 의견교환을 할 수 있는 용이한 창구가 되며, 시공간을 초월하여 만날 수 있는 점, 인터넷을 하면서 경험하게 되는 흥미로운 경험, 인터넷의 활동을 통해 자신에게 주어지는 보상 등이 개인에게 매력적인 요소가 된다고 설명하였다. 특히 인터넷의 사이버공간에서 특징적으로 볼 수 있는 익명성은 현실과는 다른 다양한 표현과 경험을 가능하게 하는 중요한 요소이기도 하다. 인터넷 중독의 사례를 분석한 연구(박성길과 김창대, 2003)에서도 인터넷 콘텐츠가 지닌 매력과 동시에 인터넷이 개인 취미

활동의 공간으로서 작용될 때를 지적하였다. 방희정, 조아미(2003)는 컴퓨터 환경이나 게임은 개인에게 강렬한 호기심과 흥미를 유발하며, 이들 욕구를 해소시켜줄 수 있는 공간이 된다고 설명하였다. 컴퓨터를 이용한 온라인 게임은 자체적으로 욕구충족, 도피처로서의 역할, 새롭고 재미있는 놀잇거리를 제공(성윤숙, 2003)하기 때문이다.

그리고 인터넷 이용자의 동기적 측면이 인터넷의 중독적 사용에 영향을 미친다. 그리고 인터넷을 사용하는 유형에 따라 이용자가 충족하고자 하는 사용욕구는 차이가 있다(장재홍, 2004). 인터넷 이용의 동기적 측면 중 중요한 하나의 요인으로 지적되는 것이 '인터넷 보상경험'이다. 개인은 인터넷을 통해 우울이나 불안과 같은 부정적 정서나 스트레스를 피할 수 있으며, 지루하거나 심심할 때 이를 보상할 수 있는 즐거운 경험을 받을 수 있음을 의미한다. 새로운 기술과 정보에 대한 도전적 경험은 인터넷과 스마트폰 등의 매체를 반복적으로 이용하도록 하는 촉진제의 역할을 하여 인터넷 과의존을 높이는 요인이 되기 쉽다.

4. 청소년 인터넷 중독 관련 정책과 개입

1) 인터넷 중독 예방 및 해소 종합계획(국가정보화기본법)

한국은 국가정보화기본법 제30조에 의거 인터넷 중독 예방 및 해소를 위한 3개년 종합계획을 수립하여 추진하고 있다. 행정안전부는 인터넷 중독 예방 및 해소 정책의 총괄부처로서 2009년 행정안전부는 「국가정보화기본법」 정책 추진의 법적 근거를 신설(1개 조항)[8]하였다. 그리고 부분적으로 관계부처별로

8) 국가정보화기본법 제30조(인터넷 중독의 예방 및 해소계획 수립 등)에서는 3년마다 과학기술정보통신부장관이 관계 중앙행정기관의 장과 협의, 인터넷중독의 예방 및 해소를 위한 종합계획을 수립하여야 한다고 명시되어 있다(〈개정 2017. 7. 26.〉) 법제처 국가법령정보센터(http://www.law.go.kr) 국가정보화 기본법[시행 2019. 2. 22.] [법률 제15369호, 2018.

대응해오던 것을 행정안전부 등 관계부처와 지방자치단체와 합동으로 '인터넷 중독 예방 및 해소 종합계획'을 수립(행정안전부, 2010. 3. 16. 보도자료)하였다.

1차 종합계획(2010~2012)은 '인터넷 안전 1등 국가 건설'을 비전으로 인터넷 중독률 현재 5% 이하로 감축하는 추진목표로 행정안전부 등 7개 부처 및 16개 시도에서 추진되었다. 1차 종합계획은 인터넷 중독의 확산 억제를 목표로 청소년을 비롯하여 아동·성인 등 주요 대상자를 포함하도록 하였다. 대상자별 특성에 따른 체계적이고 전문적인 대응 추진을 위해 동일한 교육과 상담을 배제하고 인터넷 중독 이전 단계 → 중독 단계 → 치유 이후 단계로 체계화된 접근을 제시하였다. 또한 인터넷 중독과 관련된 전문 인력의 양성을 지속적으로 추진하여 일반상담인력보다는 인터넷 중독을 효과적으로 예방하고 개입할 수 있는 전문인력의 필요성을 추진하였다. 그리고 정부뿐만 아니라 민간단체와의 협력을 강화하여 게임업체 등의 자율적 규제를 유도하여 자발적 협력에 대한 균형적 입장을 유지하려고 하였다.

2차 종합계획(2013~2015)은 '건강하고 행복한 인터넷 이용생활 구현'을 비전으로 인터넷 이용 조절능력 배양 및 회복기능 촉진을 추진목표로 8개 부처[9] 및 17개 시도에서 추진되었다. 2차 종합계획은 중독적 성향의 ICT 생태환경 변화동향에 대한 민감도를 제고하여 새로운 정보환경 변화에 대한 전문적·선제적 대응을 추진전략으로 제시하였다. 그리고 생애주기별 개인별 맞춤 서비스의 질적 고도화를 추진하고 중독 해소 서비스 전달체계 간 협력소통을 활성화하여 거버넌스 활성화를 추진하였다. 2차 종합계획은 인터넷 기반의 미디어환경이 인터넷과 스마트미디어 융·복합 기반의 미디어 환경을 고려하였고 청소년 위주의 예방과 상담 위주의 정책적 논의를 생애주기별 예방과 상담, 치료, 사후관리의 전 과정으로 확대하였다. 그리고 정부 중심 대응방식에서 지자체 및

2. 21., 일부개정] 검색일: 2020.2.13.

9) 미래창조과학부, 교육부, 법무부, 국방부, 문화체육관광부, 보건복지부, 여성가족부, 방송통신위원회

언론·시민단체·종교단체·기업·학교 등이 함께 협력하는 통합거버넌스의 지원체계를 고도화하고자 하였다.

3차 종합계획(2016~2018)은 1, 2차 종합계획의 성과와 한계점을 토대로 스마트폰·인터넷 사용 연령층 확대에 따른 수요증가를 반영하여 소통과 협력을 중심하는 국정운영 패러다임의 진화를 반영하였다. 3차 종합계획은 '건강한 스마트사회 구현'을 비전으로 균형과 조절을 통한 스마트폰·인터넷 활용 기회 확산을 추진목표로 하였다. 그리고 자율적 조절능력강화(예방), 과의존 치유서비스 안정화(상담·치유), 스마트폰·인터넷 지식역량 강화(역량강화, 사례발굴), 대응협력체계 강화(협력체계·기반조성)의 4대 추진전략과 12개 주요 과제를 제시하고 있다. 3차 종합계획은 스마트폰·과의존 대응 유관부처 10개 부처[10] 합동으로 수립되었다.

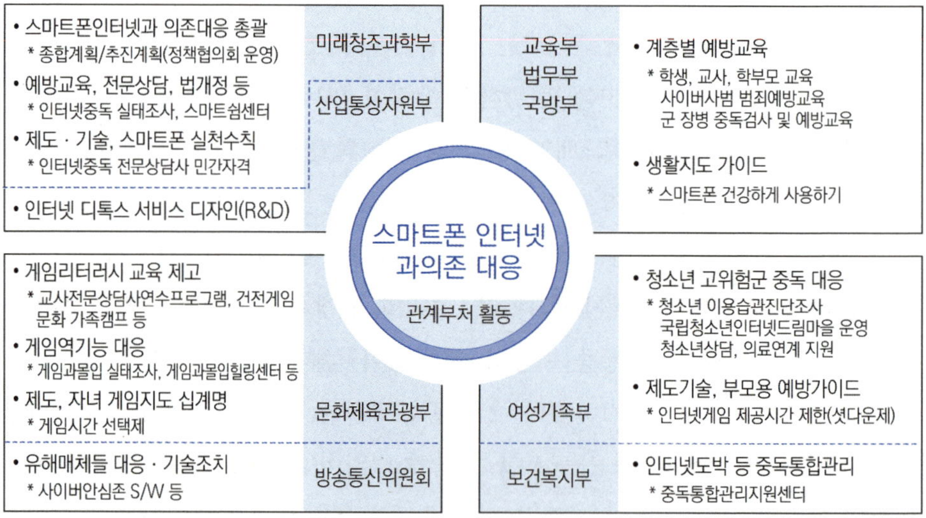

[그림 9-4] 제3차 스마트폰 · 인터넷 과의존 대응 추진체계(관계부처 합동, 2016년 5월 9p)[11]

10) 미래부, 교육부, 법무부, 국방부, 문체부, 복지부, 여가부, 방통위, 산업부, 국민안전처(2017년 2월 자료)

11) 2017년 7월 「정부조직법 개정안」을 통해 미래창조과학부의 명칭을 과학기술정보통신부로 변경함

3차 종합계획에서는 총괄조정과 예방교육을 미래부가 담당한다. 그리고 각 부처가 부처의 사업에 맞는 역할을 분담하도록 되어 있는데, 그중에서도 문화체육관광부는 게임리터러시 교육뿐만 아니라 게임역기능 대응을 위한 사업을 중점적으로 담당하도록 하였다. 여성가족부는 청소년 고위험군 중심의 대응과 청소년인터넷드림마을 운영 등 치료적 사업을 부처별 특성에 맞게 추진하도록 하였다. 지방자치단체는 스마트폰·인터넷과 관련된 거점상담센터 운영 등 지역단위 사업을 추진하도록 하였다.

2) 인터넷 중독 예방 지원체계→

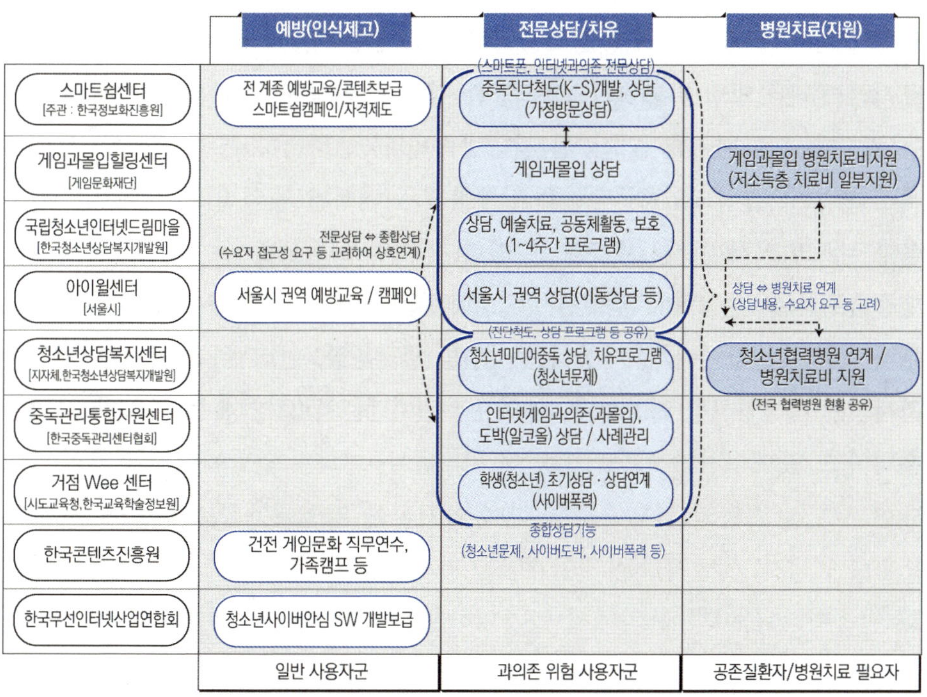

[그림 9-5] 스마트폰 · 인터넷 과의존(중독) 상담치료기관 협력체계 (관계부처 합동, 2017년 2월 42p)

2017년 2월에 발표된 『건강한 스마트사회 구현을 위한 2017년도 스마트폰·인터넷 바른 사용 지원 추진계획』(관계부처 합동, 2017. 2.)을 살펴보면 전국의 스마트폰·인터넷 과의존 상담의 협력체계는 정부주관의 스마트쉼센터(한국정보화진흥원), 국립청소년인터넷드림마을(한국청소년상담복지개발원), 청소년상담복지센터(지자체), 아이윌센터(서울시), 거점Wee센터(시도교육청), 한국콘텐츠진흥원과 게임과몰입힐링센터(게임문화재단), 중독관리통합지원센터(한국중독관리센터협회), 한국무선인터넷산업연합회 등이 협력체계를 이루고 있다.

◆ 스마트쉼센터

스마트쉼센터는 과학기술정보통신부 산하기관인 한국정보화진흥원 소속으로 스마트폰·인터넷 과의존으로 인한 각종 생활장애를 해결하는 데 목적을 두고 있다. 2002년 4월에 설립된 인터넷중독대응센터는 2015년 6월 스마트쉼센터로 명칭이 변경되었다.[12] 스마트쉼센터는 연계된 지역별 인터넷중독 예방상담 네트워크서비스를 운영하고 있다.

스마트쉼센터는 스마트쉼 캠페인, 스마트폰·인터넷 과다사용과 관련한 학교부적응, 진로, 대인관계, 가족 갈등 관련 상담운영, 인터넷·스마트폰 과의존 조사·연구, 인터넷·스마트폰 과의존 예방 전문인력 양성 등 다양한 사업을 운영하고 있다.

12) 서울, 인천, 부산, 대구, 대전, 광주, 울산, 세종강원, 경기 남부, 경기 북부, 충북, 충남, 경남, 경북, 전남, 전북, 제주(18개소) 설치
(스마트쉼센터 https://www.iapc.or.kr/, 검색일 2020.2.13.)

◆ 국립청소년인터넷드림마을[13)14)]

2014년 8월에 설립된 국립청소년인터넷드림마을은 인터넷·스마트폰 과의존 청소년을 대상으로 심리·정서 상담, 대안활동 등 종합적·전문적 서비스 제공을 통해 치유 및 건강한 성장 지원을 담당하기 위해 설립되었다. 여성가족부 설립 국립청소년수련시설로 한국청소년상담복지개발원이 위탁운영하고 있다. 여기서는 전문 상담가가 운영하는 개인상담, 집단상담, 체험활동과 대안활동, 학생 스스로가 운영하는 자치활동, 부모교육과 부모상담 등의 서비스를 제공한다. 입소대상 청소년은 전국의 청소년상담복지센터와 학교에서 추천한다. 추천된 청소년을 대상으로 접수면접과 심리검사를 실시하여 입소대상이 될 인터넷·스마트폰 과의존 위험군 청소년을 결정하고 있다. 「상담+치유+활동+보호」의 종합적·전문적 서비스 제공을 통하여 정서·행동 장애 청소년의 건강한 성장지원을 목표로 운영된다.

주요 프로그램으로는 전문인력을 활용한 중독 진단과 평가, 대상자 개인의 특성과 원인파악을 토대로 이루어지는 개인상담, 또래들과 함께 참여하는 집단상담, 부모교육, 가족상담, 인터넷활동 이외의 대안활동, 청소년들이 참여하는 자치활동, 찾아가는 상담서비스인 청소년동반자를 통한 사후 상담과 모니터링 서비스가 제공된다.

◆ 청소년상담복지센터(여성가족부, 2018)

청소년상담복지센터는 청소년상담, 긴급구조, 자활, 의료지원 등 통합지원서비스를 제공하여 청소년의 건강한 성장 및 복지증진을 도모하기 위하여 설치되었다. 청소년상담복지센터는 청소년복지지원법 제29조(청소년상담복지센터)

---

13) 국립청소년인터넷드림마을 http://nyid.kyci.or.kr/ 검색일 2020.2.13.

14) 법제처 국가법령정보센터(http://www.law.go.kr) 청소년보호법 제4조(사회의 책임), 제5조(국가와 지방자치단체의 책무), 제27조(인터넷게임 중독 등의 피해청소년 지원), 제35조(청소년보호 치료재활센터의 설치 운영)

및 동법 시행령 제14조(청소년상담복지센터의 설치 등)를 법적 근거로 하여 2018년 10월 시도와 시군구 현재 232개소가 설치 운영 중이다.

청소년상담복지센터는 청소년미디어과의존 대응 전문상담사를 배치하여 과의존 단계별 상담・치료연계 등 맞춤형 치유서비스를 제공한다. 또한 인터넷・스마트폰 과의존 위험군 청소년 대상 기숙형 가족 치유캠프 및 상설 인터넷치유학교를 운영하여 연령・성별・과의존 수준을 고려한 수요자 맞춤형 치유서비스를 제공한다. 이 외에도 스마트폰 과다사용 청소년의 부모를 대상으로 청소년 스마트폰 과의존에 대한 이해, 자기 결정성을 높이는 양육원리 등 올바른 스마트폰 이용습관 지도를 위한 부모교육, 학령전환기(초4・중1・고1) 청소년 대상 스마트폰・인터넷 이용습관 조사를 실시하여 청소년 위험군 체계적 발굴과 맞춤형 치유 서비스 연계 등 전문적 상담・치료를 제공하고 있다.

◆ 서울시인터넷중독예방상담센터(아이윌센터)[15]

서울시는 2007년 지자체 최초로 인터넷중독예방교육・상담・치료지원 등 맞춤형 종합서비스를 통해 청소년의 인터넷 중독 예방・해소에 기여하기 위한 인터넷중독예방상담센터를 설치하여 운영하여왔다. 현재 광진, 보라매, 서대문, 창동, 강북, 강서의 6개 센터가 설치되어 운영되고 있다. 아이윌센터는 청소년관련법[16]과 서울특별시청소년시설 설치 및 운영에 관한 조례, 인터넷중독예방치료센터 확대 계획[17]을 근거로 하고 있다.

아이윌센터는 생애주기별, 중독유형별 예방과 상담, 치료 등 맞춤형 종합서비스를 제공한다. 유아동의 경우는 Big Book을 활용한 스마트폰 과다사용 예방교

15) 서울시 보도자료(2017. 11. 11.) 『지자체 최초 '서울시 인터넷중독예방상담센터' 10년 맞았다』 https://opengov.seoul.go.kr/press/13820339?fileIdx=0#pdfview

16) 법제처 국가법령정보센터(http://www.law.go.kr) 청소년기본법[시행 2019. 6. 19.] [법률 제15986호, 2018. 12. 18., 일부개정] 제51조 청소년유익환경의 조성, 청소년보호법[시행 2019. 12. 12.] [법률 제15913호, 2018. 12. 11., 일부개정] 제5조 지자체의 책임과 제27조 인터넷게임중독 피해청소년 지원 관련

17) 서울시 인터넷중독예방센터 확대계획(청소년담당관-17073, 09.7.23.).

육과 인형극이나 동화를 각색한 예방교육 프로그램을 진행하고 있다. 초·중·고의 청소년을 위해서는 차별화된 예방교육과 생활습관관리, 스마트미디어 사용인식 및 전문화된 상담과 치료가 제공된다. 이와 함께 교원 대상의 교원정보화직무연수와 학부모 정보통신 윤리교육을 진행하며, 청소년서포터즈를 운영하여 올바른 스마트폰 사용문화를 위해 노력하고 있다.

◆ Wee센터

Wee 프로젝트는 2008년부터 실시된 학교상담 관련 교육부의 정책 사업이다. Wee 프로젝트는 학교와 교육청, 그리고 이들이 속한 지역사회의 긴밀한 협력을 토대로 위기에 처한 학생을 미리 발견하여 지원할 수 있는 종합적인 체제를 갖추어 학교부적응이나 학교폭력 등을 예방하고 행복한 학교생활을 목표로 하고 있다. Wee 프로젝트는 단위학교가 다루지 못하는 심각한 위기학생들이 겪는 학교부적응 및 학업중단 문제를 다중의 안전망 속에서 다루어 학생들의 문제를 해소하려는 것을 목적으로 한다.

Wee 프로젝트는 심각한 위기를 겪고 있는 학생만을 대상으로 하지 않는다. 이들뿐만 아니라 다양한 고민을 겪고 있거나 학교생활에 어려움을 느끼는 일반적인 학생과 학부모, 그리고 학교 내 교사도 포함한다. Wee 프로젝트에서의 위기는 가정의 경제적 어려움이나 부모 이혼, 다문화가정과 같은 가정환경에서 비롯된 가족의 위기, 학업의 어려움으로 인해 학습부진이나 학업중단의 위기에 처해있는 교육적 위기, 가출과 비행, 성, 학교폭력 등의 개인적 위기를 포함한다. Wee프로젝트의 1차 안전망은 단위학교에 설치되는 Wee클래스로 학교부적응 학생을 조기발견하고 예방하며, 학교적응력 향상을 지도한다. Wee센터는 2차 안전망으로 교육지원청 차원에서 설치된다. Wee센터는 전문가의 지속적인 관리가 필요한 학생들을 위해 진단-상담-치유의 원스톱서비스를 제공한다. 3차 안전망인 Wee스쿨은 시도교육청 차원에서 설치되며 장기적으로 치유가 필요한 고위기군 학생을 위한 중장기 위탁교육을 담당하고 있다.

5. 청소년 인터넷 · 스마트폰 과의존 상담[18)]

1) 청소년 대상의 상담

인터넷과 스마트폰 과의존 학생과의 개인상담의 절차는 크게 초기, 중기, 종결기로 이루어진다. 초기 단계에는 의뢰된 학생과의 초기면접을 진행하고 내담자 문제를 이해하여 상담개입에 대한 계획을 세운다. 중기 단계에서는 상담계획과 목표에 대한 개입이 이루어진다. 종결기에는 상담목표에 따른 종결과 상담 이후의 관리가 진행된다.

초기 단계에서 우선적으로 상담자와 내담자 간의 신뢰로운 관계를 형성하여야 하며, 상담에 대한 내담자의 기대와 욕구를 파악하여 이후 진행될 상담에 대해 구조화하여야 한다. 개입계획에서는 초기 단계에서 상담자가 파악한 인터넷과 스마트폰 과의존 경향과 관련된 다양한 요인 중 우선적으로 다루어야 할 과제를 중심으로 내담자의 특성에 맞는 개입방안을 계획하여야 한다. 특히 청소년이 선호하는 게임 및 인터넷 · 스마트폰 사용행동의 유형을 파악하여 내담자에게서 우선적으로 다루어야 할 문제들을 파악하여야 한다. 중기는 수립된 개입계획에 따라 게임 및 인터넷 · 스마트폰 과의존 내담자의 변화를 촉진해 나가는 상담과정이다. 게임 및 인터넷 · 스마트폰 과의존 내담자가 자신의 문제와 관련된 현상을 자각하고 변화동기를 촉진한다. 종결기는 수립된 개입계획에 따라 게임 및 인터넷 · 스마트폰 과의존 내담자에게 개입한 후 상담목표가 성취되었는지 점검한다.

게임 및 인터넷 · 스마트폰 과의존 내담자는 다른 중독장애 대상자들과 마찬가지로 공존 증후를 지닌 경우가 많다. 임상에서 공존 증후를 가진 내담자에게 개입하는 경우 우선적으로 주로 나타나는 주 장애와 2차적으로 나타나는 장애를 구분하여 접근하는 것이 원칙이다. 예를 들면, ADHD(주의력결핍 과잉행동

18) 인터넷 · 스마트폰 과의존 상담의 내용은 한국콘텐츠진흥원(2013). 『Wee센터 게임과몰입 예방상담 매뉴얼』의 내용을 참조하여 재구성하였음을 밝힘.

장애)인 경우에도 개별적으로는 다양한 증상과 행동을 보이므로 개입 역시 다차원적인 방법들을 병행하는 것이 효과적이다. 아동과 청소년의 경우 발달의 수준과 개별특성, 환경적 특성이 모두 다르므로 이를 고려하여 내담자에게 적합한 개입방법들을 선택하는 것이 좋다. 우울을 겪고 있는 아동이나 청소년의 경우 인터넷·스마트폰 과의존의 문제로 내방했더라도 우선적으로 우울감의 정도를 파악하여 개입할 필요가 있다. 그리고 우울감을 감소시키는 개입과 함께 현실적응에 대한 동기강화나 개인 진로에 대한 탐색과 상담이 필요할 수 있다. 또한 게임 및 인터넷·스마트폰 과의존의 문제를 보이는 청소년들도 대체적으로 자발적인 상담동기가 낮은 편으로 사회공포증이나 불안이 함께 있는 경우 상담에 대한 동기는 더욱 낮아질 수 있다. 따라서 상담자와의 지지적 관계를 토대로 신뢰로운 관계를 경험해야 하며, 여기서 내담자의 자발적 관계맺기는 매우 효과적인 상담 결과에 영향을 미친다. 게임 및 인터넷·스마트폰 과의존으로 인한 심각한 문제를 보이지는 않지만 과도한 사용으로 인한 잠재적 위험군의 경우 게임 및 인터넷 사용행동과 관련하여 학업동기, 시간관리, 대인관계, 진로문제 등 개인의 일상생활의 각 측면과의 역동적 관계를 탐색하여 이를 다루는 것이 필요하다.

게임 및 인터넷·스마트폰 과의존 내담자를 위한 집단상담은 청소년을 대상으로 진행되는 일반 집단상담의 규칙이 함께 적용된다. 또한 집단상담은 친구들에게 배척받는 경험으로 인해 게임 및 인터넷·스마트폰 과의존 증상을 보이는 내담자에게 또래로부터 수용되는 경험을 제공하여 소속감과 자존감을 제공한다. 스트레스를 적극적인 대처방식으로 처리하기보다 문제를 회피하거나 소극적으로 처리하던 내담자는 집단상담을 통해 다양한 대처방식을 학습할 수 있다. 그리고 무엇보다도 일반적으로 집단상담이 제공할 수 있는 따뜻하면서도 수용적인 분위기를 경험하면서 부정적으로 자신을 생각하던 청소년들은 자신을 존중할 수 있는 긍정적 변화의 동기를 향상시킬 수 있다.

2) 부모교육 및 상담

스마트폰과 인터넷, 게임사용에 대한 부모의 중재를 효과적으로 수행하기 위해서는 부모를 대상으로 양육방법에 대한 훈련이 필요하다. 특히 부모가 자녀와 수용적 관계를 맺으면서 효과적으로 의사소통을 할 수 있는 역량이 필요하다. 스마트폰과 게임의 주제로 부모-자녀 간 갈등이 심각해지면, 오히려 자녀는 스마트폰의 다양한 콘텐츠를 이용하면서 실제적으로는 가출하거나 가족을 떠나지 않아도 가족과 떠나있고 싶은 욕구를 충족시킬 수 있다. 따라서 부모-자녀 갈등이 심화되면 자녀가 스마트폰에 몰입할 가능성은 더욱 높아진다. 부모가 효과적으로 중재하기 위해서는 부모-자녀 간의 친밀한 관계뿐만 아니라 효과적인 의사소통을 위해 노력할 필요가 있다. 부모님은 자녀의 스마트폰 사용을 지도하면서 대화가 되지 않는 자녀에게 갈등이나 부정적 정서를 느끼게 되기 때문에 효과적인 의사소통을 위해서는 우선적으로 자녀와 친밀감을 회복하고 자신의 마음을 다스리는 훈련이 필요하다.

또한, 스마트폰과 게임 사용에 대한 부모-자녀 간 소통을 위해 자녀를 수용적으로 존중하는 태도를 갖추도록 하는 것이 필요하다. 즉, 자녀에 대한 무조건적 수용과 진솔한 관계를 토대로 청소년문화와 자녀가 원하는 것을 이해할 수 있게 되고, 이러한 관계를 토대로 스마트폰과 게임 사용에 대한 한계를 정하고 명확한 규칙을 정할 수 있게 된다. 부모들은 자녀의 스마트폰과 게임 사용으로 인해 가족관계가 나빠지고, 대인관계 문제가 발생할 것이라는 걱정, 성적과 학습부진 등에 대한 걱정을 많이 하게 된다. 그리고 이러한 부정적 결과에 대한 걱정은 자녀의 스마트폰과 게임 사용에 대해 비일관적 태도를 보이게 하여 오히려 자녀와의 관계를 악화시킨다. 따라서 자녀와의 관계에서 자녀를 진솔하게 수용하는 부모로서의 역할과 부모로서의 걱정을 효과적으로 전달할 수 있는 안정적 양육태도를 익힐 필요가 있다.

그리고 부모는 발달시기적으로 나타나는 청소년의 특성을 이해하고 현재 청소년을 둘러싼 스마트폰이나 최신 기술의 사회환경을 이해하려고 노력할 필요가 있다. 자녀세대에 비해 인터넷공간에 대한 이해가 부족하고 익숙하지 않은 부모는 자녀의 스마트폰과 게임 등 매체사용에 대해 무조건적으로 부정적이거나 부모세대의 일방적인 견해를 제시하여 갈등을 겪기도 한다. 청소년자녀를 이해하기 위해서는 청소년의 발달적·세대적 특성을 이해하고, 청소년을 둘러싼 다양한 환경과 요소에 대해 살펴볼 필요가 있다.

6. 요약

본 장에서는 지식정보화사회의 출현으로 일상생활의 필수적 요소가 된 인터넷으로 인한 청소년 문제를 다루고자 하였다. 인터넷 중독, 게임 중독, 스마트폰 중독 등의 사회문제가 청소년의 성장을 방해할 정도로 심각한 문제가 되고 있음은 기술발전과 함께 우리가 치러야 하는 부정적 측면이며, 이에 대한 관심이 필요하다. 청소년 인터넷 중독은 2000년대 초반에는 병리적 증상으로 이해하였으나 점차 문화적 경향이나 행동적 특성을 고려하여 2016년부터 국내에서는 '과의존'이라는 용어를 사용하고 있다. 청소년의 인터넷 중독은 우울, 불안, 스트레스, 충동성, 자기통제력 등의 개인적 특성, 부모의 양육태도나 의사소통, 또래관계, 학교생활 등의 환경적 요인, 인터넷 자체가 가지고 있는 자체적 요인이 서로 상호작용하여 발생하는 문제로 볼 수 있다. 게임 중독, 스마트폰 중독 등의 분야에 대한 연구는 지속적으로 증가하고 있으며, 앞으로 미래사회의 청소년들을 위한 성장적 환경을 마련하기 위한 개입과 교육이 필요한 실정이다.

한국은 현재 국가정보화기본법에 따라 관계부처와 지방자치단체를 중심으로 중장기 '인터넷 중독 예방 및 해소 종합계획'을 3년마다 수립하고 수행하며, 평가하고 있다. 3차 종합계획은 '건강한 스마트사회 구현'을 비전으로 균형과 조절을 통한 스마트폰·인터넷 활용 기회 확산을 추진목표로 하였다. 그리고 자율적 조절능력 강화(예방), 과의존 치유서비스 안정화(상담 · 치유), 스마트폰 · 인터넷 지식역량 강화(역량 강화, 사례 발굴), 대응협력체계 강화(협력체계 · 기반조성)의 4대 추진전략과 12개 주요 과제를 제시하고 있다.

인터넷과 스마트폰 과의존 학생과의 개인상담의 절차는 크게 초기, 중기, 종결기로 이루어진다. 초기 단계는 초기면접이 진행되고 내담자 문제에 대한 이해를 바탕으로 상담계획을 수립한다. 중기 단계에서는 상담목표에 따른 개입이 진행된다. 종결기에는 상담목표에 따른 종결과 추수상담이 이루어진다. 그리고 부모상담에서는 자녀와의 의사소통을 위한 구체적인 교육과 청소년문화와 자녀의 욕구에 대한 이해를 촉진하기 위한 개입이 필요하다. 무엇보다도 미래사회의 주역이 될 청소년이 빠르게 변화하는 환경 속에서 스스로를 잘 통제하고 관리할 수 있도록 가정과 학교, 지역사회에서 적절한 예방적 방안을 마련하는 것이 필요하다.

참고문헌

강만철, 오익수(2002). 청소년 인터넷 중독 진단 척도 개발(2). 교육심리연구, 16(4), 247-274.

강선경, 이근무(2016). 청소년들의 인터넷 중독 회복 경험 연구 -Giorgi의 현상학적 연구 접근. 청소년복지연구. 18(1), 211-234.

강희양, 박창호(2012). 스마트폰 중독 척도의 개발. 한국심리학회지: 일반, 31(2), 563-580.

강희양, 손정락(2007). 인터넷 및 게임 중독 관련 변인에 대한 메타분석. 한국심리학회 지: 건강, 12(4), 733-744.

관계부처 합동(2016.5). 제3차 건강한 스마트사회 구현을 위한 스마트폰·인터넷 바른 사용 지원 종합계획(안)(2016~2018).

관계부처 합동(2017.2). 2017년도_스마트폰인터넷바른사용지원추진계획.

구훈정, 조성훈, 권정혜(2015). 한국형 인터넷 중독 자가진단 척도(K-척도)의 진단적 유용성에 대한 연구. Korean Journal of Clinical Psychology, 34(2), 335-352.

국립국어원(2020.2.13.). 우리말샘, https://opendict.korean.go.kr/main

국립청소년인터넷드림마을 홈페이지(검색일 2020.2.13.) http://nyid.kyci.or.kr/

권선중, 엄나래(2016). 스마트폰 과의존 척도 개편 최종보고서. 2016년 정보문화포럼 정책연구보고서. 한국정보화진흥원.

권현숙, 권경인(2017). 청소년 인터넷 게임 관여와 중독 차원에 따른 중독의 발달단계 연구: 잠재계층 분석을 통한 단계구분과 관련 변인의 역할. 청소년상담연구. 25(1). 155-175.

금명자, 정상화, 신다겸(2016). 인터넷 중독 관련 연구동향: 한국심리학회지 게재 논문을 중심으로. 인터넷중독연구, 1, 19-34.

김동민, 조영미, 김동일, 이은아, 정여주, 고영삼, 엄나래(2008). 인터넷 과다사용 청소년 접수면접진단지 개발. 열린교육연구, 16(1): 103-132.

김동일, 정여주, 이은아, 김동민, 조영미(2008). 아동, 청소년상: 간략형 청소년 인터넷중독 자가진단 척도 개발과 타당화. 상담학연구, 9(4), 1703-1722.

김동일, 이윤희, 정여주, 강민철(2013). 정신건강 문제와 인터넷 중독: 다층메타분석을 통한 효과크기 검증. 상담학연구, 14(1), 285-303.

김명언(1998). 정보화사회의 역기능과 해결방안. 심리학의 연구문제. 5, 181-192.

김승옥, 이경옥(2007). 아동의 인터넷 게임 중독 및 과몰입의 개념적 이해. 어린이미디어연구, 6(2), 63-83.

김영미, 양은주, 장창곡, 류인균, 우종인, 하지현(2000). 원저: 인터넷 중독의 정신병리. 정신병리학, 9(1), 16-26.

김영혜(2010). 부정적 양육태도와 차폐가 인터넷 중독에 미치는 영향. 한국심리학회지: 상담 및 심리치료, 22(3), 885-900.

김은정, 이세용, 오승근(2003). 한국판 청소년 인터넷 중독 척도의 타당화. Korean Journal of Clinical Psychology, 22(1), 125-139.

김청택, 김동일, 박중규, 이수진(2002). 인터넷중독 예방 및 상담프로그램 개발연구. 한국정보화진흥원.

김혜숙, 서명교(2008). 청소년의 인터넷 중독에 영향을 미치는 요인. 대한보건연구, 34(2), 40-53.

김혜원(2001). 청소년들의 인터넷 중독현상: 인터넷 중독의 현황파악과 관련변인 분석. 청소년학연구, 8(2), 91-117.

김희선, 유금란(2017). 청소년의 인터넷 중독에 관한 메타 경로 분석. 한국심리학회지: 상담 및 심리치료, 29(3), 659-687.

남영옥, 이상준(2005). 청소년의 인터넷 중독유형에 따른 위험요인 및 보호요인과 정신건강 비교연구. 한국사회복지학, 57(3), 195-222.

류인균, 하지현, 양은주, 김영미, 장창곡, 우종인(2000). 인터넷 중독의 정신병리. 정신병리학회지 9(1), 16-26.

류진아, 김광웅(2004). 청소년의 인터넷 중독에 영향을 미치는 생태체계 변인. 청소년상담연구, 12(1), 65-80.

박성길, 김창대(2003). 청소년 인터넷 과다사용의 위험요소 분석. 청소년상담연구. 11(1), 84-95.

박승민(2009). 청소년 인터넷 중독 집단상담 프로그램이 효과에 대한 메타분석. 한국심리학회지: 상담 및 심리치료, 21(3), 607-623.

박승민, 송수민(2010). 청소년의 인터넷 과다사용에 미치는 개인적, 환경적 영향요인연구. 인간이해, 31(2), 251-266.

박효수, 권정혜, 전종수(2013). 인터넷 중독 진단척도 타당화 고도화 연구. 한국정보화진흥원.

방희정, 조아미(2003). 가족기능과 청소년의 인터넷 게임행동간의 관계. 한국심리학회지: 발달, 16(1), 1호, 1-22.

법제처 국가법령정보센터(http://www.law.go.kr) 게임산업 진흥에 관한 법률(약칭: 게임산업법, [시행 2019. 6. 25.] [법률 제16045호, 2018. 12. 24., 일부개정]) 제3장 제12조의2(게임과몰입의 예방 등), 검색일: 2020.2.13.

법제처 국가법령정보센터(http://www.law.go.kr) 국가정보화 기본법[시행 2019. 2. 22.] [법률 제15369호, 2018. 2. 21., 일부개정] 검색일: 2020.2.13.

법제처 국가법령정보센터(http://www.law.go.kr) 청소년기본법[시행 2019. 6. 19.] [법률 제15986호, 2018. 12. 18., 일부개정] 제51조 청소년유익환경의 조성.

법제처 국가법령정보센터(http://www.law.go.kr) 청소년보호법(여성가족부, [시행 2019. 12. 12.] [법률 제15913호, 2018. 12. 11., 일부개정]). 제3장 청소년의 인터넷게임 중독 예방, 검색일: 2020.2.13.

법제처 국가법령정보센터(http://www.law.go.kr) 청소년보호법(여성가족부, [시행 2019. 12. 12.] [법률 제15913호, 2018. 12. 11., 일부개정]). 제4조(사회의 책임), 제5조(국가와 지방자치단체의 책무), 제27조(인터넷게임 중독 등의 피해청소년 지원), 제35조(청소년보호 치료재활센터의 설치 운영)

배주미, 조영미, 정혜연(2013). 초등학생 인터넷중독 위험군 유형 분석. 한국청소년연구, 24(2), 233-259.

서울시(90.7.23) 인터넷중독예방치료센터 확대 계획(청소년담당관-17073, 09.7.23). 서울시 정보소통광장 https://opengov.seoul.go.kr/budget/401656

서울시 보도자료. 『지자체 최초 '서울시 인터넷중독예방상담센터' 10년 맞았다』(2017. 11.11) https://opengov.seoul.go.kr/press/13820339?fileIdx=0#pdfview

서형준, 신지웅(2018). 성인층의 인터넷 과의존 영향요인: 의사결정나무분석을 활용하여. 정보화정책, 25(2), 20-45.

설현수, 유은경(2015). Rasch 측정 모형을 이용한 청소년 인터넷 중독 척도의 타당화. 교육평가연구, 779-802.

성윤숙(2003). 청소년의 온라인게임 몰입과정에 관한 문화기술적 연구. 청소년상담연구, 11(1), 96-114.

신현숙, 이해경, 이경성(2017). 남녀 중학생들이 경험하는 문제행동의 차이: 2004년과 2014년 자료의 비교. 청소년복지연구, 19(4), 25-55.

신효정, 송미경, 오인수, 이은경, 이상민, 천성문(2018). 생활지도와 상담, 박영사.

스마트쉼센터 홈페이지(검색일 2020.2.13.) http: https://www.iapc.or.kr/

양재원, 조영미, 배주미, 최요한, 김경은(2013). 군집분석을 통한 중학생 인터넷중독 위험군의 유형 분류. 청소년상담연구, 21(2), 77-98.

여성가족부(2018). 청소년사업안내. 여성가족부.

여성가족부 보도자료(2018.9.21). 2018년 인터넷·스마트폰 이용습관 진단조사 결과.

이은경, 장미경, 김은영, 이자영, 신효정, 이희우(2005). 청소년 게임중독 예방프로그램 효과검증연구. 한국청소년상담원.

이인숙(2003). 초등학생들의 인터넷 중독과 인터넷 기대 및 자기효능감. 아동간호학회지, 9(4), 376-383.

장미경, 이은경(2007). 초등학생의 인터넷사용욕구와 부모관련변인이 게임중독에 미치는 영향, 한국심리학회지: 상담 및 심리치료, 2007, 19(4) 1125-1138.

장미경, 이은경, 장재홍, 이자영, 김은영, 이문희(2004). 게임장르에 따른 게임중독, 인터넷 사용욕구 및 심리사회 변인간의 관계. 한국심리학회지: 상담 및 심리치료, 16(4), 705-722.

장승옥, 전호선(2015). 스마트미디어중독 예방체계 실태와 융복합 정책 연구. 디지털융복합연구, 13(8), 33-41.

장재홍(2004). 부모의 자녀양육태도가 청소년의 인터넷 중독에 미치는 영향: 인터넷 사용욕구를 매개로. 상담학연구. 5(1), 113-128.

장재홍(2007). 국내외 게임중독과 관련된 연구현황조사. 한국게임산업진흥원.

장재홍, 유정이, 김형수, 최한나(2003). 중학생의 인터넷 중독 및 인터넷 보상경험에 영향을 주는 심리, 환경적 요인. 상담학연구, 4(2), 237-252.

장재홍, 이은경, 장미경, 김은영, 이문희, 박관성, 이자영(2004). 청소년 게임중독 예방프로그램 개발연구. 한국청소년상담원.

조성훈, 권정혜(2017). 한국판 인터넷 게임장애 척도의 타당화. Korean Journal of Clinical Psychology, 36(1). 104-117.

최훈석, 김교헌, 용정순, 김금미(2009). 적응적 게임활용 척도 개발 및 타당화. 한국심리학회지: 사회문제. 15, 565-58.

한국정보통신기술협회(2020. 2. 13), 정보통신용어사전, http://terms.tta.or.kr/main.do

한국콘텐츠진흥원(2013). Wee센터 게임과몰입 예방상담 컨설팅 용역 최종보고서. 한국콘텐츠진흥원.

한국콘텐츠진흥원(2018), 게임행동 종합진단척도(CSG) 보완연구. 한국콘텐츠진흥원.

한국정보화진흥원(2010). CIO Report: 주요국의 인터넷 중독 해소 정책 및 시사점. 23. 12-18.

한국정보화진흥원(2016). 인터넷과의존실태조사. 미래창조과학부.

한국정보화진흥원(2017). 2017년 스마트폰 과의존 실태조사. 과학기술통신부.

한국정보화진흥원(2018). 2018년 스마트폰 과의존 실태조사. 과학기술정보통신부.

황상민, 한규석(1999). 사이버 공간의 심리: 인간적 정보화 사죄를 향하여. 서울: 학지사.

행정안전부(2010.3.16). '인터넷중독 예방 및 해소 종합계획'최초 수립. 행정안전부 보도자료.

Goldberg, I. (1996, July). Internet addiction disorder [Electronic mailing list message]. Retrieved from http://users.rider.edu/~suler/psycyber/supportgp.html.

Griffiths, M.D. (1997). Exercise addiction: A case study. Addiction Research, 5, 161-168.

Young, K. S. (1996). Internet Addiction: Symptoms, Evaluation, and Treatment http://netaddiction.com/articles/symptoms.html.

Young, K. S. (1998). Internet addiction: The emergence of a new clinical disorder. CyberPsychology & Behavior, 1(3), 237-244. doi:10.1089/cpb.1998.1.237.

WHO, '게임중독' 질병 추가…국내 의료계 반응은?(쿠키뉴스 2017.12.29.) http://www.kukinews.com/news/article.html?no=512925.

제 10 장

청소년 가출

본 장은 청소년 가출의 개념 및 원인, 가출청소년에 대한 관점, 가출청소년 현황 및 주요 정책을 다루고 있다. 가출청소년에 대한 관점은 전통적으로 비행 청소년으로 바라보는 시각이 강했다. 그러나 청소년의 가출을 사회환경적 맥락에서 살펴보았을 때, 비행이 아닌 청소년 권리 및 인권적 측면에서 바라보아야 한다. 청소년 가출은 일탈이나 재미를 추구하기 위한 가출보다는 보호자의 학대나 폭력, 빈곤을 원인으로 한 탈출형 가출이 더 일반적이다. 가출청소년은 일반 청소년이 누리는 생존권, 보호권, 발달권, 참여권의 권리에 있어 매우 취약한 상태에 처해 있다.

따라서 본 장에서는 가출청소년을 권리 측면에서 바라보아야 하는 이유를 제시하고 있다. 또한 청소년 가출 현황 및 실태를 파악하고, 청소년이 가출한 후 어떤 생활을 하고 있는지, 청소년 가출의 주요 원인은 무엇인지를 설명하고 있다. 가출청소년의 특성을 파악한 후, 이들에 대한 정책 현황 및 주요 지원 기관을 소개하고 있다.

1. 청소년 가출의 개념 및 중요성

1) 가출청소년의 개념

청소년의 가출은 여러 가지 사회적, 환경적 맥락을 가지고 있기 때문에 가출청소년에 대한 정의는 학자나 기관, 국가에 따라 차이가 존재한다(김지연, 정소연, 2014). 먼저 여성가족부(2016)는 「2016년 청소년 매체이용 및 유해환경 실태조사」에서 가출청소년을 "부모 또는 보호자의 동의 없이 24시간 이상 집에 들어가지 않은 18세 미만의 청소년"으로 규정하고 있다. 이 정의는 Robert(1987)가 "부모나 보호자의 허락을 받지 않고 24시간 이상 집 밖에서 지내는 것"으로 정의한 관점과 연결된다(Robert, 1987; 정경은, 2008에서 재인용).

위의 정의는 전통적 방식의 정의로 비자발적으로 가출을 할 수밖에 없거나 집으로 돌아갈 수 없는 상황에 처한 청소년을 충분히 포괄하고 있지 못하다(정경은, 2008). 또한 이러한 정의는 청소년 가출을 개인의 선택으로 보기 때문에 문제의 원인이 청소년 개인에게 있거나 가출을 비행의 측면에서 이해하는 관점을 포함하는 것으로 볼 수 있다. 이러한 문제점을 해결하기 위해서는 가출이 발생하는 맥락적 상황을 고려해야 한다. 사회환경적 특성을 고려하여 가출청소년의 유형을 구분하고 정의하는 시도가 이루어지고 있으며, 이에 대한 사례는 다음의 〈표 10-1〉과 같다.

〈표 10-1〉 가출청소년의 유형별 정의

구 분	유형	정의
Homer(1973)	탈출형 가출 (running from)	학대, 폭력, 빈곤 등의 원인으로 생존을 위해 집을 나온 청소년
	추구형 가출 (running to)	가정 밖의 유희와 재미를 추구하며 가출한 청소년
이용교 외(2005)	노숙형	가족과의 연결이 끊어졌으며 거리생활에 익숙해져 보호시설을 이용하지 않는 청소년

구 분	유형	정의
	거부형	구속을 싫어해 보호시설을 이용하지 않는 청소년
	탐색형	자신의 능력과 의지를 신뢰하며 가정복귀가 어렵고 쉼터에 입소할 의향이 있는 청소년
	전환형	가정복귀와 가출을 반복하고 보호시설을 필요로 하지 않는 청소년
	안전형	가정해체 등으로 인해 가출을 한 후 보호시설의 돌봄을 받아 안정을 찾는 청소년
	치료형	정신질환, 약물 중독 등 전문적 치료가 필요한 청소년
김지혜 외(2006)	갈등가정 청소년	가정폭력, 학대, 방임, 가족해체 수준이 심각하지 않고 가족 갈등이 비교적 경미하여 가정복귀 가능성이 비교적 높은 청소년
	해체가정 청소년	가정폭력, 학대, 방임, 가족해체 수준이 심각하여 가족과 함께 생활하는 것이 안전하지 않고, 가정복귀가 불가능한 청소년

출처: 여성가족부(2010). 가족의 특성에 따른 가출 청소년 유형별 귀가지도, pp. 12~15의 내용을 재구성

위에서 제시한 가출청소년 유형들은 가출원인과 청소년의 욕구를 반영한 것으로 볼 수 있다. 이러한 유형 구분은 가출청소년을 지원하는 기관들이 서비스를 제공하는 데 영향을 줄 수 있다. 우리나라의 경우 가출청소년을 지원하는 대표적인 기관으로 청소년쉼터를 들 수 있다. 청소년쉼터는 일시, 단기, 중장기 쉼터로 구분된다. 일시청소년쉼터의 경우 가출청소년을 노숙청소년, 거리배회 및 가출반복 청소년으로 구분해 서비스를 제공하고 있으며, 단기청소년쉼터는 갈등가정 청소년과 해체가정 청소년으로 구분해 각 유형별로 서비스를 제공하고 있다(여성가족부, 2018). 중장기청소년쉼터는 "자립이 필요한 갈 곳 없는 청소년"을 서비스 대상으로 하고 있는데(여성가족부, 2018), 이는 탈출형 가출이나 버려진 청소년, 해체가정 청소년의 유형과 맥을 같이한다.

2) 청소년 가출에 대한 관점

(1) 비행 청소년으로서의 관점[1)]

청소년 가출에 대한 전통적인 관점은 “비행”으로서의 관점이 지배적이었다. 이 관점은 만 18세 미만의 청소년이 규칙이나 법을 위반했는지에 대한 사항으로 비행을 바라보는 것이다. 이 관점에 의하면 청소년 비행은 지위비행과 비지위비행으로 구분된다. 지위비행은 가출, 흡연, 음주, 무단결석과 같이 성인에게는 문제가 되진 않지만, 청소년의 경우 연령으로 인해 문제가 되는 행위를 의미한다(Brandt, 2006). 비지위비행은 연령과는 상관없이 모든 사람에게 문제가 되는 행위로 절도, 강도, 폭행 등 법 위반 행위를 의미한다(Moore & Arthur, 1998). 따라서 비행 청소년으로서의 관점에 의하면 청소년 가출은 지위비행에 속한다. 곧 청소년이 가출을 하는 것은 자신의 연령대에 맞지 않은 행위를 하는 것과 같은 의미이다.

또한 청소년 가출을 규칙이나 법을 위반하는 것과 연결 지을 수 있다. 우리나라 「소년법」에 의하면 “소년”이란 19세 미만인 자를 의미하며, 제4조(보호대상과 송치 및 통고) 1항에 의하면 “성격이나 환경에 비추어 앞으로 형벌 법령에 저촉되는 행위를 할 우려가 있는 10세 이상인 소년”으로 “집단으로 몰려다니며 사람들에게 불안감을 조성하거나 정당한 이유 없이 가출하는 것, 술을 마시고 소란을 피우거나 유해환경에 접하는 것”이 포함되어 있다. 소년법에서는 청소년 가출을 사람들에게 불안감을 조성하는 행위, 술을 마시거나 유해환경에 접하는 행위와 동급으로 바라보며, “앞으로 형벌 법률에 저촉되는 행위를 할 우려가 있는” 예비 법률위반자로 바라보는 것이다.

청소년 비행 관점에서는 청소년 가출을 청소년에게 기대하는 규범에서 일탈하는 행위로 규정한다. 이 관점에 의하면 가출청소년들은 그 사회에서 규정하는

---

1) 본 내용은 서보람(2013)의 박사학위논문인 「'가출팸' 경험 청소년의 비행에 영향을 미치는 위험요인과 보호요인 연구」의 '청소년 비행의 정의' 부분을 정리・보완한 것이다.

일반적인 규범에 순응하지 않고 자신의 연령에 맞지 않은 행위를 하는 청소년으로 규정되는 것이다. 그러나 청소년 가출을 비행 관점에서 바라보는 것은 여러 가지 한계를 가지게 된다. 이 관점은 청소년 가출을 개인적 결함으로 보게 만들며, 가출청소년을 미숙하고 미래에 범죄를 일으킬 가능성이 높은 사람으로 낙인찍을 수 있다. 청소년이 가출하는 주요 원인은 가정해체, 보호자의 폭력, 방임 등에 의해서이며, 가출청소년의 상당수는 생존형임을 고려할 때, 가출청소년에 대한 관점은 사회적 맥락이 포함되어야 하며, 청소년 인권 및 권리 측면에서 바라볼 필요가 있다.

(2) 청소년 권리 측면에서의 관점

청소년 가출에 대한 관점은 청소년 인권의 측면, 곧 청소년 권리 측면에서 바라볼 필요성이 있다. 그 이유는 가출청소년의 경우 청소년이 누려야 할 기본적 권리를 보장받고 있지 못하고 있으며, 청소년 권리의 사각지대에 놓여있기 때문이다.

청소년 권리 관점을 이해하기 위해서는 1989년에는 유엔총회에서 채택된 '아동의 권리에 관한 국제협약(Convention on the Rights of the Child)'을 살펴보아야 한다. 본 협약은 유엔에서 채택된 이후 아동권리 발달에 있어 지대한 영향을 미치고 있다. 2006년 현재 192개국에서 본 협약을 비준해 이행 사항을 주기적으로 보고하고 있다(유엔아동권리협약 한국NPO 연대, 2007). 우리나라는 1991년 본 협약을 비준하였고, 유엔아동권리위원회에 5년마다 이행 보고서를 제출하면서 아동·청소년 권리를 발전시키고 있다(김영지, 김희진, 2015). 아동권리협약에서 제시된 아동·청소년의 기본권은 생존권, 보호권, 발달권, 참여권으로 총 4가지가 있으며 각 권리에 대한 구체적인 내용은 〈표 10-2〉와 같다.

〈표 10-2〉 '아동의 권리에 대한 국제협약'에 제시된 기본 권리

구 분	내 용
생존권	"적절한 생활수준을 누릴 권리, 안전한 주거지에서 살아갈 권리, 충분한 영양을 섭취하고 기본적인 보건서비스를 받을 권리 등, 기본적인 삶을 누리는 데 필요한 권리"
보호권	"모든 형태의 학대와 방임, 차별, 폭력, 고문, 징집, 부당한 형사처벌, 과도한 노동, 약물과 성폭력 등 어린이에게 유해한 것으로부터 보호받을 권리"
발달권	"잠재능력을 최대한 발휘하는 데 필요한 권리. 교육받을 권리, 여가를 즐길 권리, 문화생활을 하고 정보를 얻을 권리, 생각과 양심과 종교의 자유를 누릴 수 있는 권리 등"
참여권	"자신의 생활에 영향을 주는 일에 대해 의견을 말하고 존중받을 권리. 표현의 자유, 양심과 종교의 자유, 평화로운 방법으로 모임을 자유롭게 열 수 있는 권리, 사생활을 보호받을 권리, 유익한 정보를 얻을 권리 등"

출처: 유니세프 한국위원회(2018). http://www.unicef.or.kr/education/outline_01.asp

아동권리협약상에 나타난 기본권에 입각해 가출청소년이 누리고 있는 권리를 살펴보면 다음과 같다.

첫째, 가출청소년은 생존권과 관련해 매우 취약한 상태에 위치해 있다. 가출청소년의 상당수는 생활비 부족으로 끼니를 거르는 등 영양 불균형 상태에 빠지게 되며 노숙을 하거나 모텔, 찜질방, 쪽방 등에서 생활하는 경우가 많다(여성가족부, 2012). 이는 가출청소년이 충분한 영양을 섭취하고 안전한 주거지에서 살아갈 권리에 있어 열악한 상태에 있음을 보여주는 것이다. 청소년들은 가출 후 여러 가지 질병에 노출된다. 이들은 감기, 두통과 같은 생활 질병에서부터 피부질환, 비뇨기 및 산부인과 관련 질환, 우울증, 자살과 같은 정신과적 증상을 경험하고 있다(아름다운 재단, 의정부시일시청소년쉼터, 2017). 그러나 가출청소년들이 이용할 수 있는 의료기관이 거의 없으며, 청소년쉼터 등의 지원을 받아야만 병원에 접근할 수 있다. 학교에 다니는 일반청소년들의 경우 주기적으로 학생건강검진이나 청소년건강행태온라인조사에 참여해 각자의 건강 수준을

파악할 수 있는 공적 제도에 포함되어 있지만, 가출청소년은 이러한 제도 밖에 속해 있다. 곧 가출청소년은 건강권을 거의 보장받고 있지 못하다.

둘째, 가출청소년의 대부분은 보호자로부터의 학대와 방임을 경험하고 있으며 유해한 환경으로부터 보호받지 못하는 경우가 많아 보호권 또한 취약한 상황이다. 가출청소년은 부모로부터 심한 학대를 당하거나 가족 간의 갈등이 심해 가정으로부터 탈출하게 된다. 또한 가족해체 수준이 높아 가출을 해도 더 이상 돌아갈 가정이 없거나, 가정복귀 의사가 있어도 부모가 거부해 가정복귀를 하지 못하는 경우도 많다(여성가족부, 2011). 안전한 보호를 받지 못하는 가출청소년들은 생존을 위해 유흥업소 취업, 성매매 등 유해 환경에 노출된다. 가출청소년은 아동권리협약상 보호권에 있어서도 상당히 취약한 수준에 처해 있다.

셋째, 가출청소년은 교육, 여가생활, 잠재능력의 발휘 등 발달권에 있어서도 매우 낮은 수준에 위치해 있다. 가출청소년 5명 중 2명은 학업중단 상태인데 이는 교육권을 제대로 보장받고 있지 못함을 의미하는 것이다(김지연 외, 2014). 가출청소년은 자신의 생존을 위해 노동을 해야 한다. 이들은 열악한 노동환경으로 인해 여가생활이나, 자신의 미래 직업을 탐색하고 개발하는 과정을 거치기 힘든 실정이다.

넷째, 가출청소년은 청소년이 누려야 할 참여권에 있어서도 사각지대에 놓여 있는 상황이다. 참여권은 청소년의 자기결정권과 관련된 권리로 청소년이 자신의 삶을 계획하고 주도하는 데 필수적인 권리이다(김윤나, 2010). 아동권리협약에서 참여권은 자신과 관련된 생활환경이나 정책에 대해 의견을 말하고, 사생활을 보호받고, 유익한 정보를 취할 수 있는 권리로 설명하고 있다. 우리나라의 청소년 참여 시스템은 청소년 특별회의, 청소년 참여위원회, 청소년 운영위원회 등으로 구축되어 있다(조금주, 2017). 이러한 시스템에 참여하기 위해서는 청소년수련관, 청소년상담복지센터 등을 이용해야 한다. 이러한 시스템 이외의 청소년 참여활동은 학급회의나 자유학기제, 동아리 활동처럼 학교현장에서 이루어지는 것들이다. 그러나 대부분의 가출청소년은 청소년쉼터를 제외한 청소년 관련 기관에 접근하는 것이 어려우며, 자신에게 필요한 정보를 취하는 것도 이들 기관을 이용하거나 스스로 찾아야 한다. 또한 가출청소년의 상당수가 학교 밖 청소년이다. 가출청소년들은 지금 당장의 생존 문제를 해결하는 것이 급선무이며 미래의 삶을 계획하기 위한 기회와 시간을 충분히 가질 수 없는 상황이다.

가출청소년은 일반청소년에 비해 청소년 권리의 사각지대에 놓여 있으며, 청소년 권리를 보장하는 측면에서 가출청소년을 안전하게 보호하는 것이 필요하다. 가출청소년은 사회적 약자로서 인간의 기본권적 측면인 생존권, 교육권, 보호권, 참여권을 제대로 보장받고 있지 못하다.

가출기간이 길어질수록 가출청소년이 처한 위기 상황은 악화되므로 이들에 대한 즉각적인 보호가 필요하다. 가출생활이 장기화될수록 청소년이 경험하는 우울, 불안 수준은 높아지며 의료기관 접근성이 떨어지므로 가출청소년의 신체적, 정신적 건강은 악화될 수밖에 없다. 또한 가출청소년은 안정적인 직업을 가지기 힘들며 생계를 유지하기 위해 범죄와 연결될 가능성이 높다. 청소년 가출의 장기화를 방지하고, 인간으로서의 존엄한 삶을 살 수 있도록 가출청소년에 대한 보호가 필요하다.

2. 청소년 가출의 실태

1) 가출청소년 현황

가출청소년에 대한 정확한 수치는 파악하기 어렵다. 청소년쉼터를 이용하는 가출청소년은 전체 가출청소년의 일부에 해당하며 대부분의 가출청소년은 사회적 보호망 밖에 있는 경우가 많기 때문에 가출청소년에 대한 정확한 현황 파악은 쉽지 않다. 일반적으로 가출청소년 현황은 경찰청에 신고된 가출인 건수로 파악하고 있다. 「실종아동 등의 보호 및 지원에 관한 법률」 제6조 1항에 의하면 "아동청소년 관련 직무를 수행하면서 실종아동을 발견했을 때 경찰신고체계에 따라 지체 없이 신고를 해야 한다"고 규정하고 있다. 여기서 실종아동은 실종 당시 18세 미만에 해당되며, "약취(略取)·유인(誘引) 또는 유기(遺棄)되거나 사고를 당하거나 가출하거나 길을 잃는 등의 사유로 인하여 보호자로부터 이탈(離脫)된 아동"이다[동 법률 제2조(정의) 제4호]. 보호자는 실종아동이 발생한 경우 지체 없이 신고해야 한다. 이 법률에 의거해 경찰청에 신고된 실종아동은 2011년 28,099명에서 점차 감소해 2017년 19,956명으로 2014년 이후 약 2만 명 정도 신고되고 있다. 그러나 이 통계는 가출뿐만 아니라 약취, 유인, 사고, 길을 잃는 등의 문제로 보호자와 분리된 아동을 포함하기 때문에 가출청소년의 현황을 파악하는 데는 많은 어려움을 가지고 있다.

〈표 10-3〉 경찰청에 신고된 실종아동수

2011	2012	2013	2014	2015	2016	2017	2018	2019
28,099	27,295	23,089	21,591	19,428	19,870	19,956	21,980	21,551

출처: e-나라지표(2019). 경찰청 신고 실종아동수, http://www.index.go.kr

실종아동 신고 이외의 자료로 여성가족부에서 조사하고 있는 청소년 유해환경 및 매체이용 실태조사를 들 수 있다. 이 조사에는 청소년 가출 경험률이 포함되어 있다. 「청소년 유해환경 접촉 종합실태조사」는 청소년을 일반청소년과 위기청소년으로 구분해 가출 경험률을 조사하였다. 생애 가출 경험률은 위기청소년이 일반청소년보다 압도적으로 가출 경험률이 높은데, 2014년에 일반청소년의 생애 가출 경험률은 11%인 반면, 위기청소년은 69.3%로 약 6.3배 높은 것으로 분석되었다.

〈표 10-4〉 청소년의 생애 가출 경험률

구분	2008년	2010년	2012년	2014년
일반청소년	12.8	13.7	12.2	11
위기청소년	73.8	73	72.8	69.3

출처: e-나라지표(2018). 청소년 생애 가출 경험률, http://www.index.go.kr.

* e-나라지표에서 제시된 수치는「청소년 유해환경 접촉 종합실태조사」의 각 연도별 가출경험률을 취합한 것임. 여기서 가출경험률은 과거부터 조사시점까지 가출 경험이 있는 경우를 의미함.
* 일반청소년: 초 4~6학년, 중 1~3학년, 고 1~3학년을 확률표집방식으로 표본추출
* 위기청소년: 가출, 범죄, 비행청소년을 대상으로 유의표집함.

2016년에는 「청소년 유해환경 접촉 종합실태조사」와 「청소년 매체이용 실태조사」를 통합하여 「청소년 매체이용 및 유해환경 실태조사」를 실시하였다(여성가족부, 2016). 이 조사는 최근 1년간 가출 경험률을 조사하고 있기 때문에 2014년까지의 가출 경험률보다는 낮은 경험률을 보이고 있다. 2016년 초등학교 4학년부터 고등학교 3학년 연령까지 지난 1년간 가출 경험률은 2.7%이다. 2016년 본 학년 연령대의 청소년 인구수를 480만 명으로 산정했을 때, 지난 1년간 가출을 경험한 청소년은 129,600명으로 추산된다. 이 수치는 경찰청에 신고된 실종아동수보다 약 6.5배 이상이다. 학교급별 지난 1년간 가출 경험률을 살펴보면 중학교가 3.6%로 가장 높았으며 고등학교 2.8%, 초등학교 1.6% 순이었다. 여기서 주목할 점은 중학생 연령 청소년뿐만 아니라 초등학교 4~6학년 청소년의 가출 경험률도 상당히 높다는 점이다. 2016년 초등학교 4~6학년 청소년 인구수를 136만 명으로 할 때, 본 연령대의 가출 경험 청소년은 21,760명으로 계산된다. 가출청소년의 문제로 저연령화, 가출 기간의 장기화가 대두되고 있는 실정이다.

그 다음으로 살펴볼 것은, 가출횟수이다. 2016년 가출횟수가 1회인 청소년 비율은 1.6%였으며 5회 이상 반복가출을 경험한 청소년은 0.3%였다. 2016년 청소년 인구수 대비 5회 이상 반복가출을 경험한 청소년은 14,400명으로 계산된다.

〈표 10-5〉 지난 1년간 가출 경험률 및 가출 횟수

구분		가출 경험률	가출횟수			
			1회	2회	3~5회	5회 이상
2016년		2.7	1.6	0.6	0.3	0.3
성별	남자	3.3	1.9	0.4	0.4	0.3
	여자	2.1	1.2	0.4	0.3	0.2
학교급	초등학교	1.6	1.0	0.6	0.2	0
	중학교	3.6	2.0	0.6	0.6	0.4
	고등학교	2.8	1.7	0.6	0.2	0.3

출처: 여성가족부(2016). 2016년 청소년 매체이용 및 유해환경 실태조사, p. 125
* 2016년 조사대상은 초4~고3임.

2) 청소년의 가출 후 생활 경험

(1) 의식주 관련 생활 경험

가출청소년은 거리생활을 하면서 의식주와 관련해 열악한 상황에 처하게 된다. 가출청소년들은 집에서 가져온 돈이나 모아놓은 돈으로 생활을 하지만, 생활비가 떨어지게 되면 매우 취약한 상황에 처하게 된다. 이들은 주로 길거리에서 노숙을 하거나(9.6%), 모텔(24.1%), 친구의 원룸(23.5%), 고시원(11.6%)에서 생활하였다(여성가족부, 2012).

가출청소년들은 노숙생활로 씻지 못하거나 배가 고파도 식사를 하지 못하는 경험을 하며(이민수, 2013), 이러한 생활의 어려움으로 구걸을 하거나 절도를 하는 등 범죄에 가담하게 된다(이수림, 송미경, 김은영, 손현동, 2011). 가출청소년 중 일부는 며칠 동안 식사를 하지 못하거나 일주일 이상 씻거나 세탁을 하지 못하는 경우도 있다.

가출청소년들에게 가출 생활을 하면서 가장 어려운 때를 질문한 결과, '잠잘 곳이 없을 때(30.2%)', '생활비가 없을 때(24.7%), '먹고 싶은 것을 먹지 못할

때(21.1%)', '아르바이트를 구하기 어려울 때(8.9%)', '외롭거나 불안할 때(7.4%)'로 응답하였다(남미애 외, 2010). 곧 가출청소년은 의식주 문제에 직면하게 되며, 이는 생존권 문제와도 연결된다.

(2) 가출팸 경험[2)]

생존 문제를 해결하기 위해 가출청소년들은 가출팸을 형성하기도 한다. 가출팸은 '가출'과 'family'의 약자인 'fam'의 합성어로, "청소년이 가출을 하기 전이나 후에 가출 관련 카페나 실시간 채팅, 그리고 가출청소년이 밀집한 지역에서의 만남을 통해 가족(팸)을 구성한 후 원룸, 모텔 등과 같은 주거 시설에서 생활하는 것"을 의미한다(여성가족부, 2012). 가출청소년들은 원가족에서 탈출한 후 이를 대체하기 위해 가출팸을 구성하는 것으로 볼 수 있다.

가출팸은 가출청소년들에게 실제 가족으로 기능하지 않는다. 가출청소년들이 원가족의 대안으로 가출팸을 형성해 생활하지만, 가출팸은 가족이라는 느낌보다 청소년들끼리 현실적인 필요에 의해 살아가는 임시적 집단으로 볼 수 있다. 현대 가족의 기능을 크게 세 가지로 나누어 살펴보면 애정의 기능, 경제적 기능, 사회화 기능 및 사회적 역할 부여의 기능을 가진다(손병덕 · 황혜원 · 전미애, 2008). 그러나 가출팸은 이러한 가족의 기능을 충족시키지 못한다. 가출청소년들은 혼자서 생활하면 외롭고(49.7%) 친구를 사귈 수 있어서(8.6%) 가출팸을 형성하는 것으로 나타났다(한국청소년쉼터협의회, 2011). 그러나 가출청소년들은 잠깐 동안의 필요에 의해 가출팸과 함께 살아가며, 소속 구성원들이 자주 바뀌고 쉽게 갈등 상황에 놓여 '가출팸'이 해체되고 다시 형성되는 과정이 반복된다(여성가족부, 2012).

가출팸에 소속된 청소년들은 생활비를 마련하고 어떻게 쓸지에 대해 규칙을 만들기도 하지만(여성가족부, 2012), 절도나 성매매 참여를 강요받아 생계비를

2) 본 내용은 서보람(2013)의 박사학위논문인 「'가출팸' 경험 청소년의 비행에 영향을 미치는 위험요인과 보호요인 연구」의 '청소년 가출과 가출팸' 부분을 수정 · 보완한 것이다.

마련하는 경우가 많다(여성가족부, 2012). 가출팸에서의 경제 활동은 절도와 같은 범죄나 비행 행위를 통해 이루어지는 경우가 많다.

가족의 사회화 기능 및 사회적 역할 부여의 기능은 사회의 가치관, 사고방식을 학습하고 사회에서 성숙한 성인으로 살아갈 수 있는 기반을 형성해 주는 것을 의미한다(손병덕 외, 2008). 가출청소년이 가출팸을 구성할 때 이들은 아빠, 엄마, 누나, 형 등 가족 역할을 배분하는 경우가 있다(여성가족부, 2012). 그러나 가출청소년의 가출팸 유지는 짧게는 며칠, 길게는 몇 달인 경우가 많으며 대부분의 가출팸은 한 달 이상을 지속하기 어렵다(여성가족부, 2012). 가출팸 경험 청소년들이 한 달 미만의 짧은 기간 동안 사회적 가치를 습득하는 것은 거의 불가능하다. 가출팸의 짧은 지속 기간은 이러한 형태의 집단이 안정적이지 못하다는 것을 보여주는 것이다. 가출청소년은 가족으로부터 탈출했지만 그들이 형성하는 가출팸은 원가족의 대안이 될 수 없다.

(3) 아르바이트 경험

가출청소년들은 생활비를 마련하기 위해 아르바이트를 한다. PC방, 택배, 편의점, 주유소, 식당, 공장, 배달 등 기술과 학력이 필요하지 않은 일자리에서 아르바이트를 하는 경우가 많다(박재영, 유동철, 2016). 그러나 이러한 일자리는 안정적이지 않고 지속성이 낮으며 사고나 부상이 발생할 수 있는 위험한 일자리이다. 또한 임금 수준도 낮아 하루하루를 살아갈 수 있는 최소한의 소득에 불과하다(박재영 외, 2016).

가출청소년들은 아르바이트를 하는 과정에서 보수를 제대로 받지 못하거나 업주나 고객에게 욕설이나 폭행을 당하는 경험을 하기도 한다(남미애 외, 2010). 여자 가출청소년의 경우 물리적 힘이 약하고 성적 불평등한 관계에 놓여 있어 성희롱이나 성추행의 위험에 노출될 가능성이 높다(황진구, 유민상, 정유진, 2018). 가출청소년들은 취업 시 필요한 서류나 최저임금, 주휴수당, 가산수당,

4대 보험 가입, 부당해고 관련 법적 보호나 노동청 진정 및 신고, 부당서약서 작성과 같은 정보가 부족하다(황진구 외, 2018). 따라서 아르바이트 현장에서 발생하는 임금체불, 부당노동 행위를 방지하거나 해결하기 힘들다.

가출청소년 중 일부는 아르바이트를 하고 싶어도 상황적 문제로 하지 못하는 경우도 있다. 다른 가출청소년들에게 명의를 대여해 신용불량 문제가 발생하거나 학업중단에 의한 학력부족으로 원하는 일을 하지 못하는 경우도 있다(박재영 외, 2016). 미성년 가출청소년의 경우 부모 동의 없이 최소한의 소득활동을 할 수 없다.

가출청소년은 이러한 노동환경이 지속되면서 미래에 대한 직업적 희망을 갖거나 더 나은 일자리를 갖기 위해 검정고시를 준비하거나 직업훈련에 참여하는 것이 어렵다. 가출청소년들은 일하는 것이 급급해 열악한 일자리를 전전하며 생활을 하며 생활비 중 일부를 저축을 하는 경우도 드물었다(의정부시청소년쉼터, 2017). 가출청소년들은 지금보다 더 나은 직업을 갖기를 희망하지만 현실적인 여건상 현재보다 좋은 직업을 갖기 힘든 구조이다.

(4) 건강 관련 경험

가출청소년은 거리생활에 장기간 노출되면서 건강 또한 취약해진다. 가출청소년들은 하루 세 끼 중 두 끼 이상 식사를 못하는 경험이 있으며(30%), 식사를 인스턴트나 과자로 해결하는 경우(36%), 샤워나 옷 세탁을 하지 못하는 경우(12~14%)도 있다(아름다운재단 외, 2017). 가출청소년의 절반 정도는 현재 흡연을 하고 있으며, 절반 정도는 일주일에 2번 이상 음주를 하고 있는 것으로 보고되고 있다(아름다운재단 외, 2017). 피임을 하는 경우는 36% 정도이며 10명 중 1명은 임신을 경험하는 것으로 나타났다(아름다운 재단 외, 2017).

이러한 건강생활행태를 볼 때, 가출청소년은 가출생활이 길어질수록 여러 가지 질병에 노출될 가능성이 높음을 알 수 있다. 청소년쉼터 거주 가출청소년들의 약 절반 이상이 질병을 앓고 있는 것으로 보고되고 있으며(백혜정, 임희진, 2014), 감기(40%), 복통(42%), 잇몸에 염증이나 치통이 있음(16%), 소변볼 때 통증이나 고름 발생 등의 비뇨기 증상(12%), 여자 청소년의 경우 질염(40%), 골반염(33.3%) 등의 산부인과 증상을 경험한다(아름다운 재단 외, 2017). 혼숙, 성매매 등으로 인해 성병에 걸리거나 임신을 하는 경우도 발생한다(남미애 외, 2010). 가출청소년들은 신체적 건강뿐만 아니라 정신적 건강 또한 취약한 상태인데, 우울, 불안 증상을 경험하거나 2명 중 1명은 자살생각을 하거나 4명 중 1명은 자살시도를 경험하는 것으로 보고되고 있다(남미애 외, 2010). 이러한 결과는 가출청소년의 정신건강이 매우 심각한 수준임을 보여주는 것이다.

가출청소년들은 질병이 생기더라도 병원에 방문해서 치료하는 경우는 10명 중 3명꼴인데, 병원에 가지 않는 이유는 경제적으로 어렵기 때문이거나(54%), 자신이 가진 질병 증상이 위험하지 않다고 느끼기 때문(18.6%)이었다(백혜정 외, 2014). 높은 치료비용 부담과 질병치료에 대한 소홀함으로 가출청소년은 건강관리에 있어 매우 취약한 상태에 있음을 알 수 있다(아름다운재단 외, 2017).

(5) 비행 · 범죄 관련 경험[3)]

가출청소년들은 가출 후 폭행, 절도 등의 범죄에 노출될 가능성이 높다. 가출청소년들은 가출 후 폭행에 가담하거나(47.3%), 돈을 뺏거나(49.9%), 절도(48.7%), 성매매(5.4%)를 경험하는 것으로 보고되고 있다(남미애 외, 2010). 또한 성인 유흥업소에 출입하거나(15.4%), 이성과 성관계(24.8%), 약물복용(10.1%), 음란매체 접근(42.3%)을 경험하기도 한다(남미애 외, 2010). 가출청소년의 비행, 범죄 관련 경험은 가출팸을 구성하는 것과도 연결될 수 있다.

여성가족부(2012)는 가출청소년의 비행, 범죄 경험에 대해 가출팸과 생활하

3) 본 내용은 서보람(2013)의 박사학위논문인 「'가출팸' 경험 청소년의 비행에 영향을 미치는 위험요인과 보호요인 연구」의 '가출팸 경험 청소년의 비행' 부분을 수정 · 보완한 것이다.

기 전과 생활하는 도중의 수준을 비교했다. 가출청소년들은 가출팸과 생활하기 전보다 가출팸과 함께 생활할 때에 비행, 범죄 수준이 높아지는 것으로 나타났다. 비행 유형 간 집단 차이를 살펴보면 유흥업소 출입, 음주 빈도, 성비행 등이 가출팸과 함께 생활하면서 빈도가 증가했다. 빈집 털이, 자동차 털이, 폭행, 남의 돈이나 물건을 빼앗는 행위, 사이버 절도, 성매매 등도 가출팸과 함께 생활하면서 증가하는 것으로 나타났다. 특히 여자 청소년의 경우 돈이 없고 갈 곳이 없다는 점을 악용해 성폭력이나 성매매에 이용당하는 심각한 위험에 노출될 가능성이 높다(변혜정, 김효정, 이진영, 2012). 2015년 서울시에서 실시한 「가출청소녀 실태조사」에 의하면 여자 청소년이 성매매를 하는 이유는 돈이 없어서(66.7%), 잘 곳이 없어서(46.2%), 배가 고파서(28.2%)로 나타났다(뉴시스, 2018. 09. 12.).

이러한 결과는 가출청소년이 가출팸을 형성해 생활하는 도중 다른 구성원으로부터 비행을 배우는 것과 무관하지 않다. 여성가족부(2012)의 연구에 의하면, 가출청소년이 가출팸을 형성하면서 다른 구성원에게 비행 행위를 학습하는 비율이 47.7%인데 가출팸 경험 청소년 2명 중 1명은 비행을 학습하는 것으로 볼 수 있다. 또한 가출팸 경험 청소년들이 향후 가출팸 생활을 지속하지 않을 것이라는 비율이 63.8%였는데, 지속하지 않는 이유로는 함께 비행이나 범죄를 저지르기 때문이 20.4%, 성폭력, 신체적 폭행 등의 피해를 당하기 때문이 5.4%로 그 위험 수준이 매우 높은 것을 알 수 있었다(여성가족부, 2012).

가출청소년들은 거리 생활을 하면서 발생할 수 있는 위험과 외로움을 해소하기 위해 가출팸을 형성하는 것으로 볼 수 있다. 그러나 가출팸 생활은 매우 불안정하므로, 가출청소년이 생활비 마련을 위해 아르바이트를 하기보다는 또래 구성원과 함께 쉽게 돈을 벌 수 있는 비행에 가담할 가능성이 높다. 가출청소년들은 가출팸 내부 구성원 간의 갈등이나 압력을 해소하는 방식으로 폭력이나 음주 같은 위험 행동을 선택함으로써 일반 가출청소년보다 비행이나 범죄에 가담할 가능성이 높다.

3. 청소년 가출의 원인[4)]

청소년 가출은 다양한 원인을 가진 복잡한 현상이다(Loring, 1988). 청소년들은 가족, 학교, 또래 관계 등 자신을 둘러싼 환경에서 발생되는 문제를 해결하기 위한 방법으로 가출을 선택한다(백혜정, 방은령, 2009). 일반적으로 청소년의 가출 원인은 가족요인, 학교요인, 친구요인, 개인요인으로 나눌 수 있다(배주미, 이은경, 허지은, 2009).

1) 가족 원인

청소년 가출에 가장 큰 영향을 주는 요인은 바로 가족요인이다. 가족요인은 부모의 자녀 학대와 방임, 가정 해체, 가족의 낮은 사회 경제적 상태 등이 해당된다(Thompson, Bender, & Kim, 2011). 특히 자녀에 대한 부모의 신체적, 정서적 학대는 청소년 가출의 직접적 원인으로 보고되고 있다(Safyer, Thompson, Maccio, Zittel-Palamara, & Forehand, 2004). 부모의 자녀 학대와 통제적 양육태도는 자녀의 가출충동을 높이는 요인으로 작용하고 있다(정혜경, 안옥희, 2001). 부모의 양육태도, 부모의 자녀 학대 및 거부적 양육태도가 청소년의 가출 가능성을 높인다(배문조, 전귀연, 2002). 부모와의 의사소통이 낮고 가족 응집력과 적응력이 낮을수록 부모의 소득정도가 낮은 집단에서 가출할 확률이 높은 것으로 보고되고 있다(현은민, 2000). 부모의 이혼, 별거, 재혼 등과 같은 가정의 구조적, 기능적 결손은 청소년 가출에 많은 영향을 주고 있다(남미애 외, 2010; Rew et al., 2001). 『2010년 청소년쉼터 실태조사』에 의하면, 청소년쉼터 이용청소년 중 친부모와 함께 사는 청소년은 20.4%에 불과했으며 편부모와 함께 사는 비율이 34.5%로 가장 높았고 재혼 가정이 15.9%, 친척 및 형제와 함께 사는

4) 본 내용은 서보람(2013)의 박사학위논문인 「'가출팸' 경험 청소년의 비행에 영향을 미치는 위험요인과 보호요인 연구」의 '청소년 가출과 가출팸' 부분을 정리·보완한 것이다.

경우가 13.8%, 위탁부모와 함께 사는 경우가 5.6%였다(남미애 외, 2010). 여성가족부(2016)의 조사에서도 가출의 주된 원인은 가족과의 갈등이 74.8%로 가장 높았다.

가정의 경제적 지위는 청소년 가출에 영향을 주고 있는 것으로 분석되고 있는데, 이는 가출에 직접적인 원인이기보다 가족 내 구성원 간의 갈등이나 가정불화의 위험성을 높여 청소년 가출에 원인을 제공하기 때문인 것으로 추측할 수 있다.

열악한 가족환경은 탈출형 가출 청소년을 발생시킨다(Loring, 1988; Safyer et al., 2004). 로링(Loring, 1988)은 부모의 이혼 및 별거, 부모의 불화, 경제적 문제로 인한 스트레스, 알코올 중독 부모, 근친상간, 부모의 폭력이나 방임과 같은 파괴적 가족 상황으로 인해 탈출형 가출청소년이 발생된다고 보았다. 그는 청소년들은 이러한 파괴적 상황으로부터 탈출하기 위해 가출을 결정하며 이는 합리적 결정이라고 보았다(Loring, 1988). 그는 탈출형 가출청소년의 하위 형태 중 부모가 자녀를 학대하거나 방임하여, 자녀를 집 밖으로 쫓아내는 포기 형태(Abandoned mode)도 언급하였다(Loring, 1988). 예를 들어 이혼한 부모 둘 다 자녀를 키우는 것을 희망하지 않을 때 자녀는 희생양이 되어 집으로부터 추방당한다(Loring, 1988). 가정의 재정적 어려움은 부모가 아동을 쫓아내는데 주요 원인이 되기도 한다(Loring, 1988).

2) 학교 원인

청소년 가출에 있어 학교 요인은 가족 요인만큼은 아니지만 청소년 가출에 영향을 미치는 주요 요인 중의 하나이다(여성가족부, 2011). 학교에서 경험하는 스트레스, 학교의 부정적인 분위기는 가출충동에 영향을 미친다(정혜경, 안옥희, 2001). 학업 스트레스, 낮은 학업성적, 학교 부적응, 학교에서의 징계 경험, 교사와의 관계에서의 갈등은 청소년 가출에 영향을 주고 있다(이현지, 2005;

배문조 외, 2002). 여성가족부(2016)에 의하면 청소년 가출 원인으로 공부에 대한 부담감을 선택한 청소년은 6.1%였으며, 학교에 다니기 싫어서는 4.7%였다. 학교 원인은 가족 원인에 비해 비율이 상대적으로 낮지만 가족요인과 함께 상호작용을 하는 주요 요인으로 볼 수 있다.

3) 또래 원인

또래 요인은 청소년 가출에 영향을 미치는 요인 중 하나이다. 여성가족부(2011)의 조사에서, 청소년이 가출한 이유 중 친구의 권유로 인해 가출한 비율이 8.5%였고, 친구와 함께 지내기 위해 가출했다고 응답한 비율은 11.5%, 친구와 놀기 위해서라고 응답한 비율은 19.6%로 청소년 가출에 있어 친구의 영향력이 높은 것을 알 수 있다. 이는 가출에 있어 친구의 영향력을 보여주고 있는 것이며, 청소년 가출에 있어 또래의 영향력은 가출 후 비행으로 연결된다(배문조 외, 2002).

4) 개인 원인

개인 요인은 청소년 가출 원인 중 하나이다. 청소년의 우울, 불안, 충동성, 부정적 자아 개념, 낮은 자기효능감 등과 같은 정서적 문제는 청소년 가출에 영향을 미친다(현은민, 2000; 배문조, 전귀연, 2002; 김향초, 2009). 현은민(2000)의 연구에서 가출점수가 높은 집단은 정서적 스트레스가 높고, 자기 통제 의지와 자존감이 낮게 나타났다. 김향초(2009)는 가출청소년이 자아존중감이 낮고, 가정과 학교에서의 좌절로 인해 사회 규범에 대한 습득 수준이 낮으며, 직업에 대한 열망이 부족하고, 충동적이며 통제력이 약한 것으로 보고하였다. 그러나 가출 원인을 개인에게서 찾으려 하는 시도는 가출의 일차적인 책임을 청소년에게 부과하는 것이다(한상철, 김혜원, 설인자, 임영식, 조아미, 2012). 이는 가출 원인을 성격이나 정신병리적 특성, 자아나 인지적 측면, 생리적 측면에서 찾는 것과 같다.

지금까지 청소년이 가출하는 원인을 네 가지 영역으로 구분해 설명하였다. 청소년이 가출하는 것은 특정한 한 가지 요인에 의해서라기보다는 네 가지 요인들이 서로 상호작용하는 것으로 볼 수 있다. 그러나 이 네 가지 요인 중 청소년 가출을 일으키는 가장 큰 원인은 가족요인이다. 『2010년 청소년쉼터 실태조사』에 의하면 쉼터 이용 가출청소년 중 가출 이유 1순위를 가족 원인으로 응답한 청소년은 66.4%였다(남미애 외, 2010). 이 중 부모 간의 불화가 21.3%, 부모의 폭행은 13.0%, 부모의 지나친 간섭 10.3%, 부모와의 의견차이로 인한 갈등은 7.9%이었다(남미애 외, 2010). 또한 가출청소년의 가족유형은 친부모와 함께 사는 경우가 24.2%로, 가출청소년의 78.5%는 친부모 이외의 가정 형태를 가지고 있었다(여성가족부, 2011). 일반 청소년의 경우 친부모 가정 비율은 84.4%이며 한부모 가정의 비율은 12.4%인 것과 비교했을 때(여성가족부, 2011), 가출청소년의 가족 환경이 매우 열악함을 알 수 있다.

〈표 10-6〉 가출 원인

구분		가출에 대한 호기심	가족과의 갈등	어려운 가정형편	학교 다니기 싫어서	공부에 대한 부담감	친구나 선후배에 대한 부담감	자유롭게 살고 싶어서	사회경험을 쌓고 싶어서	기타
2016년		1.8	74.8	1.2	4.7	6.1	1.2	8.0	0.3	1.9
성별	남자	1.8	73.0	1.8	4.8	6.1	1.9	7.1	0.5	3.0
	여자	1.8	78.0	0	4.4	6.2	0	9.7	0	0
학교급	초등학교	3.4	69.5	1.7	3.2	9.6	2.7	6.5	0.3	3.1
	중학교	1.3	73.8	2.0	5.3	5.6	0.7	8.4	0	2.6
	고등학교	1.6	81.4	0	4.5	5.0	1.1	8.3	0.7	0.5

출처: 여성가족부(2016). 2016년 청소년 매체이용 및 유해환경 실태조사, p. 126
* 2016년 조사대상은 초4~고3임.

4. 청소년 가출에 대한 정책 현황

1) 가출청소년 관련 정책

(1) 청소년 가출 예방 및 보호 · 지원

우리나라는 가출청소년에 대한 독립적인 법률은 아직까지 제정되지 않고 있는 상태이다. 가출청소년 보호를 위한 대표적인 법은 「청소년복지지원법」이다. 동법 제16조에는 "청소년 가출 예방 및 보호 · 지원"에 대한 조항이 있는데 주요 내용은 다음과 같다.

- 여성가족부장관 또는 지방자치단체의 장은 청소년 가출을 예방하고 가출청소년의 가정 및 사회복귀를 돕기 위해 상담, 청소년쉼터의 설치 · 운영, 청소년쉼터 퇴소 청소년에 대한 사후지원 등 필요한 지원을 해야 함.
- 보호자는 청소년 가출을 예방하기 위해 노력해야 하며, 가출청소년의 가정 · 사회복귀를 위한 국가 및 지방자치단체 등의 노력에 적극 협조해야 함.
- 여성가족부장관 또는 지방자치단체의 장은 청소년가출예방 및 보호 · 지원에 관한 업무를 「청소년기본법」상에 의거된 청소년단체에 위탁할 수 있음.

위의 법조항은 주로 청소년쉼터 설치 · 운영 및 보호자의 역할을 규정한 것이며, 가출청소년이 처한 환경이나 특성, 구체적인 지원 방안에 대한 내용은 포함되어 있지 않다. 또한 보호자 조항의 경우 가출 예방을 위해 노력하고, 가출청소년의 가정 · 사회복귀를 위해 국가와 지방자치단체에 협조해야 한다고 규정하고 있지만, 구체적인 협조 내용은 포함되어 있지 않다.

가출청소년 중 상당수는 부모의 학대나 방임으로 인해 가정을 탈출한 청소년들이다. 특히 해체형 가출청소년들의 부모 중 일부는 자녀를 찾지 않거나, 부모에게 전화를 하더라도 통화를 거부하는 경우도 있다. 또한 심한 학대 경험으로 인해 가출청소년 스스로 부모와의 연락을 거부하는 사례도 있다. 비교적 약한 수준의 가족갈등으로 인해 가출한 경우 부모에게 협조를 구하는 것이 쉬울 수 있지만, 가족해체 수준의 심각한 탈출형 가출의 경우 부모의 협조를 구하는 것은 현실적으로 어렵다.

□ 아동학대 및 보호자 친권과 관련된 문제

18세 미만의 가출청소년들은 「아동학대범죄의 처벌 등에 관한 특례법」의 적용을 받을 수 있다. 보호자가 아동학대중상해(제5조)를 입히거나 반복적으로 아동학대 범죄를 행한 경우(제6조) 친권상실을 청구할 수 있다. 또한 이러한 사실을 아동 관련 기관에서 알게 된 경우 아동보호전문기관 또는 수사기관에 즉각적으로 신고를 해야 한다(제10조 2항). 그러나 가출청소년들 중 아동학대 신고를 원치 않는 경우가 많으며 친권상실을 선고하기 위해서는 위탁보호시스템(위탁가정, 입양가정)이 구축되어 있어야 하는데 이런 시스템이 아직까지 미비한 실정이다(박진규, 2013). 또한 친권상실 절차가 복잡하고 오랜 시간이 걸린다. 가출청소년을 보호하고 있는 기관에서도 보호자의 학대 문제에 대해 적절한 조치를 취하기 어렵다.

가출청소년의 친권문제는 가출청소년의 건강권과 근로권, 이들에 대한 정책적 지원에도 영향을 미친다. 근로 최저 연령인 만 15세 이상 만 18세 미만인 청소년의 경우 친권자 동의서를 반드시 제출해야 한다. 이 연령대의 가출청소년이 아르바이트를 할 때 부모 동의서를 받아야 하지만, 부모에게 연락하기조차 힘든 상황인 경우 아르바이트조차 하기 힘들다. 가출청소년이 사고나 질병으로 인해 병원에서 입원이나 수술을 해야 할 때 친권자의 동의서가 필요하며, 청소년에 대한 국민기초생활보장수급권, 위기청소년 특별지원 신청에도 영향을 미친다. 따라서 가출청소년의 생활, 정책적 지원을 위해 친권문제를 해결할 수 있는 방안을 마련하는 것이 필요하다.

(2) 위기청소년 특별지원

가출청소년과 관련된 법조항으로는 「청소년복지지원법」 제14조에 제시된 "위기청소년 특별지원"을 들 수 있다. 제14조의 구체적 내용은 다음과 같다.

• 국가 및 지방자치단체는 대통령령으로 정하는 바에 따라 위기청소년에게

필요한 사회적·경제적 지원을 할 수 있음.
- 특별지원은 생활지원, 학업지원, 의료지원, 직업훈련지원, 청소년활동지원 으 등 대통령령으로 정하는 내용에 따라 물품 또는 서비스의 형태로 제공함. 다만, 반드시 필요하다고 인정되는 경우 금전 형태로 제공할 수 있음.
- 특별지원 대상 청소년의 선정 기준, 범위 및 기간과 그 밖에 필요한 사항은 대통령령으로 정함.

특별지원 대상 청소년은 "교육적 선도 대상자 중 비행, 일탈을 예방하기 위해 지원이 필요한 청소년, 학교 밖 청소년, 보호자가 없거나 실질적으로 보호자의 보호를 받지 못하는 청소년"이 해당된다(「청소년복지지원법시행령」, 제8조). 따라서 실질적으로 보호자의 보호를 받지 못하는 가출청소년도 특별지원 대상 청소년이 된다. 그러나 가출청소년이 특별지원을 받기는 쉽지 않은데, 지원을 받기 위해서는 그 기준을 충족시켜야 하기 때문이다. 생활, 건강지원은 기준 중위소득 60% 이하인 경우에, 학업, 법률, 활동, 자립, 상담, 기타 지원은 기준 중위소득이 72% 이하이어야만 한다. 이를 지원받기 위해서는 건강보험료 본인 부담금 납부액이나, 청소년이 피부양자로 등록된 경우 소득활동자의 소득 증빙 서류가 필요하다. 증빙서류를 제출하기 위해서는 부모나 부양자의 협조를 구해야 하지만, 협조를 받기는 상당히 어렵다.

2) 가출청소년 지원 기관

(1) 청소년쉼터

청소년쉼터는 가출청소년을 지원하는 대표 기관이다. 1992년 서울YMCA청소년쉼터가 개소한 이후 청소년쉼터는 10여 년간 법적 근거 없이 민간 차원에서 운영되었다. 이후 「청소년기본법」이 2001년 12월 31일에 개정될 때, 청소년쉼터의 역할 및 정부의 책임성을 명시함으로써 법제화되기 시작했다(이용교,

2003; 서보람 외, 2012에서 재인용).

청소년쉼터는 "가출청소년에 대하여 가정·학교·사회로 복귀하여 생활할 수 있도록 일정 기간 보호하면서 상담·주거·학업·자립 등을 지원하는 시설" 이다(「청소년복지 지원법」 제31조 제1호). 청소년쉼터는 가출청소년을 조기 발견해 의식주 등의 생활보호를 제공하고, 정서지지, 심리상담, 의료지원, 취업지원, 학업복귀 등 청소년에게 필요한 서비스를 제공해 가정복귀와 사회복귀를 지원하는 것을 목적으로 하고 있다(여성가족부, 2018).

청소년쉼터는 일시쉼터, 단기쉼터, 중장기쉼터의 세 가지 유형이 있다. 일시쉼터는 24일에서 7일 이내 청소년을 보호하는 기관이며 가출청소년이 많이 모이는 지역으로 차량(버스)을 보내 상담, 식사 제공, 보호시설을 원하는 가출청소년에게 단기쉼터를 연계하는 이동형 쉼터와 가출청소년이 잠시 잠을 자거나 옷을 세탁하는 등 쉴 수 있는 공간을 제공하는 고정형 쉼터로 구분된다. 단기쉼터는 가출청소년을 3개월 이내의 단기보호를 하며 가정 및 사회복귀를 돕는 역할을 하며, 가정복귀가 어려운 청소년의 경우 중장기쉼터에 연계한다. 중장기쉼터는 가정복귀가 어려운 가출청소년을 3년 이내 보호하면서 자립 및 사회복귀를 준비할 수 있도록 돕는다. 청소년쉼터의 각 유형별 특성은 〈표 10-7〉과 같다.

〈표 10-7〉 청소년쉼터 유형별 특성

구분	일시쉼터	단기쉼터	중장기쉼터
보호 기간	24시간~7일 이내 일시보호	3개월 이내 단기보호 * 3개월씩 2회에 한하여 연장 가능(최장 9개월)	3년 이내 중장기보호 * 1회 1년에 한하여 연장 가능(최장 4년)
이용 대상	가출·거리배회·노숙청소년	가출 청소년	자립의지가 있는 가출청소년
핵심 기능	일시보호 및 거리상담지원(아웃리치)	• 심리·정서 상담지원 • 사례관리를 통한 연계	• 심리·정서 상담지원 • 사회복귀를 위한 자립지원
기능	• 위기개입상담, 진로지도,	• 가출청소년 문제해결을	• 가정복귀가 어렵거나

구분	일시쉼터	단기쉼터	중장기쉼터
	적성검사 등 상담서비스 제공 • 가출청소년 조기구조 · 발견, 단기 청소년쉼터와 연계 • 먹거리, 음료수 등 기본적인 서비스제공 등 • 의료서비스 지원 및 연계	위한 상담 · 치료 및 예방활동 • 의식주, 의료 등 보호서비스 제공 • 일시 · 중장기 청소년쉼터와 연계 • 가정 및 사회복귀 대상청소년 분류, 연계서비스 * 저연령 청소년(13세 이하)은 아동복지시설, 아동보호전문기관 등에 연계 권장	특별히 장기간 보호가 필요한 위기청소년을 대상으로 학업 · 자립 지원 등 특화된 서비스 제공 * 저연령 청소년(13세 이하)은 아동복지시설, 아동보호 전문기관 등에 연계 권장
위치	• 이동형(차량) • 고정형(청소년유동지역)	주요 도심별	주택가
지향점	가출예방, 조기발견, 초기개입 및 보호	보호, 가정 및 사회복귀	자립지원
비고	숙소, 화장실의 경우 남 · 여용 분리 운영	반드시 남 · 여용 쉼터를 분리 운영하여야 함	

출처: 여성가족부(2019). 2019년 청소년 사업 안내. p. 513.

청소년쉼터는 법적 제도화 이후 계속해서 증가추세에 있다(여성가족부, 2017; 2019). 가출청소년 수는 증가하는 반면 이들을 보호할 수 있는 쉼터는 부족하기 때문이다. 일시청소년쉼터의 경우 2009년에 10개소였던 것이 2018년에 30개소로 증가하였다. 단기쉼터는 2009년 47개소에서 2018년 62개소로 증가하였으며, 중장기쉼터 또한 2009년 24개소에서 2018년 32개소로 증가하였다. 전체 청소년쉼터 개수는 2009년 81개소에서 2018년 129개소로 증가하였다.

〈표 10-8〉 연도별 청소년쉼터 유형별 설치 현황

구분	2009	2010	2011	2012	2013	2014	2015	2016	2017	2018
일시	10	10	10	13	21	22	26	28	30	29
고정형	8	8	8	8	15	16	18	18	20	18
이동형	2	2	2	5	6	6	8	10	10	11
단기	47	49	48	49	50	50	52	51	53	62
남	21	24	24	25	26	26	26	26	27	30
여	26	25	24	24	24	24	26	26	26	32
중장기	24	24	25	30	32	37	41	40	40	38
남	9	10	10	11	11	16	17	18	18	18
여	15	14	15	19	21	21	24	10	10	20
계	81	83	83	92	103	109	119	119	123	129*

* 유보시설 9개소 제외
출처: 여성가족부(2017). 2017년 청소년백서, p. 160.
여성가족부(2019). 2019년 청소년 사업 안내. p. 607.

청소년쉼터 이용 청소년 수를 살펴보면 2008년 235,209명에서 2016년 551,106명으로 꾸준히 증가하고 있는 추세이다(여성가족부, 2017). 청소년쉼터 이용 청소년 수는 연인원으로 계산하는데, 연인원은 1명의 청소년이 청소년쉼터를 이용한 일수를 합산한 수치이다. 따라서 2016년의 연인원을 551,106명을 365일로 나눌 경우 하루 평균 청소년쉼터 이용 청소년을 계산할 수 있다. 2016년에 하루 평균 1,509명의 가출청소년이 청소년쉼터를 이용한 것으로 추측해볼 수 있다.

〈표 10-9〉 연도별 청소년쉼터 이용인원(연인원)

구분	2008	2009	2010	2011	2012	2013	2014	2015	2016
이용인원 (연인원)	235,209	245,653	267,117	400,533	405,204	455,219	528,415	545,907	551,106

* 연인원: 1명의 청소년이 청소년쉼터를 이용한 일수를 곱해 합산한 수치. 1명이 7일을 입소한 경우 연인원에 7명이 합산됨.
출처: 여성가족부(2017). 2017년 청소년백서, p. 162.

가출청소년은 건강보호에 있어 매우 취약한 상황에 처해있기 때문에, 여성가족부는 2013년부터 전국 일시쉼터 중 3개소를 의료특화형 쉼터로 지정해 운영해오고 있다(김지연, 2015). 의료특화형 쉼터는 2018년 현재 의정부, 청주, 부산에서 운영되고 있다. 의료특화형 쉼터의 지원규모는 일시쉼터 운영비 외 1,600만 원 정도 추가 지원되고 있으며, 의료서비스 지원을 위한 의료전문가, 서비스 기준 및 내용은 쉼터에 따라 자율적으로 운영하고 있다(김지연, 2015). 그러나 의료전문가는 비상근 및 자원봉사 형태로 활동하고 있기 때문에, 쉼터에서 제공하는 의료서비스는 매우 제한적인 것으로 평가되고 있다. 따라서 가출청소년에게 실질적인 의료서비스를 제공할 수 있도록 운영비, 인력, 의료시설 지원 등이 필요하다.

〈표 10-10〉 의료형(일시 이동형) 쉼터 운영현황

구분	A쉼터	B쉼터	C쉼터
의료인	• 의료전문자원봉사자(한의사 1명, 간호사 3명) 주3회 배치	• 종사자 중 간호조무사 배치 • 의사 1명, 간호사 1명(주1회)배치(의료인 5인 이상 순환 근무)	• 의료인 2명 주2회 배치
공통사업	아웃리치 및 현장지원, 일반의약품・의약외품 제공, 긴급조치 지원, 예방교육(성, 금연 등), 병원치료동행, 건강검진서비스 홍보, 의료기관 신속연계, 요일별 특화 프로그램 운영 등		
주요사업	• 기초문진 제공 • 혈압・키・몸무게・체온・니코틴측정, 호흡기치료서비스, 전문보건교육(성, 금연, 금주, 정신건강, 응급처치법, 구강건강 등) • 의료비 지원	• 기초문진(정신과, 산부인과, 비뇨기과, 치과) • 보건교육(성, 위생, 구강, 금연, 약물 등) • 의료비 지원	• 기초문진 제공 • 혈압・키・몸무게・체온・니코틴측정 • 인바디・파라핀 장비 구비 • 보건교육(성, 위생, 구강, 금연, 약물 등)
아웃리치	• 관내 2개 동지역 아웃리치 • 접촉청소년 약 8,380명 • 의료지원 대상 약 14.8%	• 관내 5개 동지역 아웃리치 • 접촉청소년 약 11,213명 • 의료지원 대상 약 24%	• 관내 4개 동지역 아웃리치 • 접촉청소년 약 582명 • 의료지원 대상 약 8.4%
예산	총 16백만원(국비 8백만원, 지방비 1:1 매칭)		

출처: 김지연(2015). 의료형 청소년쉼터 운영현황과 개선방안, 「청소년정책 이슈브리프」, 10, 한국청소년정책연구원, p. 6.

(2) 청소년자립지원관

가출청소년들은 청소년쉼터 입소 연령이 지나거나 보호 기간이 종료된 후 쉼터를 퇴소해 자립을 해야 한다. 그러나 쉼터를 퇴소한 가출청소년들은 주거를 해결하고, 자신의 생존을 위해 직업을 갖는 등 자립생활을 하기가 쉽지 않다. 가출청소년들은 쉼터를 퇴소해 가정복귀를 한 후 재가출을 하거나, 사회복귀를 할 경우 의식주 해결의 어려움으로 인해 비행이나 범죄에 빠지는 경우가 발생한다. 따라서 쉼터 퇴소 청소년들의 자립을 돕기 위해 청소년자립지원관에 대한 논의가 지속되었고, 2012년 「청소년복지지원법」 개정을 통해 자립지원관의 설치 및 운영 근거가 마련되었다. 「청소년복지지원법」 제31조에는 청소년자립지원관을 청소년복지시설에 포함시키고 있으며, 본 시설을 "일정 기간 청소년쉼터 또는 청소년회복지원시설의 지원을 받았는데도 가정·학교·사회로 복귀하여 생활할 수 없는 청소년에게 자립하여 생활할 수 있는 능력과 여건을 갖추도록 지원하는 시설"로 정의하고 있다.

청소년자립지원관의 이용대상은 쉼터나 청소년회복지원시설을 퇴소한 후 지낼 곳이 없어 장기적인 보호와 자립 지원이 필요한 만 24세 이하[5]의 가출청소년이며 보호기간은 제한이 없다(여성가족부, 2018). 자립지원관을 퇴소한 후 다시 재입소를 희망하는 청소년들은 심사 후 재입소가 가능하다. 청소년자립지원관에서 제공하는 서비스는 다음 〈표 10-11〉과 같다.[6]

---

5) 만 20세 이하의 가출청소년이 우선적으로 입소하며 만 24세까지 입소가 가능하다.

6) 가출청소년을 위한 청소년자립지원관은 인천광역시에서 대표적으로 운영되고 있다. 인천시는 시비(100%)로 청소년자립지원관을 2개소(남 1, 여1)를 운영하고 있다(김지연, 백혜정, 2017).

〈표 10-11〉 청소년자립지원관에서 제공하는 서비스

구 분	내 용
기본 서비스	• 중장기쉼터 제공 서비스, 프로그램은 기본 제공 • 독립생활기술 훈련 과정: 소비지출 등 경제·생활관리, 사회적응 프로그램
	• 지역특성 및 입소 청소년 수요를 고려해 특화형 자립지원 프로그램을 자체적으로 운영 • 자활작업장 및 자활매장, 유관기관과 연계한 직업훈련 프로그램 운영
독립생활 지원	• 주거상담 및 주거지원 서비스: 퇴소 후 주거상담, 공공임대주택 입주연계, 임대료 및 집수리 지원 연계 등 • 정기적 사후관리 • 기본생계를 위한 보조금 지원 및 사회복지서비스 연계: 지자체 및 사회복지관과 연계해 도시락 및 쌀 지원, 기초생활수급권자 등록 지원, 자원봉사 연계, 일자리 연계 등
정서적 지지	• 최소 월 1회 이상 심층상담 제공 • 자립지원관 퇴소 후 독립생활 중 가출팸과 연계되지 않도록 사후 관리
자기개발 및 직업 지원	• 연간 자기개발계획서를 제출받아 심사 후 지원 결정 • 직업알선 및 취업지도, 취업알선 등
의료비 지원	• 쉼터 의료비 지원에 준하여 지원

출처: 여성가족부(2018). 2018년 청소년 사업 안내. pp. 680-681.

중장기청소년쉼터와 청소년자립지원관은 가출청소년의 자립을 목표로 하고 있기 때문에 기능 중복 문제가 발생할 수 있다(김지연 외, 2017). 따라서 중장기쉼터는 대부분의 입소청소년이 미성년자이므로 자립 및 보호에 초점을 두는 것이 필요하며, 자립지원관은 청소년이 완전히 독립하기 전 자립 역량을 갖추는데 초점을 두는 것이 필요하다.

가출청소년의 자립을 위해서는 주거지원이 필요하다. 정부에서 '주거취약계층 주거지원사업'을 운영하고 있지만, 가출청소년 및 쉼터 퇴소청소년의 참여율이 매우 저조하다. 그 이유는 자격 기준 및 절차의 복잡성으로 인해 주거지원을 받기 힘들기 때문이다. 또한 공공임대주택사업(행복주택)의 경우 저렴한 임대료로 30년까지 지원하는 사업이지만 자격조건을 충족하는 가출청소년이 많지 않아 이용하기 쉽지 않다(김지연 외, 2017). 따라서 가출청소년이 독립할 수 있도록 적절한 주거를 제공할 수 있도록 제도 개선이 필요하다.

5. 요약

본 장에서는 가출 청소년의 개념 및 관점, 가출청소년 보호의 중요성, 실태 및 원인, 정책현황을 종합적으로 제시하였다. 청소년 가출의 원인은 부모나 보호자의 학대, 방임, 폭력이나 가정해체로 인한 가족 원인이 가장 크며, 학교 부적응, 낮은 학업성적, 징계경험, 교사와의 갈등과 같은 학교 원인, 친구의 영향으로 인한 또래 원인 등이 상호작용하는 것으로 볼 수 있다. 청소년 가출을 비행의 관점에서 바라보는 것이 아니라 일반청소년에 비해 생존권, 보호권, 발달권, 참여권의 권리 영역에서 매우 취약한 상황에 놓인 관점으로 이해하는 것이 중요하다.

지금 현재 가출청소년에 대한 정확한 현황 파악은 이루어지지 않고 있는 실정이다. 가출청소년 통계는 경찰청에 신고된 실종아동수, 지난 1년간 가출 경험률을 통해 간접적으로 파악할 수 있다. 2016년 지난 1년간 가출 경험률은 2.7%(초4~고3)로 이 시기 청소년 인구수를 480만 명으로 했을 때, 약 13만 명이 가출한 것으로 계산할 수 있다.

가출청소년들은 노숙, 모텔, 친구의 원룸, PC방 등과 같은 열악한 주거환경에 놓여있으며, 생활비를 벌기 위해 택배, 편의점, 주유소, 배달 등의 아르바이트를 하지만 매우 열악하고 안정적이지 않아 비행이나 범죄에 빠지기도 한다. 거리생활에서의 외로움, 안전하지 못한 상황을 해결하기 위해 가출팸을 형성하지만, 가출팸 또한 안전하지 못한 공동체이다. 가출청소년은 거리생활에 장기간 노출되면서 건강 또한 취약해진다.

우리나라에서는 가출청소년 보호를 위해 청소년쉼터, 의료형 쉼터, 청소년자립지원관을 운영하고 있다. 청소년쉼터는 2018년 현재 전국적으로 129개가 운영되고 있으며, 의료형 쉼터는 3개 일시쉼터에서 운영되고 있다. 청소년쉼터를 퇴소한 가출청소년의 자립을 지원하기 위해 청소년자립지원관이 운영되고 있다. 이러한 기관들은 가출청소년을 안전하게 보호하고 가정 및 사회복귀를 지원하는 기관이다. 가출청소년의 전인적인 성장 및 자립을 위해 기관 및 정책에 대한 제도 개선이 필요하다.

참고문헌

국가법령정보센터(2018.8.20. 검색). 「소년법」, http://www.law.go.kr/lsSc.do?tabMenuId=tab18&query=%EC%86%8C%EB%85%84%EB%B2%95#undefined.

국가법령정보센터(2018.8.20. 검색). 「아동학대범죄의 처벌등에 관한 특례법」, http://www.law.go.kr/lsSc.do?tabMenuId=tab18&query=%EC%86%8C%EB%85%84%EB%B2%95#undefined.

국가법령정보센터(2018.8.20. 검색). 「청소년복지지원법 시행령」, http://www.law.go.kr/lsSc.do?tabMenuId=tab18&query=%EC%86%8C%EB%85%84%EB%B2%95#undefined.

국가법령정보센터(2018.8.20. 검색). 「청소년복지지원법」, http://www.law.go.kr/lsSc.do?tabMenuId=tab18&query=%EC%86%8C%EB%85%84%EB%B2%95#undefined.

국가법령정보센터(2018.8.20. 검색).「실종아동등의 보호 및 지원에 관한 법률」, http://www.law.go.kr/lsSc.do?tabMenuId=tab18&query=%EC%86%8C%EB%85%84%EB%B2%95#undefined.

김영지, 김희진(2015). 유엔아동권리협약 이행방안 연구: 유엔아동권리위원회 권고사항 이행과제 개발 기초연구, 한국청소년정책연구원.

김윤나(2010). 청소년 참여권 연령에 대한 부모-교사-청소년간 인식차이 연구. 민주주의와 인권, 10(3), 353-381.

김지연(2015). 의료형 청소년쉼터 운영현황과 개선방안, 「청소년정책 이슈브리프」, 10, 한국청소년정책연구원.

김지연, 백혜정(2017). 청소년자립지원관 운영 모형 개발 연구. 여성가족부 · 한국청소년정책연구원.

김지연, 정소연(2014). 가출청소년 보호지원 실태 및 정책과제 연구, 한국청소년정책연구원.

김지혜, 김기남, 박지영, 정경은, 조규필(2006). 단기청소년쉼터 세부 운영모형 개발 연구. 국가청소년위원회.

김향초(2009). 가출청소년의 이해와 상담. 서울: 학지사.

남미애, 육혜련, 오현자, 서보람(2010). 가출청소년 및 청소년쉼터 실태조사. 여성가족부·한국청소년쉼터협의회.

뉴시스 기사(2018.09.12.). 가정폭력피해 집 나오니 "용돈만남 가능? 가출소녀 환영".

박재영, 유동철(2016). 노숙청소년의 일과 자립생활에 관한 현상학적 연구, 청소년학연구, 23(5), 405-434.

박진규(2013). 「가출청소년 권리강화를 위한 개선방안 대책 토론회」, "가출청소년 서비스 패러다임의 문제점", 한국청소년상담복지개발원.

배문조, 전귀연(2002). 청소년의 가출충동과 관련된 특성 연구: 개인, 가족, 학교환경 또래관계를 중심으로, Family and Environment Research, 40(1), 23-35.

배주미, 이은경, 허지은(2009). 가출 청소년을 위한 단기쉼터 초기사정 매뉴얼 개발 연구. 한국청소년상담원.

백혜정, 방은령(2009). 청소년 가출 현황과 문제점 및 대책 연구. 한국청소년정책연구원.

백혜정, 임희진(2014). 학교 밖 청소년 건강실태 및 지원방안 연구, 「청소년정책리포트」, 한국청소년정책연구원.

변혜정, 김효정, 이진영(2012). 가출십대여성 실태조사: 서울, 경기지역 쉼터거주자를 중심으로, 서울시 여성정책담당관 늘푸른여성지원센터.

서보람 외(2012). 청소년쉼터에 관한 연구동향 분석, 청소년시설환경, 10(1), 47-60.

서보람(2013). '가출팸' 경험 청소년의 비행에 영향을 미치는 위험요인과 보호요인 연구. 고려대학교 대학원 박사학위논문.

손병덕, 황혜원, 전미애(2008). 가족복지론, 서울: 학지사.

아름다운 재단·의정부시일시청소년쉼터(2017). 거리청소년 건강증진을 위한 문진표 개발.

여성가족부(2010). 가족의 특성에 따른 가출 청소년 유형별 귀가지도.

여성가족부(2011). 2011년 청소년 유해환경 접촉 종합 실태조사.

여성가족부(2011). 가출청소년 가정복귀 지원을 위한 심층조사 및 정책과제 발굴, 여성가족부.

여성가족부(2012). 가출팸 실태조사 및 정책과제 발굴 결과보고서.

여성가족부(2016). 2016년 청소년 매체이용 및 유해환경 실태조사.

여성가족부(2017). 2017년 청소년백서.

여성가족부(2018). 2018년 청소년사업안내.

여성가족부(2019). 2019년 청소년사업안내.

유니세프 한국위원회(2018.8.20. 검색).
http://www.unicef.or.kr/education/outline_01.asp

유엔아동권리협약 한국NPO연대(2007). 유엔아동권리협약과 선택의정서.

의정부시청소년쉼터(2017). 2017년 단기청소년쉼터 가정복귀 및 사회복귀 사례 연구.

이민수(2013). 청소년의 반복가출과 가출전환 경험연구, 청소년복지연구, 15(3), 87-119.

이수림, 송미경, 김은영, 손현동(2011). 거주 가출청소년의 가출이전 경험과 이후의 경험에 관한 연구, 상담 및 심리치료, 23(2), 491-519.

이용교(2003). 청소년쉼터의 운영실태와 발전방안에 관한 연구, 청소년복지연구, 5(2), 5-16.

이용교, 홍봉선, 윤현영(2005). 청소년보호시설 설치 및 운영기준 마련을 위한 연구. 국가청소년위원회.

이현지(2005). 가출청소년 재 가출방지를 위한 지지체계의 보호요인, 청소년학연구, 12(3), 283-304.

정경은(2008). 가출청소년의 가출생활 전환과정 연구, 중앙대학교 대학원 박사학위논문.

정혜경, 안옥희(2001). 청소년의 가출충동에 영향을 미치는 예측요인. 아동간호학회지, 7(4), 483-493.

조금주(2017). 청소년 참여기구 운영상 문제점 및 개선 방안, 청소년학연구, 24(1), 355-376.

한국청소년쉼터협의회(2011). 「청소년 가출문제와 제도개선 토론회」"청소년쉼터 이용청소년의 가출팸 경험실태".

한상철, 김혜원, 설인자, 임영식, 조아미. 2003. 청소년 문제행동. 서울: 학지사

현은민(2000). 청소년의 가출: 가족적, 개인적 요인 및 대처행동의 영향, Family and Environment Research, 38(2), 41-55.

황진구, 유민상, 정유진(2018). 청소년의 노동기본권 보장 방안 연구. 한국청소년정책연구원.

e-나라지표(2018.8.20. 검색). 청소년 생애 가출 경험률, http://kosis.kr/statHtml/statHtml.do?orgId=154&tblId=DT_MOGE_1540002558&vw_cd=MT_OTITLE&list_id=154_16701_A006&scrId=&seqNo=&lang_mode=ko&obj_var_id=&itm_id=&conn_path=E1.

e-나라지표(2020.1.31. 검색). 경찰청 신고 실종아동수, http://www.index.go.kr/potal/main/EachDtlPageDetail.do?idx_cd=1610.

Brandt, D. 2006. Delinquency, Development, and Social Policy. New Haven and London: Yale University Press.

Homer, L. E. (1973). Community-based resource for runaway girls. Social Case work, 54, 473-479.

Loring, P. J.(1988). Typology of Adolescent Runaways. Child and Adolescent Social

Work. 5(1), 16-29.

Moore, D. R. & Arthur, J. L. 1998. Juvenile delinquency. In Ollendick, T. H. & Hersen, M.(Eds.), Handbook of child psychopathology(3nd).

Rew L, Taylor-Seehafer M, Thomas N.Y., & Yockey R. D.(2001). Correlates of resilience in homeless adolescents. Journal of Nursing Scholarship. 33(1), 33-40.

Robert A. R.(1987). Runaways and Non-runaways. The Dosey Press.

Safyer, A. W., Thompson, S. J., Maccio, E. M., Zittel-Palamara, K. M., & Forehand, G.(2004). Adolescents' and Parents' Perceptions of Runaway Behavior: Problems and Solutions. Child and Adolescent Social Work. 21(5), 495-512.

Thompson, S. J., Bender, K., & Kim, J.(2011). Family Factors as Predictors of Depression Among Runaway Youth: Do Males and Females Differ?. Child Adolescent Social Work. 28, 35-48.

제 11 장

청소년 학업중단

우리나라에서 해마다 평균적으로 약 5만명 정도의 청소년들이 학교를 떠나고 있다. 학업중단 사유 중 미인정 유학, 대안학교, 취업준비를 하는 경우를 제외하고 부적응한 청소년들이 1년에 26,000명 가량이 발생하는 실정이다. 학업중단 청소년들은 정서적 안정을 위한 심리상담 지원 뿐 아니라 관계 형성을 위한 프로그램 지원, 진로 및 경제적 지원, 교육 등 삶 전반에 걸쳐 국가 · 사회적 지원이 필요하다. 학업중단은 범죄가 증가하고, 이에 따른 사회적 비용이 예방 차원의 비용 투입보다 크기 때문이다.

학업중단의 원인은 단순하지 않으며, 복합적이다. 선행 연구결과들을 보면, 학업중단을 하는 원인은 개인특성 요인, 가정 요인, 학교 요인, 또래 요인, 사회 요인 등으로 구분된다(김범구, 2013).

학업중단 예방 및 보호 대책을 위해서 2015년부터 전국적으로 학교 밖 청소년지원센터 꿈드림을 설치 · 운영하며 상담, 교육, 직업체험 및 교육지원, 자립지원, 건강검진 등 학업중단 청소년의 학업 복귀와 사회 진입을 위해 다양한 지원서비스를 제공하고 있다. 학업중단 숙려제는 2013년부터 학업중단 위기에 있는 학생들을 대상으로 학업중단 이전에 숙려 기간을 부여하고, 개별 특성에 따라 각종 상담, 학교 적응, 또래지원, 멘토링, 진로직업체험 프로그램, 각종 정보를 교내외 기관과 연계 · 제공한다.

학업중단 청소년 발생은 예방차원에서 학교부적응 요인을 찾아서 학업중단 숙려제와 같은 정책을 통해 학업중단을 예방하는 것이 최선이다. 그러나 학교 환경이 학업중단을 고려하는 청소년에게 맞지 않거나 학업 이후 다른 계획을 갖고 있는 청소년들에게는 학업중단을 막는 것 보다는 학교 밖 청소년지원센터와 같은 지원기관과의 연계를 통해 학업중단 이후에도 각종 지원서비스를 제공하는 것이 보다 효과적이다.

1. 청소년 학업중단의 개념 및 중요성

1) 청소년 학업중단의 개념

학업중단이란 사전적으로 학령기에 배움을 그만둔다는 의미로 학업에 몰두해야 할 시기에 배우지 않고 학업을 중도에 그만두는 것을 뜻한다. 사람이 배움을 중단한다는 것은 평생학습 사회에서 당연히 받아야 할 교육, 즉 사람이 살아갈 수 있는 기본적인 자질 함양을 포기한다는 의미이다. 따라서 청소년 학업중단은 그 이유와는 무관하게 그 자체로 부정적인 낙인의 우려가 높다. 학업중단은 학교중퇴, 중도탈락이라는 용어로도 사용되었는데 청소년이 학교를 그만둔다고 학업중단을 하는 것은 아니라면서 학교중퇴라는 용어 사용을 주장하는 의견도 제기되었다(김성기, 2009). 그러나 학업중단과 학교중퇴 모두 공통적으로 정규 학교를 다니는 중에 비행, 질병, 가사, 기타의 이유로 학교를 졸업하기 이전 학업을 그만두는 것을 뜻한다. 2002년 이후에는 학업중단 청소년이라는 용어로 통일하여 사용하게 되었다.

2015년부터는 학교 밖 청소년이라는 용어가 법적으로 사용되면서 학업중단 청소년을 대체하게 되었다. 학교 밖 청소년은 “만 19세 미만의 학령기 아동으로서 학교를 다니지 않는 청소년”을 말하며, 이들을 지원하는 법률과 조례가 제정되고, 학교 밖 청소년지원센터가 전국에 설치 운영되었다. ‘학교 밖 청소년’이라는 용어가 학교라는 공간에서 벗어나면 문제라는 점을 부각시킨다는 측면에서 ‘학교 밖’이라는 표현이 적절하지 않다는 지적도 제기된다. 그러나 ‘학교 밖 청소년’이라는 표현의 적절성과 관계없이 학업중단 청소년을 우리 사회에서 관심의 대상으로 삼고, 정책적으로 지원하게 되었다는 점에서 ‘학교 밖 청소년’ 그 자체로 의미가 크다. 이 장에서는 청소년 학업중단이라는 용어를 주로 사용할 것이며, 그 개념은 청소년이 여러 가지 사유로 정규 교육과정을 끝마치기 전에 자발적 또는 강제적으로 학교를 그만두는 것으로 정의한다(이혜숙, 서은정, 2011).

2) 청소년 학업중단의 중요성

우리나라의 학업중단율은 학령기 청소년의 1~2% 정도로 다른 나라들에 비해 현저히 낮은 수준이기 때문에 학업중단이 심각한 사회문제로 여겨지지 않을 수 있다. 그러나 다른 측면에서 보면 학업중단 청소년은 사회적으로 소수에 불과하기 때문에 학업중단 청소년은 국가, 사회적으로 지원이 필요한 대상이라고 하기보다 사회적인 낙인과 부정적 일탈 집단으로 판단되기 쉽다. 실제로도 많은 학업중단 청소년들이 그들을 바라보는 사회적인 부정적 시선으로 인해 힘든 시기를 보냈다는 증언들도 많이 제시된다(최지연, 김현철, 2016).

학업중단 청소년들이 학교를 떠난 이유는 제각각 다르지만 학업중단 이전에 자신이 학업중단 이후 겪게 될 현실 상황을 인식하지 못하는 점이 더 심각한 문제이다. 최지연, 김현철(2016)은 학업중단 청소년과 심층 면담을 통해 그들의 특성을 다음과 같이 정리한다. 첫째, 학업중단 청소년들은 가정 해체, 경제적 빈곤 등 정서적, 경제적으로 지원받기 어려운 가정환경에 놓여 있다. 둘째, 학업중단 청소년들은 고등학교 진학 후 학교생활 부적응이 심화되면서 학교를 떠나기 전까지 미래 계획, 정보 등에 도움을 받는 것이 거의 없었다. 셋째, 학업중단 청소년들은 학업중단 이후 대체로 우울하고 나태한 생활을 하고 있었다. 넷째, 학업중단 청소년들은 장래계획이나 꿈에 대해 난감해하고, 막막함을 갖고 있었다. 다섯째, 학업중단 청소년들은 학업중단 이후에 학업 또는 취업에 대한 필요성을 느끼고 있었으며, 구체적인 관련 정보와 지원을 필요로 했다.

이와 같이, 학업중단 청소년들은 학업중단 후 긍정적인 결과를 보여주기 보다는 학업중단 그 자체로 사회적 낙인이 되는 경우가 많으며, 다양한 측면에서 심리사회적 문제를 경험한다. 예컨대, 학업 중단 이후 뚜렷하게 할 일이 없어서 무기력한 생활을 지속하거나 비행과 같은 부적응 현상을 보임으로 인해 진로와 관련된 문제를 겪게 된다(금명자, 2008). 결과적으로 가족 및 주변 사람들과의 관계가 악화되면서 학업중단 이후의 삶이 학업중단 이전의 생활보다 더 힘들어진다(오혜영, 지승희, 박현진, 2011: 136).

학업중단 관련 개인 및 사회적 비용 추정 결과에서도 그들은 불리한 상태에 놓인 것으로 조사되었다. 남기곤(2011)의 연구에 따르면, 고등학교 단계의 학업중단은 범죄 가능성을 증가시켜 1인당 645만 원 정도의 사회적 비용을 증가시키는 것으로 나타난다(이창호 외, 2014에서 재인용). 또한 학업중단 청소년은 앞으로의 삶에서도 근로소득이 고등학교를 졸업한 성인보다 적은 것으로 조사된다. 이 연구 결과에 따르면 고졸 미만의 학력층은 학업중단으로 8,142만 원의 생애소득이 감소되는 것으로 나타난다(이창호 외, 2014에서 재인용). 최상근, 양수경, 남기곤(2010)의 연구 결과에서는 학업중단자 만 명당 약 1조 원의 사회적 비용을 발생시키는 것으로 제시된다(김성기 외, 2016에서 재인용).

이와 같이 학업중단 청소년 문제는 개인적으로 비행 문제 개입이나 각종 손실을 입을 뿐 아니라 국가, 사회적으로도 인적 자원의 손실이며, 학업중단 발생이 경제적 측면에서 부정적 영향을 끼치는 등 사회적 문제 행동이다.

2. 청소년 학업중단의 실태

1) 청소년 학업중단의 실태

우리나라의 최근 5년간(2014~2018년) 초·중·고 학업중단 현황은 다음의 〈표 11-1〉과 같다. 전체 학생수가 2013년에 비해 줄었기 때문에 학업중단자 수도 줄어들었지만 학업중단율에 있어서 큰 변동은 보이지 않았다. 학업중단 청소년 추세를 보면 2014~2016년까지 0.8%에 비해서 2017~2018년에 학업중단자 비율이 다소 증가한 것으로 나타났다. 이 결과로 볼 때, 2015년도부터 학교 밖 청소년 지원에 관한 법률이 시행되어 전국적으로 꿈드림 센터가 설치·운영된 것을 고려한다면 학업중단 청소년 규모에 있어서 학업중단 예방 효과는 크지 않은 것으로 추정된다.

학교급별 현황을 보면 초등학교와 중학교는 학업중단이라기보다는 유예 또는 면제에 해당되며, 초등학생은 2018년 기준(2018년 3월 1일 ~ 2019년 2월 말)으로 초등학생과 중학생은 0.7%가 학업중단 청소년이다. 상대적으로 고등학생은 2018년 기준 1.6%로 초·중생보다 2배 이상 학업중단 청소년이 많은 것으로 조사되었다.

〈표 11-1〉 우리나라 초·중·고 학업중단 청소년 현황('14~'18)

계				초등학교			중학교			고등학교		
구분	학생수	학업 중단자	비율 (%)	학생수	학업 중단자	비율 (%)	학생수	학업 중단자	비율 (%)	학생수	학업 중단자	비율 (%)
'18	5,584,249	52,539	0.9	2,711,385	17,797	0.7	1,334,288	9,764	0.7	1,538,576	24,978	1.6
'17	5,725,260	50,057	0.9	2,674,227	16,422	0.6	1,381,334	9,129	0.7	1,699,699	24,506	1.5
'16	5,882,790	47,663	0.8	2,672,843	14,998	0.6	1,457,490	8,924	0.6	1,752,457	23,741	1.4
'15	6,088,827	47,070	0.8	2,714,610	14,555	0.5	1,585,951	9,961	0.6	1,788,266	22,554	1.3
'14	6,285,792	51,906	0.8	2,728,509	14,886	0.5	1,717,911	11,702	0.7	1,839,372	25,318	1.4

자료: 한국교육개발원 교육통계센터 홈페이지(http://kess.kedi.re.kr).

학교급별 학업중단 사유를 살펴보면 다음의 〈표 11-2〉와 같다. 초등학교와 중학교는 의무교육으로 학업중단 사유 중에서 유예, 면제로 구분된다. 먼저 초등학교의 경우 학업중단 대상 전체 인원이 17,797명으로 그중에서 유예는 7,102명이며 질병 117명, 장기결석 5명, 미인정유학 3,963명, 기타 3,017명이다. 면제는 10,695명으로 질병 14명, 해외 출국 10,155명, 기타 526명이다.

〈표 11-2〉 초 · 중학교 학업중단 사유(2018년)

대상	합계	유예					면제			
		소계	질병	장기결석	미인정유학	기타	소계	질병	해외출국	기타
초등학교	17,797	7,102	117	5	3,963	3,017	10,695	14	10,155	526
중학교	9,764	7,437	376	37	2,921	3,471	2,371	14	2,103	254

자료: 한국교육개발원 교육통계센터(http://kess.kedi.re.kr)

고등학교는 우리나라에서 의무교육 단계가 아니기 때문에 학업중단 사유는 자퇴, 퇴학으로 구분된다. 고등학교에서 유예, 면제 대상은 특수교육대상자로 한정되며, 제적은 행방불명이나 연락두절 등의 사유로 학업을 그만둔 학생을 뜻한다. 〈표 11-3〉에서 보는 바와 같이, 고등학교에서 학업중단 청소년은 24,978명인데 자퇴가 24,101명으로 전체 학업중단자 중에서 대다수를 차지한다. 그 다음은 퇴학(721명), 유예(78명), 제적(67명), 면제(11명) 순이다. 퇴학 사유로는 부적응이 6,968명으로 가장 많은데 그 중에서 학업 관련이 3,150명이며, 대인관계 374명, 학교규칙 310명 순으로 나타났고, 기타 3,103명이 부적응 학생으로 조사되었다. 자퇴 사유 중에는 질병 1,176명, 가사 262명도 포함되었다. 퇴학은 주로 학교폭력예방 및 대책에 관한 법률 제17조 제1항 제9호에 따라 가해학생에 대한 조치로서 퇴학 처분을 받은 경우(148명), 초·중등교육법 시행령 제31조 제1항 제5호에 의거 학생을 징계 조치하는 학칙위반 징계 처분(573명)이 있다.

〈표 11-3〉 고등학교 학업중단 사유(2018년)

합계	자퇴										퇴학			유예	면제	제적
	소계	질병	가사	부적응					해외출국	기타	품행					
				소계	학업	대인관계	학교규칙	기타			소계	학교폭력	학칙위반			
24,978	24,101	1,176	262	6,968	3,150	374	310	3,103	3,567	12,128	721	148	573	78	11	67

자료: 한국교육개발원 교육통계센터(http://kess.kedi.re.kr)

위의 학업중단 사유 중에서 학업 관련 유학과 질병 등의 사유를 제외하면 전체 대상 인원의 0.47%에 해당하는 약 26,000명이 학교 부적응과 품행 등의 문제로 한 해 동안 학교를 그만둔 것으로 추정된다. 따라서 이를 초·중·고 학령기로 누적 산출할 때, 국가지원이 필요한 학업중단 청소년은 여성가족부에서 추산한 약 28만 명 수준에 근접한다(오승근, 2018). 요컨대, 우리 사회에서 학업중단 청소년의 규모는 결코 작지 않으며, 이에 대한 발생 사유별 원인 파악과 적극적인 대처방안 모색이 필요하다.

2) 학업중단 청소년의 요구

해마다 평균 5만 명 정도의 학업중단 청소년들이 사회에 배출되지만 그들이 어느 곳에서 무엇을 하는지 그 이행과정과 현 실태는 정확히 파악되지 않고 있다. 일부 대안학교나 검정고시 등으로 학업을 지속하기도 하며, 일부는 취업 준비를 하는 것으로 파악된다. 그러나 대다수는 학업중단 이후 꿈드림 센터 등에 연계되지 않아서 관련 연계 서비스를 제공받지 못하는 실정이다.

현장상담자들이 학업중단 청소년을 대상으로 포커스그룹 인터뷰를 통해 학업중단 청소년들의 특성을 분석하여 4개 영역, 17개 범주를 다음의 〈표 11-4〉와 같이 추출하였다(오혜영, 박현진, 공윤정, 김범구, 2013).

〈표 11-4〉 학업중단 청소년의 특성 분석

영역	범주
학업중단을 유발하는 아이들의 특성과 경험	• 기초학습이 부족하고 공부에 관심이 적음. • 학습에 능력, 흥미가 있지만 학교는 가고 싶지 않음. • 약속과 규칙을 지키기 어려움. • 학업중단 전후로 비행이 심화됨. • 좋은 대인관계 경험이 부족하여 대인관계 문제가 심화됨. • 외상경험으로 내면에 상처가 있음. • 심리적 상처로 분노와 우울을 경험함.
인지환경이 열악한 속에서 고군분투하는 아이들	• 있어도 없는 것과 다름없는 가정환경 • 경제적으로 열악하고 기본적 생활 여건이 안 되어 있음. • 한 사람이라도 정서적으로 충족되면 뭔가를 시도할 수 있음.
상담을 시작했지만 예측하기 어려운 아이들	• 배회, 놀이, 알바를 하며 야간에 주로 생활함. • 행동이 즉흥적이고 예측이 어려움.
개입과정에서 점차 학업에 대한 동기를 형성하며 꿈을 찾아가는 아이들	• 개입 초기에는 희망, 목표가 없어 보임. • 점차 꿈이 표현되고 드러남. • 학업중단 후 막연하지만 뭔가 하려는 동기가 생김. • 고졸 학력은 취득해야겠다고 생각함. • 구체적인 진로를 모색함.

출처: 오혜영, 박현진, 공윤정, 김범구(2013), pp. 153-179.

위의 인터뷰 결과에 따르면, 학업중단 청소년은 학업중단 이후 다양한 문제 상황에 직면한다. 이에 따라서 사회적 요구가 제기되며, 국가, 사회적 지원사업이 요청된다. 〈표 11-5〉와 같이, 학업중단 청소년들은 개인적 측면으로 학업지속에 대한 아쉬움, 사회적 고립감 같은 개인 고민과 심리적 갈등, 진로 및 정체성 혼란, 가정적 측면에서 가정불화와 갈등 발생, 사회적 측면에서 직업탐색의 기회 부족, 경제적 자립 및 일자리 부족 등의 다양한 문제에 노출된다.

이러한 학업중단 청소년이 갖게 되는 문제 상황에 따라 각종 상담, 취업 지원 및 연계, 교육 및 프로그램 지원 등의 서비스가 요구되며, 이에 대한 사회적 지원이 원활하게 제공될 필요가 있다.

〈표 11-5〉 학업중단 청소년이 직면한 문제 상황과 사회적인 요구

문제 상황	사회적 요구	지원 사업
개인적 고민과 심리적 갈등 정체성 혼란	개인 또는 집단 상담을 통해 자신의 심리상태 점검, 개별적인 도움 제공 필요	상담/심리 지원
가정불화 및 부모와의 불편한 관계	가족 연계 활동 프로그램 부모-자녀 상담 지원	프로그램 및 상담 지원
또래관계 형성의 어려움 사회적 고립감	친구관계 및 사회성 향상 프로그램 기성세대와의 연계 및 지지	
진로 적성 미결정 직업 탐색의 기회 부족	적성 및 진로 탐색 프로그램 취업 기관 인턴십 제공	진로 지원
경제적 자립 및 적합한 일자리 부족	아르바이트 및 창업 정보 경제적 지원과 컨설팅	경제적 지원
학업 지속에 대한 아쉬움	학업지속 가능 기관에 대한 정보 학비 지원 및 기초학력 향상	교육 지원
삶의 질 향상 서비스 결핍 여유시간 활용 장소 부족	여가·취미 활동 프로그램 및 활동 공간 활동 공간 및 숙식 해결을 위한 쉼터	프로그램 지원 및 활동 공간 제공

출처: 오승근(2009), p. 5.

3. 학업중단의 원인

학업중단 청소년의 발생원인은 단순하지 않으며, 개인특성 요인뿐 아니라 청소년을 둘러싼 각종 환경, 즉 가정, 학교, 또래, 사회 요인 등 발생원인은 복합적이다(김범구, 2013). 청소년 학업중단의 원인을 선행 연구를 중심으로 제시한 결과는 다음의 〈표 11-6〉과 같다.

〈표 11-6〉 학업중단 청소년의 발생원인

요인	발생원인	
개인특성 요인	충동조절 능력 부족, 높은 공격성, 낮은 자아개념, 대인관계 기술 부족, 미래기대 수준이 낮음, 의사소통기술 부족, 낮은 자아존중감, 권위에 대한 반사회적 성격	
가정 요인	가족관계	자녀에 대한 낮은 성취기대, 부적절한 양육태도, 낮은 화목도, 가족 간의 대화단절
	가정환경	가족 구성원의 폭력 및 약물, 낮은 소득, 부모의 교육수준, 구조적 결손, 가족의 학업중단 경험
또래 요인	비행또래	불량친구와 어울림
	또래관계	또래관계 스트레스, 또래의 따돌림, 폭력피해
학교 요인	개인 요인	공부가 싫음, 교사와 잘 지내지 못함, 낮은 학업성취 수준, 반복되는 무단결석
	학교의 특성	교사가 학생의 학업이나 일상생활에 무관심, 교과수업 외 다양한 활동기회의 제한, 교사가 학생을 격려하지 않음, 처벌체계가 비효율적이고 불공평, 교칙의 엄격성, 학교상담 기능의 악화, 입시 위주의 교육제도
사회 요인	고용현황	노동시장의 유도
	유해환경	중도탈락을 자극하는 주변 환경
	대중문화 지향	음악, 영화, 그림, 만화 등의 활동을 위해 학업중단
	정보화	사이버 공간에 따른 학습 공간 확대

출처: 김범구(2013), pp. 9-15.

1) 개인특성 요인

학업중단 청소년들은 주로 다음과 같은 개인특성 요인의 영향을 받는다고 알려져 있다(김범구, 2013). 첫째, 충동조절능력이 부족하다. 둘째, 높은 공격성을 갖고 있다. 셋째, 자아개념이 낮다. 넷째, 대인관계 기술이 부족하다. 다섯째, 미래기대 수준이 낮다. 여섯째, 낮은 자아존중감이다. 일곱째, 권위에 대한 반사회적 성격이다. 여덟째, 낮은 지적수준이다. 아홉째, 불안, 우울 수준이 높다.

열째, 문제해결능력이 부족하다.

이상의 개인특성 요인과 학업중단율은 상관관계가 높고, 통계적으로 학업중단에도 영향을 미치는 것으로 나타난다. 그러나 이러한 개인특성 요인이 학업중단의 원인이라고 단정하기는 어렵다. 단지 이러한 개인특성 요인이 높을 경우 학업중단 위험이 높다고 상관관계를 추정할 뿐이다.

2) 가정 요인

학업중단 원인 중에서 가정 요인에는 가족관계 및 가정환경 요인이 영향을 미치는 것으로 나타난다. 먼저 가족관계로 인한 발생 원인에는 자녀에 대한 낮은 성취기대, 부적절한 양육태도, 낮은 화목도, 가족 간 대화단절 등이 있다. 즉, 가정에서 청소년에게 적절한 관계성을 제공하지 못하기 때문에 발생하는 요인이다. 다음으로 가정환경에 따른 발생 원인은 가족 구성원의 폭력 및 약물, 낮은 소득, 부모의 교육수준, 구조적 결손, 가족의 학업중단 경험 등이 있다(김범구, 2013).

위의 학업중단이 발생하는 가정 요인도 개인특성 요인과 마찬가지로 통계적으로 학업중단율에 영향을 미치는 것으로 나타나지만 가정 요인만으로 학업중단이 발생한다고 볼 수는 없다. 이러한 가족관계와 가정환경에 노출된 청소년들은 학업중단이 높을 수 있다고 추정할 뿐이다.

3) 학교 요인

학업을 중단하는 요인은 학교 요인과 관련성이 매우 높다. 학교 요인들에도 개인이 학교환경에 부적응하기 때문에 발생하는 요인과 학교라는 환경으로 인해 나타나는 요인으로 나누어 볼 수 있다. 먼저 학교 요인에서 발생하는 개인특성으로는 학교 공부가 싫고, 교사와의 관계가 좋지 않으며, 이에 따라 학업성취

수준이 낮아서 무단결석이 반복되는 것 등이 있다(금명자, 2008; 오혜영, 지승희, 박현진, 2011). 다음으로 학교 특성에는 교사 변인이 영향을 미치는데 교사가 학생의 학업이나 일상생활에 무관심하고, 학생을 격려하지 않는 것이 해당된다. 학교 요인 중에 학교 환경이 학업중단에 큰 영향을 미치기도 한다. 금명자(2008)는 학업중단을 일으키는 학교 요인으로 학교 체제나 학교조직과 분위기, 교육적 기능의 약화 등을 꼽고 있다. 예컨대, 교칙의 엄격성, 처벌체계가 비효율적이고 불공평하며, 입시 위주의 교육제도와 학교상담 기능의 약화 등이다. 한편 교과수업 외 다양한 활동기회가 제한되는 것도 청소년들이 학교를 그만두게 만드는 원인으로 작용한다(김범구, 2013).

4) 또래 요인

청소년기에는 또래 친구와의 관계 형성이 청소년의 발달 및 정서 등에도 영향을 크게 미친다. 청소년 문제행동에도 평소 어떤 친구와 접촉하였는지가 영향을 미치는 것으로 나타나고 있는데(오승근 외, 2015), 학업중단에도 또래 요인이 큰 영향을 미치는 것으로 나타난다.

학업중단이 발생하는 또래 요인은 크게 두 가지로 나누어 볼 수 있다(김범구, 2013). 첫째, 비행을 하는 또래와의 접촉이 높은 경우이다. 비행을 저지르거나 학업중단 청소년들과 접촉이 높은 경우, 재학 중에도 학교 밖 활동에 많은 시간을 보내는 등 학업중단 청소년과의 접촉이 많기 때문에 학업중단에 대해 우호적이고, 학업중단 결정에 영향을 받게 된다. 둘째, 또래관계에서 발생하는 어려움으로 인한 학업중단이 나타난다. 또래관계로 인해 스트레스를 받거나 또래로부터 따돌림이나 학교폭력 피해를 입는 등 또래로부터 부정적인 영향을 받아 피해자로서 학교를 떠나게 된다.

5) 사회 요인

학업중단 발생원인 중 사회 요인은 크게 두 가지로 볼 수 있다. 첫째는 사회가 학업중단을 예방하는 데 순기능으로 작용해야 하는데 그러한 학업중단 과정에 나타나는 청소년의 일탈행동 감시, 통제 역할을 지역사회가 충분히 수행하지 못함으로써 나타나는 결과이다(모경환, 이미리, 김명정, 2014). 둘째는 사회 환경의 부정적인 기능, 즉 유해환경이 미치는 흡인력으로 인해서 청소년들이 학교보다 사회 유해환경에 이끌려서 학교를 떠나게 되는 결과이다.

한편 김범구(2013)는 선행연구들을 분석하면서 사회요인에 따른 발생요인을 고용현황, 유해환경, 대중문화지향, 정보화 등 4가지로 구분하고 있다. 첫째, 고용현황은 노동시장 변동으로 인해 청소년의 노동력 유입 차원에서 저숙련, 저임금 노동직으로 이끌어내는 상황을 뜻한다. 둘째, 유해환경은 학업중단을 자극하는 각종 유해환경이 청소년 가출 및 비행으로 연결되어 학업을 중단하게 만드는 것이다. 셋째, 대중문화지향은 청소년들이 자신이 좋아하는 예술계통 활동에 몰두하여 학업을 그만두는 것이다. 넷째, 정보화는 학업을 그만두고 사이버공간을 활용한 학업으로 전환하게 하는 것이다.

이와 같이 기존에 학교라는 공간이 학업에 절대적인 곳으로 작용하지 않으며, 사회라는 공간이 학교를 대체하기 때문에 학업중단이 발생한다. 즉, 학업중단은 사회 환경 전반에 걸쳐 학업대체 가능성이 넓어지는 반면에 학교의 기능은 축소됨에 따라 나타나는 현상으로 볼 수 있다.

4. 청소년 학업중단에 대한 정책현황

1) 학교 밖 청소년 지원센터(꿈드림) 운영

(1) 개요

학교 밖 청소년지원센터는 청소년들이 학교를 그만두었다는 것만으로 우리 사회에서 소외되고, 어려움을 겪고 있는 상황에서 내일을 준비하고 도약할 수 있도록 돕자는 취지에서 도입한 정책이다. 학교 밖 청소년 지원에 관한 법률(2015. 5. 29. 시행)이 제정됨에 따라 기존에 있었던 두드림과 해밀 사업이 학교 밖 청소년 지원사업(꿈드림)으로 확대・변경되었다.

꿈 드림은 꿈=드림, 꿈을 드림('드리다'의 명사형)이라는 중의적인 표현으로 학교 밖 청소년에게 새로운 꿈과 희망을 드리겠다는 의미이다. 만 9~24세까지 초・중학교 3개월 이상 결석, 취학 의무를 유예한 청소년, 고등학교 제적, 퇴학 처분을 받거나 자퇴한 청소년, 고등학교 미진학 청소년, 학업중단 숙려대상 등 잠재적 학교 밖 청소년을 대상으로 각종 지원사업을 실시한다. 서비스 제공 시 학교 밖 청소년 각각의 개인 특성과 상황을 고려하여 상담, 교육, 직업체험, 자립 지원 등을 통해 학교 밖 청소년의 꿈을 지원한다(꿈드림 홈페이지 http://www.kdream.or.kr).

(2) 각종 지원 서비스

① 서비스 내용

꿈드림에서 제공하는 각종 지원서비스에는 상담지원, 교육지원, 직업체험 및 직업교육훈련지원, 자립지원, 건강 검진, 기타 지역특성화 서비스가 있다. 지원 유형별 세부 지원 사항은 다음의 〈표 11-7〉과 같다.

〈표 11-7〉 꿈드림에서 제공하는 각종 지원 서비스 내용

지원 유형	지원 사항
상담지원	• 청소년 심리, 진로, 가족관계, 친구관계 등
교육지원	• 학업동기 강화 및 학업능력 증진 프로그램 진행 • 검정고시를 통한 학력취득 지원 • 대학 입시 지원 • 학업중단 숙려상담, 취학관리 전담기구 사례관리 • 복교지원
직업체험 및 직업교육훈련 지원	• 직업탐색 · 체험 프로그램 제공 • 직업역량강화 프로그램 제공 • 취업훈련 연계지원(내일이룸학교, 취업성공패키지, 비즈쿨 등)
자립지원	• 자기계발 프로그램 지원 • 청소년 근로권익 보호 • 경제적으로 어려운 학교 밖 청소년 지원 • 기초 소양교육 제공
건강검진	• 10대 특성에 맞춘 건강검진 서비스 제공(본인부담 없음) • 건강생활 관리 지원 • 체력관리 지원
기타 서비스	• 지역특성화 프로그램 등

출처: 꿈드림(http://www.kdream.or.kr/user/sub01_2_3.asp)

② 서비스 흐름도

꿈드림센터에서 학업중단 청소년에게 지원되는 서비스의 흐름도를 살펴보면 [그림 11-1]과 같다.

먼저 학업중단 청소년이 꿈드림 서비스를 처음 받으려면 참여 신청서를 작성하고, 초기상담을 받아야 한다. 상담 결과를 토대로 꿈드림센터에서는 학업중단 청소년의 개별 특성에 맞는 서비스를 제공한다. 지원서비스 유형은 학업복귀와 사회진입으로 나누어지며, 각각의 성과평가를 실시하며 사후관리를 한다.

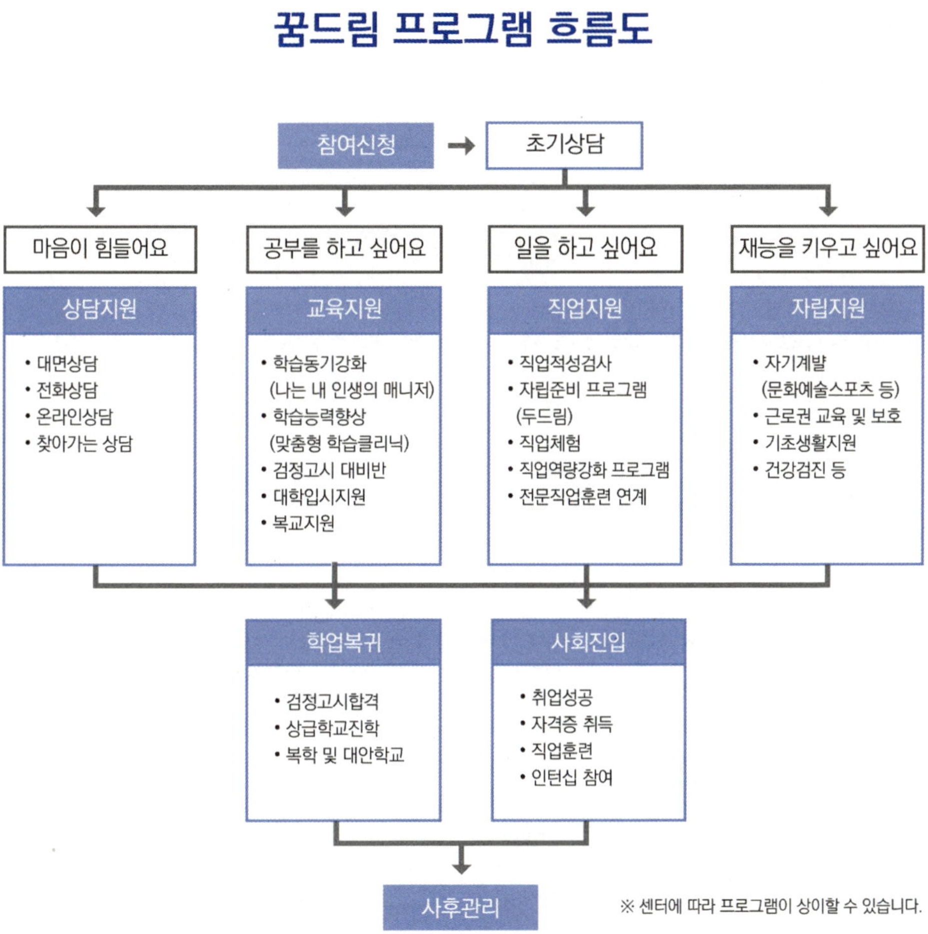

[그림 11-1] 꿈드림 프로그램에서 제공하는 서비스의 흐름도

출처: 꿈드림(http://www.kdream.or.kr/user/sub01_2_3.asp)

③ 꿈드림 서비스 지원체계

[그림 11-2]에서 보는 바와 같이, 꿈드림 서비스 지원은 중앙부처 차원에서는 여성가족부에서 총괄하며, 꿈드림 중앙 운영기관으로 한국청소년상담복지개발원이 프로그램 개발 및 센터지원의 역할을 수행한다. 시·도 및 시·군·구 지역 차원에서는 지자체에서 시·도 꿈드림센터 설치, 지원·지도, 감독 역할을

수행한다. 시・도 꿈드림센터에서는 시・군・구센터 지원 및 교육, 컨설팅 역할을 담당하고, 시・군・구 꿈드림센터에서는 학교 밖 청소년의 발굴부터 각종 지원서비스를 제공한다(여성가족부・한국청소년상담복지개발원, 2018).

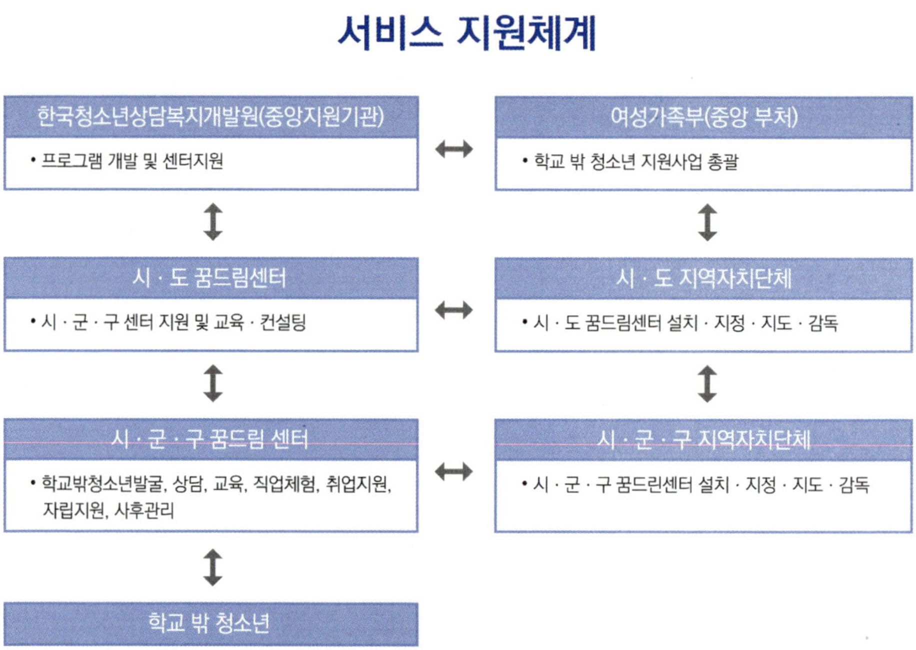

[그림 11-2] 꿈드림 서비스의 지원체계

출처: 꿈드림(http://www.kdream.or.kr/user/sub01_2_4.asp)

④ 학교 밖 청소년 서비스 자원맵

학교 밖 청소년들에게 필요한 서비스를 제공하기 위해서는 꿈드림센터에서 공공단체뿐 아니라 민간단체와도 네트워크를 구축해야 한다. 꿈드림센터에서 서비스 자원으로 제공되는 서비스 영역과 내용, 관련 기관은 다음의 〈표 11-8〉과 같다.

〈표 11-8〉 꿈드림 서비스의 영역, 내용과 관련 기관

서비스 영역	서비스 내용	관련 기관
학습	• 성공적인 학업복귀, 기존 공교육과 다른 대안교육 모색, 학력취득을 위한 검정고시, 관련한 제도 및 기관 안내 • 지역별 검정고시학원 및 공부방 정보를 포함하여 대안학교와 진학 관련 다수의 정보제공	• 교육청(교육지원청) • 대안교육(종합)센터 • 진로진학(교육)지원센터 • 검정고시학원 • 청소년공부방
직업	• 성공적인 자립을 위한 첫걸음인 취업 지원 프로그램 및 기관 안내 • 고용노동부에서 지원하는 '취업성공패키지', '청년취업인턴제'를 포함 맞춤형 직업훈련 제공 '취업사관학교' 정보 확인	• 고용센터 • 자활센터 • 민간직업전문학교 • 지역사회 민간업체
상담	• 학교 밖 청소년이 심리 지원을 통해 건강하게 성장하도록 상담 프로그램 및 기관 안내 • 지역별 청소년, 학부모, 가족상담 기관 및 각종 위기별 전문 상담 기관 검색	• 청소년상담복지센터 • Wee센터 • 학부모지원센터 • 건강가정지원센터 • 정신건강증진센터 • 중독예방센터 • 자살예방센터 • 성폭력 · 성매매 · 아동학대 관련 센터 • 학교폭력예방센터
보호	• 가출, 학대, 부모의 이혼, 빈곤 등의 이유로 귀가할 곳이 없는 학교 밖 청소년에게 무료 숙식 및 의료서비스 제공 • 심리상담, 생활지도 등을 통해 자립을 돕는 기관 안내	• 청소년쉼터 • 자립생활관(법무부, 복지부) • 아동일시보호소 • 복지기관
경제적 지원	• 사회진입 및 자립을 지원하는 장학금 제도 및 운영 기관 안내 • 지역별 장학재단을 검색하여 학자금 및 의료 지원비, 생활 및 주거 지원 장학금, 그 외 재능기부 등 지원 내용과 방법 확인	• 사회복지법인 • 장학재단 • 지역사회복지협의회
문화 · 예술 · 체육	• 사회진입 및 자립을 지원하는 장학금 제도 및 운영 기관 안내	• 청소년수련관 • 청소년문화의집

서비스 영역	서비스 내용	관련 기관
	• 지역별 장학재단을 검색하여 학자금 및 의료 지원비, 생활 및 주거 지원 장학금, 그 외 재능기부 등 지원 내용과 방법 확인	• 지역문화시설
의료 · 법률 · 비행	• 학교 밖 청소년에게 필요한 의료 서비스, 법률상담 및 소년재판 지원, 비행 후 교정상담 관련 정보 안내 • 위기 청소년들을 효과적 · 체계적으로 지원하기 위해 지역사회 민간단체 및 개인 연계 1388지원단 관련 기관 검색 • 학교 밖 청소년 지원 관련 법안과 소년법, 소년재판 등 관련 정보 제공	• 보건소 • 병원 및 약국(의료지원단) • 법률구조공단 • 변호사무소(법률지원단) • 보호관찰소 • 비행예방센터

출처: 꿈드림(http://www.kdream.or.kr/user/sub06_2_1.asp)

(3) 성과 및 한계

꿈드림센터는 학교 밖 청소년 지원에 관한 법률이 2015년 시행되면서 전국적으로 설치 · 운영되어 그동안 정책적으로 소외되었던 학교 밖 청소년들을 대상으로 원스톱 서비스를 제공하였다. 그 결과 학업중단 청소년 상황에 맞게 학업복귀 및 사회진입을 위한 각종 서비스를 제공하고, 소기의 성과목표를 달성하였다.

그러나 꿈드림센터에 연계되는 학업중단 청소년들은 전체 대상 인원 중 20% 미만(오승근, 2018)으로 학업중단 과정에서 꿈드림과 연계되지 않고 있다. 또한 꿈드림센터의 실제 운영기관인 시 · 도 청소년지원센터는 인력지원 비용이 2~3명에 불과한 실정이다. 따라서 그 인력 규모로 지역에서 발생하는 학업중단 대상을 발굴하는 업무부터 학업지원과 사회복귀까지 학업중단 전반을 빈틈없이 수행하기는 어렵다. 학업중단 예방부터 발굴, 지원서비스까지 지역사회 내 공공 및 민간 영역의 협력 체계 구축을 통해서 촘촘하게 서비스가 연계 · 지원될 수 있도록 해야 한다.

2) 학업중단 숙려제

(1) 개요

학업중단 숙려제는 초·중등교육법 시행령에 의거하여 학업중단 의사가 있거나 가능성이 있다고 인정되는 학생에게 전문상담기관 상담 안내 또는 진로탐색 프로그램을 제공해서 학업중단에 대해 숙려할 기회를 제공하고 숙려기간을 출석으로 인정하는 제도이다. 이에 따라서 학생이 학업중단 징후를 보이거나 학업중단 의사를 밝힌 고등학생 및 학부모에게 Wee센터(Wee클래스), 청소년상담복지센터 등의 외부 전문 상담을 받으며 2주 이상 숙려하는 기간을 갖게 한다. 학업중단 숙려제는 학업중단 예방 목적으로 2013년부터 도입된 정책이다. 학업중단 숙려제의 도입 목적은 학업중단 청소년들이 학교와 가정 어디에도 소속되지 못하고, 적절한 지원을 받지 못하는 상태에 놓여있지 않도록 학업중단 이전에 전문가의 도움을 받아 학업중단 이후의 생활에 대해 신중히 고려하게 함으로써 학업중단 예방을 도모하는 것이다(학업중단예방·대안교육지원센터 홈페이지 https://www.gotoschool.re.kr/contents/siteMain.do)

(2) 운영 대상 및 절차

① 학업중단 숙려제의 대상

학업중단 숙려제 대상은 학교 측에 학업중단 의사를 밝혔거나 학업중단 위기에 처해 있다고 인정되는 초·중·고 재학생이다. 단 연락 두절, 행방불명 상태이거나 질병 치료, 사고, 유학 등으로 부득이하게 학업을 중단하는 경우 학업중단 숙려대상에서 제외된다. 또한 학교폭력이나 규칙 위반으로 인해서 퇴학으로 처리된 학생도 학업중단 숙려제 대상에 포함되지 않는다.

② 학업중단 숙려제 단계별 운영방법

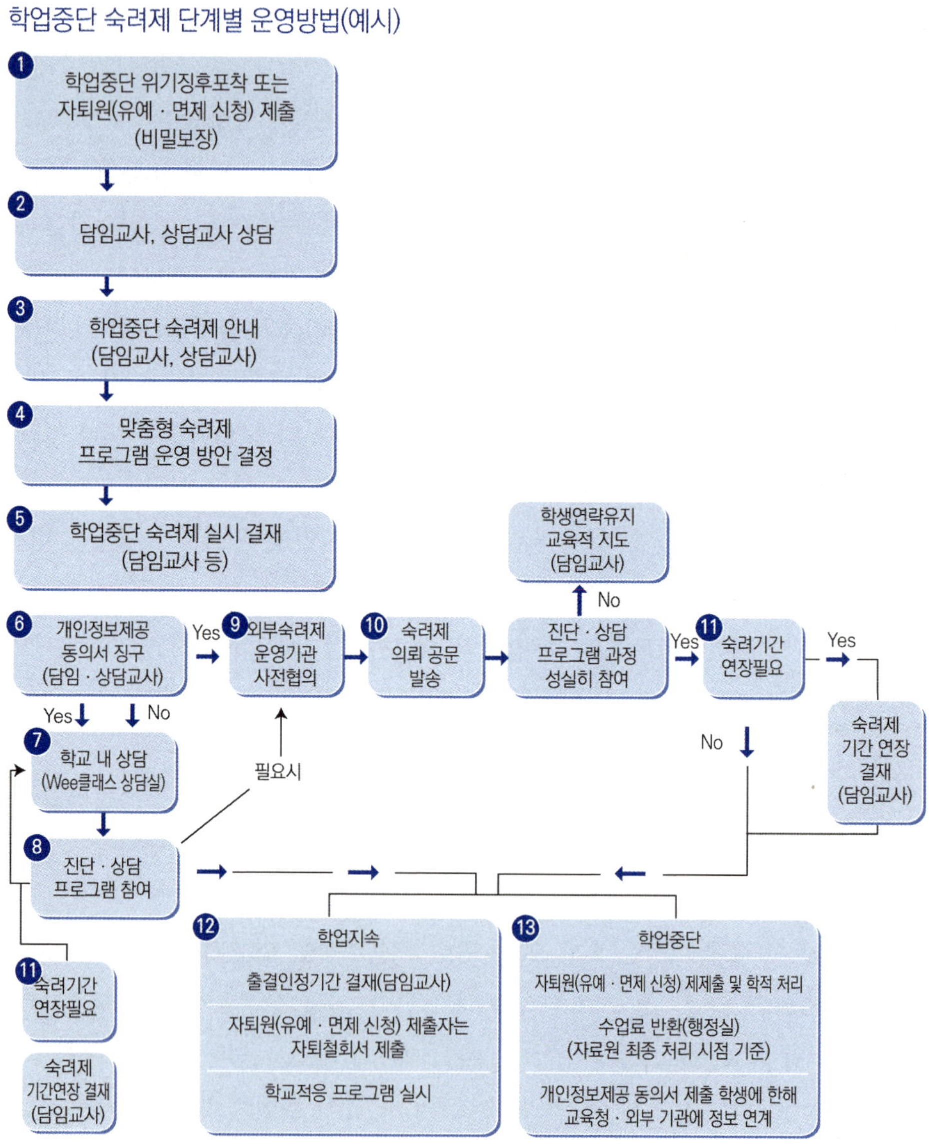

[그림 11-3] 학업중단 숙려제 단계별 운영방법

출처: 교육부 · 17개 시 · 도교육청 · 학업중단예방 · 대안교육지원센터(2015), p. 82.

학업중단 숙려제 단계별 운영방법은 다음의 [그림 11-3]과 같다. 우선 학업중단 위기징후 포착 또는 자퇴원을 제출하면 담임교사, 상담교사가 상담을 진행한 후 학업중단 숙려제를 안내한다. 개인정보 제공에 동의한 후 학교가 외부 학업중단 숙려제 운영기관과 협의하고, 숙려 기간과 참여할 프로그램을 학생, 학부모와 상의해서 결정한다. 일단 학업중단 숙려제 프로그램이 진행되면, 이후에 학생 상황에 따라 학업중단 숙려제 기간을 연장할 수 있으며, 그동안 학업중단 여부를 숙고한 후 학업지속과 학업중단을 결정한다. 구체적인 운영방법은 시·도교육청별 차이가 있다(교육부·17개 시·도교육청·학업중단예방·대안교육지원센터, 2015).

(3) 숙려제 제공 프로그램

학업중단 숙려제 기간 동안 학생들은 학교 또는 외부 숙려제 프로그램 운영기관들(Wee센터, 학교 밖 청소년지원센터, 청소년상담복지센터 등)에서 학교적응의 어려움이나 학업중단 위기를 극복하는 데 도움을 주는 다양한 프로그램에 참여하게 된다. 학교 및 외부에서 운영되는 학업중단 숙려제의 대표적인 프로그램 사례는 다음의 〈표 11-9〉와 같다.

〈표 11-9〉 학교에서 진행하는 학업중단 숙려제 프로그램(예시)

영역	내용
개인 상담	• 학업중단, 학교부적응의 사유와 학교생활 적응력 확인을 위한 심층 상담 • 정서행동 선별검사에서 위기학생으로 선별된 학생을 위한 맞춤형 지원 제공
학교적응 프로그램	• 학교 주변 둘레길 산책 및 다도를 통한 교사와의 친밀감 향상 • 조별 사제동행을 통해 학생과 교사와의 친밀감 및 소통력 강화 • 악기를 매개체로 숙려제 기간 동안 강습 실시 및 개인 연습을 통해 학교생활에 대한 성취감과 행복감 회복
또래지원	• 대인관계 개선 프로그램 및 마음건강교실 운영

영역	내용
프로그램	• 내성적이고 교우관계에 어려움을 겪는 학생들을 대상으로 요리치료 프로그램을 운영하여 긍정적인 사회적 관계 형성의 기회 제공
멘토링 프로그램	• 저소득가정의 학교 적응향상을 위한 지원이 필요한 학생을 대상으로, 교사가 멘토, 학생이 멘티 역할을 하는 멘토링 프로그램 운영 • 멘토링 관계의 교사-학생이 사제동행 체험학습 실시
진로직업체험 프로그램	• 일반교실에서는 충족할 수 없는 프로그램을 통해 꿈과 끼를 찾을 수 있도록 진로직업체험 프로그램 운영 • 제과 및 제빵, 요리 체험 프로그램 등 • 바리스타 자격증반을 운영하여 직업 기술을 습득하고 직업에 대한 탐색을 할 수 있는 능력 배양

출처: 교육부 · 17개 시 · 도교육청 · 학업중단예방 · 대안교육지원센터(2015), p. 83.

학교에서 진행되는 프로그램은 전문상담교사에 의해 실시되며, 학교 내 대안교실 등을 통해 제공된다. 주요 프로그램은 개인상담, 학교적응 프로그램, 또래지원 프로그램, 멘토링 프로그램, 진로직업체험프로그램 등 다양하다.

외부 숙려제 프로그램은 대상의 특성에 따라 선정된 운영기관과 협의하에 개인상담, 부모상담, 심리검사, 진로직업체험, 정보제공, 응급의료지원 등을 진행한다.

〈표 11-10〉 외부에서 진행되는 학업중단 숙려제 프로그램(예시)

프로그램명	구성 및 내용
개인상담 · 부모상담	• 학부모와 동반하여 상담을 받도록 하여 학교부적응에 대한 교내외 다양한 원인 탐색 – 인생의 목적을 구체화하기 위해 진로탐색 검사 실시 – 진로 검사결과 토대로 꿈에 대해 확신을 가질 수 있도록 조언 제공
심리 검사	• 개인의 심리 평가에 필요한 검사 실시 – 교우관계도, – 우울척도 – 성격유형검사, – MMTIC, – Holland 검사
진로직업 체험	• 다양한 직업인과 만나고 실무를 체험해보면서 진로탐색 및 다양한 직업 정보 제공의 기회 제공

프로그램명	구성 및 내용
정보제공	• 학업복귀 관련 정보 제공 • 취업관련 각종 직업학교, 고용지원센터 연계
기타	• 가정형편이 어려운 학생에 대한 응급의료지원 등

출처: 교육부・17개 시・도교육청・학업중단예방・대안교육지원센터(2015), p. 83.

(4) 성과 및 한계

학업중단 숙려제는 학업중단 예방 차원에서 2013년부터 시행되어 2015년까지 숙려학생 중 다수가 학업을 지속한 것으로 나타났다(김미선, 윤철경, 이민정, 2018). 하지만 2016년에는 학업지속자수가 감소하였고, 시・도 지역마다 숙려제 참여학생의 학업지속 비율에서 지역별 큰 차이를 보였기 때문에 학업중단 숙려제 운영상의 제한점을 개선하고자 운영기관 모니터링을 실시하였다.

학업중단 숙려제는 학업중단 예방 차원에서 실시된 것으로 학업중단 위기학생을 대상으로 학업중단 예방 효과를 보였다. 그러나 학업중단 숙려제는 자퇴의사가 분명한 학생들에게는 학업복귀율이 저조하고, 여전히 일선학교에서 숙려제도에 대한 이해가 부족하며, 숙려제 참여 이후 학생의 학교적응 어려움 등 여러 문제점이 발생되어 이에 대한 보완 필요성이 제기되었다(김미선, 윤철경, 이민정, 2018: 8). 특히, 학업중단 숙려제가 학업복귀에만 초점을 맞추는 것이 아니라 학업중단 청소년을 학교 밖 지원센터 등의 관련 기관에 연계하여 학업중단 이후에도 각종 지원 서비스를 받을 수 있도록 조치할 필요가 있다.

5. 요약

우리나라에서 해마다 평균적으로 약 5만 명 정도의 청소년들이 학교를 떠나고 있다. 학업중단 청소년들이 학교를 그만둔 이후 이행 과정이 명확히 파악되지는 않았지만 학업중단 사유에서 미인정 유학, 대안학교, 취업준비를 하는 경우를 제외하고 부적응한 청소년들이 한 해 동안 평균 26,000명 정도가 발생하는 실정이다. 가령 대안학교, 취업준비를 하는 경우에도 검정고시 합격이나 취업 관련 자격 취득으로 학교 밖 청소년들이 당면한 문제가 해결되었다고 볼 수 없다. 학업중단 청소년들은 정서적 안정을 위한 심리상담 지원뿐 아니라 관계 형성을 위한 프로그램 지원, 진로 및 경제적 지원, 교육 등 삶 전반에 걸쳐 국가·사회적 지원이 필요하다.

국가, 사회적으로 학업중단 청소년에 대한 관심과 지원이 부족하다면, 학령기 학업중단 청소년은 개인뿐 아니라 가정, 국가, 사회적으로 취약한 여건에서 문제행동에 관여할 우려가 높다. 실제 조사 결과에 따르면, 학업중단 문제로 범죄가 증가하고, 이에 따른 사회적 비용이 예방 차원의 비용 투입보다 크다는 연구 결과가 제시되었다(이창호 외, 2014).

학업중단의 원인은 단순하지 않으며, 복합적이다. 선행 연구 결과들을 보면, 개인특성 요인, 가정 요인, 학교 요인, 또래 요인, 사회 요인 등으로 구분된다(김범구, 2013). 첫째, 개인특성 요인에는 충동조절 능력 부족, 높은 공격성, 낮은 자아개념, 대인관계 기술부족 등이 있다. 둘째, 가정 요인에는 부적절한 양육태도와 가족 간 대화단절 등의 가족관계와 부모의 교육수준이 낮거나 구조적인 가정 결손 등 가정환경의 열악성이 있다. 셋째, 또래 요인에는 불량친구와 어울리는 것과 또래에 의한 폭력 등 또래관계로 인해 발생되는 문제가 있다. 넷째, 학교 요인에는 개인 요인으로 학업이 싫거나 교사와 잘 지내지 못하고, 무단결석을 반복하는 것과 학교의 특성으로 입시 위주 교육제도, 교칙과 엄격한 처벌체계 등이 있다. 다섯째, 사회 요인으로는 학업중단으로 이끄는 노동시장의 유입력, 자극적인 유해환경, 대중예술 문화활동 참여를 위한 학업중단, 사이버 학습으로 학교교육 대체가 있다.

학업중단 예방 및 보호 대책을 위해서 우리나라에서는 2015년부터 전국적으로 학교 밖 청소년지원센터 꿈드림을 설치·운영하고 있다. 꿈드림센터에서는 상담, 교육, 직업체험 및 교육지원, 자립지원, 건강검진 등 학업중단 청소년의 학업복귀와 사회 진입을 위해 다양한 지원서비스를 제공하고 있다. 그러나 학업중단 이후 청소년들이 꿈드림센터와 연계가 원활하지 않으며, 꿈드림센터 자체에서도 원스톱 서비스를 효과적으로 운영하기에는 인력과 예산이 부족한 실정이다.

학업중단 숙려제는 2013년부터 학업중단 위기에 있는 학생들을 대상으로 학업중단 이전에 숙려 기간을 부여하고, 개별 특성에 따라 각종 상담, 학교 적응, 또래지원, 멘토링, 진로직업체험 프로그램, 각종 정보를 교내외 기관과 연계·제공한다. 학업중단 숙려제가 학업중단 예방 차원에서 학교복귀에 도움이 되었으나 자퇴의사가 부족한 청소년들에게는 학업복귀율이 낮고, 여전히 일선 학교에서도 숙려제도의 절차와 운영에 대한 이해가 부족하다.

학업중단 청소년 발생은 예방 차원에서 학교부적응 요인을 찾아서 학업중단 숙려제와 같은 정책 도입을 통해 학업중단을 예방하는 것이 최선이다. 그러나 학교 환경이 맞지 않거나 학업중단 이후 다른 계획을 갖고 있는 청소년들에게는 학업중단을 막고 학교복귀를 목적으로 하기보다는 학교 밖 청소년지원센터와 같은 지원기관과의 연계를 통해 학업중단 이후에도 각종 지원서비스를 제공받을 수 있도록 하는 것이 효과적이다.

참고문헌

교육부 · 17개 시 · 도교육청 · 학업중단예방 · 대안교육지원센터(2015). 학부모를 위한 학업중단예방 길라잡이. 세종: 교육부 · 학업중단예방 및 대안교육지원센터.

꿈드림 홈페이지 http://www.kdream.or.kr에서 2020년 1월 30일 인출.

금명자(2008). 우리나라 학업중단청소년에 대한 이해. 한국심리학회지: 사회문제, 14(1), 299-317.

김미선, 윤철경, 이민정(2018). 2017년 학업중단 숙려제 운영기관 모니터링 결과보고서. 한국청소년정책연구원 연구보고서.

김범구(2013). 잠재계층분석(LCA)을 이용한 학업중단 청소년의 유형과 심리사회적 특성 연구. 명지대학교 대학원 박사학위논문.

김성기(2009). 초 · 중등학생의 학업중단 현황과 대책. 학업중단 청소년의 실태와 지원방안 모색. 국회의원 정미경 정책 토론회 자료집, 6-22.

김성기, 정제영, 정예화(2016). 노원구 학업중단예방 사업성과 분석 및 대책 연구. 협성대학교 산학협력단 연구보고서.

남기곤(2011). 고등학교 단계 학업 중단의 경제적 효과 추정. 서강경제논집, 40(3), 63-94.

모경환, 이미리, 김명정(2014). 청소년 문제와 보호. 파주: 교육과학사.

여성가족부 · 한국청소년상담복지개발원(2018). 2018년 학교 밖 청소년 지원사업 청소년지원센터 '꿈드림' 업무 매뉴얼. 부산: 한국청소년상담복지개발원.

오승근(2009). 학업중단 청소년을 위한 국가 정책의 비판적 고찰: 보건복지가족부의 정책을 중심으로. 미래청소년학회지, 6(4), 1-21.

오승근(2018). 학교 밖 청소년 지원을 위한 국가와 지역의 역할. 성남시청소년재단 · 성남학교밖청소년배움터협의회(2018). 차별을 넘어 존중으로!: 성남시 학교 밖 청소년의 더 나은 삶을 위한 방안 모색. 제4회 성남시 청소년정책 포럼 자료집.

오승근 외(2015). 청소년 문제와 보호. 파주: 정민사.

오혜영, 박현진, 공윤정, 김범구(2013). 현장상담자들이 인식한 학업중단청소년의 특성과 개입방향. 청소년학연구, 20(12), 153-179.

오혜영, 지승희, 박현진(2011). 학업중단에서 학업복귀까지의 경험에 관한 연구. 청소년상담연구, 19(2), 125-154.

이창호 외(2014). 학교 밖 청소년 사회적 비용 추계 연구. 한국청소년정책연구원 청소년정책분석평가센터 청소년정책리포트 제3호.

이혜숙, 서은정(2011). 서울시 학업중단 청소년 교육활동 지원방안. 서울시정개발연구원 연구보고서.

초·중등교육법 시행령. 법제처 국가법령정보센터 http://www.law.go.kr에서 2020년 1월 30일 인출.

최상근, 양수경, 남기곤(2010). 학업중단위기 학생의 실태와 지원 방안 연구. 한국교육개발원 연구보고서.

최지연, 김현철(2016). 학업중단 청소년의 특성 및 지원 방안 연구. 청소년학연구, 23(3), 103-132.

학교 밖 청소년 지원에 관한 법률. 법제처 국가법령정보센터 http://www.law.go.kr에서 2020년 1월 30일 인출.

학교폭력예방 및 대책에 관한 법률. 법제처 국가법령정보센터 http://www.law.go.kr에서 2020년 1월 30일 인출.

학업중단예방·대안교육지원센터 홈페이지. https://www.gotoschool.re.kr/contents/ siteMain.do에서 2020년 1월 30일 인출.

한국교육개발원 교육통계센터 홈페이지 http://kess.kedi.re.kr에서 2020년 1월 30일 인출.

제 12 장

청소년 문제행동에 대한 상담

문제행동에 관련된 청소년을 상담을 통해 돕는다는 것은, 청소년과 청소년 문제행동을 상담의 관점에서 바라보는 것을 전제로 한다. 이 장에서는 먼저 인간과 청소년, 그들의 문제와 해결책에 대한 상담의 관점을 정리한 다음 청소년 문제행동 상담의 개념, 과정, 기법에 대해 살펴보고자 한다.

청소년기는 몸, 마음, 관계, 소속 등 여러 차원에서 근본적이고 급격한 변화가 일어나는 시기이다. 이러한 청소년기의 변화는 독립된 개인으로서 행복한 삶을 누리며 타인과 친밀한 관계를 맺고 자신이 속한 공동체에 의미 있는 기여를 하는 성인으로 발달해 가기 위한 필수 과정이다. 그러나 변화에 따르는 기회와 위험을 청소년이 아무런 도움 없이 알아서 대처하는 것은 어려운 일이다. 따라서 청소년들이 자신에게 일어나는 변화를 잘 인식하고 능동적으로 변화 과정을 진행해 가도록 돕는 것은 매우 중요하다.

내담자가 자신의 마음을 주관적, 긍정적, 능동적, 관계적 관점으로 바라보게 되면 내담자는 자신이 처한 문제의 해결책을 자신의 내면에서 발견하여 어려움을 스스로 극복하고 진정한 자신으로 성장해 갈 수 있다는 것이 상담의 핵심적인 신념이다. 문제행동을 하는 청소년과, 문제행동으로 인해 피해를 입은 청소년을 상담을 통해 돕기 위해서는, 상담이 전제하는 관점에서 청소년과 문제행동을 바라보며 청소년이 스스로 어려움을 극복하고 성장해 가도록 돕는 기술을 익혀야 한다.

1. 청소년 문제행동 상담의 이해

문제행동과 관련된 청소년을 상담을 통해 돕기 위해서는 청소년과 그들의 문제행동을 상담의 관점에서 이해하는 자세를 갖추고, 그들에게 적합한 상담 원리와 방법을 활용할 수 있는 능력을 길러야 한다. 이를 위해 먼저 상담의 정의, 전제, 원리에 대해 살펴본 후, 이를 청소년 문제행동 상담에 적용해 보고자 한다.

1) 상담의 이해

상담은 여러 상담 전문가들에 의해 다양하게 정의되어 왔다. 상담의 정의는 제시하는 전문가의 철학적 관점과 이론적 입장에 따라 강조점이나 세부 내용에 차이가 있지만, 상담자와의 긴밀한 인격적 관계를 통해 내담자가 자신의 삶에서 긍정적 변화를 이룰 수 있도록 돕는 활동이라는 내용을 공통적으로 담고 있다.

(1) 상담의 정의

상담은 "도움을 필요로 하는 사람(내담자)이 전문적인 훈련을 받은 사람(상담자)과의 대면관계에서, 생활과제의 해결과 사고, 감정, 행동 측면의 인간적 성장을 위해 노력하는 학습 과정"(이장호, 1995)이라고 정의할 수 있다. 이 정의에서 주어는 '도움을 필요로 하는 사람(내담자)'이다. 이는 로저스(Carl Rogers)가 제시하여 1940년대 이후 상담의 기본 입장이 된 내담자 중심 관점을 충실히 반영한 것이다.

내담자가 상담을 통해 받을 수 있는 도움은 '생활과제의 해결'과 '인간적 성장'이다. 사람들은 자신이 처한 문제 상황을 스스로 처리하지 못할 때 도움이 필요하다고 느낀다. 또한 자신에게 주어진 기회나 가능성을 충분히 살리지 못하는 경우 더욱 만족스러운 삶을 위한 성장을 이루기 위해 도움을 필요로 하기도 한다. 상담의 일차적 목적은 이러한 내담자의 필요를 충족시켜주는 것이다. 즉, 내담자가 자신이 겪는 문제를 효과적으로 해결하도록 돕고, 자신의 기회와 가능성을 실현하는 데 필요한 내면의 성장을 이루도록 돕는 것이다.

그러나 상담의 목적이 당면한 내담자의 필요를 충족하도록 돕는 것에만 국한되지는 않는다. 오히려, 어떤 상황에서든 내담자가 자신의 필요를 스스로 충족할 수 있는 역량을 기르도록 돕는 것이 더 근본적인 상담의 목적이다. 이를 위해 상담자는 내담자가 당면한 어려움을 해소할 수 있도록 도울 뿐 아니라, 그 과정을 통해 문제해결 능력과 내면 성장 기술을 습득하도록 돕는다. 이런 점에서 상담은 '학습 과정'인 것이다. 정리하면, 내담자가 상담 과정에서 학습한 지식과 기술을 활용하여 자신의 삶에서 주도성을 회복함으로써 타인과의 친밀하고 조화로운 관계 속에서 만족스럽고 의미 있게 살아가는 존재가 되도록 돕는 것이 상담의 궁극적인 목적이다.

내담자가 상담을 통해 변화와 성장을 이루기 위해서는 상담자와의 '좋은 관계'가 필수적이다. 내담자와 상담자 사이의 따뜻하고 가까우며 믿음을 주고받는 좋은 관계를 '라포(rapport)'라고 한다. 내담자와 라포를 형성하고 발달시키기 위해 상담자는 내담자를 있는 그대로 존중하고 심정을 공감하며 진실하게 대해야 한다. 그러나 전문적 상담은 '좋은 관계' 자체가 목적이 아니라 그 관계를 활용하여 내담자가 필요로 하는 변화와 성장을 이루는 것이 목적이다. 이를 반영하여 상담 관계를 표현한 용어가 '작업동맹(working alliance)'이다. 전문적 상담은 '변화하려는 내용에 대한 전문가'인 내담자와 '변화에 필요한 과정에 대한 전문가'인 상담자가 동맹 관계를 형성하여 목적 달성을 위해 함께 작업해가는 활동이라는 것이다(Corey, 2017b).

(2) 상담의 전제

상담은 프로이트(Sigmund Freud)가 창시한 정신분석과 파슨스(Frank Parsons)

가 시작한 직업지도 운동에 뿌리를 두고 로저스의 인본주의 상담이론에 기초하여 미국에서 발달하였다(Benjamin Jr., 2016; Blocher, 2000). 20세기 초 파슨스가 시작한 직업지도 운동의 일환으로 윌리엄슨(Edmund Williamson)은 전문가인 상담자가 내담자의 문제를 분석, 종합, 진단하여 문제 해결 방안을 처방하고, 그 내용을 상담을 통해 내담자에게 전달한 후 처방이 효과가 있는지를 평가하여 추수지도하는 상담자 중심의 지시적 상담 모델을 제시하였다(김봉환 등, 2013). 이 모델은 내담자가 당면한 문제의 내용과 원인, 변화의 목표, 해결 방법을 전문가인 상담자만이 판단할 수 있고, 그것을 충실히 따라야만 내담자에게 바람직한 변화가 가능하다는 신념을 바탕으로 한다. 여기에는 내담자란 스스로 자신의 문제를 파악할 능력이 없는 존재, 자신에게 바람직한 목표를 스스로 선택할 권리가 없는 존재, 자신에게 필요한 변화를 이루어낼 역량과 자원이 없는 존재라는 관점이 전제되어 있다.

이러한 전제하에서는 내담자의 변화와 성장을 제대로 도울 수 없다는 신념을 바탕으로 로저스는 윌리엄슨의 지시적 상담을 비판하며 비지시적 상담을 주창하였다. 이후 전문적 상담은 인간의 존재와 마음에 대해 몇 가지 신념을 전제하고 있는데, 그 핵심이 주관성, 긍정성, 능동성, 관계성이다(유성경, 2018; Geldard & Geldard, 2015).

① 주관성

상담은 각 사람에게 자신만의 고유하고 주관적인 마음이 존재한다는 신념을 기반으로 한다. 이 신념을 굳이 언급할 필요가 없는 당연한 것이라고 볼 수도 있으나, '실증 가능한 객관적 사실만을 근거로 인간을 이해해야 한다'는 신념에 투철했던 행동주의가 과학적 심리학 태동 이후 50년 이상 심리학계의 주도권을 행사했던 역사를 생각할 때, 다시 한 번 분명히 할 필요가 있는 핵심적 신념이라고 본다. 상담에서 내담자를 자신의 삶의 주도권을 가진 존재로 인정하고 존중하는 근거가 되는 것이 주관성에 대한 신념이다.

이러한 신념의 출발점은 현상학의 선구자인 브렌타노(Franz Brentano)의 철학이다. 마음의 핵심을 '지향성(intentionality)'이라고 본 브렌타노의 관점은 프로이트의 정신분석 이론에 영향을 미쳤고(Patton & Meara, 1992; 김덕영, 2009), 로저스의 인간중심상담 이론의 철학적 근거가 되었다(Woody & Viney, 2017).

② 긍정성

상담은 마음의 본질이 긍정적이라고 전제한다. 인간의 내면에는 즐거움과 만족, 자유와 독립, 존중과 사랑, 조화로운 공동체에 대한 본성적 욕구가 있고, 고유한 취향과 재능을 발견하고 실현하여 자신과 공동체에 기여하는 의미 있는 삶을 살고자 하는 타고난 경향이 있다. 내면의 욕구와 경향에 부합되는 경험을 할 때 만족감과 행복을 느끼고, 그렇지 않을 때 고통과 불만, 불안을 느낀다.

타고난 긍정적 본성을 전제한다는 것이 인간의 마음을 전적으로 긍정적이라고 본다는 의미는 아니다. 인간 내면의 파괴적이고 충동적인 성향, 극단적이고 비하적이며 파국적인 사고 경향 등으로 인해 스스로 문제를 유발하는 면도 있고, 부정적인 환경으로 인해 긍정적인 본성이 온전히 발현되지 못하게 되는 면도 있다(Corey, 2017a). 그러나 상담에서는 내면에 존재하는 긍정적 본성을 인정하고 그 힘으로 내면과 환경의 부정적인 측면에 맞설 때 문제에서 벗어나 진정한 자신을 회복하고 실현할 수 있음을 믿는다.

③ 능동성

상담은 마음의 본질이 능동적이라고 전제한다. 인간은 주변 환경에 수동적으로 반응하여 만들어져가는 존재가 아니라 타고난 욕구와 경향에 따라 외부 세계를 이해하고 해석하는 주관적 틀을 만들어내는 존재이다. 그렇게 만든 틀을 바탕으로 자신의 타고난 욕구와 경향을 실현하기 위해 효과적이라고 판단되는 방법을 선택하여 다양한 시도를 한다. 그러한 시도가 외부 환경이나 내면 틀의 한계 때문에 좌절되어 고통과 불만, 불안이 느껴지는 경우에도, 자신을 상황에 의해 만들어진 피해자가 아니라 변화와 성장의 주체로 인식하여 문제를 주도적으로 해결할 수 있는 능력이 마음 안에 있다(Ryan & Deci, 2017).

④ 관계성

상담은 인격적 관계를 통해 자신과 타인의 마음이 영향을 주고받는다고 전제한다. 인간은 의미 있는 타인과 친밀하고 솔직한 관계를 통해 서로의 내면을 공유하고, 그 과정에서 위로, 지지, 격려를 주고받으며 자신과 타인의 내면에 대한 깊은 이해와 통찰을 통해 성장하고자 하는 본성적 욕구를 가지고 있다. 또한 조화로운 공동체에 소속되어 구성원들과 공동체 전체에 기여하는 존재가 되고자 하는 타고난 경향이 있다. 더 근본적으로는 깊은 내면에서 궁극적 존재와 합일하려는 자기 초월적 성향을 가지고 있다.

이러한 욕구와 성향이 충족되는 관계 경험을 통해 인간은 주관적, 긍정적, 능동적인 존재로 발달해 갈 수 있고, 문제를 극복하는 힘을 얻을 수 있다. 반대로, 관계 욕구가 좌절되어 본성의 발현이 방해받게 되면 객관적, 부정적, 수동적인 존재로 자신과 타인을 대하며 문제에 빠져 벗어나지 못하는 상태가 된다(Yalom, 2005).

(3) 상담의 기본 원리

위와 같은 전제를 바탕으로 상담이 적절하게 이해되고 실천되는 데 필요한 기본 원리로 자기결정, 수용, 무비판적 태도, 감정 표현과 관여, 비밀보장, 개별화를 들 수 있다(이수연, 2017).

① 자기결정

상담에서는 내담자의 삶의 주도권이 내담자 자신에게 있다고 본다. 자기에게 가치롭고 의미 있는 것이 무엇인지, 그것을 언제 어떻게 추구할 것인지를 판단하여 궁극적인 선택을 할 수 있고 해야 하는 유일한 주체는 내담자 자신이다. 따라서 상담자는 내담자를 자신의 삶에 대해 최종 결정권을 가진 존재로 존중해 주어야 한다. 내담자와 상담자가 생각하는 바가 다른 경우 상담자는 상담자 자신의 생각을 내담자가 하나의 의견으로 참고하도록 제시할 수 있지만, 궁극적인 선택과 결정은 내담자가 스스로 하도록 도와야 한다.

② 수용

상담자는 자기결정의 원리에 따라 내담자를 존중하기 위해 내담자의 생각, 감정, 태도 행동을 있는 그대로 받아들여야 하며, 이러한 자세를 따뜻하고 친절한 언어적, 비언어적 표현을 통해 내담자에게 전달해야 한다. 내담자의 의견과 다른 생각을 전달하거나 내담자의 변화 성장 과정에 대해 도전하고 직면하는 경우에도 온화하고 허용적인 태도를 유지해야 한다.

③ 무비판적 태도

상담자가 내담자를 있는 그대로 존중하고 수용하기 위해서는 내담자의 태도와 행동을 상담자 자신의 기준으로 평가하거나 판단하지 않아야 하며, 상담자에 대해 표현하는 적대적인 감정과 부정적인 평가에 대해서도 비난하거나 방어하지 않고 내담자의 입장에서 이해하고 인정해야 한다. 내담자가 자신에게 필요한 변화와 성장의 과정을 잘 진행해가도록 돕기 위해 내담자의 사고, 감정, 행동을 객관적으로 관찰하고 평가해야 하지만, 상담자 자신의 가치기준과 사고틀에 맞추어 판단해서는 안 된다.

④ 감정 표현과 관여

상담자는 내담자가 자기 삶의 주도권을 회복해 갈 수 있도록 돕기 위해 자신의 내면에서 경험되는 다양한 감정을 최대한 표현하도록 격려하고 촉진해야 한다. 인간은 감정을 통해 자신의 내면 상태를 직접 생생하게 경험한다. 감정을 교류하고 공감할 때 타인과의 깊고 친밀한 유대관계가 가능해진다. 감정은 자신의 경험과 생각이 본성적 욕구와 타고난 경향에 부합하는지의 여부를 판단하거나(Rogers, 2009), 자신이 가진 신념의 적절성을 확인할 수 있는(Ellis, 2009) 단서가 된다. 이런 점에서 상담자는 내담자가 자신의 내면에 존재하는 다양한 감정을 있는 그대로 경험하고 존중할 수 있도록 도와야 한다.

⑤ 비밀보장

내담자의 삶의 주도권을 인정하여 무비판적인 태도로 내담자를 수용하는 상담의 원리를 실천하기 위해 상담자는 상담 과정에서 내담자가 제시한 내용에 대해 원칙적으로 철저하게 비밀을 지켜야 한다. 이는 상담관계의 기본인 상담자에 대한 신뢰의 출발점이 된다는 점에서도 중요하다. 상담윤리 기준에 따라 비밀을 보장할 수 없는 경우가 있지만, 이런 경우 반드시 내담자의 사전 동의를 받아야 한다.

⑥ 개별화

전문적 상담은 인간의 내면과 행동에 대한 과학적 이론과 연구 결과에 근거하여 이루어져야 한다. 그러나 상담이 인간 마음의 주관성을 전제로 내담자의 자기결정 원리에 따라 진행되는 활동임을 감안한다면 상담자는 과학자로서뿐 아니라 실천가로서 상담에 임해야 하므로 내담자 각자의 고유한 개성과 개인차를 존중해야 한다. 이를 위해 상담자는 상담 과정에서 매 순간 자신과 내담자의 주관적 실존에 집중하여 상담을 진행해야 한다(유성경, 2018).

2) 청소년상담의 이해

청소년상담은 위에서 제시한 상담의 전제와 원리에 근거하여 이루어지기는 하지만, 청소년기의 특성과 발달 과업, 주된 문제의 성격 등의 차이로 인해 아동이나 성인을 대상으로 하는 상담과 구별되는 면이 있다(Geldard & Geldard, 2015).

(1) 청소년상담

청소년상담은 "청소년 및 청소년 관련인과 청소년 관련 기관을 대상으로 직접 봉사, 자문활동, 매체를 통하여 청소년의 바람직한 발달 및 성장을 추구하는 활동"으로 정의된다(박재황 등, 1993). 청소년상담의 목적은 정신건강상의 문제나 부적응, 문제행동 등 청소년이 경험하는 문제를 해결하는 것뿐 아니라, 청소년기에 겪게 되는 급격한 신체, 심리, 사회적 변화에 적절히 대처하도록 돕고, 정체감 확립과 진로 설정 등 청소년기 발달 과업을 효과적으로 달성할 수 있도록 돕는 것을 포함한다. 이를 위해 청소년의 내면의 변화와 성장뿐 아니라, 적절한 발달을 저해하거나 위기를 유발하는 열악하고 유해한 환경도 청소년상담의 관심 영역에 포함된다. 청소년을 유해한 환경으로부터 보호하는 전문적인 노력은 청소년 복지와 보호 분야에서 담당하지만, 청소년이 환경으로부터 받는 영향을 인식하고 자신의 내면의 힘을 사용하여 능동적으로 대처하도록 돕기 위해 청소년상담에서도 청소년을 둘러싼 환경에 관심을 가져야 한다.

청소년기에는 부모, 형제, 또래, 교사, 청소년 지도자, 종교 지도자 등 주위 사람들의 영향을 많이 받게 되고, 가정뿐 아니라 학교, 청소년기관, 종교기관, 청소년 고용업체 등 참여하는 영역이 확대된다(Bronfenbrenner, 1995). 따라서 청소년 내담자와 관련 있는 개인 및 조직 구성원들을 대상으로 하는 상담, 교육, 자문 등도 청소년상담의 범주에 포함하는 것이 필요하다. 또한 청소년의 자기중심적 인지 특성, 독립에 대한 욕구와 비판적 사고 능력의 증대로 인한 상담 참여의 소극성과 비자발성, 인터넷과 스마트폰 등 기술 발전에 따른 소통 방식의 변화 등을 감안하여 매체상담, 집단 활동 등 다양한 상담 방식을 활용할 필요가 있다.

(2) 청소년 내담자

청소년 내담자는, 모든 인간이 그러하듯, 고유하고 주관적인 마음을 가진 존재이다. 그 마음의 본질적 속성은 긍정적이어서 생존, 안전, 인정, 존중, 자기실현 등 내면의 욕구가 충족될 때 만족감을 경험하며, 충족되지 않을 때 불만과 불안을 느낀다. 자신이 어떤 존재인지 발견하여 그것을 실현하고 싶어 하며, 내면의 욕구를 충족하고자 계획을 세워 노력하고, 욕구 좌절로 인한 불만과 불안으로부터 자신을 보호하기 위해 애쓰는 존재다.

동시에 청소년 내담자는 의미 있는 타인과 친밀하고 솔직한 관계를 통해 서로의 내면을 공유하고 싶어 하고, 그 과정에서 위로, 지지, 격려를 주고받으며 자신과 타인의 내면에 대한 깊은 이해와 통찰을 통해 성장하고자 하는 본성적 욕구를 가지고 있다. 또한 조화로운 공동체에 소속되어 구성원들과 공동체 전체에 기여하는 존재가 되고자 하는 욕구와, 자기를 초월하여 궁극적인 존재와 합일하고자 하는 깊은 내면의 욕구를 가진 존재이다.

청소년 내담자는 아동에서 성인으로 이행해 가는 과정에서 신체, 정서, 인지, 관계, 사회, 도덕, 영성 등 다양한 측면의 발달과 변화로 인해 크고 작은 위기를 경험한다(Geldard & Geldard, 2015). 이 과정에서 자아정체감 형성을 통해 자기가 누구인지 이해하고, 자신의 삶의 의미와 가치를 발견하여 주도적으로 방향을 설정하며, 그에 따라 자신의 고유한 가능성과 잠재력을 실현해 가는 개별적 존재로 발달해 간다. 이러한 발달은 가족과 사회 속에서 자신의 자리를 찾아 통합되어 가는 사회화 과정과 함께 진행된다. 부모에게 의존하던 아동기의 가족관계에서 분리되어 독립적인 성인으로 성장하면서 또래의 기대와 사회의 규범에 부응할 것을 요구받게 된다.

청소년 내담자는 개별적 존재로 자신의 정체성을 확보하는 것과 공동체의 일원으로 통합을 이루는 것 사이에서 균형을 잡고 적응해 가는 과정에서 혼란과 갈등을 경험할 수 있는데, 이에 적절히 대처하지 못할 경우 발달이 지체되고 사고, 감정, 행동상의 부적응 상태에 빠지게 된다.

청소년 개인의 기질적 특성, 취약한 위기 대처 및 스트레스 관리 능력, 자기중심적 사고, 사회적 압력에 대한 낮은 저항력, 초기 아동기 애착 형성 과정의 어려움, 학대나 사고 등으로 인한 정신적 외상 등이 위기에 대처하는 것을 어렵게 하는 내적 요인이다. 이러한 내적 요인들은 가족, 학교, 지역사회, 문화, 종교, 국가, 세계 등 다양한 환경 요인과 상호 영향을 주고받으며 유지되거나 변화된다(Bronfenbrenner, 1995). 청소년상담은 이러한 내적 요인들로 인한 어려움을 청소년이 잘 극복하고 성장해 갈 수 있도록 돕는 활동이다.

(3) 청소년상담자의 역량

청소년을 대상으로 전문적인 상담 서비스를 제공하는 상담자는 청소년 내담자를 고유하고 긍정적이며 능동적이고 관계적인 존재로 바라보는 관점을 가져야 한다. 이를 바탕으로 청소년 내담자를 그 존재 자체로 존중하고 공감하여 진솔한 인격적 관계를 맺을 수 있어야 하며, 상담 과정에서 청소년 내담자의 자율성, 개별성, 주도성을 최대한 보장해 줄 수 있어야 한다. 청소년 내담자의 태도와 행동이 일관되지 않고 변화무쌍하며 독단적이거나 경솔한 경우에도 그것을 청소년기의 정상적인 상태로 인정하고 받아들여 줄 수 있어야 한다. 이를 위해 상담 진행을 유연하고 융통성 있게 할 수 있어야 한다.

청소년상담자는 청소년의 발달 특성, 청소년을 둘러싼 사회 문화 환경, 청소년 관련인과 관련 기관, 청소년 문제의 현황과 관련 정책 등에 대해서도 깊이 이해하여 상담에 활용해야 한다. 또한 부모나 교사에 의해 억지로 상담에 온 반항적인 청소년 내담자에게 상담에 능동적으로 참여하도록 동기를 부여하고 라포를 바탕으로 작업동맹 관계를 맺는 능력을 갖춰야 한다.

(4) 청소년상담자의 윤리

상담자는 전문가로서 책임감 있게 행동하고 내담자와 자신을 보호하며 사회에 기여하기 위해 상담 윤리 규준을 준수해야 한다. 한국청소년상담복지개발원은 청소년상담사가 지켜야 하는 윤리강령을 제시하고 있다. 청소년상담사 윤리강령의 구체적인 내용은 한국청소년상담복지개발원 홈페이지 내 청소년상담사 사이트(https://www.youthcounselor.or.kr)에서 확인할 수 있다. 청소년상담자가 따라야 하는 상담 윤리의 일반 원칙을 Hill(2012)이 정리한 여섯 가지 항목을 중심으로 살펴보면 다음과 같다.

① 자율성

자기 자신이나 다른 사람에게 심각한 위해를 가하는 것이 아니라면 내담자의 선택과 결정을 최대한 존중하여 내담자 자신이 추구하는 것을 이룰 수 있도록 도와야 한다는 것이 자율성(autonomy)의 원칙이다. 내담자의 자율성 존중이 상담 윤리의 핵심인 이유는 인간이 자기 삶의 주도권을 가진 주관적, 긍정적, 능동적 존재라고 보기 때문이다. 문제행동을 하는 청소년의 경우에도 그 추구하는 바가 자신이나 타인에게 크게 해로운 것이 아니라면 그 내용이 무엇이든 존중해 주어야 한다. 내담자가 자신이나 타인에게 해로운 것을 추구한다고 생각되는 경우 상담자는 그런 자신의 생각을 솔직하게 내담자에게 표현하고, 내담자가 자신이 추구하는 것의 의미와 영향력에 대해 충분히 살펴볼 수 있도록 돕는 과정을 진행해야 한다. 이를 통해 내담자가 결국은 내면의 진짜 욕구를 발견하고 추구하게 된다는 것이 상담의 신념이다.

② 선행

내담자의 성장과 발전에 도움이 되기 위해 상담자가 최선을 다해야 한다는 것이 선행(beneficence)의 원칙이다. 선행 원칙의 핵심은 상담자가 자신의 기준이나 이익보다 내담자의 기준과 이익을 우선해야 한다는 것이다. 문제행동을 하는 청소년도 자신의 생존, 발달, 성장, 완성에 필요한 내면의 욕구를 능동적으로 추구하는 경향과 능력이 있고, 좋은 관계를 통해 그것이 발휘될 수 있다는 것이 상담의 신념이다. 이러한 신념을 바탕으로 내담자가 자신의 내면의 참모습을 회복하고 그것을 실현하는 방향으로 성장할 수 있도록 돕기 위해 노력하는 것이 윤리적인 상담자의 의무이다.

③ 무해성

선행의 원칙을 준수하는 상담자라면 내담자에게 해가 되는 행동을 고의로 하는 일은 없을 것이다. 그러나 고의가 아니었다고 해도 무심코 한 행동으로 내담자에게 피해를 주는 일이 발생한다면 이는 무해성(nonmaleficence)의 원리에 위배되는 것이다. 그러므로 상담자는 자신의 언행이 내담자에게 부정적인 영향을 미치지 않는지 세심하게 주의를 기울이고 조심하는 노력을 해야 한다. 문제행동을 하는 청소년 내담자는 상담자에 대해 부정적, 반항적, 거부적인 태도를 갖고 있을 가능성이 높다. 이 경우 상담자의 사소한 부주의가 내담자에게 자신의 태도를 정당화하는 빌미를 제공하여 상담관계 형성과 발달을 저해할 수 있으므로 상담자의 특별한 주의가 필요하다.

④ 공정성

사회적 지위나 소속에 따른 차별과 편견에서 벗어나 상담을 필요로 하는 사람이 공평하게 서비스를 받을 수 있도록 해야 한다는 것이 공정성(justice)의 원칙이다. 이를 위해 상담자는 자신이 서비스를 제공하는 내담자들을 성별, 연령, 종교, 인종, 국적, 성적 지향 등의 이유로 차별하지 말아야 할 뿐 아니라, 경제적 불평등을 해소하기 위해 소득이 낮은 내담자에게 상담료를 경감하는 등의 노력을 해야 한다. 또한 자원봉사, 정책 입안 참여 등을 통해 상담을 필요로 하는 사회적 약자들에게 양질의 서비스가 제공될 수 있도록 하는 데 기여해야 한다.

⑤ 엄수

상담 과정에서 내담자와 한 합의를 성실히 이행함으로써 상담자가 내담자의 신뢰를 저버리지 말아야 한다는 것이 엄수(fidelity)의 원칙이다. 내담자가 상담자를 믿을만한 존재로 보고 친밀한 협력 관계를 발전시키는 것이 내담자의 내면 변화와 성장의 필수 조건이라는 것이 상담의 신념이다. 상담자가 내담자와의 약속을 철저히 지키지 않는다면 내담자가 상담자와의 기본적 신뢰관계를 형성하는 것이 어려워지고 그 결과 효과적인 상담이 이루어질 수 없게 된다.

⑥ 정직

상담자는 내담자를 진실하고 솔직한 태도로 대해야 한다. 선행의 원칙에 따라 내담자에게 도움이 되도록 의도적으로 노력한다고 해서 상담자의 느낌이나 생각 중 내담자가 동의하지 않거나 불편해할 것 같은 부분을 숨기거나 거짓으로 꾸며서 제시해서는 안 된다. 이것이 정직(veracity)의 원칙이다. 내담자가 상담자의 정직성을 의심하게 된다면 내담자의 변화에 필수적인 상담관계 발전이 어려워져 결과적으로 효과적인 상담이 불가능하게 된다.

3) 청소년 문제행동 상담의 이해

문제행동과 관련된 청소년을 상담을 통해 돕고자 한다면 상담의 전제에 충실하게 청소년과 그들의 문제행동을 이해하고 상담의 전제와 원리에 부합하는 방식으로 상담을 진행할 수 있는 전문적 역량과 윤리적 소양을 갖추어야 한다.

(1) 청소년 문제행동

상담에서 자신이나 타인에게 문제가 되는 행동이란, 내면의 본성을 방해하는 환경에 대처하기 위해 노력하는 과정에서 나타나게 되는 부적절한 결과물이다.

상담의 관점에서 문제행동의 근본적인 원인은 본성을 방해하는 부적절한 물리적, 관계적, 사회적 환경 자체가 아니라, 그에 대항하여 자신을 지키고자 노력한 결과물인 내면의 부적응적인 사고와 감정, 그리고 그로 인해 형성된 습관이다. 이는 문제행동의 원인을 유전 생리적 요인에서 찾는 의학의 관점이나 사회 문화 환경 요인에서 찾는 사회학의 관점과는 근본적으로 다른 입장이다.

상담의 관점에서 청소년 내담자가 보이는 소극적, 수동적, 반항적, 공격적, 파괴적인 태도와 행동은 주관적, 긍정적, 능동적, 관계적인 존재로서의 본성이 환경에 의해 억압되거나 왜곡되는 상황에서 청소년 내담자가 자신을 보호하기 위해 기울인 노력이 자신과 타인에게 부정적인 결과를 초래하게 된 상태인 것이다.

(2) 청소년 문제행동 상담

청소년 문제행동 상담은 앞서 살펴본 상담의 전제와 원리에 근거한다는 점에서 다른 상담 영역과 차이가 없지만, 문제행동과 관련된 청소년의 심리 특성, 그들이 속한 사회 문화적 환경, 청소년 문제행동의 원인과 현황 등에 대한 과학적인 이해를 바탕으로 문제행동과 관련된 청소년을 돕기 위해 특화된 전문적인 활동이라는 점에서 차이가 난다.

문제행동에 연루된 청소년을 위한 회복과 치유를 위한 상담뿐 아니라 문제행동에 연루될 가능성이 있는 청소년을 위한 예방과 회복력 강화를 위한 상담, 문제행동과 관련된 청소년의 가족, 친구, 교사, 지도자 등 관련인과 학교, 청소년 기관, 복지 기관, 의료 기관, 종교 기관, 법 집행 및 교정 기관, 행정 및 입법 기관 등 관련 기관 종사자들을 대상으로 한 교육과 자문 활동 등도 청소년 문제행동 상담 영역에 해당된다.

2. 청소년 문제행동 상담 기법

문제행동과 관련된 청소년을 전문적 상담을 통해 돕기 위해서는 먼저 청소년 내담자가 자기 자신을 제대로 알고 있는 그대로 받아들이고 존중하도록 도와야 한다. 구체적으로, 그 청소년이 자신의 내면에 초점을 맞춰 고유하고 긍정적이고 능동적이며 관계적인 존재라는 것, 자신의 문제행동이 과거와 현재의 부적절한 환경에 맞서 자신을 보호하고자 하는 노력의 결과물이라는 것, 그 결과물이 자신의 의도와 달리 자신과 타인에게 고통을 유발하고 있다는 것을 발견하도록 도와야 한다. 이를 바탕으로 청소년 내담자는 자기 삶의 주도권을 회복하고, 문제행동을 통해 부적절하게 진행해 왔던 대응방식을 자신과 타인에게 도움이 되는 방식으로 바꿀 수 있다(Dishion & Kavanagh, 2007).

이번 장에서는 내담자의 자기이해를 돕기 위해 전문적인 상담에서 사용하는 기본 기법을 먼저 다룬 후 청소년이 자신의 문제행동을 변화시키거나 예방하도록 돕는 기법 몇 가지를 제시하고자 한다.

1) 기본 기법

내담자의 자기이해를 돕는 기법으로는 주의 집중, 능동적 경청, 재진술, 질문, 감정반영 등이 있다. Egan(2003, 2008), Hill(2012), 강갑원(2004) 등이 제시한 내용을 중심으로 기본 기법을 간략히 살펴보면 다음과 같다.

(1) 주의 집중

상담이 진행되는 동안 최선을 다해 내담자와 함께하며 내담자에게 관심을 집중하는 것은 상담자에게 요구되는 기본적인 태도이다. 그러나 내담자가 자신의 내면에 집중하여 진정한 자기를 발견하도록 돕기 위한 기법으로서의 주의 집중은 상담자가 마음으로 내담자에게 집중하고 있다는 것을 내담자가 눈으로 보고 마음으로 실감할 수 있도록 비언어적으로 표현하는 기술을 말한다. 이에 해당하는 다섯 가지 자세와 행동의 영어 앞 자를 따서 'SOLER'로 표현하기도 한다. 비언어적 메시지는 문화권마다 다른 의미를 지닐 수 있기 때문에 획일적으로 사용해서는 안 되지만, 그것을 통해 전달하고자 하는 의미와 이루고자 하는 목적에 초점을 맞춰 충실히 적용하는 것은 중요하다.

'S'는 square의 앞 자로, '내담자를 정면으로 마주 대하기'를 의미한다. 상담자가 내담자를 고유한 인격체로 존중하는 마음으로 자신의 몸의 방향을 내담자의 정면으로 향할 때 내담자는 '상담자가 진지한 관심을 가지고 나를 대하고 있구나.', '나와 함께하며 도움을 주고 싶어 하는구나.' 하는 마음이 들게 되고, '내가 누구이기에 상담자가 이렇게 관심을 갖는 거지?', '이 상담자는 내게 어떤 도움을 주고 싶어 하는 건가?' 하는 궁금함을 가지고 자신에 대해 알아갈 준비를 하게 된다.

반대로 상담자의 몸의 방향이 내담자를 향하지 않으면 내담자는 '상담자가 나에게 별 관심이 없구나.', '나와 함께 있는 것을 좋아하지 않는구나.' 하는 생각을 하게 되어 자신에 대해 알아가고 싶은 마음을 갖기 어려워진다.

'O'는 open의 앞 자로, '내담자에 대해 막힘없는 열린 자세'를 의미한다. 상담자가 자신과 내담자의 긍정성에 대한 믿음을 바탕으로 팔다리를 풀고 내담자와의 사이에 아무것도 두지 않은 열린 상태로 내담자를 대할 때 내담자는 '상담자가 나를 있는 그대로 받아줄 것 같아.', '나에게 무언가를 숨기거나 마음에 없는 소리를 하거나 하지 않고 솔직하게 나를 대해줄 것 같아.' 하는 마음이 들어 자신을 스스로 솔직하게 대하고 상담자에게 있는 그대로 드러낼 용기를 얻게 된다.

반대로 상담자가 팔짱을 끼거나 다리를 꼬는 것, 두꺼운 외투를 입거나 모자를 쓰고 있는 것, 메모용 노트를 무릎에 올려놓고 있거나 테이블을 내담자와의 사이에 두는 것 등과 같이 상담자와 내담자 사이에 무언가가 가로막는 것을 허용할 때 내담자는 상담자가 자신에게 거리감을 갖고 있다거나 자신을 솔직하게 대하고 싶어 하지 않는다는 인상을 받게 되어 자신을 있는 그대로 드러내는 것을 피하게 된다.

'L'은 lean의 앞 자로, '내담자를 향해 몸 기울이기'를 의미한다. 상담자가 내담자의 긍정성과 능동성을 믿고 내담자 쪽을 향해 상체를 약간 기울이게 되면 내담자는 '상담자가 나에 대해 더 많이 알고 싶어 하는구나.', '나에 대해 알면 알수록 더 좋은 것이 드러날 것이라고 믿고 있구나.' 하는 마음이 들어 자신의 내면에 좋은 것들이 있다는 희망을 가지고 자신을 더 많이 알아가고 싶어 하게 된다.

반대로 상담자가 의자 등받이에 자신의 등을 기대어 내담자로부터 멀어지는 자세를 취하게 되면 내담자는 상담자가 자신에게 관심이 없다거나, 함께 있는 것을 지루해한다거나, 자신을 부정적으로 평가하려 한다고 생각하게 되어 자신의 내면을 향한 관심을 스스로 피하고 상담자에게도 숨기고 싶어지게 된다.

'E'는 eye contact의 앞 자로, '내담자와 눈 마주치기'를 의미한다. 상담자가 내담자의 주관성, 긍정성, 능동성을 인정한 상태에서 시선을 내담자와 마주치게 되면 내담자는 상담자가 자신이 하고자 하는 말과 행동을 그 의미와 의도까지 이해하고 싶어 한다는 인상을 받게 되어 자신의 내면에 대해 깊이 살펴보고 드러내고자 하는 마음을 가지게 된다.

반대로 상담자가 내담자의 시선을 피하게 되면 내담자는 상담자가 자신에 대해 무관심하다거나, 자신을 좋게 보지 않는다거나, 자신의 말과 행동이 진실하다고 믿지 않는다고 생각하게 되어 자신을 이해하고 표현하는 데 소극적이 될 수 있다.

상담자가 자신과 내담자에 대한 믿음에 근거하여 내담자와 시선을 마주치는 것은 자신을 방어하거나 내담자를 비난할 목적으로 빤히 쳐다보는 것과는 다르다. 그러나 우리나라 문화에서는 상대방과 눈을 똑바로 오래 마주치는 것은 권위에 대한 도전이나 반항, 또는 질책과 비난의 표현으로 인식되는 경향이 있으므로 상담자의 진심이 드러날 수 있는 방식으로 눈 마주침 자세를 취하는 노력을 할 필요가 있다. 이를 위해 내담자가 상담자의 눈 마주침에 대해 든 생각과 느낌을 확인하고 내담자가 선호하는 눈 마주침 방식을 찾아가는 과정을 진행할 수 있다.

'R'은 relaxed의 앞 자로, '긴장하지 않고 편안하게 내담자 대하기'를 의미한다. 상담자에게 자신과 내담자의 주관성, 긍정성, 능동성, 관계성에 대한 믿음이 확실할 때 상담자는 내담자를 편안하고 자연스러운 말투와 행동으로 대할 수 있다. 이럴 경우 내담자는 상담자가 자신을 잘 도와줄 수 있을 것이라는 신뢰감과 희망을 갖게 되고 편안하게 자신의 내면을 탐색하고 표현할 수 있게 된다.

반대로 상담자가 내담자 앞에서 손톱을 물어뜯거나 다리를 떠는 등 자신이 평소 긴장했을 때 하는 행동을 하게 되면 내담자는 '내가 상담자를 불편하게 하는 게 있나?', '상담자가 감당 못할 정도로 내 문제가 심각한가?', '상담자가 나에게 도움을 줄 만큼 역량이나 자격을 갖추지 못한 건 아닌가?' 등의 생각으로 자신의 내면을 탐색하는 데 집중하지 못하게 된다.

주의 집중 기법은 너무나 기초적인 것이라 연습과 경험을 통해 익히는 과정이 필요 없다고 생각할 수 있다. 반대로, 기법으로 제시된 자세를 상담 과정 내내 충실히 따라야 한다고 생각할 수도 있다. 그러나 주의 집중은 비언어적 행동 자체보다는 그것이 전달하고자 하는 의미와 목적에 초점을 맞추는 것이 중요하다. 충분한 연습과 경험을 통해 주의 집중 자세를 몸에 익힌 다음에는, 상담 장면에서 내담자를 대할 때 나타나는 자신의 몸의 자세를 잘 살펴봄으로써 내담자를 대하는 자신의 마음 자세를 확인하고, 필요할 경우 내담자와 함께 그 의미와 효과를 다루어가는 것이 좋다.

(2) 능동적 경청

상담자는 내담자에게 주의를 집중한 상태에서 내담자가 자신에 대해 드러내는 것들에 대해 잘 이해하는 노력을 해야 한다. 상담 역사 초기에 존재했던 상담자 중심 상담에서도 주의 집중과 경청은 중요했다. 문제 해결의 주도권을 가진 전문가로서 상담자는 내담자의 문제를 정확히 파악하고 진단하여 문제해결에 필요한 처방을 내려주기 위해 내담자의 말에 집중하고 경청했다. 그러나 인간의 마음에 대한 주관적, 긍정적, 능동적, 관계적 관점에 따라 내담자를 자기 삶의 전문가로 존중하는 내담자 중심의 상담에서 주의 집중과 경청 기법은 내담자가 진정한 자신을 발견하도록 돕는 목적으로 사용된다.

이러한 목적에 부합하는 경청 방식이 능동적 경청이다. 능동적 경청이란 내담자가 명시적으로 하는 말을 수동적으로 듣고 이해하는 것을 넘어 내담자가 말하지 않는 것까지도 듣는 기법이다. 내담자가 말하지 않는 것에는 말해야 하지만 말하지 않는 것과, 말이 아닌 방식으로 표현하는 것이 포함된다. 능동적 경청 기법을 통해 상담자는 내담자가 자신을 제대로 이해, 수용, 존중하도록 돕기 위해 어디에 초점을 맞추고 어떤 방법을 동원해야 하는지에 대해 파악할 수 있다.

상담의 관점에서는 내담자가 자신의 관심사에 대해 이야기할 때 '경험', '행동', '정서' 측면의 내용을 모두 제시하는 것이 필요하다. '경험'이란 타인이나 환경으로 인해 자신이 겪게 된 사건이나 상황과 관련된 측면이다. '행동'이란 '경험'과 관련하여 자신이 대응한 것, 대응할 의향은 있었으나 못한 것, 향후에 대응하고자 계획하고 있는 것 등과 관련된 측면이다. '정서'란 '경험'이나 '행동'에 대한 감정과 기분에 관련된 측면이다. 내담자가 말해야 하지만 말하지 않는 것을 듣는다는 것은, '경험', '행동', '정서' 중 내담자가 빠뜨리고 말하지 않는 것이 어떤 측면인지를 상담자가 파악하고 빠뜨린 부분에 대해 내담자가 어떤 이야기를 할 것 같은지 추측해 보는 것을 말한다.

상담을 처음 접해보는 내담자들은 대체로 '경험'에 치중하여 자신의 이야기를 하고 '행동'과 '정서'에 대해서는 말을 잘 하지 않는 경향이 있다. 이는 내담자가 자신을 능동적이고 주관적인 관점에서 자신의 내면에 존재하는 해결책을 스스로 찾아내어 문제를 해결할 수 있는 존재로 인식하지 않고, 수동적이고 객관적인 관점에서 자신을 무기력한 피해자로 인식하여 자신의 상황과 문제를 상담자가 객관적이고 전문적으로 파악하여 그것으로부터 벗어날 수 있는 '처방'을 내려주기를 기대하기 때문이다. 이럴 경우 상담자는 먼저 내담자에게 상담에 대해 제대로 이해할 수 있도록 설명하는 작업을 진행해야 한다. 이를 '내담자 교육'이라고 하는데, 여기에는 상담을 통해 이룰 수 있는 것이 무엇인지, 그것을 위해 상담자와 내담자가 각각 담당해야 하는 역할은 무엇인지 등에 대한 충분한 안내가 포함되어야 한다.

상담자는 내담자가 자신의 '경험'뿐 아니라 '행동'과 '정서'에 대해서도 충분히 인식하도록 돕기 위해 내담자가 말해야 하는데 말하지 않는 부분에 대해 그 내용이 무엇일지 추측해 보아야 한다. 추측한 내용은 상담 과정 중 적절한 시점에 제시하여 내담자가 자기이해를 돕는 단서로 활용하도록 해야 하며, 내담자를 상담자가 이해한 대로 진단하거나 평가하기 위해 사용해서는 안 된다.

(3) 재진술

재진술은 내담자가 제시하는 이야기의 내용이나 의미를 간략하게 다시 표현해 주는 기법이다. 내담자는 대체로 자신의 마음을 객관적, 부정적, 수동적인 관점에서 바라보기 때문에 자신이 말하는 바에 대해 그 근원인 자신의 내면을 충분히 성찰하지 않는 경향이 있다. 상담자는 내담자를 주관적, 긍정적, 능동적 존재로 보는 입장에서 내담자가 제시하는 언어적, 비언어적 메시지에 대해 능동적으로 경청하다가, 내담자가 말을 멈추고 침묵하는 상황이 오면 그동안 내담자가 제시한 내용 중 내담자의 자기이해에 도움이 되겠다고 생각되는 부분에 초점을 맞춰 거울에 비춰주듯 표현해 줄 수 있다. 재진술을 통해 상담의 초점이 내담자가 중요하게 다루고 싶어 하는 주제에 맞춰지도록 돕고, 자신이 한 이야기를 상담자를 통해 다시 들으면서 자신의 내면을 성찰하도록 도우며, 관련된 내용을 더 말하도록 촉진하여 내담자의 자기탐색을 돕는 효과가 있다.

내담자가 말한 것을 다시 표현해준다는 점에서 재진술과 유사하지만 구분되는 것이 요약 기법이다. 재진술은 내담자가 말한 여러 가지 내용들 중 특정 부분을 선택하여 제시하는 것이고, 요약은 회기를 시작하거나 끝낼 때, 또는 한 가지 주제를 마무리할 때 등 전체적인 정리가 필요한 시점에서 그동안 내담자가 제시한 내용들을 전체적으로 정리해주는 것이다. 요약 기법을 적용할 때 먼저 내담자에게 정리를 요청한 후 상담자가 자신이 정리한 내용을 제시하는 방식으로 진행할 수도 있다. 상담자의 반영과 요약을 통해 내담자는 상담자가 자신에게 집중하고 경청한다는 것을 확인함으로써 작업동맹관계를 촉진하는 효과도 있다.

(4) 질문

질문은 내담자가 자신의 '경험' '행동' '정서'에 대해 탐색하여 자신에 대한 이해를 깊이 해가도록 돕기 위해 내담자에게 자신의 내면에 대해 말하도록 요구하는 기법이다. 상담자는 상담이 진행되는 동안 계속해서 능동적 경청 기법을 통해 내담자의 말을 경험, 행동, 정서로 구분하여 들으면서 내담자가 말하는 내용을 이해하는 동시에 빠뜨리는 부분을 파악하는 작업을 해가야 한다. 내담자가 하던 말을 멈추고 침묵 상태에 들어가면, 내담자가 자신의 내면을 성찰하느라 침묵하는 것인지 살펴보고 그렇지 않다는 판단이 섰을 때 질문 기법을 사용할 수 있다.

상담자가 질문 기법을 사용하는 궁극적인 목적은 내담자가 답변을 위해 내면을 탐색하는 과정에서 자신이 주관적이고 긍정적이며 능동적이고 관계적인 존재라는 것을 깨닫도록 돕는 것이다. 내담자의 답변을 통해 상담자가 내담자를 더 잘 이해하는 것이 중요하기는 하지만, 이는 내담자의 자기 탐색을 잘 돕기 위해서일 뿐 상담자가 내담자에게 해결책을 제시하기 위해서가 아니다. 따라서 상담자가 기법으로 제시하는 질문은 상담자 자신이 알고 싶은 것에 초점이 맞춰

져서는 안 되며, 내담자가 하고 싶은 말을 자유롭게 할 수 있도록 그 형태가 개방적이어야 한다. 또한 내담자에게 추궁받는 느낌이 들게 할 수 있는 '왜'라는 표현이나, 여러 개의 질문을 한꺼번에 제시하는 질문 공세는 지양해야 한다.

(5) 감정 반영

감정반영 상담자가 내담자의 언어적, 비언어적 메시지를 능동적으로 경청하는 과정에서 내담자의 심정에 대해 내담자의 입장에서 이해하고 공감한 내용을 간략하게 제시함으로써 내담자의 자기 탐색을 돕는 기법이다. 공감을 '대리 내성(vicarious introspection)'이라고도 하는데, 이는 내담자의 내면의 경험을 상담자가 대신 성찰한다는 의미를 강조한 표현으로, 주관적 존재로서의 내담자가 상담자와의 친밀한 관계를 통해 내면을 공유하는 과정에서 자기 이해를 심화시킬 수 있다는 상담의 관점이 반영된 것이다.

상담자는 내담자가 자신의 심정을 말로 표현할 경우 그에 대해 재진술 해줄 수 있고, 표현하지 않을 경우 능동적 경청 과정에서 내담자의 '정서'에 대해 추측한 내용을 제시할 수 있다. 이를 통해 내담자는 자신의 내면의 경험을 깊이 탐색하여 이해할 뿐 아니라 불편하고 고통스러워 회피했던 감정들을 경험하고 표현할 수 있게 됨으로써 자신의 긍정성과 능동성을 회복하게 된다. 이러한 효과를 이루기 위해 상담자가 내담자의 심정을 '정확히' 추측해야만 하는 것은 아니다. 상담자의 추측이 내담자의 경험과 일치하지 않는다고 해도, 상담자가 내담자에게 집중하고 경청하며 최선을 다해 내면을 이해하고자 하는 자세로 추측한 내용을 제시한다면, 내담자는 상담자가 자신의 내면을 있는 그대로 이해하고 존중하며 수용해주고 있음을 경험하며 상담자와의 깊은 유대감을 발달시킬 수 있고, 이를 바탕으로 진정한 자신을 발견해 갈 수 있다.

2) 청소년 문제행동 상담 프로그램

문제행동에 관련된 청소년 내담자를 돕기에 적합한 다양한 상담 프로그램 중 동기 강화 상담과 회복적 생활지도에 대해 살펴보고자 한다. 문제행동을 보이는 청소년 내담자는 상담에 대한 기대나 변화하고자 하는 동기가 부족한 상태에서 비자발적으로 상담에 참여하는 경우가 많다. 동기 강화 상담은 내면의 변화 동기를 활용하여 내담자가 스스로 변화하도록 돕는 것을 목적으로 한다는 점에서 문제행동 청소년상담에 적합하다(Naar-King & Suarez, 2011).

회복적 생활지도는 비행이나 범죄의 가해자나 피해자가 된 청소년을 기존의 응보적 정의 관점에서 벗어나 회복적 정의 관점에서 돕기 위해 개발되었다. 회복적 생활지도는 가해자의 문제행동으로 인해 발생한 피해를 복구하고 가해자가 문제행동에서 벗어나 건강한 공동체의 일원으로 성장하도록 돕는 것을 강조한다. 가해자 처벌만이 아니라 피해자의 회복과 가해자의 변화를 동시에 추구한다는 점에서 문제행동 청소년상담에서 활용하기에 적합하다(Amstutz & Mullet, 2011).

(1) 동기강화상담

동기강화상담(Motivational Interviewing)은 내담자가 자신의 내면에 존재하는 변화를 향한 동기를 발견하여 스스로 변화를 이루어 가도록 돕기 위해 Miller와 Rollnick(1991)이 개발한 상담 방식이다. 동기강화상담에서는 인간에게 자신의 본성적 성향과 가치에 부합하는 방향으로 삶을 이끌어가고자 하는 타고난 내적 동기가 있다고 본다. 또한 자신의 내면과 행동에 대해 자유롭게 선택할 능력과 권리를 가진 존재로서 자기 삶의 궁극적인 책임을 스스로 지고자 한다고 본다. 동시에 내적 동기에 따라 자신에게 적합한 선택을 해나가는 성숙한 삶을 살기 위해서는 다른 사람들과의 유대관계를 통한 지지와 협력이 필수적이라고 본다. 동기 강화 상담에서는 내담자를 자기 자신에 대한 최고의 전문가로 존중하며, 스스로 변화를 이룰 수 있는 내면의 역량과 자원을 가진 존재로 본다. Naar-King과 Suarez(2011)는 이러한 관점을 자율성(Autonomy), 협동성(Collaboration), 유발성(Evocation)의 앞 글자를 따서 ACE로 제시하고, 이를 실행하는 원리로 '공감 표현하기', '불일치감 증가시키기', '저항과 함께 구르기', '자기 효능감 지지하기'를 제시하였다. '공감 표현하기'는 청소년 내담자가 주관적, 긍정적, 능동적, 관계적 존재이므로 그들의 언어적, 비언어적 표현이 의미 있고 중요하다는 것을 알도록 도와줌으로써 내담자의 내재적 동기를 강화시키는 것이다. '불일치감 증가시키기'는 사회적으로 바람직하다고 여겨지는 가치나 상담자가 추구하는 목표가 아닌, 청소년 내담자 본인이 선택한 가치나 목표에 근거하여 자신의 행동을 스스로 평가하여 불일치하는 부분에 대해 명확히 인식하도록 함으로써 변화하고자 하는 동기를 강화하는 것이다.

'저항과 함께 구르기'는 청소년 내담자가 저항할 때 그에 대해 '멈추기', '내려놓기', '함께 구르기' 전략을 통해 내담자의 관점을 명료화함으로써 저항을 변화의 동력으로 활용하는 것을 말한다. '멈추기'란 내담자가 저항하는 상황이 발생했을 때 그 상황을 있는 그대로 수용하고 긍정적으로 인정하기 위해 저항에 대한 상담자 자신의 인식과 판단을 멈추는 것이다. '내려놓기'란 저항을 멈추도록 하기 위해 상담자가 시도했거나 하고자 하는 일체의 노력을 중지함으로써 청소년 내담자의 능동성을 인정해 주는 것이다. '함께 구르기'는 저항을 청소년 내담자의 입장에서 이해하고 본인의 자율적 선택으로 존중해 주는 것이다. '자기 효능감 지지하기'는 청소년 내담자 자신이 자기 삶에 필요한 변화를 이룰 수 있는 존재라는 것을 인식할 수 있도록 상담자가 내담자의 긍정성과 능동성을 진심으로 믿고 존중해 주는 것을 말한다.

동기강화상담은 ACE 관점과 그에 따른 실행 원리를 기반으로, OARS (Open-ended questions: 열린 질문, Affirmations: 인정하기, Reflective listening: 반영적 경청, Summaries: 요약하기)라는 네 가지 기본 기법을 통해 내담자들이 자신의 사고와 감정을 탐색하고 변화하고자 하는 동기를 발견하도록 돕는다.

이 기법들은 앞서 살펴본 상담의 기본 기법과 유사하므로 다시 다루지 않고, 비자발적인 청소년 내담자를 돕는 데 적용할 수 있는 기법인 '저항 다루기', '변화대화', '결심공약'에 대해 알아보도록 하겠다.

① 저항 다루기

동기강화상담에서는 청소년 내담자의 저항을 정상적인 발달과정에서 나타나는 자연스러운 현상으로 본다. 청소년 내담자가 저항을 표현하는 방식에는 상담 자체나 상담자와의 관계에 대한 거부감을 표현하는 '저항대화', 변화하지 않겠다는 의지를 표현하는 '유지대화', 대화 자체를 거부하는 '저항행동' 등이 있다. 상담자는 내담자의 저항을 최대한 빨리 알아차려야 하고, 알아차린 즉시 '저항과 함께 구르기' 원리에 따라 내담자의 저항을 인정하고 존중하는 자세를 취해야 한다.

이를 바탕으로 상담자는 다양한 유형의 반영 기법을 사용하여 내담자가 자신의 저항 표현을 명확히 인식하고 스스로 변화하고 싶은 이유를 발견할 수 있도록 도와야 한다. 또한 변화는 전적으로 내담자 본인의 선택과 결정에 따른 것임을 강조함으로써 청소년 내담자의 자율성에 대한 욕구를 활용하여 변화를 촉진하는 '통제력 강화하기', 변화하지 않는 것의 장점과 단점에 대해 탐색하도록 돕는 '장점과 단점 말하기', 변화를 위한 대안, 변화 가능성에 대한 기대, 변화에 필요한 정보 등을 제공하여 청소년 내담자의 사고를 재구조화하는 '방향 틀어 동의하기', 저항하고 있는 영역이 아닌 다른 변화 영역에 대해 탐색하도록 방향을 전환하는 '초점 바꾸기' 등의 기법을 사용하여 저항을 다루는 것이 필요하다.

② 변화대화 강화

저항을 효과적으로 다루어 변화에 대한 거부감에서 벗어나게 되면 청소년 내담자는 변화하고 싶다는 소망, 변화 가능성에 대한 인정, 변화에 대한 이유와 필요성 등을 표현하는 '변화대화'를 시작한다. 이때 상담자는 내담자의 변화 동기를 강화하고 변화의 방향과 목표를 분명히 하도록 돕는 작업을 진행해야 한다. 이를 위해 OARS 기법을 적절히 활용하는 것이 필요하다. 또한 청소년 내담자에게 자신의 문제와 관련하여 변화의 중요도, 변화에 대한 자신감, 변화 준비도에 대해 최저 1점부터 최고 10점까지의 척도를 사용하여 스스로 산정해 보도록 한 후 그 점수를 변화대화를 촉진하는 데 활용하는 '척도질문', 변화가 필요한 영역과 관련된 객관적 진단 및 평가 결과를 제시해 주는 '개인 피드백', 관련된 인구사회학적 규준 비교 자료를 제공해 주는 '규범화된 표준 피드백' 등을 통해 변화대화를 강화하는 것이 중요하다.

③ 결심공약 강화와 실행 촉진

'저항 다루기'와 '변화대화 강화'를 통해 청소년 내담자가 저항을 멈추고 변화동기를 발견하도록 도운 다음 상담자는 내담자가 자신의 가치와 목적에 부합하는 긍정적 변화를 이루어가도록 촉진해야 한다. '변화대화'가 충분히 강화되면 청소년 내담자는 변화와 관련된 특정 행동을 반드시 해내겠다는 다짐과 약속을 표현하는 '결심공약'을 제시한다. 상담자는 이를 포착하여 OARS 기법을 통해 강화해야 한다.

'결심공약'이 충분히 강화되어 내담자가 스스로 변화할 준비가 되면 상담자는 요약 기법(Summaries)을 사용하여 내담자가 변화에 대해 가졌던 양가감정을 되돌아보고 자신의 '결심공약'을 다시 한 번 확인한 후, 열린 질문 기법(Open-ended questions)을 통해 청소년 내담자가 자신이 실천할 수 있는 구체적인 변화 계획을 세울 수 있도록 돕는 작업을 진행한다.

변화계획 수립은 '목표 설정', '목표달성 단계 설정', '목표달성 이유 검토', '잠재적 장애물 확인', '장애물 극복 방안 선정'의 단계로 진행된다. 각 단계는 순차적으로 진행되거나 한번에 완수될 수 있는 것은 아니다. 상담자의 변화에 대한 열정이 지나쳐 내담자의 진행 속도보다 빠르게 변화를 도우려 할 경우, 청소년 내담자의 저항이 다시 나타나게 될 가능성이 높아지게 된다. 따라서 상담자는 청소년 내담자의 준비도와 진행 속도에 맞추어 최대한 내담자의 주도성과 자율성을 존중하는 방식으로 동기강화 상담을 진행하여야 한다.

(2) 회복적 생활지도

청소년 문제행동에 대한 전형적인 대처 방식은 문제를 일으킨 청소년에게 문제에 상응하는 처벌을 가하여 문제에 대한 책임을 지우고 더 이상의 문제행동을 못하도록 하는 것이다. 이러한 방식은 청소년의 문제행동을 억제하는 데 어느 정도 효과가 있기는 하지만, 청소년이 문제 상태에서 벗어나 바람직한 행동을 하는 상태로 변화하도록 돕는 데는 한계가 있다. 또한, 청소년이 타인의 권리를 침해하는 문제행동을 했을 경우 가해자의 처벌에만 초점을 맞춘 대처 방식으로는 피해자의 피해를 회복하고 가해자와 피해자가 속한 공동체의 유대를 복구하는 노력은 소홀하게 된다. 이와 같은 한계를 극복하기 위한 대안으로 회복적 생활지도(Restorative Discipline)가 등장하였다(Amstutz & Mullet, 2011).

회복적 생활지도는 관심의 초점을 문제행동을 일으킨 가해 청소년이 아니라 문제행동으로 인한 피해와 피해자에게 맞춘다. 문제행동으로 인해 피해자가 받은 영향이 무엇인지 피해자의 입장에서 이해하고, 피해자의 회복과 공동체의 복구를 위해 가해자는 어떤 책임을 져야 하는지, 가해자와 피해자를 포함한 공동체 구성원 전체의 회복을 위해 각 구성원들은 어떤 노력을 할 수 있는지에 관심을 둔다. 회복적 생활지도는 청소년의 문제행동과 관련된 공동체의 구성원 모두의 회복을 목표로 도움을 제공한다. 피해자에 대해서는, 자신이 입은 피해가 무엇인지, 그로 인해 어떤 고통과 어려움을 겪었는지, 피해로 인한 고통과 어려움에서 벗어나기 위해 필요로 하는 것이 무엇인지 표현하도록 돕는다. 가해 청소년에 대해서는, 자신이 한 행동이 무엇인지, 그 행동을 할 때 어떤 생각과 느낌이 들었는지, 자신의 행동으로 피해자가 겪은 고통에 대해 어떤 심정이 드는지, 자신이 한 행동에 대해 어떻게 책임을 지고자 하는지 표현하도록 돕는다. 공동체 구성원들에 대해서는, 피해자와 가해자의 말을 듣고 피해자의 회복과 가해자의 책임 수행, 그리고 공동체의 복구에 어떻게 기여할 수 있을지에 대해 표현하도록 관련된 공동체 구성원들을 돕는 것을 통해 가해자와 피해자 각자의 내면 성장뿐 아니라 관계와 공동체의 회복을 도모한다(Boyes-Watson & Pranis, 2018).

Morison, Blood, Thorsborne(2005)은 회복적 생활지도 실천의 3단계 위계 모델에서 '공동체성 강화 단계', '공동체성 보수 단계', '공동체성 재건 단계'를 제시하였다. '공동체성 강화 단계'는 청소년이 속한 집단의 구성원 전체를 대상으로 공동체의 결속을 다지고 평화를 추구하는 문화 환경을 형성하는 단계이다. '공동체성 보수 단계'는 청소년의 문제행동으로 인해 발생한 갈등 상황 중 구성원들이 경미한 수준의 갈등에 대해 자체적으로 회복적 정의의 방식으로 해결을 진행하는 단계이다. '공동체성 재건 단계'는 공동체의 안전을 위협하는 수준의 심각한 갈등에 대해 회복적 생활지도 전문가의 도움을 받아 문제를 해결하는 단계이다(Riestenberg, 2013).

'공동체성 강화 단계'와 '공동체성 보수 단계'는 청소년 문제행동을 예방하고 회복하는 데 필요한 생태적 환경 기반 조성에 관련된 것이므로 구체적으로 다루지 않고, '공동체성 재건 단계'에서 상담자가 사용하는 기법 중 '비폭력 대화'와 '회복적 서클'에 대해 알아보도록 하겠다.

① 비폭력 대화

비폭력 대화(Non Violent Communication)는 자신과 상대방을 존중하며 내면의 감정과 욕구를 소통하도록 돕기 위해 Rosenberg(2004)가 개발한 대화방식이다. 비폭력 대화는 다음의 네 단계로 이루어진다. 먼저, 실제로 일어나고 있는 상황 자체를 객관적으로 관찰하여 그것에 대한 평가나 판단, 해석을 배제하고 관찰한 그대로 묘사한다. 다음으로, 묘사한 상황과 관련된 자신의 느낌을 파악하여 감정을 싣지 않은 채로 관찰한 감정에 해당하는 단어를 제시한다. 그다음 자신이 느낀 감정과 연관된 내면의 욕구가 무엇인지 살펴보아 그것을 말로 표현한다. 마지막으로, 자신의 상황 이해, 감정, 욕구와 관련하여 상대방에게 기대하는 바를 구체적으로 말한다.

비폭력 대화는 일상에서 평화 감수성을 높임으로써 인간관계에서 발생하는 갈등을 예방하고 사람들 사이에 조화로운 관계를 발전시켜 공동체의 결속을 다지는 기능을 할 수 있다. 이를 통해 청소년이 생활하는 사회적 환경을 좀 더 안전하고 평화로운 곳으로 만들어 가는 데 유용하다. 비폭력 대화 기법을 청소년들 사이의 갈등 상황에 다음과 같이 적용해 볼 수 있다. 상담자는 갈등하고 있는 청소년들을 함께 불러 비폭력 대화에 대해 설명하고 참여를 권유한다. 참여에 동의한 청소년들에게 비폭력 대화의 방식을 안내한 후, 서로의 생각과 느낌, 욕구와 기대를 단계적으로 표현할 수 있도록 돕는다. 상담자는 각 참여자에게 상대방을 평가하거나 비판하지 말고 갈등이 벌어진 상황에서 상대방의 행동에 대해 관찰한 대로 이야기하도록 한다. 참여자 모두가 갈등 상황에 대해 자신이 관찰한 바를 충분히 표현했다는 것이 확인되면 그와 관련하여 어떤 감정을 경험했는지, 그리고 그런 감정이 들게 된 자신의 욕구는 무엇인지를 각자 살펴보고 말하도록 한다. 다음으로 상담자는 각각의 참여자에게 누구를 상대로 어떤 기대가 있는지를 살펴보게 한 후 그것을 상대방에게 말하도록 하고, 그 기대에 대해 어떻게 반응하고 싶은지를 상대 청소년이 표현할 수 있도록 돕는다.

비폭력 대화를 진행하도록 돕는 상담자는 갈등의 당사자인 청소년들을 자신이나 사회의 가치 기준에 따라 평가하거나 판단하지 말아야 한다. 또한 비폭력 대화에 참여하는 청소년들을 서로 비교하거나 다른 청소년들과 비교해서도 안 된다. 책임을 부인해서는 안 된다. 책임을 부인하는 것은 우리 각자가 자신의 생각, 느낌, 행동에 책임이 있다는 의식을 흐리게 하고, 자신의 행동과 느낌, 생각에 대한 책임을 깨닫지 못하면 위험하게 된다. 또한 자기가 원하는 것을 다른 사람에게 강요해서는 안 된다. 강요하는 것으로는 목적을 달성할 수 없기 때문이다.

회복적 생활교육에서는 이러한 대화방식을 적용하여 문제행동 청소년과 피해자, 그들이 속한 공동체의 구성원들이 함께 갈등을 해소하고 피해를 회복하는 과정을 진행한다. 이 과정을 구체적으로 체계화한 것이 회복적 서클이다.

② 회복적 서클

회복적 서클(Restorative Circle)은 다양한 서클 프로세스의 일종으로, 구성원 간의 갈등으로 피해를 입은 개인과 공동체를 회복하기 위한 기법이다. 회복적 서클을 포함한 모든 서클 프로세스는 앞서 살펴본 상담의 전제와 유사한 신념을 바탕으로 한다. 서클 프로세스에서는 인간을 그 내면에 선하고 지혜롭고 강한 자아가 있고, 좋은 관계에 대한 깊은 갈망이 있으며, 긍정적인 변화에 필요한 모든 역량이 있는 통합적 존재라고 믿는다. 동시에, 이러한 인간 내면의 긍정성이 발현되기 위해서는 깊고 친밀하게 연결된 공동체 구성원들의 도움을 통해 진정한 자아로 살아가는 훈련을 통해 성장하는 노력이 필요하다고 믿는다(Boyes-Watson & Pranis, 2018).

이러한 서클 프로세스의 신념을 실현하는 기본 기법은 '안전한 소통 공간 제공', '경청', '열린 질문'이다. 이를 통해 서클 참여자들은 자신에게 의미 있는 내면의 생각과 느낌을 다른 참여자들과 나누며 서로에 대한 신뢰와 친밀감을 발달시키게 된다. 이러한 과정에서 서로 도우며 배움과 성장을 이루어가는 경험을 하게 되고, 각자가 서로에게 친밀하게 연결되어 있는 공동체의 일원임을 발견하게 된다(박성용, 2018).

서클 프로세스에서 사용하는 기본 기법 중 '경청'과 '열린 질문'은 앞서 정리한 상담의 기본 기법과 유사하므로 다시 다루지 않고, '안전한 소통 공간 제공'을 위해 서클 프로세스에서 고유하게 사용하는 '서클 상징물'과 '말 막대'에 대해 Boyes-Watson과 Pranis(2018)가 제시한 내용을 바탕으로 간략히 정리한 후, 이러한 기법을 활용하여 회복적 서클을 진행하는 방식에 대해 살펴보겠다.

'서클 상징물'은 서클 참여자들이 자신의 내면을 중심으로 말하고 들을 수 있도록 돕기 위해 진행자가 활용하는 상징물로, 참여자 개개인과 공동체 전체를 조화롭게 결합시키는 따뜻함, 환대, 통합의 가치를 상징하는 사물을 말한다. 참여자들은 서클 프로세스를 시작하는 단계에서 상징물을 선택하거나 만드는 작업을 진행한 후, 둥글게 둘러앉은 서클 내부의 열린 공간 중앙 바닥에 서클 상징물을 놓고 프로세스를 진행한다.

'말 막대'는 서클 참여자들이 자신의 내면을 충분히 살펴보고 그것을 중심으로 방해받지 않고 안전하게 대화를 진행하도록 돕기 위해 사용하는 도구이다. 서클에서는 말 막대를 잡은 사람만 말을 할 수 있다. 말 막대를 잡은 사람이 자신의 이야기를 하는 동안 나머지 참여자들은 말하는 사람의 이야기에 집중한다. 말을 마치면 말 막대를 옆 사람에게 넘겨 참여자 모두가 차례로 자신의 이야기를 할 수 있도록 한다. 말 막대를 전달받았다고 해서 의무적으로 말을 해야 하는 것은 아니다. 말하고 싶지 않거나 할 이야기가 없으면 말없이 옆 사람에게 말 막대를 넘기면 된다. 이런 방식으로 말 막대를 사용하면, 참여자 각자가 자유롭고 편안하게 하고 싶은 말을 할 수 있게 되고, 모든 참여자들이 말할 기회를 동등하게 제공받게 된다. 또한 원을 따라 말 막대를 전달하는 과정을 통해 참여자는 자신들이 공동체의 일원으로 서로 연결되어 있음을 경험하게 된다.

회복적 서클은 '사전서클', '본서클', '사후서클'의 세 과정으로 이루어진다(박성용, 2018). 사전서클 단계에서 상담자는 갈등의 당사자인 문제행동 청소년과 피해자, 그리고 그들이 속한 공동체의 구성원들 각각을 대상으로 기본 기법을 적용하여 개별 면담을 진행한다. 이를 통해 각자가 인식하는 갈등상황을 개략적으로 파악하고, 갈등을 다루고자 하는 각자의 이유와 의미를 확인하며, 서클 진행 방식에 대해 안내하는 등의 작업을 통해 본서클에 초대한다. 초대가 끝나면 사전서클에 참여해준 것에 대해 감사를 표현하고 사전서클 경험이 어땠는지 열린 질문을 통해 확인하여 그 내용에 대해 공감을 표현한다. 본서클에 참여하기로 결정한 경우, 진행자로서 성실한 진행과 비밀보장을 약속하고 사전서클을 마무리한다.

본서클 단계에서는 초대에 응한 당사자들이 모두 모여 서클 프로세스를 진행한다. 처음 본서클로 모였을 때 참여자들은 갈등의 당사자로서 적대감, 분노, 불안 등 부정적인 감정과 생각들로 마음이 무겁고 힘든 상태일 가능성이 높다. 이를 감안하여 진행자는 가장 갈등이 깊은 참여자를 자신의 양 옆에 앉도록 하고 그 옆에 가장 덜 불편한 관계에 있는 참여자를 앉게 하는 등 자리 배치를 세심하게 하고, 참여자 모두가 편안한 느낌을 가질 수 있도록 환영과 기대를 충분히 표현하도록 하며, 사전서클에서 개별적으로 안내한 서클 프로세스의 의미와 진행 방식에 대해 다시 한 번 안내한다. 다음으로 서클 상징물을 선정하거나 만들어 둘러앉은 원 중앙에 놓는 작업과 말 막대를 선정하거나 만드는 작업을 차례로 진행한 후, '상호 이해', '자기 책임', '이행 동의'의 3단계로 프로세스를 진행한다. 이 프로세스는 한 회기에 끝날 수도 있지만, 여러 회기에 걸쳐 이루어질 수도 있다.

본서클의 첫 번째 프로세스인 상호 이해 단계에서는 모든 참여자들이 각자 자신의 관점에서 '어떤 피해가 발생했나?', '피해로 인해 자신과 타인이 어떤 영향을 받았나?', '피해를 주었거나 받았을 때 또는 알게 되었을 때 어떤 생각과 느낌이 들었나?', '피해에 대해 지금 어떤 생각과 느낌이 드나?', '피해와 관련하여 자신에게 필요한 것은 무엇인가?' 등과 같은 질문에 대답하는 과정을 통해 피해에 대한 이해와 피해 회복 가능성에 대한 기대를 높이는 작업을 진행한다.

상호 이해 과정을 통해 가해 청소년이 자신이 한 행동으로 인해 일어난 피해에 대해 이해하고 피해자의 심정에 공감하게 되면 자신의 가해 행동에 대해 적절한 책임을 지고자 하는 자발적인 동기가 생겨날 수 있다. 이를 바탕으로 본서클의 두 번째 프로세스인 자기 책임 단계에서는 '피해를 복구하고 더 나은 방향으로 나아가기 위해 자신에게 필요한 것과, 그것을 위해 할 수 있는 것은 무엇인가?', '피해가 다시 발생하지 않도록 하기 위해 무엇이 필요한가?' 등의 질문에 대해 각자의 생각을 표현함으로써 참여자 모두가 피해의 회복과 재발 방지에 필요한 각자의 책임을 인식하도록 돕는 작업을 진행한다.

본서클의 마지막 프로세스인 이행 동의 단계에서는 자기 책임 단계에서 확인한 각자의 책임을 구체적으로 어떻게 실천할 것인지에 대해 '피해를 회복하고 예방하기 위해 자신이 할 수 있는 일은 무엇인가요?', '그것을 실천하기 위한 구체적인 계획은 무엇인가요?' 등의 질문을 통해 참여자 각자의 계획을 명확히 한 후, 참여자 모두가 합의할 때까지 각자의 의견을 표현하도록 하여 최종 합의안을 도출하는 작업을 진행한다.

사후서클 단계에서는 책임이행 합의안을 수행한 결과에 대해 '만족도 조사'와 '감사와 축하' 작업을 진행하여 피해 복구와 공동체 회복이 긍정적으로 진행되는 부분을 격려하고, 부족한 부분에 대해 '이행 행동 수정 또는 추가 제안'을 통해 보완하는 작업을 진행한다.

3. 요약

본 장에서는 문제행동을 하는 청소년과, 문제행동으로 인해 피해를 입은 청소년을 상담을 통해 돕는 데 필요한 지식과 기술에 대해 살펴보았다. 청소년 문제행동 상담은 전문적 상담의 한 영역이므로 먼저 상담의 정의, 전제, 기본 원리에 대해 정리하였다. 여기서는 상담이 인간의 마음을 주관적, 긍정적, 능동적, 관계적 관점에서 바라보며 내면의 변화와 성장을 통해 내담자가 자신이 처한 어려움을 극복하고 진정한 자신으로 성장해 가도록 돕는 전문적 활동이라는 점을 강조하였다. 다음으로 청소년상담의 정의, 청소년 내담자의 특징, 청소년상담자의 역량과 윤리 원칙, 그리고 청소년 문제행동과 상담에 대해 상담의 전제와 기본 원리를 적용하여 살펴보았다.

청소년 문제행동 상담을 포함하여 모든 상담에서 사용되는 기본 기법인 주의집중, 능동적 경청, 재진술, 질문, 감정 반영에 대해 설명한 다음, 문제행동과 관련하여 청소년을 상담하는 데 활용할 수 있는 동기강화 상담과 회복적 생활지도에 대해 다루었다.

참고문헌

강갑원(2004). 알기 쉬운 상담 이론과 실제. 서울: 교육과학사.

김덕영(2009). 프로이트, 영혼의 해방을 위하여. 서울: 인물과사상사.

김봉환, 강은희, 강혜영, 공윤정(2013). 진로상담. 서울: 학지사.

박성용 저(2018). 회복적 서클 가이드북. 충남 논산: 도서출판 대장간.

박재황, 남상인, 김창대, 김택호(1993). 청소년상담교육과정개발연구. 서울: 한국청소년상담원.

유성경(2018). 상담 및 심리치료의 핵심 원리. 서울: 학지사.

이수연(2017). 상담심리학. 경기도 파주: 양서원.

이장호(1995). 상담심리학(제3판). 서울: 박영사.

한국청소년상담복지개발원. 청소년상담사 윤리강령. https://www.youthcounselor.or.kr:446/new/sub01_6.html

Amstutz, L. S. & Mullet, J. H. 저, 이재영, 정용진 역(2011). 학교현장을 위한 회복적 학생생활교육. 강원도 춘천: Korea Anabaptist Press.

Benjamin Jr, L. 저, 김문수, 박소현 역(2016). 간추린 현대심리학사. 서울: 시그마프레스.

Blocher, d. H. (2000). The Evolution of Counseling Psychology. New York, NY: Springer Publishing.

Boyes-Watson, C., & Pranis, K. 저, 이병주, 안은경 역(2018). 서클로 나아가기: 교육공동체를 회복하는 서클 레시피 112. 충남 논산: 도서출판 대장간.

Bronfenbrenner, U. 저, 이영 역(1995). 인간발달 생태학. 서울: 교육과학사.

Corey, G. 저, 천성문 역(2017a). 심리상담과 치료의 이론과 실제, 서울: 학지사.

Corey, G. 저, 현명호, 유재민 역(2017b). 상담 및 심리치료의 통합적 접근, 서울: 센게이지러닝코리아.

Dishion, T. J. & Kavanagh, K. 저, 양명숙, 배선희, 손은령, 이지민 역(2007). 청소년 문제행동 상담: 가족-중심 접근. 서울: 학지사.

Egan, G. 저, 제석봉 역(2008). 상담모델과 상담기술: 문제해결과 기회개발. 서울: 센게이지러닝코리아.

Egan, G. 저, 제석봉, 유계식 역(2003). 유능한 상담자: 상담의 문제 대처와 기회 개발적 접근. 서울: 시그마프레스.

Ellis, A. 저, 정경주 역(2009). 불안과의 싸움: 세상에서 나를 지켜주는 위로의 심리학. 서울: 북섬.

Geldard, K. & Geldard, D. 저, 김시원 역(2015). 청소년상담: 청소년을 위한 선행주도 접근방법. 경기도 파주: 한울.

Hill, C. 저, 주은선 역(2012). 상담의 기술: 탐색-통찰-실행의 과정. 서울: 학지사.

Miller. W. & Rollick. S. (1991). Motivational Interviewing: Preparing People to Change Addictive Behavior. New York, NY: Guilford Press.

Morrison, B., Blood, P., & Thorsborne, M.(2005). Practicing restorative justice in school communities: The challenge of culture change. *Public Organization Review: A Global Journal*, 5, 335-357.

Naar-King. S. & Suarez. M. 저, 신성만, 권정옥, 신정미, 김은미 김민정 역(2014). 청소년을 위한 동기강화상담. 경기도 파주: 교보문고.

Patton, M. J., & Meara, N. M. (1992). Psychoanalytic Counseling. West Sussex, England: John Wiley & Sons, Ltd.

Riestenberg, N.(2013). Circle in the Square: Building Community and Repairing Harm in School. St. Paul, MN: Living Justice Press.

Rogers, C. 저, 주은선 역(2009). 진정한 사람 되기: 칼 로저스 상담의 원리와 실제. 서울: 학지사.

Rosenberg, M. 저, 캐서린 한 역(2017). 비폭력 대화: 일상에서 쓰는 평화의 언어, 삶의 언어. 서울: 한국NVC센터.

Ryan, R. M. & Deci, E. L. (2017). Self-Determination Theory: Basic Psychological Needs in Motivation, Development, and Wellness. New York, NY: Guilford Press.

Woody, W. D. & Viney, W. (2017). A History of Psychology: The Emergence of Science and Applications. New York, NY: Routledge.

Yalom, I. D. 저, 최웅용, 천성문, 김창대 역(2005). 치료의 선물: 새로운 세대의 상담자와 내담자들에게 보내는 공개 서한. 서울: 시그마프레스.

제 13 장

비행 청소년에 대한 교정보호

최근 날로 흉포화 · 집단화되는 청소년 강력사건의 증가로 인해 비행 청소년과 소년범죄자의 강력한 처벌 및 형사미성년자 연령 하향화 등 국민적 관심과 요구가 고조되고 있는 실정이다. 따라서 본 장에서는 비행 청소년의 교정보호에 대해 다루어보기로 한다. 특히, 교정보호의 개념 및 유형, 교정보호의 실태, 교정보호의 절차 순으로 논의하도록 한다.

제1절에서는 비행 청소년의 교정보호의 개념을 알아보기 위해 영국 관습법을 살펴보고 현행 소년법상의 소년범의 유형에 대해 알아보았으며 소년사법체계의 기본이념인 국친사상과 교육사상에 대해 고찰하고 4가지 소년교정모형에 대해 설명하였다. 제2절에서는 대검찰청 공식통계 및 아동 · 청소년 범죄피해조사 등의 통계자료를 활용하여 청소년비행 실태, 소년범죄발생 및 소년범죄자 처리 현황 등을 살펴보았다. 제3절에서는 비행 청소년 교정보호의 절차에 대해 논의하였다. 최근 소년사법추세인 4D에 대해 논의하였고 소년사건처리를 형사사건절차와 소년보호사건절차로 구분하여 각각 설명하였다. 소년범죄자는 성인범죄자와는 다르게 형사사법체계에서 다루어지고 있으므로 이에 대한 논의를 경찰, 검찰, 법원, 교정(소년원) 순으로 알아보았다. 이와 더불어 최근 법무부, 교육부 등 관련 정부부처의 소년비행예방대책에 대해 살펴보았고, 끝으로 본 장에서 논의된 중심내용을 요약 부분에 제시하였다.

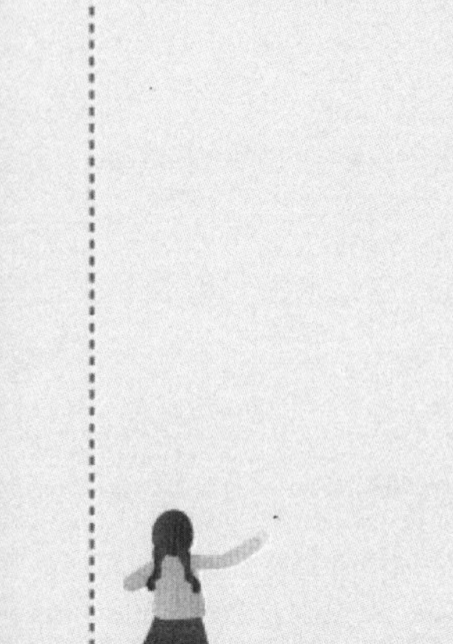

1. 비행 청소년 교정보호의 개념 및 유형

1) 개관

비행 청소년에 대한 교정보호의 개념은 영국의 관습법(common law)에서 유래되었다고 보는 것이 지배적이다. 영국의 관습법은 나이와 형사책임(criminal responsibility)과 관련된 세 가지 가정을 제시하였으며 그 주요 내용은 다음과 같다. 첫째, 7세 이하의 어린이들은 범죄의도(criminal intent)를 형성할 수 없고, 둘째, 8세에서 14세 미만의 소년의 경우 정부가 분명하게 옳고 그름을 구분할 줄 안다는 것을 증명하기 전까지는 형사책임이 없는 것으로 간주하며, 셋째, 14세 이상의 소년은 자기의 행동에 책임을 물을 수 있으며 처벌을 받을 수 있다고 가정하고 있다(Allen, Latessa, & Ponder, 2016; 이윤호, 2016).

이러한 영국 관습법의 소년 형사책임에 관한 가정은 현재 우리나라의 소년사법체계(juvenile justice system)의 근간을 이루는 소년법상의 소년[1]범죄자 분류기준과 궤를 같이한다. 즉, 현행 우리나라 「소년법」 제4조는 소년범을 크게 범죄소년, 촉법소년[2], 우범소년으로 구분하고 있고 범죄소년은 법률상 범죄행위를 저지른 14세 이상 19세 미만의 소년을 의미하며, 촉법소년은 10세 이상 14세 미만으로 형법 법령에 저촉되는 행위를 한 소년을 말한다. 끝으로 우범소년은 주위 사람들에게 불안감을 조성하고 품행이 바르지 않으며, 이유 없이 가출을 하거나 음주 후 소란을 피우는 등 소년의 성격과 환경에 비추어 앞으로 형법 법령에 저촉되는 행위를 할 가능성이 높은 10세 이상인 소년으로 규정하여 소년사법의 대상으로 하고 있다.

1) 「소년법」 제2조에 따르면 "소년"이란 19세 미만인 자를 말한다.

2) 최근 발표된 교육부 [제4차 학교폭력 예방 및 대책 기본계획]과 법무부 [2019-2023 제1차 소년비행예방 기본계획]에서는 중대한 학교폭력에 대한 엄정대처 및 위기 청소년 비행유입 차단을 위해 형사미성년자 및 촉법소년의 연령을 현행 14세 미만에서 13세 미만으로 하향을 추진하고 있다. 또한, 제20대 국회에서도 촉법소년 연령 하향을 골자로 하는 다수의 소년법 일부개정안이 상정되어있다(구체적 논의는 김혁, 2019; 정희철, 2018 등 참조).

2) 소년사법체계의 기본이념

반사회성이 있는 소년의 품행과 환경을 교정하여 건전한 사회인으로 성장하도록 돕는 것을 목적으로 제정된 소년법[3]은 소년사법체계의 가장 핵심적인 법률이다(소년법 제1조). 우리나라 소년법은 1958년 제정된 이후 2008년 6월 소년법 적용대상의 상한연령이 19세로 낮춰졌고, 촉법소년의 경우에도 적용대상이 10세로 낮춰진 것을 비롯하여 수차례 개정되었으며, 최근 「소년법」 제67조가 헌법상 평등원칙에 위배된다는 헌법재판소의 헌법불일치결정(2017헌가7, 2018. 1. 25. 결정) 취지를 반영하여 2018년 9월에 일부 개정을 통해 현재에 이르고 있다.

소년사법체계의 기본이념은 역사적 배경, 문화, 법제에 따라 국가 간 상이하나 일반적으로 성인사법체계와 구별되는 공통적 특성인 국친사상(parents patriae)을 근간으로 한다. 국친(國親)사상이라 함은 왕은 그 나라의 아버지로서 모든 소년들을 보호해야 할 책임이 있다고 간주하는 것을 의미하며 오늘날에는 정부가 도움이나 교육이 필요한 소년에 대하여 보호자를 대신하여 궁극적인 보호자로서 소년을 양육하고 보호해야 한다는 원칙으로 소년사법의 철학적 기초가 되는 사상이다(Allen et al., 2016; 이완희 외 3인, 2016). 즉, 가정에서 제대로 양육을 받지 못하고 적절한 사회화과정을 거치지 못해 발생한 청소년비행 및 범죄를 범한 소년을 국가가 부모를 대신하여 양육의 책임을 진다는 것을 의미한다. 그러나 이러한 국친사상이 오히려 비행소년을 국가에서 관리하여 불필요한 낙인을 찍음으로써 비행적 성향을 악화시킬 수도 있고 한편으로는 형사법상 대상에 포함되지 않았던 소년범죄자까지 관리대상에 포함됨으로 인해 형사사법망의 확대(Net widening)라는 비판을 받고 있다(이윤호, 2016; Allen et al., 2016).

3) 광의의 소년법은 소년에 관련한 법체계 전반을 의미하며 '소년법'뿐만 아니라 '아동복지법', '소년원법', '청소년 보호법', '청소년 기본법', '청소년복지 지원법', '아동·청소년의 성보호에 관한 법률', '보호관찰 등에 관한 법률' 등을 포함한다. 협의의 소년법은 '소년법'이라는 이름으로 제정 및 공포되어 있는 법률로 비행소년에 대한 국가적 기본법으로서 소년법전을 의미한다(이완희, 황성현, 이창한, 문준섭, 2016).

국친사상과 더불어 소년사법체계의 근간을 이루는 기본이념으로 교육사상을 들 수 있다. 교육사상이라 함은 청소년비행의 경우 성인범죄와 달리 차별된 특성을 가지고 있으며 기회라는 측면과 가정과 학교, 사회를 포함한 주변 환경으로부터 영향을 쉽게 받는 특징을 가지고 있으므로 청소년에 적합한 개별적 처우를 통해 사회복귀를 유도해야 한다는 것을 의미한다(이완희 외 3인, 2016). 따라서 성인범죄자 처벌과 다르게 교육을 목적으로 한 개별적 사회적 처우 및 사회복귀를 도모하는 것을 골자로 하는 교화개선(rehabilitation)과 재통합(reintegration)이 소년사법체계의 궁극적 목적이라고 볼 수 있다(Martin, 1987).

3) 소년교정모형

성인범죄와 마찬가지로 소년범죄자의 교정도 목적과 집행방법에 따라 의료모형(medical model), 적응모형(adjustment model), 범죄통제모형(crime control model), 최소제한모형(least-restrictive model)으로 구분될 수 있다(이윤호, 2016). 의료모형은 국친사상과 결정론(determinism)을 토대로 비행소년은 자신이 통제할 수 없는 요인에 의해서 비행 또는 범죄행위를 저지른 것이기 때문에 해당 청소년은 처벌의 대상이 아니라 치료의 대상이 되어야 한다는 모형이다. 적응모형은 의료모형과 유사하나 청소년의 사회복귀(재통합)라는 부분을 보다 강조한 모형이라고 할 수 있다. 즉, 의료모형에서는 자신이 통제할 수 없는 범죄유발요인을 제거하고 치료하는 데 초점을 맞췄다면 적응모형은 청소년 스스로 책임 있는 선택과 합리적 의사결정을 할 수 있도록 현실요법, 긍정적 동료문화 등의 처우프로그램을 활용한다. 범죄통제모형은 청소년범죄자에 대한 강경대응정책(get-touch policy)으로 의료 및 적응모형에 입각한 청소년범죄자에 대한 처우 및 교육프로그램이 거의 실패하였기 때문에 적절한 수준의 훈육과 처벌만을 유일한 수단으로 본다. 끝으로, 최소제한모형은 청소년범죄자에 대한 국가의 개입을 최소화하자는 것을 의미하며 청소년의 낙인으로 인한 피해를 예방하고 지위범죄자(status offenders)[4]는 소년사법의 대상에서 제외하며 비시설수용적 프로그램을 활용하는 것을 주요 내용으로 한다. 이들 중 대부분의 나라에서는 비행 및 범죄의 경중에 따라 폭력범죄 등 심각한 범죄에 대해서는 범죄통제모형에 입각한 처벌, 지위비행이나 경미한 범죄에 대해서는 비시설수용을 중심으로 한 최소제한모형이 적용되고 있다(이윤호, 2016).

2. 비행 청소년 교정보호의 실태

「청소년기본법」 제3조(정의) 제1호에 의하면 '청소년'은 9세 이상 24세 이하인 자를 지칭하며 대부분의 청소년 관련 통계자료는 지표별로 청소년 대상 연령에 차이가 있다. 예를 들면, 여성가족부의 「청소년종합실태조사」는 13~24세 청소년을, 「청소년매체이용 및 유해환경 실태조사」는 초(4~6학년) · 중 · 고등학교 학생을 대상으로 자료를 수집하고 있다(김지경, 연보라, 정은진, 2018; 통계청, 2020)[5]. 현재 우리나라 공식 통계를 통해서는 비행 청소년 교정보호 실태를 파악하는 데 한계가 있는 실정이다. 청소년비행 및 소년범죄 관련 통계자료는 크게 가해자 중심(offender survey & official statistics)과 피해자 중심 자료(victim survey)로 구분될 수 있는데 가해자 중심 자료는 공식 통계자료인 대검찰청 「범죄분석」, 피해자 중심 자료로는 한국형사정책연구원의 「전국범죄피해조사」가 대표적이다. 대검찰청에서 발간하는 「범죄분석」은 소년범죄라 하여 10~19세 소년에 의한 범죄행위와 촉법행위만을 포함하고 있으며 암수범죄(dark figure of crime)를 파악할 수 없는 근본적인 한계가 존재한다. 또한 「전국범죄피

4) 지위범죄(status offenses)라 함은 가출, 무단결석, 흡연, 음주 등의 성인에게는 전혀 법적인 문제가 되지 않으나 미성년자에게만 적용되는 위반행위를 의미한다.

5) 「청소년종합실태조사」는 「청소년기본법」 제49조 제1항에 의해 실시되고 있으며, 「청소년매체이용 및 유해환경 실태조사」는 「청소년보호법」 제33조 제4항에 의해 실시되는 국가승인통계이다.

해조사」의 경우 만 14세 이상을 대상으로 하고 있지만, 청소년에 대해 성인과 동일한 질문을 활용함으로써 청소년의 특성을 파악하는 데는 한계가 있다(전영실, 유진, 노성훈, 2018).

1) 청소년비행 실태

청소년비행 실태파악을 위해 형사정책연구원에서는 2017년 전국 초등학교 4학년부터 고등학교 2학년을 대상으로 아동·청소년의 범죄피해 실태 및 관련 특성을 조사하였다. 「아동·청소년 범죄피해조사 2017」의 주요결과를 살펴보면, 지난 1년간 폭행·협박, 성폭력, 사기, 절도, 갈취 피해자 발생률은 20.8%로 보고되었고 학교별로는 고등학생 피해자 발생률이 가장 높은 23.1%, 중학생 22.4%, 초등학생(4~6학년) 17.3% 순으로 조사되었다. 폭력유형별로 살펴보면 재산범죄가 17.6%로 폭력범죄 피해율 6.2%에 비해 2배 이상 높았으며, 성폭력범죄(초등학생 제외)의 경우 피해자 발생률은 0.6%로 보고되었다(전영실 외 2인, 2018). 최근 발표된 교육부 「2019년 1차 학교폭력 실태조사」 결과에 따르면, 전체 피해응답률은 전년도 동일조사에 비해 0.3% 증가하였고 학생 천 명당 피해유형별 응답 건수는 전년도 대비 소폭 감소한 것으로 보고되었으며 언어폭력(8.1건), 신체폭행(2건) 등의 순으로 피해가 많이 발생하는 것으로 조사되었다(교육부, 2019b).

2) 소년범죄발생 동향

소년사건이란 10세 이상 19세 미만의 소년이 행한 범죄사건 및 형법을 위반할 우려가 있는 사건을 의미한다. 「소년법」상 소년사건은 소년보호사건과 소년형사사건으로 규정하고 있고 소년보호사건은 보호처분에 적합한 소년에 대하여 교육적 목적에 따라 판사가 보호처분하는 것을 의미하며 소년형사사건은 14세 이상 소년이 행한 금고 이상의 형사처분이 필요하다고 인정되는 경우를 말한다

(이완희 외 3인, 2016).

대검찰청에서 발간하는 「범죄분석」은 소년범죄라 하여 범죄소년과 촉법소년을 포함하고 있으며 우범소년은 포함되지 않기 때문에 [그림 13-1]에 제시된 소년범죄 관련 통계수치는 10~19세 소년을 분석대상으로 하고 있다.

전체범죄자에서 소년범죄자가 점유하는 비율(소년비)은 2008년 5.9%를 기준으로 꾸준히 감소하여 2015년에는 3.6%로 최저치로 조사되었고 2016년 3.8%, 2017년 3.9%, 2018년 3.8%로 4% 미만으로 유지되고 있는 것으로 보고되었다(대검찰청, 2020a).

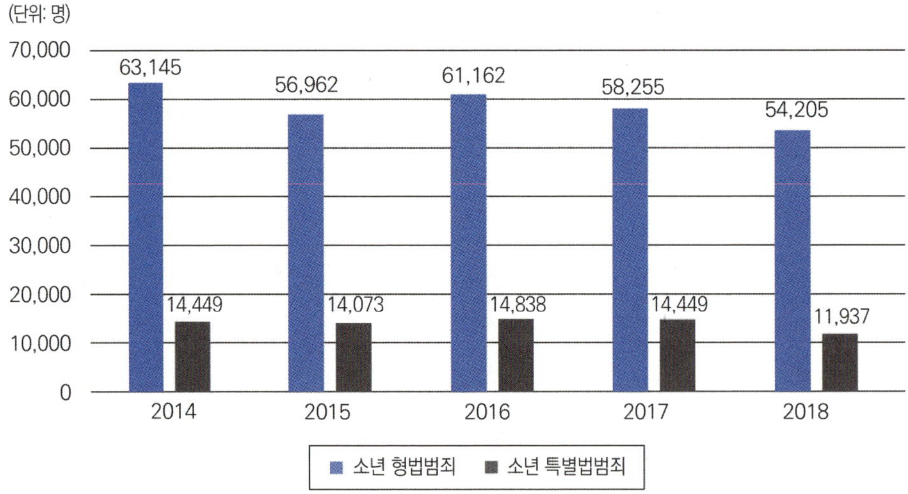

[그림 13-1] 소년 형법범죄와 소년 특별법범죄의 인원추이(2014~2018년)

출처: 범죄분석 2019, 대검찰청(2020a)

[그림 13-1]은 소년범죄를 형법범죄와 특별법범죄[6])로 구분하여 제시하였다. 그 결과를 살펴보면, 2014년 형법범죄는 63,145명으로 81.4%를 차지하였고

6) 소년 특별법범죄는 도로교통법위반, 저작권법위반, 교통사고처리특례법위반, 아동·청소년의성보호에관한법률위반 등을 포함한다. 대검찰청 범죄분석에 따르면, 2017년 기준으로 도로교통법위반 6,119건(42.2%), 교통사고처리특례법위반 2,988건(20.1%), 정보통신망법위반 681건(4.7%) 등의 순으로 조사되었다.

2015년부터 2017년까지는 80%대를 유지하다가 2018년 82.0%로 차지하는 비율이 증가하였다. 전체 소년범죄 중 특별법범죄는 2014년 18.6%에서 2015년 19.8%, 2016년 19.5%, 2017년 19.9%로 각각 증가하였다가 2018년에는 18.0%로 소폭 감소하였다.

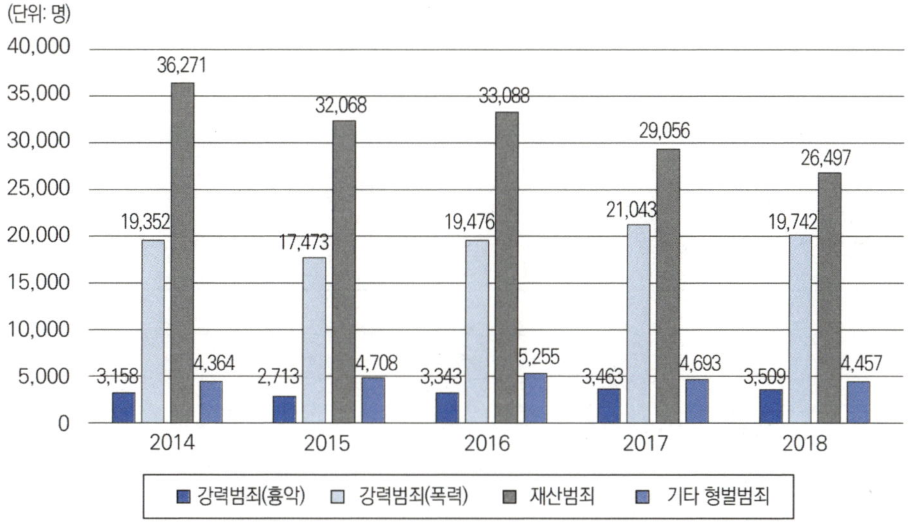

[그림 13-2] 소년 형법범죄 주요 범죄유형별 인원추이(2014~2018년)

출처: 범죄분석 2019, 대검찰청(2020a)

소년형법범죄를 크게 강력범죄(폭력)[7], 강력범죄(흉악), 재산범죄, 기타 형법범죄로 구분하여 지난 5년간 유형별 현황을 살펴보면 [그림 13-2]와 같다. 살인, 강도, 방화, 성폭력을 포함한 소년 강력범죄(흉악) 건수는 2015년을 제외한 최근 5년 동안 꾸준히 증가한 것을 확인할 수 있다. 특히, 2018년 통계수치를 보면, 강력범죄(흉악) 발생건수가 3,509건으로 전체 소년 형법범죄에서 대략 6.5%를 차지하며 이는 전년 대비 약 10% 증가한 것으로 조사되었다.

7) 강력범죄(폭력)는 체포와 구금, 폭행, 협박, 공갈, 상해, 약취와 유인, 손괴, 강요, 주거침입, 폭력단체 등의 구성 및 활동 등을 포함한다.

3) 소년범죄자의 처리

지난 5년간 소년보호사건의 검찰 처리 현황을 살펴보면 [그림 13-3]과 같다. 소년범죄자에 대한 검찰의 처리는 불기소, 소년보호송치, 기소 등으로 구분된다. [그림 13-3]에 제시된 바와 같이, 검찰의 소년보호사건의 처리에 있어서 불기소가 가장 많은 비중을 차지하는 것을 알 수 있다. 2017년의 경우 불기소가 31,371명으로 전체 검찰처리건수의 약 54%를 차지하고 있고, 소년보호송치 35.3%, 기소 10.1%, 기타[8] 0.5% 등의 순으로 조사되었다.

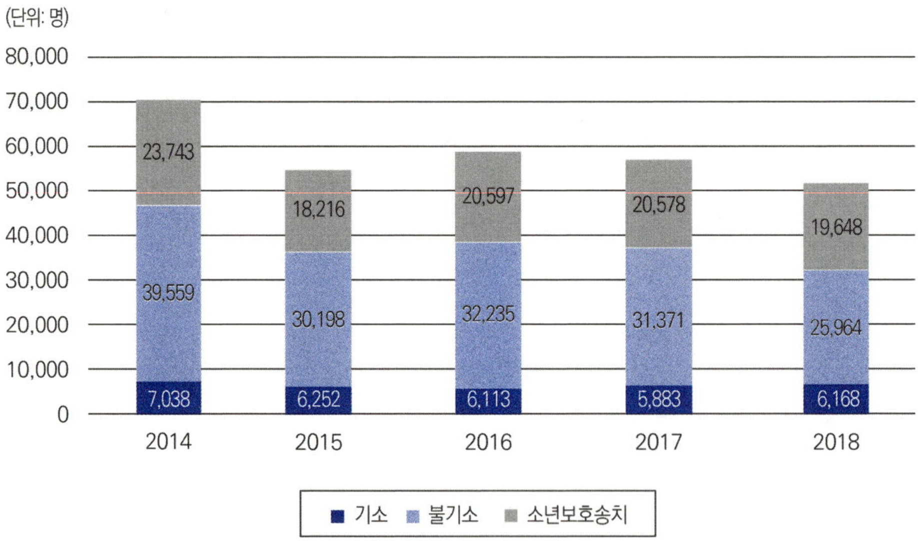

[그림 13-3] 소년범죄자 연도별 검찰처리 현황(2014~2018년)

출처: 범죄분석 2019, 대검찰청(2020a)

불기소의 구체적 유형을 살펴보면, 기소유예가 전체 불기소 처분의 64.1%를 차지하고 '혐의 없음', '죄가 안 됨', '공소권 없음'을 포함한 기타가 35.9%를 차지하는 것으로 조사되었다. 기소유예 등 불기소 비율이 상대적으로 높은 반면에 성인범

8) '기타'에는 아동보호송치, 기소중지, 참고인중지 인원이 포함된다.

죄에 비해 기소율이 비교적 낮은 것으로 조사되었으며 이는 검찰의 소년범에 대한 관대한 처분, 선도정책 등의 영향을 받은 것으로 분석된다(법무연수원, 2019).

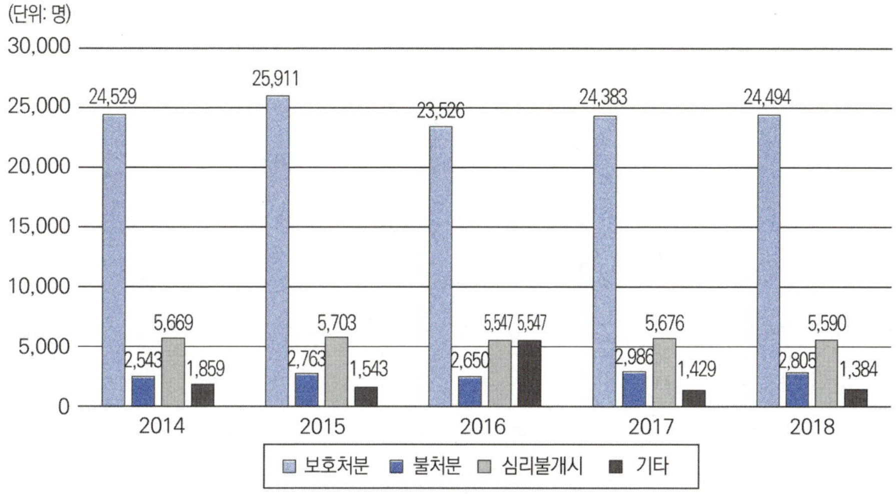

[그림 13-4] 소년보호사건의 처분현황(2014~2018년)

출처: 사법연감 2019, 대법원(2020)

지난 5년간 소년보호사건의 법원 처리 현황을 살펴보면, 법원에 접수된 소년보호사건에 대해서는 1-10호까지의 보호처분과 더불어 필요에 따라 형사법원 송치, 불처분, 심리불개시 등의 처분을 부과할 수 있다([그림 13-4] 참조). 보호처분의 경우, 2014년 법원에 접수된 소년보호사건의 70.9%가 보호처분을 받았으며 2015년 72.1%, 2016년 71.0%, 2017년 70.7%, 2018년 71.5%로 약 71% 수준에서 증감을 반복하는 것을 알 수 있다. 반면 불처분 비율은 2014년 7.3%였으나 지난 5년간 소폭 증가하여 2018년에는 8.1%로 조사되었고 심리불개시의 비율도 2014년 16.4%를 기록한 후 지난 5년간 증감을 반복하여 2018년에 16.3%를 기록하여 5년 전과 비슷한 것으로 보고되었다.

끝으로, 2013년부터 2017년까지 지난 5년간 재판 결과를 살펴보면, 소년에 대한 1심 형사공판사건의 재판결과에서 소년부 송치가 가장 높은 비율을 차지하고 있으며 2013년 63%에서 2017년 52.6%로 지속적으로 감소한 것으로 조사되었다. 반면에 집행유예 판결은 2013년 12.7%에서 2014년 11.3%, 2015년 12.5%, 2016년 12.2%, 2017년 14.2%로 소폭의 증감을 반복하는 것을 알 수 있다.

4) 소년범죄자에 대한 처우

소년범죄자에 대한 처우는 소년보호처분 대상자와 소년수형자에 대한 처우로 구분할 수 있다. 우선 소년보호처분에는 「소년법」 제32조 제1항에 의거하여, 소년부 판사가 보호처분을 할 필요가 있다고 결정할 경우 1~10호에 해당하는 10가지 처분 중 하나 이상의 처분을 할 수 있다. 이러한 보호처분에는 감호위탁, 수강명령, 사회봉사명령, 보호관찰 등이 있다. 소년사건에 대한 형사사건처리절차는 범죄소년이 금고 이상에 해당하는 범죄사실이 발견된 경우 적용되며 일반 형사사건과 동일한 절차를 따른다(이완희 외 3인, 2016).

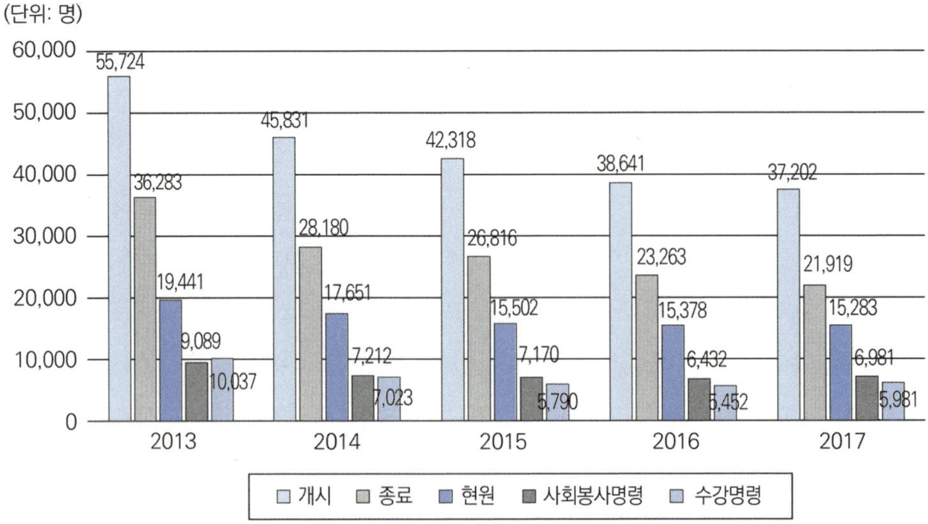

[그림 13-5] 소년 보호관찰 실시인원 및 사회봉사명령 · 수강명령처분 현황(2013~2017년)

출처: 범죄백서 2018, 법무연수원(2019)

[그림 13-5]는 소년보호관찰 대상자의 현황을 나타낸다. 소년 보호관찰 실시 대상자는 수강명령과 사회봉사명령 대상자를 포함한 인원이다. 최근 5년간의 보호관찰 실시인원 현황을 살펴보면, 2013년 55,724명에서 2014년 45,831명, 2015년 42,318명, 2016년 38,641명, 2017년 37,202명으로 꾸준히 감소하고 있는 것으로 조사되었다. 사회봉사명령과 수강명령 처분의 경우, 2013년 기준 사회봉사명령은 9,089명에서 2016년 6,432명으로 꾸준히 감소하였고 2017년은 소폭 증가한 것으로 조사되었다. 수강명령 처분현황의 경우도 사회봉사명령 현황과 마찬가지로 2013년 수강명령대상자가 10,037명에서 2016년 5,452명으로 감소하였고 2017년은 전년에 비해 약 500명 정도 증가한 5,981명으로 보고되었다.

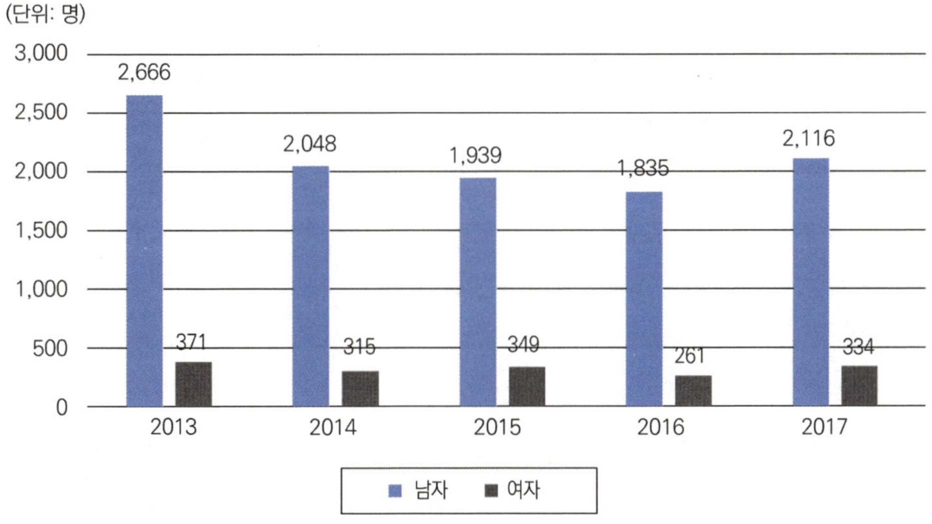

[그림 13-6] 보호소년 성별 연간 신수용인원 추이(2013~2017년)

출처: 범죄백서 2018, 법무연수원(2019)

소년원은 법원 소년부에서 송치한 범죄소년, 촉법소년, 우범소년을 수용하여 교정교육을 행하는 교정기관이다. 소년원은 처벌 중심의 사법적 기능보다는 교육적 기능을 중시하여 인성교육, 특성화교육, 직업교육 등을 실시하여 재범을 예방하고 사회복귀를 촉진시키는 역할을 수행하며 2020년 1월 현재 전국적으로 10개의 소년원이 운영되고 있다(법무부 범죄예방정책국, 2020b; 법무연수원, 2019).

[그림 13-6]은 소년원의 연간 신수용인원 추이를 나타낸다. 2014년 신수용인원 2,363명으로 전년 대비 약 20% 감소하였고 2015년 2,288명, 2016년 2,096명으로 꾸준히 감소하다 2017년에는 2,450명으로 소폭 증가하였다. 신수용인원의 성별 추이를 살펴보면, 여자가 차지하는 비중은 2013년 12.2%, 2013년 13.3%, 2014년 15.3%로 증가하였고 2016년 12.5%로 약 3% 감소하였다가 2017년 13.6%로 소폭 상승하였다.

소년교도소는 소년수형자를 성인수형자와 분리처우하기 위해 설치된 기관으로 수용대상은 징역 또는 금고형의 선고를 받은 소년을 원칙으로 하고 이러한 소년수형자는 경우에 따라 일반교도소 수용도 가능하다. 이러한 경우에도 분리수용하도록 하고 있으며 2020년 1월 현재 김천소년교도소 한 곳이 운영되고 있다(법무연수원, 2019). 2017년 기준 소년수형자 현황을 살펴보면, 전체 수용인원은 130명으로 파악되었고 죄명별 인원현황을 보면 기타를 제외하고는 강간 등(23.3%), 폭력·상해(18.0%), 절도(15.3%), 강도 등(12.7%) 순으로 조사되었다.

끝으로, 소년범죄자의 재범률과 관련하여, 2017년 기준 형사처벌을 받은 소년범 총 72,524명 중 전과가 있는 소년범은 33%에 해당하는 24,040명으로 조사되었다. 재범횟수를 살펴보면 초범이 가장 많은 8,039명으로 조사되었고 5범 이상의 재범자는 5,816명 순으로 보고되었다(법무연수원, 2019).

3. 비행 청소년 교정보호의 절차

1) 소년사법추세

최근 소년사법의 추세는 국가의 개입을 최소화하고, 개입 필요시에는 적극 개입하되 적법절차에 맞춰 진행하는 것을 주요 내용으로 하고 있다. 이를 다른 말로 소년사법에 있어서 4D(**D**ecriminalization, **D**einstitutionalization, **D**ue Process, & **D**iversion)라고 한다(이윤호, 2016). 비범죄화(decriminalization)는 지위비행을 포함한 대부분의 소년비행은 일탈행위로 간주할 수 있으나 위법적이라고 보긴 다소 무리가 있고 사회에 큰 해악을 끼치는 행위는 아니기 때문에 정부의 공식적 개입보다는 학교, 가정 등 기타 사회기관에서 담당하게 하여 낙인을 해소하고자 하는 것을 의미한다. 비시설수용(deinstitutionalization)은 범죄학습; 악풍의 감염 등 구금으로 인한 폐해를 막고 소년에 대한 부정적 낙인을 줄이기 위해 소년범죄자는 시설수용보다는 비시설수용적 처우 또는 지역사회 처우가 더욱 바람직하다는 것을 의미한다. 적법절차(due process)는 성인형사사법에서 보장되고 있는 절차적 권리가 소년사법에서는 보장되지 않는다는 비판에서 출발한 것으로 소년사법절차에서도 절차에 맞는 법적 장치가 마련되어야 한다는 주장이다. 끝으로, 전환(diversion)제도의 활용은 공식적인 소년사법절차를 피해 비사법적 절차와 기관에 의한 처우로 전환시키는 것을 말하며 적법절차의 확립, 소년사법경비의 절감, 낙인의 최소화라는 장점을 가지고 있다(이윤호, 2016; Allen et al., 2016). 예를 들어, 경찰단계의 경우 선도 조건부 훈방, 검찰단계에서는 선도 조건부 기소유예, 재판단계에서의 보호관찰부 집행유예, 교정단계에서의 보호관찰부 가석방 등이 대표적 전환제도이다.

2) 소년사건처리

앞서 설명한 바와 같이, 일반적으로 소년사건이란 10세 이상 19세 미만의 소년이 행한 범죄사건 및 형법을 위반할 가능성이 높은 사건을 의미한다(이완희 외 3인, 2016). [그림 13-7]에 설명된 바와 같이 소년보호사건의 처리절차는 소년범의 유형에 따라 상이하며 소년범의 유형에 따라 형사사건처리절차와 보호사건처리절차로 이원화 되어 있다. 즉, 금고 이상에 해당하는 범죄 사실이 발견된 범죄소년의 경우 일반 형사사건과 동일한 절차를 따르는 반면에 촉법소년과 우범소년에 대한 보호처분은 소년보호사건의 절차에 따라 가정법원 또는 지방법원의 소년부에서 담당한다.

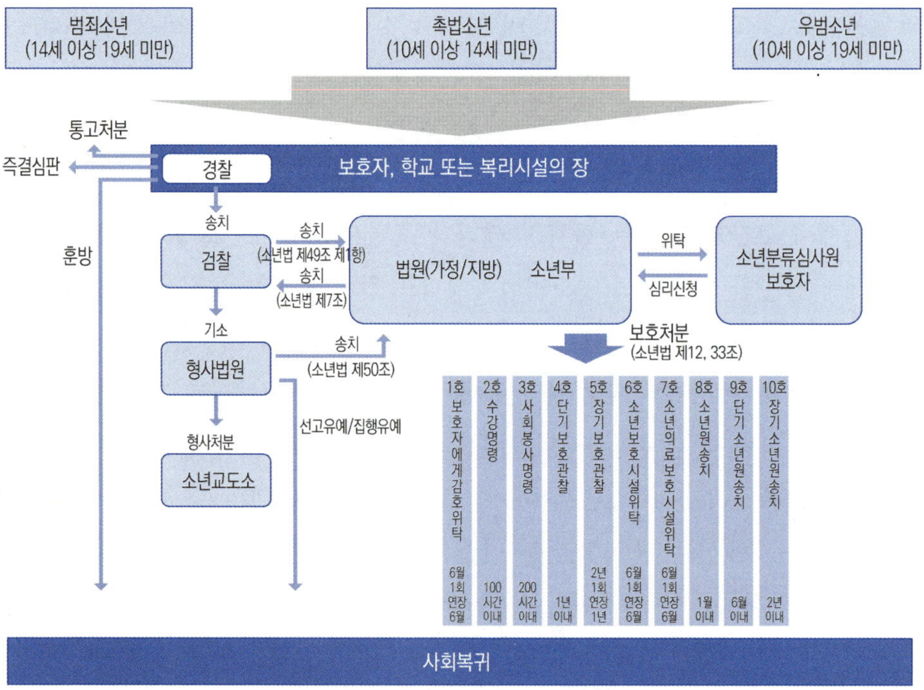

[그림 13-7] 소년보호사건 처리절차

출처: 법무부 범죄예방정책국, 2020b & 이완희 외 3인, 2016; 재구성

(1) 소년형사사건처리절차

소년형사사건처리절차는 범죄소년이 금고 이상에 해당하는 범죄를 범하였을 경우 일반적으로 적용되는 반면에 금고 미만의 형에 해당하는 범죄를 범한 경우와 보호처분이 보다 적합하다고 판단되는 경우에는 보호사건처리절차에 따라 처리한다(법무부, 2020; 이윤호, 2016; 이완희 외 3인, 2016). 범죄소년의 금고 이상의 범죄 사실을 인지한 경찰은 경중에 따라 훈방, 통고처분(경범죄처벌법 제6조, 제7조), 즉결심판청구(즉결심판에 관한 절차법 제2조, 제3조), 검찰송치를 할 수 있다. 일반적으로 훈방은 경미한 사안으로 경찰 자체적으로 선도 후 귀가시키는 조치를 말하고, 통고처분은 「경범죄 처벌법」상 금연 장소에서의 흡연, 인근소란, 음주소란, 노상방뇨, 구걸 등의 행위에 대해 범칙금 납부를 통고하는 조치이다.[9] 끝으로, 즉결심판 청구는 20만 원 이하의 벌금, 구류 또는 과료에 처할 사건인 경우 관할경찰(해양경찰)서장이 관할법원에 청구하는 것을 의미한다(즉결심판에 관한 절차법 제2조, 제3조; 이완희 외 3인, 2016).

검찰단계에서는 소년사건에 대해 기소, 불기소, 선도조건부 기소유예, 약식명령 청구를 할 수 있으며 보호처분이 적합하다고 판단되는 경우에는 관할 가정법원이나 지방법원 소년부로 송치할 수 있다. 수사 후 혐의 없음, 죄가 안 됨, 공소권 없음으로 판단되는 때에는 불기소 처분을 하고 「형사소송법」 제247조에 따라 기소 필요성이 인정되지 않는 경우에는 기소유예 처분을 한다. 또한, 재범 가능성이 낮고 선도보호의 필요성이 있을 때는 선도조건부 기소유예처분을 부여하고 「소년법」 제49조 제1항에 따라 보호처분의 필요성이 인정될 때에는 소년법원에 송치한다. 또한, 「형사소송법」 제448조에 의거하여 소추의 필요성이 있는 경우에는 공소를 제기하며 벌금·과료 또는 몰수에 해당하는 사건일 때에는 약식명령을 청구할 수 있다(이완희 외 3인, 2016; 허주욱, 2013).

---

9) 「경범죄 처벌법」 제6조에 따르면, 통고처분은 18세 미만인 사람에게 부여할 수 없으므로 경찰에 입건된 범죄소년 중 통고처분이 가능한 경우는 18세 이상 19세 미만인 소년에게만 해당된다(이완희 외 3인, 2016).

법원은 검찰에 의해 기소된 소년을 처리함에 있어 변호인이 없는 소년에 대해서는 직권으로 국선변호인을 선임하여야 하며 형사법원에 기소된 소년은 성인에 준하는 형사사건 절차에 따라 심리한다. 소년대상 형사사건의 경우, 소년의 신분에 맞는 절차 및 처분상의 특칙을 형사소송법(제33조 제1항 2호)과 소년법(제55조~제62조)을 통해 명시하고 있다(이완희 외 3인, 2016). 절차상의 특칙으로는 소년대상 형사사건은 성인대상 형사사건(3년 이상의 징역 또는 금고, 무기형, 사형에 해당하는 사건)과는 달리 필요적 변론의 대상사건을 모든 사건으로 하고 있다. 또한, 「소년법」 제55조에 의거하여, 소년대상 형사사건의 조사・심리에 있어 구속영장은 부득이한 경우가 아니면 발부할 수 없고, 예외적으로 구속된 경우에는 특별한 사정이 없는 한 다른 피의자 또는 피고인과 분리 수용해야 한다. 마지막으로 일반조사관에 의한 조사가 불가능할 경우에는 법원은 조사관을 위촉할 수 있으며 심리에 지장이 없는 한 다른 피의사건과 분리하여 심사한다(소년법 제56조, 제57조).

소년대상 형사사건의 처분상의 특칙은 크게 사형 또는 무기형의 완화(소년법 제59조), 부정기형(소년법 제60조), 환형처분의 금지(소년법 제62조)를 들 수 있다(이완희 외 3인, 2016). 현행 소년법은 범죄 발생을 기준으로 18세 미만인 소년에 대하여 무기형 또는 사형을 선고할 수 없고 선고가 필요한 경우에는 15년의 유기징역으로 하고 있으며 장기 2년 이상의 유기형에 해당하는 죄의 경우에는 형을 장기와 단기를 정하여 선고한다. 다만, 장기 10년, 단기 5년을 초과하지 않는 범위에서 할 수 있다.[10] 끝으로 18세 미만의 소년에게는 성인형사범이 벌금 또는 과료를 납부하지 않았을때 유치기간을 정하여 노역장 유치를 선고하는 것과 같은 환형처분을 금지하고 있다.

10) 「특정강력범죄의 처벌에 관한 특례법」 제4조 제1항에 따라, 특수강간, 강도, 살인 등을 포함한 특정강력범죄를 범한 때에는 20년의 유기징역으로 한다. 제4조 제2항 부정기형이 특정강력범죄에 해당하는 때에는 장기 15년, 단기 5년을 초과하지 못한다.

(2) 소년보호사건처리절차

소년보호 사건 대상은 범죄소년 중 보호처분 또는 벌금형 이하에 해당하는 소년, 촉법소년, 우범소년을 포함한다. 촉법소년과 우범소년이 입건된 때에는 관할 경찰서장은 직접 관할 소년부에 송치하고 범죄소년, 촉법소년, 우범소년을 발견한 보호자나 사회복지시설, 보호관찰소, 학교의 장은 관할 가정 또는 지방법원 소년부에 통고할 수 있다(소년법 제4조 제2항, 제3항). 송치 또는 통고된 보호소년은 관할 소년부 판사에 의해 심리를 받게 되며 심리 후, 보호처분이 필요하다고 판단될 경우 판사는 보호처분 결정을 한다. 소년법 제32조 제6항에 따라 소년의 보호처분은 해당 소년의 장래에 어떠한 불이익을 미치지 않는다.

보호처분의 종류는 1호부터 10호까지 소년법 제32조 제1항에서 규정하고 있다. 1호 처분은 보호자나 보호자 역할이 가능한 자에게 감호위탁하는 처분이다. 보호자 위탁감호처분 기간은 6개월로 하되, 소년부 판사는 결정으로서 6개월 범위에서 1회 연장할 수 있다. 2호 처분은 수강명령으로 12세 이상의 소년에 한하여 100시간을 초과할 수 없으며 보호관찰관[11]이 수강명령을 집행 시에는 소년의 정상적인 생활을 방해하지 말아야 한다. 3호 처분은 사회봉사명령으로 14세 이상의 소년을 대상으로 200시간 내에서 부여된다. 4호 및 5호 처분은 대표적인 사회 내 처우방법인 보호관찰처분으로 1년의 단기보호관찰과 2년의 장기보호관찰로 구분된다. 5호 처분인 장기보호관찰의 경우 1년의 범위에서 1회 연장할 수 있다. 또한, 동법 제32조의2에서 규정하고 있는 바와 같이, 4호 또는 5호의 처분을 할 때에 3개월 이내의 기간을 정하여 「보호소년 등의 처우에 관한 법률」에 따른 대안교육, 관련 단체나 시설에서의 상담 및 교육을 받을 것을 동시에 명할 수 있으며 1년 이내 기간을 정해 야간을 포함한 특정 시간대 외출 제한 명령을 부과할 수 있다. 6호 처분은 아동복지시설(아동복지법 제3조) 또는 기타 소년보호시설에 감호 위탁처분하며 감호위탁 기간은 6개월로 하되,

11) 「보호관찰 등에 관한 법률」 제33조 "보호관찰관은 보호관찰 대상자의 재범을 방지하고 건전한 사회복귀를 촉진하기 위하여 필요한 지도·감독을 한다."

6개월 범위에서 1회 연장할 수 있다. 7호 처분은 병원, 요양소 또는 「보호소년 등의 처우에 관한 법률」상의 소년의료보호시설에 위탁하는 처분이며 6호 처분과 마찬가지로 위탁기간은 6개월이며 1회에 한해 6개월의 범위 내에서 연장 가능하다. 끝으로, 8호, 9호, 10호는 소년원 송치처분으로 그 기간에 따라 1개월(8호), 6개월(9호), 2년(10호)을 초과하지 못한다. 소년에 대한 시설 내 처우인 소년원 수용은 소년보호처분 중 가장 엄중한 처벌로 인식되며 소년원 내에서 수용생활과 교육활동을 동시에 수행하는 처분이다. 이 중 8호 처분은 2007년 소년법 개정을 통해 신설된 처분유형으로 충격구금(shock imprisonment)[12]으로 알려져 있다(이완희 외 3인, 2016).

상기 설명한 10가지 소년보호처분은 상호 간에 전부 또는 일부를 병합할 수 있다(소년법 제32조 제2항). 즉, 4호 처분인 단기보호관찰처분과 5호 처분인 장기보호관찰처분은 감호위탁(1호), 수강명령(2호), 사회봉사명령(3호)과 병합할 수 있고 6호 처분인 아동복지시설이나 기타 소년보호시설에 감호위탁 처분과 병합할 수 있으며 장기보호관찰 처분(5호)은 1개월 이내의 소년원 송치와 병합할 수 있다.

3) 소년사법기관

소년범죄자에 대해서는 성인범죄자에 대한 형사사법절차와 다른 절차 및 처우를 실시하고 있다. 국친사상과 교육사상을 바탕으로 소년범죄자들에 대한 처벌보다는 교육을 중심으로 한 보호처분, 선도조건부 기소유예 등과 같은 처우를 실시하고 있다(박외병, 2014).

경찰단계에서는 소년범죄자 처우를 위해 선도조건부 훈방제도, 소년범 수사 시 전문가 참여제, 명예경찰소년단, 선도심사위원회, 각종 선도프로그램 등을

12) 충격구금은 구금을 통하여 범죄자에게 충격을 가하는 제도이며 장기구금에 따른 폐해와 부정적 요소를 감소시키고 대신 구금이 가질 수 있는 긍정적 측면을 강조한 제도이다(이윤호, 2016).

운영하고 있다. 선도조건부 훈방제도는 앞서 설명한 바와 같이 경미한 사안의 경우 경찰 자체적으로 선도 후 귀가시키는 조치를 의미한다. 소년범 조사 시 전문가 참여제도는 소년에 대한 조사 시 1급 범죄심리사 및 관련 전문가가 참여하여 소년에 대한 특성 및 재범 위험성을 파악하고 해당 소년에게 맞춤형 선도 지원을 목적으로 하는 제도이다(이완희 외 3인, 2016). 2017년을 기준으로 254개 경찰서에서 전문가 참여제도를 운영하였으며 전체 소년범의 16.3%에 해당하는 11,879명을 대상으로 재비행 위험성 분석을 실시하였다(경찰청, 2020).

명예경찰소년단은 초등학생 및 중학생들의 준법의식을 함양하고 학교폭력 등의 범죄예방을 목적으로 경찰서장이 조직·운영하는 단체로 학교당 10~20명 내외로 선발하고 있다(소년업무규칙 제8조). 2017년 현재 159개 경찰서, 632개 초·중학교에서 7,606명의 학생을 소년단원으로 선발하여 호신술을 배우는 무도학교, 치안시스템 견학, 지역경찰관과 합동순찰 등 현장체험활동을 실시하고 있으며, 교내에서도 학교폭력 예방활동 등을 수행하고 있다(경찰청, 2020).

경찰서장은 「소년업무규칙」상 죄질이 심각하지 않은 범죄소년의 처우를 논의하고 선도 방안을 심의하기 위한 선도심의위원회를 둘 수 있다. 선도심사위원회는 경찰서장을 위원장으로 하고, 위원장 1명을 포함한 5명 이상의 위원으로 구성되며 이 중 외부위원은 2명 이상 포함되어야 한다. 선도심의위원회는 개별 소년범의 특성에 부합하는 맞춤형 사건처리를 위해 죄질이 심각하지 않은 소년범에 대한 훈방, 즉결심판 청구, 입건송치를 포함한 처분 여부와 선도방향을 결정하여 낙인효과 제거 및 전과자 양산을 방지하고, 지역사회 내 유기적 협력체계를 구축하고 있다(경찰청, 2020). 또한 경찰은 소년범 특성을 고려한 맞춤형 선도프로그램을 운영하여 조기 선도를 통한 재범 방지 및 건전한 청소년 육성에 기여하고 있으며 관서별 실정에 따라 사랑의 교실(청소년 전문단체 연계), 자체 선도프로그램(경찰관서 자체 개발), 표준선도프로그램(신경정신과병원 연계)을 병행 운영한다(이완희 외 3인, 2016). 2017년 한 해 동안 총 1,577회의 선도심사위원회를 개최하여 1,712명을 훈방하고, 1,904명을 즉결심판청구하였으며

20,902명의 청소년이 선도프로그램에 참여하였다(경찰청, 2020).

검찰은 경찰에 의해 송치되거나 직접 인지한 소년사건을 수사하여 기소, 불기소, 선도조건부 기소유예 또는 약식명령을 청구할 수 있다. 다만, 보호처분이 적합하다고 판단할 경우에는 관할 가정법원이나 지방법원 소년부로 송치한다. 선도조건부 기소유예란 검사가 금고 이상의 범죄 사실이 있는 범죄소년에 대하여 기간을 정해 준수사항을 이행하고, 범죄예방자원봉사위원(법사랑위원[13] 등)의 선도를 받는 조건으로 기소유예 처분을 하는 제도이다(소년선도보호지침 제1조). 선도조건부 기소유예는 마약사범, 흉악범, 폭력배 등은 원칙적으로 제외하며 죄질의 경중에 상관없이 재범 가능성이 낮은 18세 미만의 범죄소년을 주 대상으로 한다(소년선도보호지침 제4조; 이완희 외 3인, 2016).

소년선도보호제도는 「범죄예방자원봉사기본규정」에 따라 법사랑위원이 선도조건부 기소유예처분을 받은 소년을 지원, 선도하여 재범 예방과 건전한 사회인으로의 복귀를 돕는 제도를 말하며 아울러 다양한 범죄예방활동을 통한 지역사회 발전에 기여하는 것을 목적으로 도입되었다(대검찰청, 2020b). 소년선도보호방법은 크게 접촉선도와 원호선도로 구분되며 접촉선도는 돌아갈 곳(귀주처)이 있는 유예소년과의 만남을 통해 상담·지도하며 궁극적으로는 유예소년의 반사회성을 교정하고 건전한 사회인으로 복귀시키는 방법을 말한다. 원호선도는 귀주처의 유무에 관계없이 귀주시키는 것이 부적당한 유예소년에 대해 선도보호위원의 주거나 복지시설에 기거하면서 접촉선도하는 활동을 칭한다(대검찰청, 2020b).

법원은 검찰에 의해 기소된 소년을 처리함에 있어 형사법원에 기소된 소년은 일반적인 형사사건 절차에 따라 심리한다. 다만, 앞서 언급한 바와 같이, 성인범죄자와 다르게 소년이라는 특수성을 인정하여 형사처분상의 절차 및 형식적 특칙을 두고 있다. 형사법원과는 다르게 국친사상을 근간으로 하는 소년사법의

13) '14. 2. 27. 개정 법무부 훈령 제934호 규정에 따라 범죄예방위원에서 법사랑위원으로 명칭이 변경됨

대표적인 제도가 1899년 미국 시카고에서 최초로 설치된 소년법원(Juvenile court)이다(이윤호, 2016). 우리나라의 경우 소년법원을 별도로 두지 않고 소년법에 근거하여 소년보호사건을 가정법원 또는 지방법원의 소년부에서 심리하도록 하고 있다. 소년법원은 비행소년을 형사법원에서 재판할 때 발생할 수 있는 부정적 낙인으로부터 아동을 보호하기 위해 형사법원과는 다른 법률용어(예: 판결 → 결정, 처벌 → 처분)를 사용하고 절차상으로도 비공개를 원칙으로 하며 처분의 주요 관심사는 아동의 범죄사실과 유무죄의 판단이라기보다는 소년에게 최선의 이익추구를 중요한 기준으로 삼고 있다(이윤호, 2016). 서울가정법원의 소년부, 대구·부산·광주 지방법원 가정지원, 대전·청주·전주·춘천 지방법원 소년부 등 8개소가 설치되어 있으며 이 중 4개소(서울, 대구, 부산, 광주)만 소년사건 전담판사를 두고 있다(이완희 외 3인, 2016).

소년보호재판은 형사사법기관(경찰, 검찰, 법원)의 송치 또는 보호자 및 학교장·보호관찰소장 등의 통고에 의해 시작되고 사건접수 후 조사단계로 넘어간다. 소년보호사건의 심판절차는 조사단계와 심리단계로 구분되며 조사단계에서는 주로 소년보호의 필요성에 관한 자료를 수집·분석하고 심리단계에서는 조사된 자료를 기초로 재비행가능성 및 보호의 필요성의 여부를 판단하고 적절한 보호처분을 결정한다(대한민국법원 전자민원센터, 2020). 소년부 판사는 사건 조사·심리하는 데에 필요할 경우, 보호자, 보호할 수 있는 사람이나 시설, 병원이나 그 밖의 요양소, 소년분류심사원[14]에 위탁할 수 있으며 소년분류심사원 위탁기간은 1개월을 초과하지 못하고 나머지 경우 위탁기간은 3개월을 초과

14) 소년분류심사원은 가정 및 지방법원 소년부로부터 위탁된 소년을 수용하고 비행집단 및 지도방법을 제시하며 분류심사를 진행하고 심리치료 예방교육 등을 실시한다. 현재 서울 1개 지역에서만 운영되고 있으며, 소년분류심사원이 설치되어 있지 않은 부산, 대구 등 6개 지역은 소년원에서 그 기능을 대행한다. 분류심사는 기본적으로 가정·학교·사회 환경조사, 신체검사, 행동관찰, 보호자상담, 정신의학적 진단, 각종 기록 조회, 현지방문조사를 포함하며 필요에 따라 집단심리검사(지능·성격·흥미·적성·학력검사 등), 개별 심리검사(개인지능검사, 로르샤흐검사, TAT, BGT, HTP 등), 특수검사(BNA, MAS)를 실시하며 2017년 기준 분류심사인원은 9,793명이다(법무연수원, 2019).

하지 못한다(소년법 제18조). 끝으로, 소년부 판사는 조사와 심리한 결과에 따라 보호의 필요성이 있는지 등을 판단하여 보호처분을 할 수 없거나 불필요할 경우에는 불처분 결정을 하고 심리 결과 범죄사실(금고 이상의 형)이 발견되어 형사처벌이 필요할 경우에는 검사에게 송치하며 보호처분을 할 필요가 있다고 판단되는 경우에는 소년보호처분 결정을 한다.

소년원은 범죄소년, 촉법소년, 우범소년을 수용하여 교정교육을 행하는 국가기관으로서 처벌보다는 교육적 기능을 중요시하며 생활지도, 의료처우, 교육활동(인성교육, 특성화교육, 교과교육), 직업능력개발훈련 등을 실시함으로써 잘못된 성격과 행동을 교정하는 것을 주요 목적으로 하고 더 나아가 건전한 청소년 육성에 이바지하고자 설립되었다(법무연수원, 2019). 2020년 1월 현재 서울소년원(고봉중・고등학교), 부산소년원(오륜정보산업학교), 대전소년원(대산학교), 제주소년원(한길정보통신학교) 등 전국적으로 총 10개의 소년원이 운영되고 있다. [그림 13-8]은 소년원의 처우절차를 정리한 도표이다.

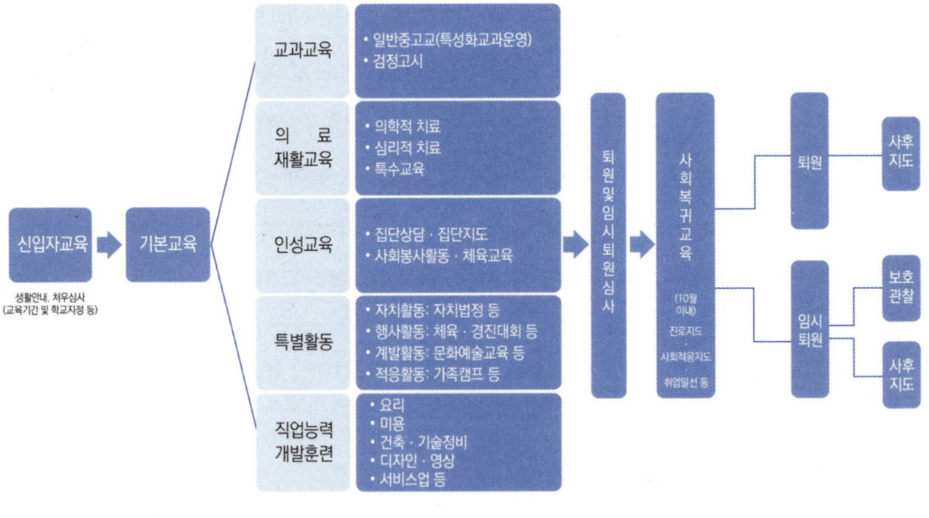

[그림 13-8] 소년원의 처우절차

출처: 법무연수원, 2019; 재구성

소년교도소는 소년수형자를 성인수형자와 분리수용 및 처우하기 위해 설치된 교정기관이다. 소년이 징역 또는 금고형의 선고를 받은 경우 원칙적으로 소년교도소에 수용하고 필요한 경우 일반교도소에 수용은 가능하나 분리수용을 하여야 하며 2020년 1월 현재 김천소년교도소 1곳이 운영되고 있다(법무연수원, 2019). 소년수형자에 대한 교육은 검정고시반을 운영하여 소년수형자에게 검정고시 자격을 취득할 기회를 제공하고 있으며 직업훈련으로는 2017년 12월 현재 기능사 자격 취득이 가능하도록 바리스타, 한식조리, 자동차정비, 전기용접, 제과제빵 등 5개 직종의 훈련을 실시하고 있다. 그 밖에도 소년수형자의 건전한 생활 자세를 확립하고 자기개선의지를 고취하며 사회복귀를 촉진시키기 위한 생활지도교육과 종교지도, 상담, 사회참관, 불우이웃돕기, 체육대회, 음악회 등 다양한 개별, 집단 교화활동을 실시하고 있다(법무연수원, 2019).

끝으로, 소년보호관찰제도에 대한 법무부의 설명을 살펴보면, "비행 또는 죄를 저지른 소년을 교도소, 소년원 등 수용시설에 구금하지 않고 가정과 학교, 직장에서 정상적인 생활을 하도록 하되, 보호관찰관의 지도·감독을 통해 준수사항을 지키도록 하고 사회봉사명령이나 수강명령을 통해 범죄성을 개선하는 제도"라고 설명하고 있다(법무부 범죄예방정책국, 2020b). 소년보호관찰대상자의 준수사항은 크게 일반준수사항과 특별준수사항으로 구분된다. 일반준수사항은 범죄를 유발할 수 있는 나쁜 습성을 개선하고 선행을 유지해야 할 의무, 보호관찰관의 감독 및 지도에 순응할 의무, 거주지 변경(이사) 또는 1달 이상의 장기 국내외 여행 시 사전 신고 의무 등이 있으며 특별준수사항은 성실한 학업 유지, 외출제한 및 통행금지, 병원진료 등 보호관찰 대상자의 특성을 고려하여 개별적으로 부과된 준수사항을 포함한다. 소년보호관찰 대상자는 소년법상 보호소년으로 2호(수강명령), 3호(사회봉사명령), 4호(단기보호관찰), 5호(장기보호관찰) 등을 주요 대상으로 한다(소년법 제32조).

4) 소년비행예방대책

2017년 '부산 여중생 집단폭행', 2018년 '서울 관악산 여고생 집단폭행' 등 날로 집단적이고 포악해지는 청소년 강력사건의 증가로 인해 비행 청소년 및 소년범죄자에 대한 강력한 처벌을 요구하는 국민적 요구가 증가하고 있는 실정이다. 최근 법무부는 흉포화되는 청소년 강력범죄에 효과적으로 대응하고, 가해자에 대한 강력한 처벌과 실효성 있는 범죄예방대책을 마련하는 것을 골자로 한 [2019~2023 제1차 소년비행예방 기본 계획]을 발표하였다(정부24, 2020). 특히, 초기 비행소년 선도 및 진단강화를 위해 초기 단계 비행소년 및 보호자 교육을 강화하고 소년사건 단계별 선도 및 진단을 고도화하며 소년범 재범 방지 역량강화를 위해 전문처우를 통한 보호관찰 지도·감독 강화, 정신질환 소년범 치료체계 구축, 소년원을 포함한 관련 기관의 교화교육 내실화 및 처우개선, 지역사회와 연계한 안정적 사회정착 지원 등의 정책을 제시하였다.

법무부와 더불어 교육부 또한 날로 심각해지는 학교폭력을 예방 및 대응하기 위한 [제4차 학교폭력 예방 및 대책 기본계획]을 발표하였다(교육부, 2020a). 주요 내용을 살펴보면, 학교폭력 예방 및 대응을 위한 학교의 교육적 역할을 강화할 수 있도록 지원, 피해학생 보호·치유를 위한 지원 강화, 중대한 학교폭력에 엄정대처하고 가해학생의 재발 방지를 위해 가해학생 교육을 강화하며 '가해학생 특별교육' 프로그램을 보완하는 것을 주요 내용으로 하고 있다.

경찰의 대표적인 소년비행대책으로는 학교폭력 예방 및 근절을 위한 활동 및 청소년 경찰학교 운영 등이 있다. 학교폭력을 보다 적극적으로 대처하고 학교 안전망을 강화하기 위해 2012년 학교전담경찰관 제도를 도입하고 학교폭력신고체계를 117로 통합하였으며, 초·중·고등학생을 대상으로 한 범죄예방 교육을 실시하고 청소년들의 비행을 조장하는 유해환경을 지속적으로 단속하고 있다(이완희 외 3인, 2016). 학교전담경찰관의 업무는 학교와 협력하여 학교폭력 사안에 대해 공동대응하고 소규모 학급단위의 예방교육을 전담하며, 가해·

피해학생 상담을 통해 학교 적응을 지원하는 등의 역할을 수행하는 것이다(경찰청, 2020). 경찰백서(2018)에 따르면, 2017년 12월 현재 전국에 1,138명의 학교전담경찰관이 근무하는 것으로 파악되었으며 4,374,903명을 대상으로 40,122회의 범죄예방교육을 실시하였고 약 17,000건의 학교폭력 사건을 처리한 것으로 보고되었다.

법무부 범죄예방정책국은 소년을 대상으로 한 사회 내 처우의 일환으로 2020년 1월 현재 전국적으로 16개의 청소년비행예방센터[15]를 설치·운영하고 있다. 청소년비행예방센터의 주요 임무는 위기청소년에 대한 대안교육, 비행 청소년의 상담조사, 심리검사 및 상담, 법교육 및 법체험(학교폭력예방교육, 진로체험) 등을 포함한다(법무부 범죄예방정책국, 2020a).

끝으로, 우리나라 현행 소년법 제25조3은 소년보호사건의 경우 판사가 가해자에게 피해자와 화해를 권고할 수 있고, 화해가 잘 이루어진 경우에는 이를 처분결정에 참작할 수 있도록 하는 회복적 사법(restorative justice)을 도입하였다. 회복적 사법은 범죄예방과 통제에서 비처벌적인 방식을 주장하며 궁극적인 목적은 가해자와 피해자의 관계 개선 및 지역사회의 회복(restoration)에 있다(이윤호, 2016; 이윤호, 2019). 회복적 사법은 다양한 형태와 명칭으로 존재하지만 비행소년의 공식적인 사법적 처리와 절차에 대한 대안적 처분이라는 측면에서 일종의 전환제도의 한 유형이라고 볼 수 있다(이윤호, 2019). 회복적 사법의 실천모델로는 피해자-가해자 중재(victim-offender mediation), 가족집단회의(family group conferencing), 양형모임(sentence circle) 등이 있다. 피해자-가해자 중재는 제3자 또는 중재자의 조정하에 피해자와 가해자가 만나서 피해경험, 범죄내용 및 원인 등을 이야기하는 방식으로 진행되며 중재자가 사건 당사자의 욕구를 파악하고 구체적인 회복방안을 제시한다(이완희 외 3인, 2016).

15) 청소년비행예방센터의 외부기관명은 청소년꿈키움센터 또는 솔로몬파크 등의 명칭을 사용하며 대내적으로는 청소년비행예방센터라는 명칭을 사용한다. 예를 들어, 서울남부 청소년꿈키움센터의 경우 대내적으로는 서울남부 청소년비행예방센터로 칭한다.

가족집단회의는 뉴질랜드의 마오리족 사회의 청소년 사법절차가 발전한 것으로 피해자와 가해자뿐만 아니라 피해자와 가해자의 가족과 친구들이 참여하고 회의에 참여한 모든 구성원은 피해회복을 위한 합의사항을 도출하여 관련 기관에 송부한다(박광섭, 김성돈, 2007). 양형모임은 피해자와 가해자, 그들의 가족, 형사사법기관뿐만 아니라 지역사회구성원도 참가하는 것이 특징이다(이완희 외 3인, 2016).

4. 요약

지금까지 비행 청소년 교정처우에 관해 대략적으로 살펴보았고 그 주요 내용을 간략하게 요약하면 다음과 같다.

현행 소년법상의 소년범의 유형은 크게 법률상 범죄행위를 저지른 범죄소년(14~19세), 형법 법령에 저촉되는 행위를 한 촉법소년(10~14세), 형법 법령에 저촉되는 행위를 할 가능성이 높은 우범소년(10~19세)으로 구분된다. 소년사법체계의 기본이념인 국친사상은 보호자가 역할을 제대로 수행하지 못할 경우, 국가가 보호자를 대신하여 소년을 양육하고 보호해야 한다는 철학사상을 말한다. 소년범죄자의 교정모형은 교정의 목적과 집행방법에 따라 크게 의료모형, 적응모형, 범죄통제모형, 최소제한모형으로 구분되며 이 중 현대 소년사법제도의 근간이 되는 모형은 범죄의 경중에 따라 중범죄에는 범죄통제모형, 경미범죄에는 최소제한모형이 일반적으로 적용된다.

전체범죄자에서 소년범죄자가 점유하는 비율(소년비)은 2008년 5.9%를 기준으로 꾸준히 감소하여 2015년에는 3.6%로 최저치로 조사되었다가 최근 3년간은 4% 미만 소폭으로 증감을 반복하는 것을 확인하였다. 다만, 살인, 강도, 방화, 성폭력을 포함한 소년 강력범죄(흉악) 건수는 2015년을 제외하고 최근 5년 동안 꾸준히 증가한 것으로 조사되었다. 검찰은 소년보호사건에 대하여 불기소 처분

(2017년 53.9%)을 가장 많이 하였으며 법원 또한 전체 소년보호사건의 약 70% 이상을 보호처분한 것으로 확인되었으며 이는 검찰과 법원이 소년범에 대해 처벌 중심이 아닌 교육적 보호처분을 하고 있음을 단적으로 보여준다.

최근 소년사법추세는 4D로 정의되는 비범죄화, 비시설수용, 적법절차, 전환이 주류를 이루고 있다. 즉, 소년범죄자 처우에 있어 국가의 개입을 최소화하고, 개입 필요시에는 적극 개입하되 적법절차에 맞춰 진행하는 것을 주요 내용으로 한다. 일반적으로 소년사건처리는 소년형사사건절차와 소년보호사건절차로 구분된다. 소년형사사건처리절차는 범죄소년이 금고 이상에 해당하는 범죄를 범하였을 경우 일반적으로 적용되며 기소된 소년은 일반적인 형사사건 절차에 따라 심리한다. 반면에, 소년보호사건절차의 경우에는 금고 미만의 형에 해당하는 범죄를 범한 경우와 보호처분이 보다 적합하다고 판단되는 경우에 소년부 판사는 1-10호에 해당하는 소년보호처분을 결정할 수 있으며 이러한 보호처분은 소년의 장래에 어떠한 불이익을 미치지 않는다.

소년범죄자는 성인범죄자와는 다르게 형사사법체계에서 다루어지고 있다. 소년범죄자의 처우를 위해 경찰단계에서는 선도조건부 훈방제도, 소년범 수사 시 전문가 참여제, 선도심사위원회, 선도프로그램 등을 운영하고 있으며 검찰단계에서는 선도조건부 기소유예, 소년선도보호제도 등을 활용하고 있다. 가정·지방법원 소년부는 국친사상을 바탕으로 재판 시 발생할 수 있는 부정적 낙인을 예방하기 위해 상이한 용어를 사용하고 절차상으로도 비공개 재판을 원칙으로 하고 있다. 끝으로, 최근 발표된 정부의 소년비행예방대책을 종합해 보면, 정부 관련 부처의 협업을 바탕으로 한 협력체계 구축 및 이러한 협력체계를 활용한 소년비행예방 및 대응체계를 강조하고 있다.

참고문헌

[국내문헌]

김지경, 연보라, 정은진(2018). 2018년 청소년 매체이용 및 유해환경 실태조사. 여성가족부 연구보고서 2018-17.

김혁(2019). 형사책임연령과 소년법 개정 논의에 대한 비판적 고찰. 비교형사법연구 21(1): 257-286.

박광섭, 김성돈(2007). 각국의 회복적 사법 실무운용 자료집. 경제・인문사회 연구회 협동연구총서 06-21-08.

박외병(2014). 소년범에 대한 경찰 다이버전 운영에 관한 연구: 경찰 선도프로그램을 중심으로. 한국경찰연구 13(2): 79-100.

법무연수원(2019). 2018 범죄백서.

이윤호(2019). 청소년비행론. 박영사.

이윤호(2016). 교정학(제3판). 박영사.

이완희, 황성현, 이창한, 문준섭(2016). 한국청소년비행학. 피앤씨미디어.

전영실, 유진, 노성훈(2018). 전국범죄피해조사(VII): 아동・청소년 범죄피해조사 2017. 한국형사정책연구원 연구보고서 18-B-01.

정희철(2018). 소년법 개정의 방향: 국회 개정 법률안을 중심으로. 소년보호연구 31(3): 405-438.

허주욱(2013). 교정학(증보판). 박영사.

[국외문헌]

Allen, H. E., Latessa, E. J., & Ponder, B. S. (2016). *Corrections in America: An Introduction*, 14th Edition. Pearson.

Martin, K. C. (1987). "Treatment of Delinquent Youths in Residential Settings, 1975-1986," Corrective and Social Psychiatry and Journal of Behavior Technology Methods and Therapy 33: 175-182.

[인터넷자료]
국가법령정보센터. 구 소년법 제67조 위헌제청(2017헌가7).
http://www.law.go.kr/detcSc.do?tabMenuId=tab85&query=2017%ED%97%8C%EA%B0%807#licDetc145518에서 2020년 1월 29일 검색
국가법령정보센터. 경범죄처벌법.
http://www.law.go.kr/lsSc.do?tabMenuId=tab18&query=%EC%B2%AD%EC%86%8C%EB%85%84%EA%B8%B0%EB%B3%B8%EB%B2%95#undefined에서 2020년 1월 29일 검색
국가법령정보센터. 범죄예방자원봉사기본규정.
http://www.law.go.kr/%ED%96%89%EC%A0%95%EA%B7%9C%EC%B9%99/%EB%B2%94%EC%A3%84%EC%98%88%EB%B0%A9%EC%9E%90%EC%9B%90%EB%B4%89%EC%82%AC%EA%B8%B0%EB%B3%B8%EA%B7%9C%EC%A0%95에서 2020년 2월 1일 검색
국가법령정보센터. 보호관찰 등에 관한 법률.
http://www.law.go.kr/lsSc.do?tabMenuId=tab18&query=%EC%B2%AD%EC%86%8C%EB%85%84%EA%B8%B0%EB%B3%B8%EB%B2%95#undefined에서 2020년 1월 29일 검색
국가법령정보센터. 보호소년 등의 처우에 관한 법률.
http://www.law.go.kr/lsSc.do?tabMenuId=tab18&query=%EC%B2%AD%EC%86%8C%EB%85%84%EA%B8%B0%EB%B3%B8%EB%B2%95#undefined에서 2020년 1월 29일 검색
국가법령정보센터. 소년법.
http://www.law.go.kr/lsSc.do?tabMenuId=tab18&section=&eventGubun=060101&query=%EC%86%8C%EB%85%84%EB%B2%95#undefined에서 2020년 1월 29일 검색
국가법령정보센터. 소년업무규칙.
http://law.go.kr/LSW/admRulLsInfoP.do?admRulSeq=2100000041560에서 2020년 1월 25일 검색
국가법령정보센터. 소년선도보호지침.
http://www.law.go.kr/LSW/admRulLsInfoP.do?admRulSeq=2100000047733에서 2020년 1월 26일 검색
국가법령정보센터. 즉결심판에 관한 절차법.
http://www.law.go.kr/lsSc.do?tabMenuId=tab18&section=&eventGubun=060101&q

uery=%EC%A6%89%EA%B2%B0%EC%8B%AC%ED%8C%90%EC%97%90+%EA%B4%80%ED%95%9C+%EC%A0%88%EC%B0%A8%EB%B2%95#undefined에서 2020년 2월 1일 검색

국가법령정보센터. 청소년기본법.
http://www.law.go.kr/lsSc.do?tabMenuId=tab18&query=%EC%B2%AD%EC%86%8C%EB%85%84%EA%B8%B0%EB%B3%B8%EB%B2%95#undefined에서 2020년 1월 29일 검색

국가법령정보센터. 청소년보호법.
http://www.law.go.kr/lsSc.do?tabMenuId=tab18&query=%EC%B2%AD%EC%86%8C%EB%85%84%EA%B8%B0%EB%B3%B8%EB%B2%95#J33:0에서 2020년 1월 20일 검색

국가법령정보센터. 형사소송법.
http://www.law.go.kr/lsSc.do?tabMenuId=tab18&query=%EC%B2%AD%EC%86%8C%EB%85%84%EA%B8%B0%EB%B3%B8%EB%B2%95#undefined에서 2020년 1월 26일 검색

국가법령정보센터. 특정강력범죄의 처벌에 관한 특례법.
http://www.law.go.kr/lsSc.do?tabMenuId=tab18&query=%EC%B2%AD%EC%86%8C%EB%85%84%EA%B8%B0%EB%B3%B8%EB%B2%95#undefined에서 2020년 1월 26일 검색

교육부a. "제4차 학교폭력 예방 및 대책 기본계획 수립" 보도자료.
https://www.moe.go.kr/boardCnts/view.do?boardID=294&boardSeq=79501&lev=0&searchType=null&statusYN=W&page=1&s=moe&m=020402&opType=N에서 2020년 1월 15일 검색

교육부b. "2019년 1차 학교폭력 실태조사 결과 발표" 보도자료.
https://www.moe.go.kr/boardCnts/view.do?boardID=294&boardSeq=78346&lev=0&searchType=null&statusYN=W&page=1&s=moe&m=020402&opType=N에서 2020년 1월 15일 검색

경찰청. 경찰백서(2018).
https://www.police.go.kr/www/open/publice/publice06_2018.jsp에서 2020년 1월 19일 검색

대검찰청a. 범죄분석(2018-2019).
http://www.spo.go.kr/site/spo/crimeAnalysis.do에서 2020년 1월 15일 검색

대검찰청b. 소년선도보호.

http://www.spo.go.kr/site/spo/02/10210010000002018100812.jsp에서 2020년 1월 15일 검색

대법원. 사법연감(2019).

https://www.scourt.go.kr/img/pub/jur_2019_Book7.pdf에서 2020년 1월 19일 검색

대한민국법원 전자민원센터. 소년보호재판의 구체적인 절차.

https://help.scourt.go.kr/nm/min_19/min_19_4/index.html에서 2020년 1월 20일 검색

법무부 범죄예방정책국a. 소년 사회내처우 개관.

http://www.cppb.go.kr/cppb/716/subview.do에서 2020년 1월 19일 검색

법무부 범죄예방정책국b. 소년보호.

http://www.cppb.go.kr/cppb/578/subview.do에서 2020년 1월 14일 검색

정부24. "2019-2023 제1차 소년비행예방 기본계획 수립" 보도자료.

https://www.gov.kr/portal/ntnadmNews/1713747에서 2020년 1월 15일 검색

통계청. 청소년종합실태조사(2018).

http://kostat.go.kr/assist/synap/preview/skin/doc.html?fn=synapview372719_1&rs=/assist/synap/preview에서 2020년 1월 20일 검색

찾아보기

〈저자 약력〉

이미리

University of Illinois at Urbana-Champaign, 청소년발달전공(Ph.D.)
한국체육대학교 스포츠청소년지도학과 교수

노성호

고려대학교 사회학과 박사
전주대학교 사회과학대학 경찰학과 교수

김승혜

연세대학교 문학석사(가족상담학 전공)
푸른나무재단(청소년폭력예방재단) 학교폭력SOS지원단장, 청소년사업상담본부장

박재연

이화여자대학교 문학박사(청소년상담 · 복지, 정신건강, 가족치료 전공)
대구대학교 산업복지학과/상담학과 부교수

정혜원

고려대학교 사회학과 박사
경기도가족여성연구원 연구위원

박철현

고려대학교 사회학과 박사(범죄학)
동의대학교 경찰행정학과 교수

이경상

고려대학교 사회학과 박사
한국청소년정책연구원 선임연구위원

황성현

플로리다대학교(University of Florida) 범죄사회학 박사
고려사이버대학교 경찰학과 교수

이은경

이화여자대학교 문학박사(상담심리 전공)
명지대학교 교수(청소년지도학과)

서보람

고려대학교 사회복지학 박사
평택복지재단 기획연구실장

오승근

고려대학교 교육학과 박사
명지전문대학 청소년교육복지과 교수

김호영

University of Missouri-Columbia 교육심리학 박사
백석대학교 사회복지학부 청소년학전공 교수

곽대훈

Michigan State University 형사사법(범죄학) 박사
충남대학교 국가안보융합학부 부교수

청소년 문제와 보호

2020년 5월 25일 1판 1쇄 인쇄
2020년 5월 30일 1판 1쇄 발행

공저자 : 이미리, 노성호, 김승혜, 박재연, 정혜원, 박철현, 이경상, 황성현, 이은경, 서보람, 오승근, 김호영, 곽대훈

공저자와 협의하에 인지생략

발행자 : 한 정 주
발행처 : 교 육 과 학 사

경기도 파주시 광인사길 71
전화 (031)955-6956~8/팩스 (031)955-6037
Home-page : www.kyoyookbook.co.kr
E-mail : kyoyook@chol.com
등록 : 1970년 5월 18일 제2-73호

정가 **20,000** 원
ISBN 978-89-254-1493-5